100 HIGHLIGHTS

JAKOBSWEGE

IN SPANIEN & PORTUGAL

DER WEG IST DAS ZIEL

100 HIGHLIGHTS JAKOBSWEGE

IN SPANIEN & PORTUGAL

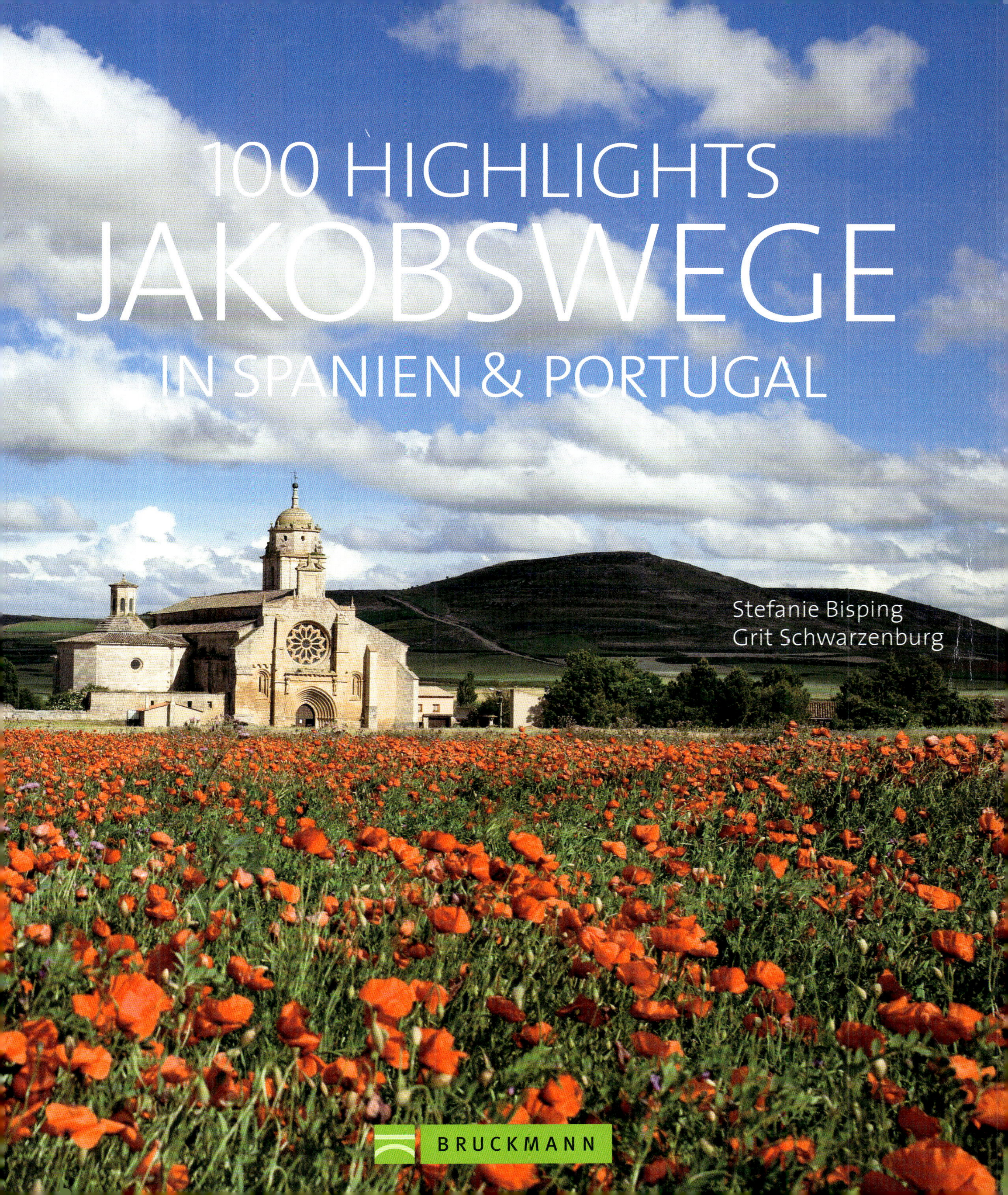

Stefanie Bisping
Grit Schwarzenburg

BRUCKMANN

Inhaltsverzeichnis

Wunderschöne Landschaften, faszinierende Kulturdenkmäler und viele Begegnungen erwarten Pilger auf den Jakobswegen. Kulinarische Genüsse wie Jakobsmuscheln verleihen neue Kräfte.

Inhaltsverzeichnis

Wer sich Santiago de Compostela zu Fuß nähert, lernt Spanien intensiv kennen – und kann feststellen, dass man die Schönheit dieses Landes am besten langsam genießt wie alten Wein oder guten Sherry.

Am Ziel

Jakobswege
Camino Francés
Camino del Norte
Camino Primitivo
Vía de la Plata
Caminho Português
ATLANTISCHER OZEAN
PORTUGAL
Golf von Cádiz
0 50 km
N
Santiago de Compostela
La Coruña
Ferrol
Lugo
Ourense
Ponferrada
Astorga
Pontevedra
Vigo
Tuy
Valença
Braga
Porto
Vila Nova de Gaia
Coimbra
LISSABON
Sintra
Cascais
Amadora
Almada
Barreiro
Setúbal
Badajoz
Mérida
Cáceres
Salamanca
Zamora
Plasencia
SEVILLA
Huelva
Cádiz
Jerez de la Frontera
San Fernando
Finisterre
Cabo de Finisterre
Muxía
Cabo Ortegal
R. Minho
R. Douro
R. Duero
R. Tajo
R. Tejo
R. Guadiana
R. Guadalquivir

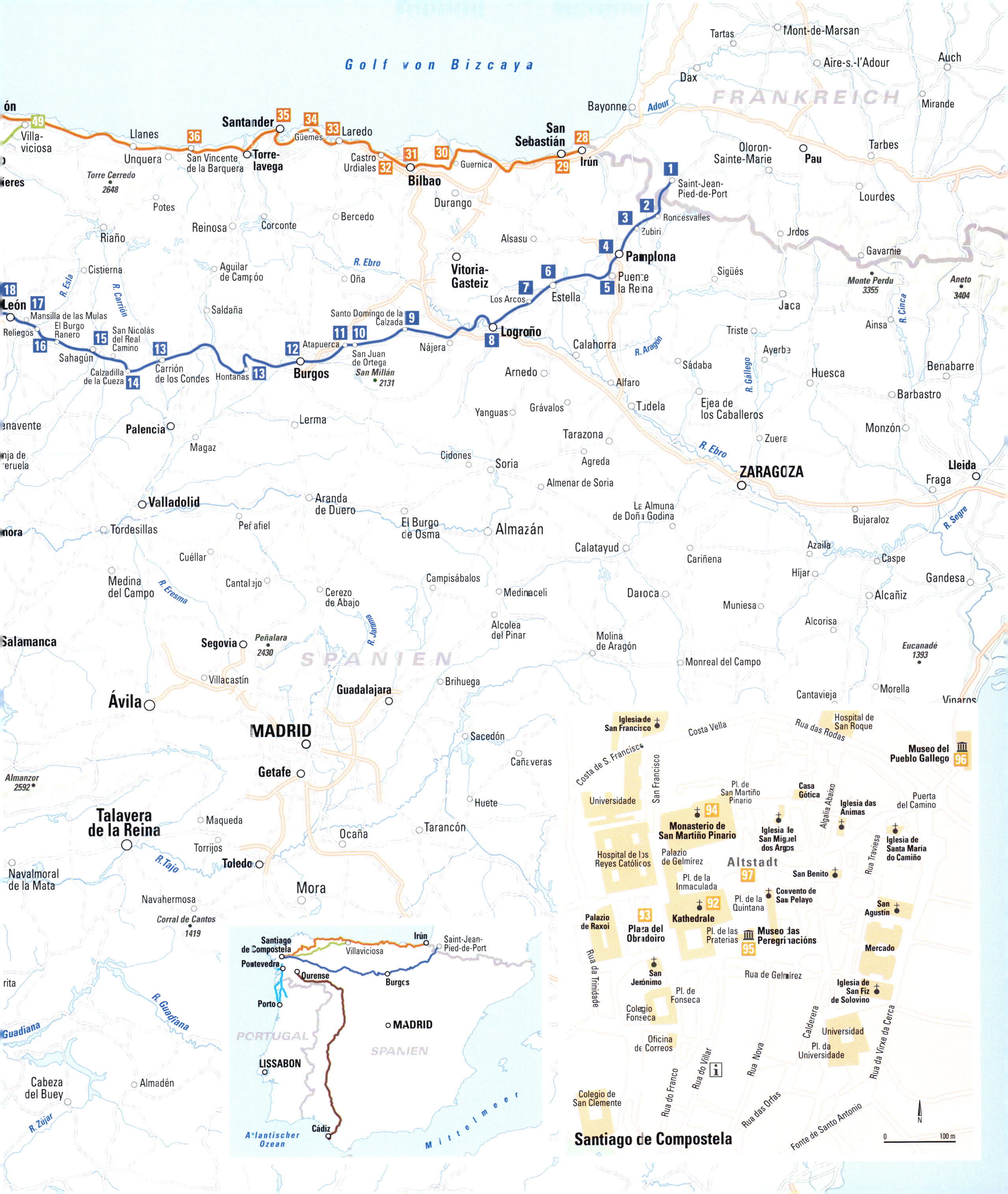
Golf von Bizcaya
FRANKREICH
SPANIEN
Tartas
Mont-de-Marsan
Aire-s.-l'Adour
Auch
Dax
Mirande
Bayonne
Adour
San Sebastián
Irún
Oloron-Sainte-Marie
Pau
Tarbes
Lourdes
Saint-Jean-Pied-de-Port
Roncesvalles
Zubiri
Pamplona
Puente la Reina
Estella
Los Arcos
Logroño
Nájera
Santo Domingo de la Calzada
San Juan de Ortega
Atapuerca
Burgos
Hontanas
Carrión de los Condes
Calzadilla de la Cueza
San Nicolás del Real Camino
Sahagún
El Burgo Ranero
Mansilla de las Mulas
Reliegos
León
Villaviciosa
Llanes
Unquera
San Vincente de la Barquera
Torrelavega
Santander
Güemes
Laredo
Castro Urdiales
Bilbao
Guernica
Durango
Torre Cerredo 2648
Potes
Reinosa
Corconte
Bercedo
Riaño
Cistierna
Aguilar de Campóo
Oña
Saldaña
R. Esla
R. Carrión
R. Ebro
Vitoria-Gasteiz
Alsasu
Sigüés
Jaca
Gavarnie
Monte Perdu 3355
Aneto 3404
R. Cinca
Ainsa
Triste
Ayerbe
Sádaba
R. Aragón
R. Gallego
Huesca
Benabarre
Barbastro
Calahorra
Arnedo
Alfaro
Tudela
Ejea de los Caballeros
San Millán 2131
Yanguas
Grávalos
Tarazona
Agreda
Zuera
Monzón
Lerma
Palencia
Magaz
Cidones
Soria
Almenar de Soria
ZARAGOZA
Lleida
Fraga
Valladolid
Aranda de Duero
Peñafiel
Tordesillas
El Burgo de Osma
Almazán
La Almuna de Doña Godina
Bujaraloz
R. Segre
Calatayud
Cariñena
Azaila
Caspe
Cuéllar
Medina del Campo
R. Eresma
Cantalejo
Cerezo de Abajo
Campisábalos
Medinaceli
Daroca
Hijar
Gandesa
Alcañiz
Muniesa
Alcorisa
R. Jarama
Alcolea del Pinar
Molina de Aragón
Salamanca
Segovia
Peñalara 2430
Eucanadé 1393
Monreal del Campo
Villacastín
Brihuega
Morella
Cantavieja
Vinaros
Ávila
Guadalajara
MADRID
Sacedón
Cañaveras
Getafe
Almanzor 2592
Huete
Talavera de la Reina
Maqueda
Torrijos
Ocaña
Tarancón
R. Tajo
Toledo
Navalmoral de la Mata
Mora
Navahermosa
Corral de Cantos 1419
R. Guadiana
Guadiana
Cabeza del Buey
Almadén
R. Zújar
Santiago de Compostela
Irún
Saint-Jean-Pied-de-Port
Villaviciosa
Pontevedra
Ourense
Burgos
Porto
MADRID
PORTUGAL
SPANIEN
LISSABON
Cádiz
Atlantischer Ozean
Mittelmeer
Iglesia de San Francisco
Costa Vella
Hospital de San Roque
Rua das Rodas
Museo del Pueblo Gallego 96
Costa de S. Francisco
San Francisco
Universidade
Pl. de San Martiño Pinario
Casa Gótica
Algalia Abaixo
Iglesia das Animas
Puerta del Camino
Monasterio de San Martiño Pinario 94
Iglesia de San Miguel dos Agros
Iglesia de Santa María do Camiño
Rua Traviesa
Hospital de los Reyes Católicos
Palacio de Gelmírez
Altstadt 97
San Benito
Pl. de la Inmaculada
Pl. de la Quintana
Convento de San Pelayo
San Agustín
Palacio de Raxoi
Plaza del Obradoiro 93
Kathedrale 92
Pl. de las Praterias
Museo das Peregrinacións 95
Mercado
Rua da Trinidade
San Jerónimo
Rua de Gelmírez
Iglesia de San Fiz de Solovino
Pl. de Fonseca
Colegio Fonseca
Calderera
Universidad
Pl. da Universidade
Rua da Virxe da Cerca
Oficina de Correos
Rua do Villar
Rua Nova
Colegio de San Clemente
Rua do Franco
Rua das Orfas
Fonte de Santo Antonio
Santiago de Compostela
0
100 m
N

Pilgerstationen: Blick in die Ebene der Region La Rioja (o.), Ankunft vor der Kirche in Estella (r.o.) in Navarra und alleine mit der Natur.

Jakobswege in Spanien

Der Weg ist das Ziel

Die Routen zum Grab des Apostels Jakob in Santiago de Compostela gehören zu den großen Pilgerwegen der Menschheitsgeschichte. Ungezählte Wallfahrer haben sich in den vergangenen 1000 Jahren auf den Weg gemacht. Und der Strom reißt nicht ab. Denn wer einen der Jakobswege geht, erlebt Geschichte, Kultur und Natur eines faszinierenden Landes aus nächster Nähe.

Seit über 1000 Jahren pilgern Menschen nach Santiago de Compostela an das Grab des Apostels Jakob – ein Menschenstrom, der sich durch Länder und Epochen in Richtung des heute noch nicht einmal 100 000 Einwohnern zählenden und noch immer kleinen Städtchens ergießt. Der Camino de Santiago, der 1987 zum ersten europäischen Kulturweg erklärt wurde, ist neben der Via Francigena von Canterbury nach Rom und der Pilgerreise nach Jerusalem einer der drei großen Pilgerwege des Christentums. Wer ihn geht, darf sich auf die Vergebung aller Sünden freuen. So sieht es die katholische Kirche und gab (und gibt) damit ihren Söhnen und Töchtern einen starken Anreiz, Hunderte von Kilometer zu einem Städtchen im entlegenen Nordwesten Spaniens zu wandern.

Scharen von Pilgern haben sich auf die verschiedenen Wege nach Santiago de Compostela gemacht – unter vielen Gefahren, und selbst stets in friedlicher Absicht. Wer heute einen Jakobsweg geht, verbindet sich mit ungezählten Menschen aller Zeiten und vieler Länder. Ihre Motive mögen sich im Verlauf der Jahrhunderte geändert haben, ihr geografisches Ziel blieb immer dasselbe: das Grab des Apostels Jakob in der Kathedrale von Santiago de Compostela. Mit Stempeln im Pilgerpass, die in den Kirchen, Klöstern und Herbergen am Wegrand

Cocktail der Kulturen: Das im 10. Jahrhundert errichtete Kloster San Miguel d'Escalada bei León zeigt mit zierlichen Bögen und Säulen deutlich die Handschrift mozarabischer Baumeister.

ausgegeben werden, erbringt der Wallfahrer den Nachweis, die Strecke gegangen, geradelt oder auch geritten zu sein. Dafür gibt es am Ziel die Compostela, eine in lateinischer Sprache verfasste Urkunde. Mit dem Auto zu fahren, gilt nicht. Abkürzen ist hingegen erlaubt: Wer die letzten 100 Kilometer bis Santiago gewandert ist, darf sich als Wallfahrer bezeichnen. Radler müssen die doppelte Strecke schaffen, um als echte Pilger zu gelten.

Die Anfänge sind Legenden

Nach so langer Zeit ist es kaum erstaunlich, dass die historisch verbrieften Fakten übersichtlich sind. Im Jahr 44 wurde Jakobus der Ältere in Judäa auf Weisung des Königs Herodes Agrippa I. enthauptet. Seit dem Mittelalter kursiert in Spanien, wo Jakobus als Missionar tätig war, die Legende, nach der sein Leichnam in ein Boot gelegt wurde, dessen Irrfahrt an der spanischen Küste endete. Einer anderen Lesart zufolge brachten ihn zwei seiner Vertrauten zurück an seine einstige Wirkungsstätte und bestatteten ihn im heutigen Santiago de Compostela. Oder waren seine Gebeine in einem im 6. Jahrhundert gegründeten Kloster am Fuß des Bergs Sinai gelandet und später nach Spanien gebracht worden, wo man sie vor den vorrückenden Mauren verstecken wollte und im Wald Libredón an der Stelle des heutigen Santiago de Compostela vergrub? Genau weiß es niemand, und für Pilger spielt es auch keine Rolle. Wichtig ist, dass vermutlich im Jahr 813 in jenem Wald ein Grab gefunden wurde. An der Stelle hatte zuvor der Eremit Pelayo heftiges Irrlichtern beobachtet, was gemeinhin als Hinweis auf ein Apostelgrab galt. Der zuständige Bischof Theodemir tippte auf das Grab des Apostels Jakob, der einer der vertrautesten Jünger Jesu und der erste Märtyrer der Christenheit war.

Alfons II. von Asturien, auch als Alfons der Keusche (el Casto) bekannt, pilgerte um das Jahr 830 als der erste königliche Wallfahrer selbst ans Grab, um sich die Sache anzuschauen. Offenbar war er überzeugt, denn er ordnete den Bau einer Grabkirche an und gab somit den Anstoß für die Pilgerbewegung. Die Nachricht von dem Fund verbreitete sich in für das Mittelalter rasanter Geschwindigkeit in Europa. Schon bald machten sich zahlreiche Pilger auf den Weg, – zunächst aus dem Norden der iberischen Halbinsel und aus Portugal, bald auch aus dem Süden Spaniens und schließlich aus Mitteleuropa. So entstanden die ersten Jakobswege, die auf verschiedenen Routen nach

Santiago führten. Der älteste ist der Camino Primitivo, der ursprüngliche Weg. Ihn ging Alfons der Keusche von seiner Hauptstadt Oviedo in Richtung Westen, und dieser Route folgten zunächst die Menschen aus seinem Herrschaftsgebiet.
Der Anfang war gemacht. Schon im Jahr 872 wurde mit dem Bau einer größeren, dreischiffigen Kirche anstelle des einschiffigen Vorgängerbaus begonnen. Auch diese war nicht von Dauer; 125 Jahre nach der Grundsteinlegung überfiel eine Armee des Kalifen von Córdoba die Stadt und zerstörte mit ihr auch die Kathedrale. Das Apostelgrab blieb indes unbeschadet. Es sollte fast 100 Jahre dauern, bis eine neue Kirche errichtet wurde. Um das Jahr 1075 wurde mit dem Bau der heutigen Kathedrale begonnen. An der Route entstanden Brücken, Hospize und Städte – die Pilger benötigten eine Infrastruktur, der Jakobsweg wurde zum Wirtschaftsfaktor. Einmal im Leben am Grab des Apostels beten und die Figur im Silbermantel küssen, das wünschte sich jeder.
Der Weg war lang und gefährlich. Die Monarchen des Nordens ließen Brücken bauen und stifteten Klöster, die sich um sichere Unterkunft der Pilger kümmern sollten. Viele von ihnen sind erhalten, entweder als aktive Ordenshäuser oder als historische Monumente in unterschiedlich gutem Zustand. Einige wurden nach Leerstand oder Zweckentfremdung mit dem neuerlichen Erblühen des Pilgerwesens im letzten Drittel des 20. Jahrhunderts zu neuem Leben erweckt und betreiben auch wieder Pilgerherbergen. Andere sind als Paradores zu komfortablen Hotels in historischer Bausubstanz geworden.
Auch die Routen entwickelten sich. Solange mit Vorstößen aus dem seit Jahrhunderten von Mauren beherrschten Teil der Halbinsel zu rechnen war, hielten sich die Pilger möglichst weit im Norden. So entstand der Camino del Norte, anfangs die beliebteste Route. Erst mit zunehmendem Erfolg der Reconquista, der Rückeroberung der islamisch geprägten Gebiete durch christliche Herrscher, verlagerte sich der Hauptstrom der Pilger auf den Camino Francés, den französischen Weg. Er ist noch heute der meistgegangene.
Während des Hundertjährigen Kriegs zwischen England und Frankreich und der Entzweiungen der Reformation ließ der Strom nach: Grenzen schlossen, der Westen war religiös nicht länger geeint, die Kriminalität am Weg wuchs. Bis zum 19. Jahrhundert währte die Flaute. 1879 fand man bei Ausgrabungen Reliquien des

Schuhe nehmen einen besonderen Platz im Pilgerherz ein. Haben sie ausgedient, können sie zum Denkmal werden – ähnlich wie die Steine (u.), die Wallfahrer am Alto de San Roque zurücklassen.

Apostels, die ein umsichtiger Bischof 300 Jahre zuvor vor englischen Piraten versteckt hatte. Ihre Wiederentdeckung motivierte die ersten Pilger, bevor Bürgerkrieg und Diktatur in Spanien im 20. Jahrhundert neue Hindernisse bildeten.

Kleine Wäsche, großes Bier: Entspannte Momente in einer Pilgerherberge in der Rioja (l.o.) und im Straßencafé in Logroño (l.u.).

Kerkeling-Effekt im dritten Jahrtausend

1982 stattete Papst Johannes II. dem Apostelgrab einen Besuch ab – im Pilgergewand.

Auch die Berichte des brasilianischen Schriftstellers Paulo Coelho (1987) und der amerikanischen Schauspielerin und Autorin Shirley MacLaine (2001) beflügelten neue Pilger-Generationen. Es bedurfte dennoch eines Komikers, um die Pilgerreise im deutschsprachigen Raum wieder an die Spitze der Liste wichtiger Ziele im Leben zu bringen: Hape Kerkeling gelang mit seinem Pilger-Tagebuch *Ich bin dann mal weg* ein Bestseller, der sich mehrere Millionen Mal verkaufte. Als nicht besonders engagierter Kirchgänger, in dem der Kinderglaube von einst schlummerte, traf er einen Nerv, zumal er auf seiner Pilgerreise 2001 nicht nur in Santiago, sondern auch bei sich selbst und seinem Glauben ankam. Als »Buddhist mit christlichem Überbau« wanderte er bis ans Ziel und bewies damit auch, dass das spirituelle Erfahrungspotenzial des Wegs nach 1000 Jahren ungebrochen ist, unabhängig von Konfession oder Kirchenzugehörigkeit. Tatsächlich soll der französische Weg sogar schon in vorchristlichen Zeiten existiert haben, als er als Initiationsritus diente. Kerkelings Pilgerreise blieb auch für den von ihm gewählten Camino Francés nicht ohne Folgen. Die Zahl der deutschen und deutschsprachigen Pilger schoss in ungeahnte Höhen. Außerhalb Heiliger Jahre hatte die Gesamtzahl der Pilger pro Jahr zu Beginn der 1990er-Jahre im mittleren fünfstelligen Bereich gelegen. Zwar stieg sie seither kontinuierlich an und wuchs insbesondere in den Heiligen Jahren, in denen der Gedenktag des Heiligen am 25. Juli auf einen Sonntag fällt. Doch nach dem Erscheinen von Hape Kerkelings Bestsellers im Jahr 2006 wuchs der Anteil der deutschen Pilger um stolze 70 Prozent. Vor der Corona-Krise trugen sich 65 000 Pilger im Jahr in den Herbergen ein.

Jeder Pilger wandert (oder radelt), aber nicht jeder Wanderer pilgert

Zwar bildet in der Regel die religiös motivierte Wallfahrt den offensichtlichen Zugang zum Jakobsweg, doch man muss nicht gläubig sein, um ihn zu gehen. Viele Menschen entscheiden

Ein Pilger erreicht das historische Zentrum von Burgos. Die Stadt erwartet ihn mit Pilgermenüs und kühlen Getränken.

sich dafür, wenn sie das Gefühl haben, an einem Wendepunkt im Leben zu stehen. Andere haben vor allem sportliche Motive, suchen eine Herausforderung abseits des Alltags oder verspüren schlicht Entdeckungslust. Denn natürlich eignen sich die Jakobswege auch als Fernwanderwege durch eine Vielzahl von Landschaften, durch faszinierende Städte Nordspaniens wie Pamplona, San Sebastián und Bilbao oder – je nach Route – durch Portugal, durch Andalusien mit seinen farbenfrohen Städten oder durch die Extremadura in Spaniens Westen mit ihren Korkeichenhainen und uralten Städtchen.

Wer zu Fuß nach Santiago de Compostela wandert, erlebt ein Land von großer Schönheit, reicher Geschichte und erstaunlicher Vielfalt. In Spanien werden vier Sprachen gesprochen, darunter katalanisch in Barcelona. Jakobspilger bekommen neben kastilisch auch baskisch und galicisch zu hören. Der grüne Norden (Baskenland, Kantabrien, Asturien und Galicien) vermittelt ein völlig anderes Spanienbild als etwa die Balearen oder Kanaren. Spanien lässt Reisende viel über sich selbst erfahren und das Land intensiv erleben. »Der Weg ist das Ziel«, so formulierte Konfuzius schon lange vor dem Beginn des Christentums eine unumstößliche Lebensweisheit. So erfüllend es ist, Santiago de Compostela zu erreichen – die Erfahrung des Pilgerns mit ihren Höhen und Tiefen, Momenten des Glücks und der Erschöpfung hat der Reisende schon vorher gemacht. Und auf seinem Weg einige der faszinierendsten Landschaften, Kulturdenkmäler und Städte Spaniens kennengelernt.

Camino Francés
Die klassische Route

Der Camino Francés ist heute der beliebteste Weg. Landschaftliche Schönheit, historische Städtchen wie Puente la Reina (r.o.) und eine sehr gute Infrastruktur machen ihn zur Traumroute.

Die klassische Route – CAMINO FRANCÉS

Der traditionelle Weg der mittelalterlichen Pilger

Der französische Weg war der erste, auf dem ein breiter Strom von Wallfahrern aus Mitteleuropa das Apostelgrab erreichte. Denn die Strecke entlang der Küste war in Ermangelung von Straßen und Brücken vielen zu unsicher. Auch auf der Route durchs Binnenland lauerten im Mittelalter Gefahren, doch entstand hier früh eine Infrastruktur. Bis heute gilt der Camino Francés vielen als der eigentliche Jakobsweg.

Über knapp 800 Kilometer führt der französische Weg von Saint-Jean-Pied-de-Port in Frankreich durch den Norden Spaniens und die Regionen Navarra, La Rioja, Castilla y León und Galicien. Anders als der Camino del Norte, auch als Camino de la Costa (Küstenweg) bekannt, führt er durch das Landesinnere Nordspaniens. Am Weg liegen unterschiedlichste Landschaften – von den Pyrenäen über die Weinberge der Rioja und das kastilische Hochland bis zur Gebirgskette an der Grenze nach Galicien – und kulturelle Schätze: die alten Königsstädte Burgos und León mit ihren architektonischen Meisterwerken, zahlreiche baulich und kunsthistorisch bemerkenswerte Kapellen, Kirchen und Klöster, von den kleinsten Orten gar nicht zu reden.

Frühgeschichte, Antike und Mittelalter

Spanien ist ein Land mit reicher Geschichte, und viele Zeugnisse der Historie haben Jahrhunderte, oft sogar Jahrtausende überdauert. Römische Brücken, romanische Kirchen, gleich mehrere uralte Gotteshäuser in einem einzigen kleinen Dorf – alleine diese Spuren von Jahrhunderten gelebten Lebens und Glaubens

Im Dorf Cirauqui (u.) gibt es glücklicherweise deutlich weniger Kreuzottern, als der baskische Name impliziert. Es liegt in der grünen Landschaft Navarras (r.).

machen den französischen Weg zu einer faszinierenden Reiseroute. In Atapuerca rückt sogar die Prähistorie nahe, denn archäologische Ausgrabungen haben dort Überreste der ältesten Menschen in Europa zutage gebracht. Immer wieder zeigt sich auch, dass der 1000 Jahre alte Weg das Land geformt hat. Für die Wallfahrer wurden Brücken gebaut, an denen sich Ortschaften entwickelten, es wurden Klöster errichtet, um die Pilger zu betreuen und sie aufzunehmen. Pilgerfriedhöfe zeigen, mit welchen tödlichen Gefahren eine Pilgerreise in früheren Zeiten verbunden war, als der Weg durch einsame Landschaften führte und es keine medizinische Versorgung gab.

Von der kargen Hochebene ins grüne Galicien

Und auch die klimatischen Bedingungen sind sehr unterschiedlich. Besonders auffällig ist der Kontrast zwischen der Meseta, der kargen Hochebene in Kastilien, auf die die Sommersonne unbarmherzig brennt, und dem feuchtkühlen atlantischen Klima im grünen Galicien. Doch gerade dieser Reichtum an Eindrücken macht auch den Reiz des französischen Wegs aus. Mehr als die Hälfte der Pilger entscheidet sich für diese Route – wegen ihrer Bekanntheit, aber eben auch wegen ihrer Vielseitigkeit und Schönheit.

Mit einem Pensum von etwa 20 Kilometern am Tag ist die Route in etwas mehr als 30 Tagen zu schaffen. Man muss kein erfahrener Bergwanderer sein, um den französischen Weg zu gehen. Der Camino Francés gilt als Route ohne allzu dramatische Herausforderungen. Zwar sind die Gebirgszüge Nordspaniens nicht wegzudiskutieren, weshalb Trainingswanderungen durchaus empfehlenswert sind. Zwischendurch gibt es aber auch mildes Hügelland und lange Etappen ohne nennenswerte Anstiege. Die Infrastruktur des Wegs ist hervorragend, er ist gut ausgeschildert, und es gibt sehr viele Pilgerherbergen.

Noch unmittelbar vor Santiago de Compostela steht Pilgern mit dem Monte do Gozo ein letzter Berg im Weg. Zu diesem Zeitpunkt ist der Adrenalinspiegel angesichts des nahen Ziels so hoch, dass die letzten Höhenmeter beim Schlussspurt kaum noch eine Rolle spielen.

Startpunkt des französischen Wegs ist das hübsche Städtchen Saint-Jean-Pied-de-Port auf der französischen Seite der Pyrenäen.

Ankunft im galicischen Dorf El Cebrero (galicisch: O Cebreiro) im letzten Licht des Tages.

An der Plaza de Obradoiro in Santiago ist der Pilgerweg dann wirklich zu Ende: Wer ihn betritt, ist kein Pilger mehr. Im Pilgerbüro wartet die Urkunde, die Compostela, in der Kathedrale der steinerne Apostel, bereit den Kuss der Gläubigen zu empfangen. Sein vielgeküsster Fuß ist blank und ein wenig abgenutzt von den vielen Huldigungen.

Ablass ohne Pilgern in Heiligen Jahren

In Jahren, in denen der Tag des Apostels auf einen Sonntag fällt, steht Pilgern das Heilige Tor der Kathedrale offen, die Christenheit erfreut sich eines Heiligen Jahrs. Am Silvesterabend vor Beginn eines Heiligen Compostelanischen Jahres wird die Pforte geöffnet, nachdem der Bischof dreimal mit einem silbernen Hammer am Mauerwerk geklopft hat, um den Apostel um Einlass zu bitten. Erst am Ende des Heiligen Jahrs wird sie wieder geschlossen. Dann ist auch der Andrang der Besucher in der Stadt größer als sonst, zumal Gläubigen ein attraktiver Jubiläumsablass aller Sünden winkt – ganz ohne Pilgern. Papst Calixt II. führte die Tradition des Heiligen Jahres 1122 ein, als die Kathedrale fertiggestellt wurde. Dem Apostel an seinem Grab in der Kathedrale die Aufwartung zu machen, am besten im Rahmen einer Messe, und die Beichte ablegen, das reicht im Heiligen Jahr für den Erlass aller Sünden. In anderen Jahren ist Voraussetzung für den Ablass, mindestens die letzten 100 Kilometer des Jakobswegs zu Fuß, zu Pferd oder per Fahrrad zurückgelegt zu haben. Dann erhält man auch im Büro für Pilger die Compostela, die Anerkennung als Pilger in lateinischer Sprache. Wer nicht genügend Stempel absolvierter Stationen in seinem Pilgerpass hat, muss sich mit der »Willkommenskarte für den Pilger« begnügen, einem Dokument, das immerhin bezeugt, dass sein Inhaber das Grab des Apostels Jakob besucht hat.

»Es gibt keinen Beweis dafür, dass das Grab Jakobs hier ist, aber es gibt auch keinen für das Gegenteil«, erklärt ein Stadtführer und umschreibt damit dezent die häufig vertretene Auffassung, in Santiago sei die Incentive-Reise erfunden worden – mit der Absolution als Ansporn. Wer die Pilgerreise als Lebenserfahrung betrachtet, die ins Innere und zu Gott führt, wird sich aber kaum mit solchen akademischen Fragen beschäftigen.

Und wer die Strecke gewandert ist, kann zu Recht stolz darauf sein und hat nicht nur eine Menge gesehen und erlebt, sondern unterwegs auch reichlich Zeit gehabt, über Gott, das Universum und den eigenen Platz darin nachzudenken.

1 Startpunkt – Saint-Jean-Pied-de-Port

Mittelalterliches Idyll zwischen Fluss und Bergen

Vom »Heiligen Johannes am Fuß des Passes«, so der deutsche Name der Stadt, geht und ging es los: Pilger nicht nur aus Frankreich, sondern auch aus Deutschland und Mitteleuropa traten hier seit jeher die Etappe durch den Norden Spaniens an. Heute beginnen viele Wallfahrer hier ihren Jakobsweg. So ist das baskische Städtchen Treffpunkt von Pilgern aus der ganzen Welt.

In den Pyrenäen ist mit Dunst und kühlen Temperaturen zu rechnen. Saint-Jean-Pied-de-Port (r.) bezaubert durch baskische Architektur und stimmt mit seiner Hügellage auf kommende Herausforderungen ein.

In Saint-Jean-Pied-de-Port endet der Jakobsweg Via Podiensis und der Camino Francés beginnt. Der französische Weg durch das Landesinnere Nordspaniens ist der traditionsreichste. Er führt durch uralte Städte und durch einsame, kaum berührte Landschaften. Wer diese historische Pilgerroute geht, kann sich auf manchen Etappen wie auf einer Zeitreise fühlen. Der Weg beginnt im mittelalterlichen Saint-Jean-Pied-de-Port, quert die spanische Grenze, dann die Pyrenäen und Navarra, weshalb dieser Abschnitt auch als navarrischer Weg bezeichnet wird, erreicht die Rioja und Kastilien-León, und führt dann nach Galicien und schließlich nach Santiago de Compostela. 800 Kilometer und gute vier Wanderwochen sind es von hier aus bis zum Grab des Apostels Jakob. Vielleicht liegt aufgrund dieser Aussicht eine erwartungsvolle Ruhe über dem Städtchen, zumal sich viele Pilger hier zum letzten Mal für einige Zeit frisch und ausgeruht fühlen.

Anfang der traditionsreichsten Route

Im Mittelalter hatten Pilger aus Mittel- und Nordeuropa bereits eine lange Reise hinter sich – zu Fuß oder zum Teil per Schiff –, wenn

TXITXIPAPA
RESTAURANT
BOUTIQUE
DU
PELERIN
AUBERGE DU PELERIN
LA FABRIQUE DE MACARONS
CHAMBRES
ORANGINA
PILGRIM LUNCHBOX
PANIER PIQUE NIQUE
SANDWICHS
SALADE
BOISSON
DRINK
FRUIT

Wunderschön sind die Pyrenäen mit Wäldern und Flüssen (u.). Allerdings kosten sie auch gleich zu Beginn der Route Kraft. In Saint-Jean-Pied-de-Port (l.u. und r.) sollten Pilger deshalb noch mal Atem holen.

sie Saint-Jean-Pied-de-Port erreichten. Heute kürzen die meisten Wallfahrer mit modernen Verkehrsmitteln ab, erwerben hier einen Pilgerstab und beginnen ihren Weg. Wer aber schon in Frankreich gewandert ist, erreicht hier die letzte Station des Jakobswegs auf französischem Boden. Passend betritt er sie durch das Jakobstor, die Porte Saint-Jacques. Seit 1998 zählt das Tor als Teil der »Wege der Jakobspilger in Frankreich« zum UNESCO-Weltkulturerbe. Im Mittelalter war der französische Weg die meistgegangene Route. So zeigen sich am Wegrand auch heute noch viele künstlerische Spuren früherer Pilger. Trotz des einprägsamen Namens wählten ihn nicht nur Franzosen, sondern Wallfahrer aus allen Ländern Mitteleuropas. Aber es waren sehr viele Franzosen unter ihnen, die es ja auch weniger weit hatten.

Grenzfall zwischen zwei Königreichen

Acht Kilometer vor der grünen Grenze schmiegt sich das mit knapp 1600 Einwohnern angenehm übersichtliche Saint-Jean-Pied-de-Port an den Fuß der Pyrenäen. Erst im Rückblick auf einsamere Etappen erscheint es Wanderern geradezu urban. Grenznah liegt die kleine Stadt bereits seit knapp 1000 Jahren. Im 12. Jahrhundert war sie eine Befestigung der Grenze des Königreichs Navarra. Die Stadtrechte erhielt sie allerdings erst 1329. Im 16. Jahrhundert wurde Saint-Jean im Konflikt zwischen den Königreichen Aragonien und Navarra aufgerieben, blieb aber ein Teil von Basse-Navarre. Das sollte sich erst im 17. Jahrhundert ändern, als dieser Überrest des alten Königreichs endgültig an Frankreich fiel. Trotz der Zerstörung, die mit fast 20 Jahren Krieg einherging, ist das historische Zentrum hervorragend erhalten und wird noch immer von der Stadtmauer umschlossen. An der Rue de la Citadelle erheben sich Häuser, die im 16. Jahrhundert erbaut wurden. Auch die Ufer des Flusses Nive säumen Häuser aus dem Mittelalter. Sie sind so nah am Wasser gebaut, dass ihre Balkone über den Fluss ragen.
Ein Fußweg führt außerhalb der Stadtmauer zur mit vier Bastionen gesicherten Zitadelle hinauf. Der berühmte französische Baumeister Vauban verwandelte das Schloss im frühen 17. Jahrhundert in eine Festung. 1625 wurde mit dem Umbau begonnen. Seither vermochte sich Saint-Jean-de-Pied allen Angriffen zu widersetzen. Heute stürmen vor allem Wallfahrer mit friedlichen Absichten das Städtchen. Für sie stehen neben diversen Andenkenläden und Fach-

geschäften für Outdoor- und Wanderbedarf auch mehrere Pilgerherbergen bereit.

Wild, schön, steil: Über die Pyrenäen

Oberhalb des Stadttors geht es los, und zur Einstimmung auf den kommenden Abschnitt gleich mit einer Steigung. Wer seinen Jakobsweg hier beginnt, genießt den Vorteil frischer Kräfte. Das trifft sich gut, denn jetzt geht es über die Pyrenäen. Die Gebirgskette trennt die Iberische Halbinsel vom übrigen europäischen Festland und folgt im Wesentlichen den Staatsgrenzen zwischen Frankreich und Spanien, und das über 430 Kilometer. Pilger werden sich bald an dem Gedanken wärmen, dieser Kette nicht folgen, sondern sie lediglich überwinden zu müssen. Ihre Querung ist der Initiationsritus für den französischen Weg. Gleich zu Beginn lehrt er den Pilger Demut.

Es ist eine der anstrengendsten und härtesten Abschnitte des Wegs, denn neben den Steigungen kann Wallfahrern hier auch das Wetter zu schaffen machen. Sogar im Sommer schlägt es gelegentlich Kapriolen von Dauerregen bis zu überraschenden Temperatureinbrüchen. Zugleich führt der Weg durch eine einsame, ursprüngliche Landschaft, in der es leicht ist, das dritte Jahrtausend zu vergessen: Schafherden, die im kühlen Klima auf den Almen den Sommer verbringen, dichter Wald und schroffe Felsformationen. Nicht selten verschwinden Täler in Dunst und Nebel. Es sind Bilder eines archaischen, nahezu menschenleeren Lands. Spanien besitzt noch solche Gegenden, wie man sie im Westen und in der Mitte Europas nicht mehr oft findet. Sie zu sehen, gehört zu den Privilegien des Pilgers.

MAHL IM CAFÉ DE LA PAIX

Hungrig loszupilgern, ist keine Option. Also besser noch auf eine Pizza, ein Filet mignon oder eine Salatplatte ins Café de la Paix an der Place Fouquet einkehren. Baskische Biere lohnen eine Verkostung, sollten jedoch so dosiert werden, dass sie die Beine beim Anstieg über die Pyrenäen nicht unnötig beschweren. Wer frisch gestärkt aufbrechen möchte, sichert sich zum Frühstück einen Platz auf der schattigen Terrasse. Die Küche schaut hier schon einmal über die nahe Staatsgrenze, Tapas gehören ebenso zum Repertoire wie Vorspeisen auf der Basis von Foie gras. Zum Dessert sollte man sich köstliche Schokoladen-Macarons gönnen.

RÜSTZEUG AUS DEM BISCHOFS-GEFÄNGNIS

Im Bischofsgefängnis (Prison des Evêques) ist eine interessante Ausstellung über die Geschichte des Jakobswegs zu sehen – sozusagen der theoretische Unterbau für das beginnende Abenteuer. Die Ursprünge des Baus liegen im 14. Jahrhundert, als die Stadt eine bischöfliche Residenz war (41, rue de la Citadelle).

Weitere Informationen

Cafè de la Paix:
https://cafedelapaix-saintjean.com
Saint-Jean-Pied-de-Port:
www.st-jean-pied-de-port.fr
Französisches Baskenland:
www.terre-basque.com

Die Anstrengung jedes Passes wird mit grandiosen Aussichten belohnt.

2 Schauplatz des Rolandslieds – Roncesvalles

Der navarrische Weg über die Pyrenäen

Einst gehörten Saint-Jean-Pied-de-Port und Roncesvalles zum Königreich Navarra, seit dem 17. Jahrhundert verläuft zwischen den beiden Städten die französisch-spanische Grenze. Als Schauplatz des Rolandslieds kam Roncesvalles zu Ruhm. Doch der über 1300 Meter hohe Pass Col de Bentarte gräbt sich vielen Pilgern noch tiefer ins Gedächtnis – ebenso wie das oft launische Wetter auf dem Gebirgskamm.

Etwa 24 Kilometer vom Ausgangspunkt entfernt erwartet Roncesvalles Jakobspilger auf knapp 1000 Metern Meereshöhe. Auf dem Weg von Saint Jean-Pied-de-Port bis hierher geht es 1300 Meter hinauf und rund 500 Meter hinab. Allein dieser Umstand macht den uralten Sprengel für viele Wanderer ebenso unvergesslich wie die erste Etappe des Wegs. Denn der Aufstieg zum Pass Col de Bentarte fordert Kraft, der Weg hinab bedeutet wiederum eine Herausforderung für Knie und Oberschenkel. Weil er nicht nur nach Spanien führt, sondern ins alte Königreich Navarra – diesen Unterschied machen viele Bewohner der Autonomen Region noch heute –, wird er auch der navarrische Weg genannt.

Unterwegs verläuft er irgendwo im satten Grün, für das Auge nicht wahrnehmbar ist die Landesgrenze zwischen Frankreich und Spanien. Vorher führt der Weg zur Rolandsquelle, unsterblich geworden durch das Rolandslied des Mittelalters. Aus dieser Quelle soll Karl der Große getrunken haben, als er auf dem Rückweg vom Spanienfeldzug und einer langen Belagerung der Stadt Zaragoza hier erschöpft und durstig Halt machte und sich am frischen Wasser labte. Es war der

Ankunft vor der Jakobskirche in Roncesvalles (u.). Auch die Rolandschlacht hat hier und in der Umgebung Spuren hinterlassen: Monumente für die Schlacht von 778 und ihren Helden Roland (r.).

15. August 778, und Karl sollte sich sein Leben lang an diesen Tag erinnern.

Wo Roland in einen Hinterhalt geriet

Die Nachhut seiner Truppen unter Leitung des Markgrafen Roland wurde – infolge von Verrat aus den eigenen Reihen – von Mauren angegriffen. Tatsächlich handelte es sich um Basken, die Rache für die Zerstörung Pamplonas nahmen. Doch politische Propaganda gab es auch schon um das Jahr 1100, als das Rolandslied in Nordfrankreich entstand, – und die hielt Mauren für einen Gegner mit besserer Außenwirkung. Wer es auch war, der seinen Getreuen auflauerte und sie überfiel, Karl ahnte nichts von dem Gemetzel, als er sich ermattet über die Quelle beugte. Bis er plötzlich das Horn Rolands hörte, mit dem dieser nach Verstärkung rief. Karl eilte zur Hilfe. Er schlug die Feinde in die Flucht, doch seine Ritter – neben Roland noch zahlreiche weitere Edelmänner – fand er erschlagen am Boden liegend vor. In der Nähe dieser schicksalhaften Stelle wurde im 12. Jahrhundert, als der Ruhm des Rolandslieds wuchs, das Kloster von Roncesvalles mitsamt Pilgerhospiz gegründet. Im Lied kehrte Karl nicht aus dem Krieg, sondern vom Grab des Apostels Jakob zurück – ausgezeichnete Werbung für den Wallfahrtsort und ein gutes Zeugnis für den frommen Karl. Dass das Grab des Apostels erst um das Jahr 813 entdeckt wurde, mehrere Jahrzehnte nach der Rolandsschlacht, tat da kaum etwas zur Sache.

Schon die Römer überquerten hier die Pyrenäen

Für Wanderer kann der Gedanke an die Schrecken und Querelen, die Karl, Roland und die anderen Mannen in den Pyrenäen erdulden mussten, hilfreiche Ablenkung bieten, wenn die Wegstrecke nach Roncesvalles quälend lang und schier endlos erscheint. Tatsächlich wurde dieser Übergang über die Pyrenäen sogar schon lange vorher genutzt, von den Römern nämlich, die ihn auf dem Weg von Bordeaux nach Astorga gingen. Und die hatten sicherlich weniger bequemes Schuhwerk als heutige Wanderer. Immer schon schätzten Jakobspilger trotz aller Anstrengungen diesen Pass, weil er sich mit der Besichtigung des

DAS LIED DES ROLANDS LIVE

Alljährlich am 15. August wird in der Jakobskapelle in Roncesvalles das altfranzösische Rolandslied vorgetragen, das die Geschehnisse am selben Tag des Jahres 778 als Versepos beschreibt – in 291 Strophen. Selbst wenn man nicht jedes Wort versteht, bilden der Vortrag und das Ambiente in der Kirche ein außergewöhnliches Erlebnis. Zudem bietet das Event eine authentische Erfahrung mittelalterlicher Unterhaltung. Denn das Lied wurde im Mittelalter für den Vortrag, nicht zur Lektüre geschaffen, und verbreitete sich vermutlich zunächst mündlich, bevor es später niedergeschrieben wurde.

Weitere Informationen

www.roncesvalles.es
www.turismonavarra.es

Rolandsschlachtfelds verbinden ließ und ihnen außerdem die mühsamen Flussquerungen des Küstenwegs ersparte.

Kleiner Ort, großes Kloster

Und schließlich geht es auch hier irgendwann wieder bergab. Kommt der Pilger nach dem Weg über den Gebirgszug in die Zivilisation zurück, stößt er auf das gewaltige, uralte Augustinerkloster von Roncesvalles. Seit 800 Jahren bietet es Pilgern auf der Südseite der Wasserscheide der Pyrenäen Schutz und Herberge. König Alfonso el Batallador und der Bischof von Pamplona ließen es 1132 erbauen und beauftragten ein Augustinerstift, es zu unterhalten und sich der Pilger anzunehmen. Bis heute dient das Pilgerhospiz im Seitenflügel, der im 17. Jahrhundert erbaut wurde, Wallfahrern als Unterkunft. Das Kloster ist das eindrücklichste, gleichwohl auch fast das einzige Gebäude des Orts – außer der Königlichen Stiftskirche, einem spätgotischen Pilgerkreuz und mehreren hübschen Kapellen. Die kleine Santiago-Kapelle wurde um das Jahr 1200 in gotischem Stil erbaut. In der Kapelle Sancti Spíritus, die vermutlich zur selben Zeit errichtet wurde wie das Kloster, sollen jene Getreuen Karls des Großen ihre letzte Ruhe gefunden haben, die man nicht vom Schlachtfeld in die Heimat zurückbrachte. Eine weitere, die Wallfahrtskapelle, steht ein wenig abseits von Herberge und Kloster.

So ist Roncesvalles kaum als Stadt zu bezeichnen. Seine historische und kulturgeschichtliche Bedeutung wiegt weit schwerer als die Zahl seiner Einwohner – 2019 wurden in einer Volkszählung dem Städtchen ganze 22 zugeordnet. Zu Beginn des 20. Jahrhunderts hatte die Einwohnerzahl noch permanent im unteren dreistelligen Bereich gelegen. Trotz der anhaltenden, sogar wieder wachsenden Bedeutung des Jakobswegs ist die Einwohnerzahl seit dem Zweiten Weltkrieg kontinuierlich gesunken. Daran hat sich auch heute nichts geändert, da der Pilgertourismus blüht. Dafür ist Roncesvalles selbst zu einem Pilgerziel geworden – oder vielmehr die Jungfrau von Roncesvalles, die mehrmals im Jahr Ziel von Wallfahrern aus den Dörfern und Tälern der Umgebung ist.

Gaben am Kreuz zwischen Saint-Jean-Pied-de-Port und Roncesvalles zeugen vom Glück, den Aufstieg geschafft zu haben. Eines der Ziele: der Altar der Iglesia de la Real Colegiata de Santa María in Roncesvalles (r.).

Ankunft im navarrischen Dorf Zubiri (u.) mit seiner Puente de la Rabia, der »Brücke der Tollwut« (r.). Das Symbol der Jakobsmuschel (oben r.) ist der treue Begleiter auf allen Jakobswegen.

3 Zu Fuß über die Pyrenäen – Zubiri

Über den Pass zur »Brücke der Tollwut«

Noch ist die Gebirgskette der Pyrenäen nicht bezwungen. Auf dieser Etappe des Wegs bietet die Schönheit des idyllischen Baskenlands Geist und Gemüt Ablenkung, während lange Steigungen und ein steiler Abstieg dem Körper einige Anstrengungen abverlangen. Zum Lohn nach diesen Mühen geht es am Ziel über eine mittelalterliche Brücke mit ganz besonderen Kräften.

Gute sechs Stunden sind es zu Fuß von Roncesvalles nach Zubiri – und wieder stehen dem Pilger einige Berge im Weg. Ganz so hoch wie auf der ersten Etappe sind die Steigungen in diesem Abschnitt nicht, wenn es auch am Erro-Pass (Puerto de Erro) etwa zwei Stunden lang bergan geht und der Abstieg nach Zubiri ebenso lang und ziemlich steil ist. Aus diesem Grund entscheiden sich einige Pilger für Roncesvalles als Startpunkt ihrer Pilgerreise. Wunderschöne Natur, Höhenwege mit weitem Blick über Felder und Wiesen, schattige Waldlandschaft und idyllische baskische Dörfer bieten Auge und Geist Ablenkung und verleihen auch dieser Etappe Reiz – sogar mit leichtem Muskelkater. Denn die Vielseitigkeit des Landes wird hier zum ersten Mal besonders deutlich. Nur wenige Menschen haben beim Gedanken ans sonnige Spanien solche Bilder von Gebirge, saftigem Grün und verschlafenen Dörfern im Kopf. Auch die Straßenschilder sorgen für Unterhaltung. Denn die Orte sind in der für Ungeübte sehr archaisch klingenden baskischen Sprache Euskara ausgeschildert. Die Zweisprachigkeit macht die Geschichte der alten Königreiche auf der Iberischen Halbinsel noch heute fassbar. Navarra besteht aus drei linguistischen Zonen: In der baskischsprachigen im Norden Navarras ist das konsonantenlastige Idiom Euskara offizielle

Amtssprache, in der gemischten Zone regiert offiziell das Spanische (Kastilisch), ebenso wie im Süden der Region. So führt der Jakobsweg auch tief in die Seele des Landes und seiner so unterschiedlichen Gegenden.

Komplizierte Sprache, archaische Bräuche

Historische Epochen scheinen hier manchmal miteinander verschmolzen. Christlicher Glaube und Aberglaube sind oftmals direkte Nachbarn; auch hier ist das so. Schon in den frühen Tagen der Christianisierung verschmolzen alte Riten und neue Sitten miteinander, und fortan bestanden heidnische und christliche Traditionen in friedlicher Koexistenz nebeneinander fort. Kirchen entstanden auf heidnischen Kultstätten oder römischen Tempeln. Das Weihnachtsfest, das sich terminlich eng an das vorchristliche Fest der Wintersonnenwende schmiegt, ist ein weiteres von vielen Beispielen für die Praxis. Sie erlaubte den frisch – vielleicht vom Apostel Jakob? – Bekehrten, liebgewonnene Riten wie gewohnt weiter zu pflegen anstatt sie aufzugeben. Was den Aberglauben angeht: Er trieb im Mittelalter, als die Position der Kirche und ihre Lehren auf ehernen Füßen ruhten, die wildesten Blüten. Die Entdeckungen der Renaissance räumten mit vielem auf, doch erst die Periode der Aufklärung bereitete den Boden dafür, dass manche Spökenkiekereien auch wieder aufgegeben wurden. Anderes blieb bis heute erhalten. Auch am Rand des Jakobswegs sind diese Spuren alter Bräuche zu finden. Faustregel: Je entlegener die Gegend, desto länger überdauerten die alten Gepflogenheiten.

KAFFEE UND KOHLENHYDRATE FÜR PILGER

Die Pilgerreise stählt nicht nur die Muskulatur von Waden und Rücken, sie schärft auch schnell den Blick für Bars, die den Wanderer mit Kaffee, Wasser und Pilgermenüs bei Kräften halten. Vom Frühstück mit Eiern und Chorizo bis zu deftigen navarrischen Eintöpfen und frisch zubereiteten Fleischgerichten bietet die sympathische Bar Valentín in Zubiri Hilfe in den meisten Lagen des Pilgerlebens (Calle San Esteban 5).

BERGAN, DER AUSSICHT WEGEN

Der Aussichtspunkt Mirador de Usetxi ist ab dem gleichnamigen Städtchen ausgeschildert. Er bietet eine wunderschöne Weitsicht über die idyllische baskische Landschaft. Im Vordergrund posiert nicht selten eine Kuh, um das Bild noch schöner zu machen.

Weitere Informationen

Etappe 2 des Pilgerwegs:
www.pilgrim.es/camino-frances/etapa-2-roncesvalles-zubiri/

Pause am Fluss: Ein Pilger rastet am Ufer des Arga. Die Augen genießen angesichts der abwechslungsreichen Landschaften Navarras (u. und r.) ein permanentes Wellness-Programm.

Tollwut-Schutz durch eine Brücke

Das »Dorf an der Brücke«, so die Bedeutung des baskischen Namens Zubiri, ist die treffende Bezeichnung der nächsten Station in Navarra. Denn hier kreuzt der Pilger auf dem Jakobsweg erstmals den Río Arga. Die mittelalterliche Brücke, die über den Fluss führt, ist gut erhalten. Der Puente de la Rabia begrüßt den Pilger beim Erreichen des Städtchens: ein steinerner gotischer Bau mit zwei Bögen, der – der Name verrät es – auf wundersame Weise vor Tollwut schützt. Um diese Wirkung zu erzielen, muss das zu schützende Tier oder die Herde dreimal um den mittleren Pfeiler getrieben werden.

Tatsächlich hat die Sache einen – relativ – handfesten Hintergrund. Als die Arbeiter beim Bau der Brücke Schwierigkeiten hatten, den zentralen Pfeiler ins Flussbett zu setzen, beschlossen sie, das Flussbett auszugraben, um ihm mehr Tiefe zu geben. Dabei fanden sie der Überlieferung zufolge Überreste von Santa Quiteria, der für den Schutz vor der gefürchteten Tollwut zuständigen Heiligen. Fortan verbreitete sich der Glaube, dass Tiere hier Heilung oder Schutz vor Tollwut erfahren konnten. Besonders im 17. Jahrhundert kamen Viehbesitzer aus der weiteren Umgebung, um ihre Tiere um den Pfeiler zu treiben.

Wälder und Wildschweine

Zubiri gehört zu den Orten, die ihre Existenz auch dem Jakobsweg und seinen Pilgern verdanken. Das Dorf liegt an einem noch immer großen Buchenwald, dem Quinto Real. Es ist nicht schwer, sich die Ängste vorzustellen, die Pilger im Mittelalter hier ausstanden. Nicht nur war bekannt, dass gelegentlich Diebe und sogar noch gefährlichere Menschen Wallfahrern auflauerten. Auch wütende Wildschweine stellten eine Gefahr dar. Die Tiere kommen auch heute noch vor, allerdings gehen sie Menschen in der Regel aus dem Weg. Schließlich ist auch die Zahl der wandernden Zweibeiner heute deutlich höher als im Mittelalter. Jedenfalls waren die frühen Pilger froh, nach der Wanderung durch einsamen Wald in Zubiri Herberge und Gesellschaft zu finden. 435 Menschen leben heute in dem kleinen Ort, vor allem in den Sommermonaten erhalten sie Besuch von zahlreichen Wallfahrern. Außer der Pilgerherberge gibt es auch andere Unterkünfte und dazu eine Infrastruktur, die Einheimischen wie Wallfahrern alles Überlebensnotwendige bietet.

Die Kathedrale Santa María la Real de Pamplona ist ein Prachtstück der Gotik. Sehenswert: Hochaltar und Chorgestühl (r.).

4 Ein Fest fürs Leben – Pamplona

Die Sonne geht immer wieder auf

Pamplona zählt zu den definitiven Höhepunkten nicht nur am französischen Weg, sondern auch im an Kultur, Historie und Natur ohnehin reichen Navarra. Seit Ernest Hemingway 1923 zum ersten Mal hierher kam, ist die Stadt weltbekannt für die *Sanfermines*, die *Fiesta*, die der Schriftsteller zum Bestseller machte. Sein Denkmal bewacht heute die Arena – und manche Bar. Doch die schöne Stadt ist zu jeder Jahreszeit reizvoll und voller Leben.

Zubiri von Pamplona, der Hauptstadt der Autonomen Region Navarra, trennen 20 Kilometer. Der Weg ins historische Zentrum führt durch Esquiroz (baskisch: Eskirotz), Zabaldica und zur Kapelle Trinidad de Arre, bevor der Pilger Pamplonas Gürtel aus neuer Wohnbebauung erreicht. Schon lange ist die Stadt aus ihren Mauern herausgewachsen. Pilger überqueren den bereits bekannten Río Arga über die Puente de la Magdalena und betreten sie durch die Puerta Fráncia.

Hemingway bewacht die Arena

Nicht nur während der Festwoche zu Ehren des Heiligen und Stadtpatrons San Fermín im Juli ist der Besuch in dieser Stadt ein Fest fürs Leben. Pilger können sich mit köstlichen Pintxos stärken, wie in Navarra und im Basken-

land die appetitlichen Häppchen heißen, die man anderswo in Spanien Tapas nennt. Hemingway besuchte Pamplona 1923 zum ersten Mal. Noch heute steht sein Denkmal gewichtig am Eingang der Stierkampfarena – 8000 Kilogramm Granit, ein Hemingway für die Ewigkeit. Auch das Stierkampf-Denkmal in der Innenstadt erinnert an die Tradition, die der spätere Nobelpreisträger international bekannt gemacht hat.

Alljährlich im Juli ruhen die Augen der Welt auf Pamplona, das sich den Feierlichkeiten zu Ehren des Schutzheiligen San Fermín widmet. Seit Ernest Hemingway 1926 seinen Roman *Fiesta (The Sun Also Rises)* veröffentlichte, wird Pamplona überall mit dem auffälligsten Teil der Festivitäten verbunden, bei dem bis zu 2000 Menschen den Tag mit dem Versuch beginnen, beim gemeinsamen Spurt mit einer Horde Rinder zur Arena nicht zertrampelt oder auf die Hörner genommen zu werden. Diese Übung ist täglicher Bestandteil der Festwoche im Juli, während der die Einwohnerzahl der Stadt von knapp 200 000 auf eine Million steigt – und der Preis für die Nacht in der »Hemingway-Suite« des Gran Hotel La Perla, die der Schriftsteller einst bewohnte, auf stolze 2000 Euro.

Der Weg nach Pamplona führt durch Zabaldica (u.). Rechts Pamplonas Festwoche San Fermín, unten das Café Iruña, in dem schon Hemingway zu Gast war.

Stierlauf als Mutprobe

Dabei ist das eigentliche Herzstück der Festwoche die Prozession des Heiligen Fermín aus seiner Kapelle in der Kirche San Lorenzo durch die ganze Stadt. An jedem Tag der Festwoche werden sechs Stiere und sechs Ochsen den 850 Meter langen Weg vom Startpunkt bis zur Kampfarena getrieben. Am *Encierro*, der altstadtnahen Umzäunung, in der die Kampfstiere ihre letzte Nacht verbringen, beginnt das gleichnamige Ritual. Zum Start wird eine Rakete abgeschossen. Weil ursprünglich Metzger Rinder zum gleichzeitig stattfindenden Viehmarkt trieben, tragen die Läufer noch heute das Weiß ihrer Arbeitskleidung. Ruhe zur Fleischbeschau bleibt ihnen indessen nicht, denn die Tiere sind schnell und haben die Menschen in der Regel nach 50 Metern abgehängt. Nur wenige Minuten brauchen sie für den Weg zur Arena. Pilger, die Pamplona während der Festwoche erreichen, sollten sich nur beteiligen, wenn sie sich trotz der bisherigen Strapazen in Top-Form befinden.

»*Los Divinos*« werden jene genannt, die ganz nahe an den Tieren laufen, für ein paar Sekunden sogar vor ihnen. Das bedeutet Ehre und ein wenig Ruhm, allerdings auch große Gefahr. Luis José López, ein Architekt und Deutschlehrer aus Pamplona, nahm als 20-Jähriger an dem Spektakel teil. »Ich erinnere mich an Gesang, an lautes Beten beim Start und an einen schwarzen Schatten direkt vor mir. Dann klebte ich an einer Hauswand und dachte nur noch: Wie blöd bin ich eigentlich?« Zwar passierte ihm nichts, doch sein erster Stierlauf war für ihn auch der letzte.

Die meisten Teilnehmer sind, wie seinerseits Luis José, diesseits der Dreißig. Mindestens 18 Jahre alt müssen sie sein und Turnschuhe tragen. Etwa die Hälfte von ihnen stammt aus Navarra, unter den Besuchern aus dem Ausland sind besonders viele Franzosen und Amerikaner. Rucksäcke und Kameras sind verboten, da sie die Sturzgefahr und damit die Mortalität erhöhen. Seit Hemingways erstem Besuch sind mehr als ein Dutzend Menschen beim Stierlauf getötet worden. Von einem Horn »gestochen« wird im Schnitt ein Läufer pro Tag. Die Ochsen kehren anschließend in den Stall zurück, die Stiere sterben in der Arena. Obwohl es heute auch Kritik an dem Spektakel gibt, werden die Bräuche rund um die *Sanfermínes* in Pamplona nicht ernsthaft infrage gestellt.

Rosenkranz und Könige in der Kathedrale

Dennoch pflegt Pamplona auch ruhigere Traditionen. Seit 300 Jahren treffen sich die »Sklaven der Heiligen Maria« jeden Abend zum Rosenkranzgebet in der Kathedrale Santa María. Mag in den Straßen der Altstadt das Leben brausen, die Menschen längst in Bars Wein trinken und Pintxos verspeisen, in der

Kirche mit gotischem Interieur und neoklassizistischer Fassase singt in einer Seitenkapelle feierlich ein Chor, und die Mitglieder der Bruderschaft sitzen andächtig in ihren Bänken. Für jedes Rosenkranzgeheimnis erheben sie sich und gehen laut betend durch die Kathedrale. Die Bewohner Pamplonas nehmen ihren Glauben genauso ernst wie ihre Traditionen. Karl III. von Navarra und seine Eleonore von Kastilien liegen derweil stumm auf ihrem Sarkophag, die Hände aus Alabaster seit 600 Jahren zum Gebet gefaltet.
Zu Lebzeiten war das Königspaar im uralten Städtchen Olite 40 Kilometer südlich von Pamplona heimisch. Ein Teil ihrer Burg aus dem 13. Jahrhundert ist heute ein Parador, ein schönes historisches Hotel. Der von Karl III. ab 1402 erweiterte »neue« Palast wurde ab 1937 in 30-jähriger Arbeit rekonstruiert – während der Belagerung durch Napoleons Truppen hatte ein General Navarras ihn 1813 angezündet, um seine Besetzung zu verhindern. Er bietet noch heute weite Ausblicke und Erinnerungen an eine wechselvolle Ehe. Meist lebte Karl hier nämlich allein, denn er kam mit 300 Tagen Nordwind im Jahr zurecht. Eleonore aber fand das Klima, womöglich auch Karl, schwer erträglich und floh zum Verdruss des Gatten mit den vier Töchtern nach Valladolid. Auch zu Karls Krönung in Pamplona 1390 schaffte sie es nicht nach Navarra. Erst 1395 kehrte sie zu ihrem Mann zurück und schenkte ihm vier weitere Kinder. Heute ist das Paar in der Kathedrale von Pamplona vereint.

SCHLEMMEN MIT UND OHNE STERN

Köstliche Pintxos gibt es im Restaurant Iruñazarra in der Altstadt. Hervorragende navarrische Küche wird im Restaurante Europa aufgefahren, das seit 25 Jahren seinen Michelin-Stern hält. Hier sollte man reservieren.

WEINBAU UND KUNST IM KLOSTER

Auf dem Weg nach Puente la Reina lohnt ein Abstecher zur Bodega Otazu, dem einzigen Weingut in der Nähe von Pamplona am Fluss Argu. In dem alten Benediktinerkloster verbinden sich Wein, exquisite Kunst, Geschichte und Glauben zu einem Ort voller Wunder. Die Inhaberfamilie belebte die Weinbautradition der Benediktiner in den 1990er-Jahren neu und begründete eine Stiftung zur Förderung zeitgenössischer Kunst. Die Sieger eines alle zwei Jahre ausgeschriebenen Wettbewerbs stellen ihre Arbeiten hier aus. Auch die romanische Kapelle Señorío de Otazu aus dem 12. Jahrhundert ist erhalten.
Ein Stier über dem Portal symbolisiert die Stärke des Glaubens.

Weitere Informationen

Restaurant Iruñazarra:
www.irunazarra.com
Restaurante Europa: www.hreuropa.com
www.pamplona.es/turismo

Blick vom Alto del Perdón
über die Landschaft Navarras.

Berühmt ist die Pilgerskulptur (o.) auf dem Alto del Perdón. Puente la Reina (r.u.) besitzt eine 1000-jährige Brücke. Köstliche Pintxos (r.) helfen erschöpften Pilgern wieder auf die Beine.

5 Nach teuflischer Strecke – Puente la Reina

Wo sich der Weg der Sterne mit dem des Windes kreuzt

Mit der Sierra del Perdón liegt auf dieser Etappe ein weiterer Gebirgszug. Großartige Landschaftspanoramen, eine eindrucksvolle Skulptur und eine geheimnisvolle Kirche verleihen dieser Etappe ihren Reiz. In Puente la Reina, einem schönen Städtchen mit einer uralten, nach einer Königin benannten Brücke, vereinen sich der navarrische und der aragonesische zum französischen Jakobsweg.

Mit der Sierra del Perdón liegt auf dieser Etappe ein weiterer Gebirgszug. Großartige Landschaftspanoramen, eine eindrucksvolle Skulptur und eine geheimnisvolle Kirche verleihen dieser Etappe ihren Reiz. In Puente la Reina, einem pittoresken Ort mit nicht einmal 3000 Einwohnern, vereinen sich der navarrische und der aragonesische zum französischen Jakobsweg.

Weithin ist der Pilgerzug zu sehen: Frauen, Männer und Kinder, auf Pferden oder Eseln sitzend oder zu Fuß. Sogar ein Hund läuft mit. Die Pilgergruppe, die in einer langen Reihe über den Alto del Perdón zieht, ist indes nicht real, sondern ein Kunstwerk. Tatsächlich sieht man nur ihre Silhouetten auf dem »Berg der Läuterung«, so der deutsche Name. Die eiserne Skulptur hat die navarrische Gesellschaft für Wasserkraft und Windanlagen gestiftet. »Wo sich der Sternenweg mit dem Weg des Windes kreuzt«, lautet die poetische Inschrift der Skulptur ins Deutsche übersetzt. Mit ihr hat sie dem Zug der Wallfahrer ein berührendes Denkmal gesetzt und einen optischen Ausgleich für die lange Reihe von Windrädern auf der Sierra del Perdón geschaffen.

Wo der Teufel im Pilgergewand lauert

Auch die Landschaft birgt Wunder und Geheimnisse. Einer Legende zufolge versuchte

hier einstmals der Teufel, einen ermatteten Pilger, der von Pamplona kommend nach Wasser suchte, vom rechten Weg abzubringen. Als Wallfahrer getarnt, bot der Leibhaftige dem dürstenden Pilger Wasser an, wenn der seinem Glauben abschwüre. Doch der Pilger blieb standhaft, sodass der Heilige Jakob höchstselbst erschien und ihn zur Fuente de Reniega – der »Quelle der Abkehr« – führte. Sie gibt es noch immer, allerdings ist sie in den Sommermonaten meist ausgetrocknet.
Als Teufelswerk deklarierte die Kirche früher auch die Schwarzen Trüffel, die in der Gegend unter der Erde wachsen und sich aus den Wurzeln der Steineichen ernähren. Wegen ihres schlechten Rufs verspeiste man sie, wenn überhaupt, im Geheimen. Heute ist das nicht mehr nötig, die Trüffelsuche wird vom Staat sogar gefördert, sodass müde Wanderer auf dieser Etappe vor allem im Herbst am Abend getrüffelte Spezialitäten genießen können.
Der Monte del Perdón ist auch ein alter Ort der Marienverehrung und war lange selbst ein wichtiges Pilgerziel. Die Figur der Nuestra Señora del Perdón in der Dreifaltigkeitsbasilika im nahen Arre war einst Ziel einer alljährlichen Wallfahrt. Heute befindet sich gegenüber der Skulptur ein silberner Marienschrein. Hinter den eisernen Pilgern reicht der Blick bis in die Pyrenäen und nach Pamplona, das nun bereits 14 Kilometer entfernt ist. Die Sierra del Perdón ist ein weiterer Gebirgszug, der den Pilger auf dieser 25 Kilometer langen Etappe fordert. Doch einmal mehr sorgen Landschaften von grandioser Schönheit für Trost und Ablenkung.

Romanische Kapelle der Verheißung

Von hier führt die Etappe, die mit 25 Kilometern durchaus sportlich ist, über Muruzabál und Obanos ans Ziel in Puente de Reina (baskisch: Gares). Kurz vor Obanos erwartet Wanderer mit der architektonisch wie spirituell beeindruckenden kleinen romanischen Kirche Santa María de Eunate eines der versteckten Highlights des französischen Wegs.
Einsam liegt sie in der Landschaft. Ein nur angedeuteter Turm mit zwei Glocken wacht über dem leicht unregelmäßig achteckigen Bau, der gegen Ende des 12. oder zu Beginn des 13. Jahrhunderts entstand – womöglich nach dem Vorbild des Heiligen Grabs in Jerusalem. Ein von 33 auf zierlichen Doppelsäulen ruhenden Bögen begrenzter Arkadengang umläuft die Kirchenmauern in einigen Metern Abstand. Wer dreimal um die Kapelle geht, hat 99 Bögen – oder Tore – passiert, das Kirchenportal bildet den hundertsten und verspricht Erlösung. So schnell kann das gehen, dabei ist

EIN FEST FÜR DEN APOSTEL JAKOB

In der letzten Juliwoche feiert Puente La Reina während der Fiestas de Santiago den Apostel Jakob mit einem bunten Mix aus Jahrmarkt und Festlichkeiten. Ein Markt für Kunsthandwerk an der Calle Mayor, Konzerte, Tanz, sportliche Wettbewerbe und auch ein Stierlauf stehen auf dem Festprogramm. Höhepunkt ist die Prozession der Bruderschaften der Stadt mit Bannern am Gedenktag des Heiligen, dem 25. Juli.

WEIN UND PINTXOS

Üppige hausgemachte Pintxos auf Basis lokaler Produkte (teils aus eigenem Anbau) schaffen in der Vinoteca El Rincón de Baca die Grundlage, um einige der hervorragenden Weine Navarras zu probieren. Der Inhaber wartet dazu mit Tipps und Erläuterungen auf. Kein klassisches Restaurant, aber ein schöner Ort für Kostproben navarrischer Kochkunst mit den jeweils passenden Weinen.

Weitere Informationen

Vinoteca El Rincón de Baca: Calle Mayor 86, www.artesaniaganbara.com, Puente la Reina: www.puentelareina-gares.es/turismo

Manchmal geht es auch auf dem Camino Francés bergab (o.). Die bezaubernde romanische Kirche Santa María de Eunate (r.) umgibt ein Arkadengang mit 33 Bögen.

Santiago de Compostela noch weit. »Gute Tore« bedeutet der baskische Name Eunate, was sich auf die Erlösung oder die Lage der hunderttorigen Kirche mit dem Rücken zu den Bergen und dem Blick in die fruchtbare Ebene beziehen mag. Auch sonst hat das schöne, stille, erhabene Bauwerk einiges zu bieten. Wer hier heiratet, lässt sich niemals scheiden, weiß man in der Gegend; ob das eine Verheißung ist oder ein Fluch, hängt vom Einzelfall ab.
Als Trauungsort ist die Kapelle jedenfalls außerordentlich beliebt.
Bei Ausgrabungen um die Kirche wurden alte Gräber und Jakobsmuscheln gefunden – erkennbar an zwei Löchern, durch die sie am Gewand fixiert wurden. Vermutlich wurden hier im Spätmittelalter verstorbene Pilger bestattet, und dies war die Friedhofskapelle. Es wird angenommen, dass der Johanniterorden hier einst ein Pilgerhospiz unterhielt. Noch heute besuchen viele Gläubige die Kirche am 24. Juni, dem Johannistag. Die achteckige Struktur und die mysteriöse Geschichte tragen ebenso wie die isolierte Lage zwischen Wiesen und Hügeln zum Zauber des kleinen Gotteshauses bei.

1000-jährige Brücke und alte Templerkirche

Knapp fünf Kilometer trennen das Kirchlein vom Ziel in Puente la Reina. Mit fast 3000 Einwohnern ist der Ort am Fluss Arga nur im Vergleich zu Pamplona klein. Hier vereinen sich die beiden Jakobswege über die Pyrenäenpässe. Hier treffen die Pilger, die dem navarrischen Weg gefolgt sind, auf jene, die aus Somport in der Region Aragón kommen. Ihr Weg durch Aragón war geprägt von Wäldern und Wiesen, kleinen Städten und spektakulären Blicken wie von dem Aussichtspunkt der Gemeinde Canal de Berdún.
Die Brücke, nach der Puente la Reina benannt ist, wurde von einer ungenannten Königin gestiftet – und zwar vor rund 1000 Jahren. In der ersten Hälfte des 11. Jahrhunderts wurde sie erbaut und ermöglicht seither nicht nur Pilgern eine sichere Überquerung des Flusses Arga, der hier breit und träge fließt. Der Brücke folgte die Entwicklung einer Siedlung; beides war dem Jakobsweg zu verdanken. Sehenswert sind das im 18. Jahrhundert neu erbaute Kloster und die Kirche Santa María de la Vega y del Crucifijo mit prachtvollem romanischem Portal, die das hier einst ansässige Templerkloster erbauen ließ.
Nicht nur für Pilger empfiehlt sich ein Besuch in der Kirche Santiago y San Pedro mit ebenfalls wunderschönem romanischem Zackenportal. Im Inneren sind der Apostel Jakobus mit Pilgerstab und Jakobsmuschel aus dem 14. Jahrhundert und das goldene Retabel bemerkenswert. Mit historischer Bausubstanz und netten Pintxos-Bars ist Puenta la Reina nicht zuletzt ein angenehmer Ort, um am Ende einer langen Wanderung zu entspannen und sich mit ein paar baskischen Spezialitäten zu stärken.

6 Station auf dem französischen Weg – Estella

Wo eine Brücke ist, da fließt auch ein (Pilger-)Strom

Vereint streben der navarrische und der aragonesische Weg in Richtung Westen. Aufwendige Kirchen mit üppig verzierten Fassaden und prachtvoller Ausstattung noch in den kleinsten Dörfern zeigen, wie sehr der Jakobsweg das Land und seine Städte geformt hat. Wo wenig los war, da verlegte man durch Ausbau der Infrastruktur die Route und lenkte den lukrativen Pilgerstrom nach eigenem Gutdünken.

Blick auf das mittelalterliche Dof Cirauqui (u.). In Estella erwartet den Pilger der Palast der Könige Navarras. Die Kirche San Pedro de la Rúa hat einen schmucken Kreuzgang (r.u.) und auf manch einem Kapitell wird Geschichte illustriert (r.)

Auf einem Pilgerdenkmal am Rand von Puente la Reina erklärt eine Inschrift: »Von nun an gibt es nur noch einen Weg nach Santiago.« Zumindest für diese Richtung trifft das zu. Ein letzter Blick also auf die alten Adelspaläste von Puente la Reina, dann wartet nach gut sieben Kilometern das Dorf Cirauqui, das seit dem Mittelalter liebevoll gepflegt wurde und sich kaum verändert hat: Schmale Gassen, Adelspaläste mit Wappenschildern, Plätze mit steinernen Bänken und die romanische Kirche San Román machen das Dorf auf dem Hügel sehenswert. Der Jakobsweg führt mitten hindurch und verläuft nicht nur (wie gewohnt) bergan, sondern an der höchsten Stelle des Orts unter dem Rathaus hindurch. Weniger einladend ist der baskische Ortsname Zirauki, der »Kreuzotternnest« bedeutet. Im Straßenbild spielen Reptilien indes keine Rolle; vermutlich rührt der Name aus der Zeit vor der Besiedlung des Hügels.

Aufschwung durch Wunder und Pilger

Durch den stillen Sprengel Lorca geht es weiter nach Villatuerta am Río Iranzu. Der Ort verteilt sich auf ein älteres oberes und ein unteres Dorf

und blickt auf 2000 Jahre Geschichte zurück – die Römer fanden hier eine Siedlung vor und gaben ihr einen Namen. Allerdings begann bald eine sehr lange Phase der Bedeutungslosigkeit. Die Stille hielt an, bis ab dem 10. Jahrhundert in der Gegend Klöster entstanden und ab 1090 der Jakobsweg hier entlangführte – infolge der nützlichen Erscheinung der Jungfrau von Puy im nahen Estella. Einmal mehr kurbelten Wunder und Pilger gemeinsam die Wirtschaft an. Von hier dauert die Schlussetappe nach Estella etwa eine Stunde. 13 800 Einwohner hat der kleine Ort mit dem mittelalterlichen Kern und gehört damit zu den größeren Navarras. Neben der Jungfrau war hier auch eine Brücke Geburtshelferin: Wo sich der Fluss Ega queren ließ, da siedelten sich nicht nur Menschen an, auch die Pilger bevorzugten diesen Weg. König Sancho Ramírez, Herrscher über Navarra und Aragón, ließ die Brücke nach der erwähnten Erscheinung 1090 erbauen. Damit griff er in die bestehende Route ein und lenkte den Strom der Pilger zum »Stern«: nach Estella. Heute steht anstelle der alten romanischen Brücke allerdings ein Nachfolgebau aus dem 19. Jahrhundert, diese Puente de la Cárcel ist ihr jedoch nachempfunden.

Königspalast und prächtige Kirchen

Von der spätmittelalterlichen Blüte Estellas zeugt noch der Ende des 12. Jahrhunderts erbaute Palast der Könige von Navarra, dessen Prunkfassade eines der raren Beispiele weltlicher romanischer Architektur in Spanien ist. Heute residiert hier das Museum Gustavo de Maeztu y Whitney, das dem Werk des in Estella verstorbenen Malers gewidmet ist. Die Plaza del Mercado Vieja – heute ohne Markt – bietet einen schönen Ausblick und liegt gleich an der Kirche San Miguel in Excelsis. Ihr Ende des 12. Jahrhunderts entstandenes Nordportal ist ein Meisterwerk der Romanik und dem Jakobsweg zu verdanken. San Pedro de la Rúa datiert aus dem 12. Jahrhundert und besitzt ein eindrucksvolles Hauptportal, eine barocke Kapelle für San Andrés, den Schutzheiligen der Stadt, und einen romanischen Kreuzgang. Auch die Iglesia del Santo Sepulcro (»Grabeskirche«) lohnt einen Besuch, schon wegen der – allerdings vom Zahn der Zeit angenagten – Figur des Apostels Jakobs vor dem Portal. Estella, einst an Rang mit Pamplona vergleichbar, verlor seine Bedeutung, nachdem es Pogrome gegen seine jüdische Bevölkerung zugelassen hatte. Die Folge war wirtschaftlicher Niedergang.

EINE WOCHE DURCHFEIERN

In der ersten Augustwoche feiert Estella Tag und Nacht: Umzüge in traditioneller Gewandung, Musik und Tanz, Losbuden und Karusselle und natürlich auch der in Navarra sehr beliebte Stierlauf und -kampf halten die Stadt während der Fiestas de Estella sieben Tage lang generationenübergreifend in Atem. Gäste kommen auch aus der weiteren Umgebung. Der Startschuss fällt am Freitag vor dem ersten Augustsonntag.

TEE UND TEILCHEN

Keine Lust auf Pintxos? Mit Kuchen, Teilchen, hausgemachten Burgern, Crêpes und Waffeln bietet der kleine Teesalon Tetería Sukiya Estella süße und herzhafte Köstlichkeiten – eben alles, was nicht nur Pilger brauchen. Natürlich gibt es auch zahlreiche Teesorten und für Teeverächter guten Kaffee.

Weitere Informationen

Fiestas de Estella: www.fiestasdeestella.es
Tetería Sukiya Estella: Calle Calderería 19, www.teteriaestella.net
Estella: www.estellaturismo.com
Tierra Estella: www.turismotierraestella.com

7 Für Weinliebhaber – Von Estella nach Los Arcos

70 Liter Rotwein für Pilger

Der Rotwein, der aus einem Weinbrunnen in Irache unentgeltlich für müde Pilger sprudelt, verweist außer auf christliche Nächstenliebe auch auf den Umstand, dass der Jakobsweg hier ins Kernland spanischen Weinbaus vordringt. Ein einstiges Kloster, winzige Dörfer und Burgruinen erzählen von der rund 1000-jährigen Geschichte dieser heute so friedlich wirkenden Gegend.

Gestärkt vom Weinbrunnen des verlassenen Klosters in Irache (r.) wandern Pilger durch Villamayor de Monjardín (u.), bevor sie Los Arcos erreichen.

Dass das Leben und vor allem der Jakobsweg voller Wunder sind, beweist diese Etappe schon nach zwei Kilometern in Irache, wo Wein aus einem Brunnen strömt. Zum ersten Mal wurde das Monasterio Santa María la Real de Irache (baskisch: Iratxe) im Jahr 958 erwähnt; somit ist es eines der ältesten Klöster Navarras. Das Hospiz wurde im Jahr 1054 auf Geheiß von König García III. begründet, um Pilgern eine sichere Herberge zu bieten – die erste in Navarra. Daraufhin wurde die an der Hauptstrecke der Pilger gelegene Benediktinerabtei zur wichtigen Station am Jakobsweg.

Zu dieser Zeit wirkte hier der später als Schutzheiliger der Wallfahrer heiliggesprochene Abt Veremundo, der das Kloster zur Blüte führte und sich für arme Einheimische und für erschöpfte Pilger gleichermaßen einsetzte. Außerdem erwies er sich als sehr geschickt darin, im Königshaus Sach- und Geldspenden für das Kloster und seine Schützlinge zu erwirken.

Verlassenes Kloster nebst Weinbrunnen

Nach 300 Jahren des Niedergangs wurde die Abtei im 16. Jahrhundert zunächst an das Bruderkloster in Valladolid angeschlossen, später

zur theologischen Hochschule umfunktioniert und im 19. Jahrhundert aufgegeben. Die romanische Kirche ist jedoch erhalten, ebenso wie der jüngere, im 16. Jahrhundert erbaute Kreuzgang. Lange war geplant, in einem Teil der Klosteranlage einen Parador einzurichten, eines der staatlich geführten Hotels in historischer Bausubstanz. 2020 entschied sich die Gruppe jedoch zum Rückzug aus dem Projekt. Ob hier nun ein Museum oder doch noch eine Herberge entstehen, ist ungewiss. Die Bodegas Irache, das früher zum Kloster gehörige Weingut, liegt gleich nebenan und führt die Gastfreundschaft der Benediktiner fort. Aus seinem Weinbrunnen sprudeln seit den 1990er-Jahren täglich 70 Liter Rotwein zur Stärkung der Pilger; ein zweiter Hahn spendet Durstigen Wasser. In den Sommermonaten, wenn viele Pilger unterwegs sind, geht dieser Vorrat gelegentlich zur neige; Wasser fließt indes unbegrenzt, und beides kostet den Pilger nichts.
Nach fünf Kilometern liegt der mit zweistelliger Einwohnerzahl eher übersichtliche Sprengel Azqueta am Weg, dessen Pfarrkirche aus dem Mittelalter stammt, aber im 16. Jahrhundert umgebaut wurde und 1949 einen neuen Turm erhielt. Ein Retabel aus dem Barock und das romanische Taufbecken lohnen einen Blick, ebenso einige Häuser aus dem 16. Jahrhundert im Herz des Dorfs.

Eine Madonna zwischen Weinhügeln

Über Villamayor de Monjardín wacht die Ruine der Burg, die einst als Bollwerk gegen die von Süden drängenden Mauren errichtet wurde. In dem 120-Einwohner-Dorf selbst sind die spätromanische Kirche San Andrés Apóstol und einige mit Wappen geschmückte Häuser zu bewundern. Zwölf Kilometer sind es noch bis Los Arcos. Der Ort, in dem 1100 Menschen leben, ist zwar größer als die Dörfer zuvor, aber auch seine Geschichte ist ungleich gewichtiger als seine heutige Bedeutung. 1175 erhielt es die Stadtrechte. Die Kirche Santa María mit schönem Glockenturm aus dem 16. Jahrhundert, Kreuzgang, und barocker Ausstattung zeugt von der einstigen Bedeutung und war auch selbst Pilgerziel: Eine gotische Madonna, die noch zu sehen ist, lockte einst Wallfahrer aus der Umgebung nach Los Arcos. Jakobspilger sehen als Erstes ihr Nordportal, das 1591 gestaltet wurde. Heute werden rund um das das Dorf Getreide und Oliven angebaut.

WEINKATHEDRALE IN DEN BODEGAS DE IRACHE

10 000 Eichenfässer ruhen in der Halle mit Rundbögen, die architektonisch tatsächlich an ein Gotteshaus erinnert. Gleich nebenan liegen drei Millionen Flaschen in Regalen. Eine Probierstube gibt es natürlich auch, in der die Erzeugnisse verkostet werden können. In Pilgerrucksäcken kann man in der Regel nicht viel transportieren, doch die Kellerei liefert ihre Produkte auch international aus.

FIESTA UND STIERLÄUFE IN LOS ARCOS

Am Samstag vor dem 14. August würdigt Los Arcos mit der Feria del Camino de Santiago zunächst den Jakobsweg, bevor die Woche ab dem 14. im Zeichen täglicher Stierläufe, Prozessionen und Konzerte steht. Dabei erscheinen alle Einwohner in strahlendes Weiß gewandet und mit einem roten Tuch um den Hals – überall in Navarra die typische Fiesta-Kleidung. Am Ehrentag des Jakobus, dem 25. Juli, wird der Apostel mit einer besonders festlichen Messe gewürdigt.

Weitere Informationen

Bodegas de Irache: www.irache.com
Turismo Los Arcos: www.losarcos.es/turismo
www.turismo.navarra.es

Weite Blicke und die außergewöhnliche, achteckige Kapelle San Sepulchro in Torres del Río (r.) prägen die Etappe nach Logroño. Die Prozession der Riesen (r.o.) ist Teil der Fiesta San Mateo im September.

8 Hauptstadt der Rioja – Logroño

Kirchen, Kapellen und jede Menge Wein

Die Hauptstadt des wichtigsten spanischen Weinbaugebiets La Rioja verdankte ihre Bedeutung als Station am Pilgerweg dem umtriebigen König Sancho. Umsichtig lenkte der Monarch den Weg zum Apostelgrab im 11. Jahrhundert durch die Stadt, um der Wirtschaft ein wenig Schwung zu verleihen.

Sieben Kilometer hinter Los Arcos thront der kleine Ort Sansol dekorativ auf einer Anhöhe über dem Fluss Linares. Tatsächlich haben Wanderer es seit einigen Kilometern vor allem mit Hügeln zu tun. Die Mühen der Pyrenäen, deren Ausläufer der Landschaft Reiz verleihen, gehören der Vergangenheit an. Schön ist die barocke Pfarrkirche von Sansol mit dem Taufstein aus dem 16. Jahrhundert und einer noch älteren Petrusfigur aus dem 14. Jahrhundert.

Adieu, Pyrenäen!

Sansol ist mit historischen Häusern und einem Anfang des 18. Jahrhunderts erbauten Barockpalast sehr malerisch. Angesichts der übersichtlichen Größe – knapp über 100 Menschen leben hier – verfügt Sansol über keine nennenswerte touristische Infrastruktur, bietet aber diverse Ferienwohnungen. Ein Pilgerhospiz, das es im Mittelalter gegeben haben soll, ist hier indes nicht mehr zu finden. Deshalb lassen es die meisten Pilger bei einem Kirchenbesuch nebst Kaffeepause bewenden – genießen die schöne Aussicht auf das Flusstal und begeben sich in das nächste Dorf am Wegrand: Torres del Río.

Dort lohnt ein Besuch der Kapelle San Sepulchro, deren Kuppel nach islamischem Vorbild gestaltet ist: Ihre Rippen schneiden einander so, dass die freie Fläche in der Mitte die Form eines Sterns bildet – wie in der Kathedrale von Córdoba, die ihr Leben als Moschee begann,

und in der Kirche El Cristo e la Luz in Toledo, die einst Bab-Mardum-Moschee hieß.
Von hier geht es zunächst weiter nach Viana. 1219 als Festung an der Grenze zu Kastilien gegründet, erhielt Viana 1630 das Stadtrecht und ist mit 4000 Einwohnern immer noch ein Städtchen. Schon bei ihrer Gründung erhielt sie ein *Fuero*, lokale Sonderrechte, die außer Siedlern und Händlern auch die Jakobspilger anlocken sollten. Ein gut erhaltenes historisches Zentrum mit dem 1688 erbauten Rathaus und der Kirche Santa María mit prachtvoller goldener Altarwand machen eine Pause hier empfehlenswert.

Der Jakobsweg als Brettspiel

Neun Kilometer entfernt wartet am Ufer des Flusses Ebro Logroño, mit 150 000 Einwohnern das kulturelle und wirtschaftliche Herz der Rioja. Die Hauptstadt der Provinz Rioja hat eine Universität, an der man Weinbau studieren kann, und diverse Weinbaubetriebe sind hier zu Hause. Markant ist die Brücke über den Ebro. Der Nachfolgebau der mittelalterlichen Puente de Piedra entstand 1884. Ihr Vorgänger war wiederum erbaut worden, um den Pilgern die Überquerung des Flusses zu ermöglichen. Und natürlich herrscht auch an Kirchen kein Mangel. Zunächst erreicht der Pilger Santa María del Palacio mit gotischer Turmspitze, Kreuzgang und einem prachtvollen Hochaltar aus dem 16. Jahrhundert. Die Kathedrale Santa María de la Redonda, ab dem 16. bis zum 18. Jahrhundert erbaut, besitzt barocke Zwillingstürme, eine üppig verzierte barocke Westfassade sowie im Inneren sehenswerte Skulpturen und ein ebensolches Chorgestühl. Auf der Plaza San Pablo in der Altstadt wurde ein Brettspiel als Mosaik ausgelegt, das die Reise auf dem Jakobsweg zum Inhalt hat. Jedes Feld trägt eine Nummer und repräsentiert eine Station. Hier kann man noch mal auf die Mühen der Pyrenäen zurückblicken und das Ziel in Santiago de Compostela ins Auge fassen. Auf der Plaza befinden sich auch ein mit Muscheln geschmückter Pilgerbrunnen und die Kirche Santiago el Real. An ihr ist Jakobus gleich mehrfach verewigt: als Pilger und zu Pferd am Südportal und an der Fassade als berittener Maurentöter.

RAUSCHENDE FIESTA, GEFÄHRLICHER SOMMER

San Bernabé ist der Schutzpatron von Logroño, und seinen Gedenktag feiert die Stadt ebenfalls mit einer rauschenden Fiesta. Am 11. Juni werden bei den Fiestas de San Bernabé zahlreiche Flaschen Rioja auf sein Wohl entkorkt, Fisch und Brot als festtagsspezifische Speisen genossen, und in der ganzen Stadt wird gefeiert. Die Stiere haben hier bis zum September Ruhe. Erst zu den Fiestas de San Mateo, mit der die Weinlese gefeiert wird, rennen Unerschrockene (oder Unbelehrbare) mit den Tieren um die Wette. Das Spektakel (und auch der anschließende Stierkampf) faszinierte auch den Spanien-Reisenden Ernest Hemingway. Zwar machte er mit *Fiesta* Pamplona unsterblich, aber er reiste 1959 in die Rioja, um Artikel für ein Magazin zu recherchieren. Während seines Aufenthalts machte er unter anderem Station in Logroño, um die Fiestas de San Mateo mitzuerleben. Seine Erlebnisse und Beobachtungen zum Thema Stierkampf erschienen posthum im Buch *Gefährlicher Sommer* (1985).

Weitere Informationen

Logroño: www.logroño.es
La Rioja: www.lariojaturismo.com/de

Weites Land, einsame Festung:
Bei Logroño.

Die Plaza de España bildet den attraktiven historischen Kern von Santo Domingo de la Calzada (o.). Wunderschön ist der Kreuzgang der Ritter im Kloster Santa María La Real in Nájera (r.).

9 Land der Legenden – Santo Domingo de la Calzada

Königsgräber in der Kirche, Hühner in der Kathedrale

In der attraktiven Landschaft der Rioja liegt ein 1000-jähriges Städtchen neben dem anderen. Wunder sind hier an der Tagesordnung: Das Kloster von Nájera ist einer Marienerscheinung zu verdanken. Und ein gotischer Hühnerkäfig mit krähenden und gackernden Bewohnern in der Kathedrale von Santo Domingo de la Calzada geht auf ein Wunder des Jakobus zurück, der einem zu Unrecht verurteilten Pilger vom Galgen half.

Durch die Puerta del Camino und die Plaza del Marqués de Murrieta führt der französische Weg aus Logroño, weiter in Richtung des Stausees Embalse de la Grajera und später nach Navarette. Dekorativ liegt das Dorf auf einem Hügel, bewacht von der Iglesia de la Asunción de María. Der Friedhof besitzt ein fein gearbeitetes, romanisches Portal, das aus einem Teil der Eingangswand des verfallenen Pilgerhospizes San Juan de Acre gestaltet wurde. Jenseits von Navarette führt der Weg durch die idyllische Rioja über die Passhöhe Alto de San Antón auf das etwa fünf Gehstunden entfernte Nájera zu. Im Tal liegt die alte Königsresidenz Nájera an beiden Seiten des Flusses Najerilla – die Altstadt an der einen, die weniger dekorative Neustadt an der anderen Seite.

Die Jungfrau Maria wünschte sich ein Kloster

1000 Jahre Geschichte sind auch hier eine Selbstverständlichkeit. 923 eroberte Sancho I. von Navarra die Region. Im 10. und 11. Jahrhundert, bevor die junge Stadt 1076 an Kastilien fiel, war Nájera neben Pamplona Residenz der Könige von Navarra. Das Kloster Santa María la Real, dessen Gründung auf eine Marienerscheinung zurückgehen soll, geht seinem 1000. Geburtstag zumindest schon entgegen. Es wurde im Jahr 1052 von García Sanchez III.

gegründet, der während der Rebhuhnjagd der Jungfrau ansichtig geworden war und von ihr mit dem Bau beauftragt wurde. Ein Marienbild in einer von der Klosterkirche aus erreichbaren Höhle erinnert an die Erscheinung; in ihrer Nachbarschaft wurden frühe Könige und Adelige von Navarra bestattet. Geradezu majestätisch ist auch der Claustro de los Caballeros »Kreuzgang der Ritter«, der im 16. Jahrhundert fertiggestellt wurde.

Ein Eremit baute Wege und Herberge

Nach dem Dorf Azofra ist das nach seinem Gründer benannte Santo Domingo de la Calzada mit 6000 Einwohnern das nächste größere Städtchen am Weg. Der Heilige Domingo machte sich um die Pilger verdient, indem er Wege pflastern, ein Hospiz und eine Brücke mit 24 Bögen über den Fluss Oja bauen ließ und dabei selbst Hand anlegte. Denn damals gab es hier nur einen wilden Steineichenwald und den tobenden Fluss – ein unwegsames, gefahrenreiches Stück des Jakobswegs. Domingo García, der hier als Eremit lebte, beschloss zu handeln. Die spätgotische Kathedrale, 1105 geweiht, – vier Jahre bevor er im gesegneten Alter von 90 Jahren verstarb – ist ihm gewidmet. Der Jakobsweg führt durch das mittelalterliche Zentrum mit der Kathedrale und dem benachbarten Pilgerhospiz des Domingo, das heute ein attraktives Parador-Hotel ist.

Kirche mit gotischem Hühnerkäfig

Santo Domingo de la Calzada ist ein verwunschenes Städtchen, in dem auch das Gackern von Hühnern in der Kathedrale kaum abwegig erscheint. Um 1460 entstand der gotische Hühnerkäfig, in dem bis heute stets ein weißes Hühnerpaar kräht und gackert. Hintergrund ist eine (variantenreiche) Legende, nach der ein junger deutscher Pilger fälschlich des Diebstahls beschuldigt und daraufhin – zum Leid der mitreisenden Eltern – zum Tod am Strang verurteilt wurde. Dank des Eingreifens des Jakobus, der ihn am Galgen stützte, überlebte er. Seine Eltern, nun auf dem Rückweg aus Compostela, fanden ihn lebend und eilten zum Bischof, um von dem Wunder zu berichten. Der aber meinte, eher wüchsen dem Geflügel auf seinem Teller Federn und es flöge davon, als dass der Junge noch lebe. Schon floh sein Abendessen durchs Fenster – und seither lebt stets ein Hühnerpaar im Gotteshaus.

MITTELALTERLICHER MARKT IM ADVENT

Die Ferias de la Concepción, die an vier Tagen in der ersten Dezemberwoche in Santo Domingo de la Calzada stattfinden, zählen vor allem wegen ihres Mittelaltermarkts zu den beliebtesten Festen der Rioja. An knapp 100 Ständen ringsum die Kathedrale, auf der Plaza de España und der Plaza de la Alameda werden traditionelles Kunstwerk und andere Erzeugnisse verkauft, die als mittelalterlich durchgehen können. Jongleure, Stelzenläufer, Dudelsackspiele, Musiker und sogar Elfen und Feen sind in den Straßen der Altstadt unterwegs. Zeitgleich finden ein Antiquitätenmarkt im Kreuzgang des Franziskanerklosters und der Mercado de Camino an der Plaza Jacobea statt. Was als Viehmesse im 13. Jahrhundert begann, ist heute ein bunter Markt für handwerklich erzeugte Lebensmittel aus ganz Spanien, von Likör und Wein über Wurst und Käse bis zu Süßigkeiten. Den Abschluss am letzten Tag bildet eine farbenfrohe Prozession.

Weitere Informationen

Nájera: www.najera.es
Santo Domingo de la Calzada: www.santodomingodelacalzada.org
Kathedrale von Santo Domingo de la Calzada: http://catedralsantodomingo.com

10 Kirchen und Taufsteine – Um Grañón

Im Land der 1000-jährigen Dörfer

Zwei Tagesetappen liegen zwischen Santo Domingo de la Calzada und San Juan de Ortega. Sie führen durch winzige Dörfer, die wuchtige Kirchen voller Kunstschätze besitzen und uralte Traditionen pflegen. Ihr reiches kunsthistorisches Erbe ist dem Jakobsweg zu verdanken, ihre Geschichte reicht bis zur Zeit der Reconquista zurück, als hier eine Verteidigungslinie gegen die Mauren verlief.

Sieben Kilometer hinter Santo Domingo de la Calzada wartet mit Grañón ein 1000-jähriges Dorf. Seinen Ursprung hatte es in einer Burg, die im 9. Jahrhundert im Rahmen der Reconquista erbaut wurde. In ihrem Schatten entstand am Fuß des Hügels eine kleine Siedlung. Nach Streitigkeiten zwischen Navarra und Kastilien um die Festung, die zugunsten Kastiliens ausgingen, gab auch hier der Jakobsweg einen entscheidenden Impuls zur weiteren Entwicklung des kleinen Dorfs. Mit dem Monasterio de San Juan wurde ein Kloster erbaut, an dessen Platz heute die schöne, Johannes dem Täufer geweihte Kirche steht. Von der mittelalterlichen Stadtmauer hat nichts überdauert.

Streit um eine Eichenweide

Grañón verlor an Bedeutung, nachdem die Burg verfiel. Sinnbildlich dafür ist, dass einige Jahrhunderte vergingen, bis der Streit mit den Nachbarn aus Calzada um eine zwischen den Gemeinden liegende Eichenweide beigelegt werden konnte. So will es zumindest eine Legende, der zufolge Grañón den Zwist in einem stellvertretend von zwei Herren geführten Zweikampf für sich entschied. Grund genug für eine Wallfahrt, die jedes Jahr zum mutmaß-

Abschied von Santo Domingo de la Calzada und dem Pilgerhospiz, das heute ein prachtvolles Parador-Hotel ist (r.), und Ausblick auf Belorado (u.), dessen Geschichte vor der Römerzeit begann.

lichen Schauplatz der Auseinandersetzung führt: dem Cruz de los Valientes.

Taufsteine aus dem 12. Jahrhundert

Obwohl nur noch 250 Menschen in Grañón wohnen, besitzt der Ort mit der im 15. und 16. Jahrhundert errichteten dreischiffigen Kirche San Juan Bautista ein mächtiges Gotteshaus. Der Taufstein aus dem 12. Jahrhundert ist das einzige Überbleibsel aus dem Kloster. Sehenswert sind hier außerdem das Chorgestühl und das Johannes dem Täufer gewidmete Retabel mit aufwändigen Schnitzereien. Im winzigen Redecilla del Camino ist ein weiterer uralter Taufstein zu sehen. Das Meisterwerk der Romanik aus dem 12. Jahrhundert ruht in der Kirche Virgen de la Calle auf acht miteinander verbundenen Säulen. Aus jeder scheinen Türme mit drei Etagen von Fenstern emporzuwachsen – ein Werk von schlichter Schönheit. Auch die Kirche hat ihren Ursprung im 12. Jahrhundert, wurde aber im 18. Jahrhundert in Teilen erneuert. Castildelgado, Heimat von knapp 40 Menschen, besteht im Wesentlichen aus einer dreischiffigen Kirche mit barocken Altarretabeln und dem Grab von Francisco Delgado López, der im 16. Jahrhundert Bischof von Jaén und Lugo war. Nächster Sprenge am Weg ist Viloria de Rioja, der mutmaßliche Geburtsort von Domingo de la Calzada. Belorado ist mit knapp 1800 Einwohnern der größte Ort der Etappe und war schon vor der Römerzeit besiedelt. Im ausgehenden Mittelalter waren hier einige einflussreiche Adelsfamilien heimisch. Schön ist die Plaza Mayor, auf der man ein angenehmes Stündchen im Schatten verbringen kann. Die Kirche Santa María besitzt ein sehenswertes Altarretabel aus dem 16. Jahrhundert in einer der Kapellen, die im 17. Jahrhundert erbaute Iglesia San Pedro einen eindrucksvollen goldenen Retabel. Das im 16. Jahrhundert begründete Kloster de Nuestra Señora de Bretonera wird noch von Klarisse betrieben.

In Villafranca Montes de Oca, mit 120 Einwohnern wiederum sehr klein, steht zur Erinnerung an das noch rund 500 Kilometer entfernte Ziel eine Jakobskirche. Allerdings stammt die heutige Iglesia de Santiago Apostól aus dem 18. Jahrhundert. Noch vor ihrem Vorgängerbau stand an dieser Stelle eine Kathedrale, denn das Dorf war einst Bischofssitz. Der erste Bischof Indalécio, ein Schüler des Apostels, erlitt hier den Märtyrertod.

EIN FRÜHLINGSFEST FÜR DIE JUNGFRAU MARIA

Eineinhalb Kilometer südlich von Grañón befindet sich die barocke Ermita de Carrasquedo am Ort eines frühen Pilgerhospizes. Die einschiffige Kirche mit vier Gewölben besitzt ein Altarretabel von Diego de Ichazo. Jedes Jahr wird hier am 25. März ein Fest zu Ehren der Jungfrau von Carrasquedo gefeiert. Ihr Bildnis in der Kirche ist das Ziel einer Prozession. Gefeiert wird auch rund um die Kirche.

EINE FIESTA FÜR INDALÉCIO

Wer von der Sommersonne auf dem Camino eine Pause braucht, kann sich den Ruhetag in Villafranca Montes de Oca mit einer kleinen Wallfahrt vertreiben. Am zweiten Sonntag im August findet hier eine Prozession zur Ermita de Oca statt. Der Überlieferung zufolge erduldete der Heilige Indalécio hier den Märtyrertod.

Weitere Informationen

www.turismocastillayleon.com

Nur das Pilgerhospiz des Klosters San Juan de Ortega (o.) wird heute noch genutzt. Das Grab und die Überreste von San Juan kann man in der Kirche sehen (r.o.). Atapuerca (r.u.) ist eine der wichtigsten Ausgrabungsstätten der Welt.

11 Uralter Boden – San Juan de Ortega und Atapuerca

Über Berge und durch Wälder zu den ältesten Europäern

Der Heilige Juan baute vor mehr als 800 Jahren Brücken und ein Hospiz für Pilger, nachdem er eine Wallfahrt nach Jerusalem unternommen hatte. Viel tiefer in die Vergangenheit geht es in der Sierra de Atapuerca: Hier wurden menschliche Überreste aus der Altsteinzeit gefunden. Und als wäre das alles nicht dramatisch genug, erfahren Pilger auf dieser Etappe auch noch von einem mittelalterlichen Brudermord.

Umgeben von Wald und Bergen der Gemeinde Montes de Oca erscheint San Juan de Ortega, gegründet vor fast 1000 Jahren, als Kloster und Pilgerherberge. Das Kloster ist einem jüngeren Zeitgenossen des Heiligen Domingo aus Calzada gewidmet, der sich in dieser einst gefahrenreichen Gegend wie sein Vorbild dem Aufbau einer Infrastruktur für Pilger widmete. Denn sie hatten in den finsteren Wäldern weit weg von Burgos Wegelagerer und wilde Tiere zu fürchten.

Priester, Pilger, Brückenbauer

Der um das Jahr 1080 geborene Juan de Ortega unternahm nach seiner Priesterweihe selbst eine Pilgerfahrt in das damals gerade von den Kreuzrittern eroberte Jerusalem. Nach seiner Rückkehr stiftete er dann eine Kirche nebst Hospiz – die Keimzelle des Klosters, das er selbst begründete. Außerdem baute Juan de Ortega Wege, Herbergen und Brücken in Logroño und Nájera, bis er sich in die Oca-Bergen zurückzog. Juan verstarb im Jahr 1163 in seinem Kloster und erreichte somit wie der von ihm verehrte Domingo ein für die Zeit nahezu biblisches Alter.

Das Kloster wird nicht mehr von Mönchen oder Ordensschwestern bewohnt, eine Pilgerherberge ist jedoch bis heute geblieben. In der Kirche ist das Grab des Heiligen Johannes

zu bewundern. Isabella die Katholische stiftete im Jahr 1474 das prächtige, von einem Baldachin gekrönte Grabmal. Paare, die sich ein Kind wünschen, pilgern gerne zum Grab des Heiligen. Denn der Stiftung des Grabmals hatte Isabella womöglich auch ihre drei Kinder mit ihrem Ferdinand zu verdanken.

Sonnenstrahl auf der Weihnachtsgeschichte

Doch auch künstlerisch hat die dreischiffige Kirche einiges zu bieten. Reliefs am Sockel des Grabmals erzählen aus dem ereignisreichen Leben des Heiligen. Die Heiligenfiguren an den Pfeilern sind allerdings deutlich jüngeren Datums, sie entstanden erst im 18. Jahrhundert. Sehenswert sind auch die Kapitelle, von denen eines die Weihnachtsgeschichte darstellt, von der Verkündigung des Erzengels Gabriel bis zur Geburt Jesu in der Krippe. Während der Tagundnachtgleiche im September und im März fallen kurz vor Sonnenuntergang die letzten Strahlen auf dieses Kapitell.

Brudermord und Spuren aus der Altsteinzeit

Im etwa sechs Kilometer entfernten Atapuerca fand im 11. Jahrhundert eine Schlacht zwischen den Brüdern Don Ferdinand von Kastilien und León und Don García von Navarra statt, die der Erste siegreich, der andere tot verließ. Der Markstein »Fin del Rey« erinnert an das Ende des Königs García III. Doch das Dorf und vor allem seine Umgebung haben außer diesem alttestamentarisch anmutenden Streit um Grenzziehungen noch deutlich ältere Erinnerungen. Erste Knochenfunde gab es bereits im 19. Jahrhundert, doch 1994 wurden in Höhlen in der Sierra de Atapuerca Hunderte frühmenschlicher Knochen gefunden, deren Alter auf 800 000 Jahre geschätzt wird. Es sind die ältesten, sicher belegten Menschenfunde in Europa. Atapuerca ist UNESCO-Welterbe und eine der wichtigsten archäologischen Stätten der Welt. Die genaue Zuordnung dieser Frühmenschen ist strittig, es scheint sich aber um Vorfahren des Neandertalers zu handeln. Wissenschaftler identifizierten die bislang unbekannte Art des *Homo antecessor*. Auch Werkzeuge und bearbeitete Knochen wurden gefunden, die auf rituellen Kannibalismus der Frühmenschen hindeuten. Der Jakobsweg streift die Sierra de Atapuerca nur am Rand, doch der Abstecher in die Altsteinzeit lohnt sich.

GUTES ESSEN FÜR DEN HOMO SAPIENS

Eine kleine Karte mit sehr gut zubereiteten und appetitlich arrangierten Spezialitäten von Tintenfisch über *Bacalao* bis zu Grillgerichten machen das Restaurant Comosapiens zu einer echten Entdeckung in einer dünn besiedelten Gegend mit übersichtlichem gastronomischem Angebot. Angenehmes Ambiente, schöner Garten und – wie im ländlichen Spanien üblich – moderate Preise.

Weitere Informationen

Restaurant Comosapiens: Calle Camino de Santiago 24, Atapuerca, https://comerenatapuerca.com
Fundación Atapuerca, www.atapuerca.org

12 Die Perle Kastiliens – Burgos

Tapas und Wein im Schatten der Kathedrale

Neben León und Santiago de Compostela ist Burgos eine der wichtigsten Kulturstädte am französischen Weg. Außer der imposanten Kathedrale zählen das Grab und das Denkmal von El Cid zu ihren Attraktionen. Der spanische Held des Mittelalters wurde in der Nähe von Burgos geboren. Die Altstadt ist mit kopfsteingepflasterten Gassen, versteckten Plätzen und kleinen Tapasbars besonders schön.

Panoramablick auf Burgos und seine herrliche Kathedrale (u.). Markant: das Grabmal des Aristokraten Pedro Fernández de Velasco und seiner Gattin (r.o.), und das Portal der Kirche San Nicolás de Bari (r.u.).

Dank der reich verzierten und außerordentlich hohen Türme ihrer Kathedrale ist die Altstadt von Burgos unverkennbar. Allerdings ragt sie nicht mehr schon aus weiter Ferne aus reizvoll-karger kastilischer Landschaft, sondern ist heute von neuerer Bausubstanz umschlossen. Burgos liegt auf 900 Meter Meereshöhe im Regenschatten des Kantabrischen Gebirges. Mit kaltem oder – je nach Jahreszeit – überraschend kühlem Wind aus den Bergen ist also zu rechnen. Mit rund 175 000 Einwohnern gehört die alte Handelsstadt Burgos nicht nur zu den größeren Städten am Jakobsweg. Sie ist auch eine der Städte Spaniens, die mit ihrem Reichtum an Kultur, Geschichte, Flair und guten Restaurants so eindrucksvoll sind, dass einem die schönen Inseln des Landes glatt gestohlen bleiben können – für den Augenblick zumindest. Burgos war immer schon wohlhabend, was sich außer an der Bausubstanz auch am Einkaufsangebot in der Fußgängerzone ablesen lässt. Im Mittelalter war Burgos eine Zeit lang die Krönungsstadt der kastilischen Könige. Seit 1035 war Burgos kastilische Kapitale, musste die Hauptstadtwürde aber schon im Jahr 1085 an das

EINE REISE IN DIE GESCHICHTE DER MENSCHHEIT

Spannend ist das architektonisch wie wissenschaftlich überaus moderne Museo de la Evolución Humana, ein Museum zur Evolutionsgeschichte, in dem Besucher vom Erdgeschoss bis in die obere Etage der fortschreitenden Entwicklungsgeschichte des Menschen folgen. Das außergewöhnliche Museumserlebnis spricht alle Generationen an. Inhaltlich schließt es perfekt an den Besuch der Ausgrabungen in Atapuerca an, da die Geschichte der Spezies Mensch vom dort entdeckten *Homo antecessor* bis zum *Homo sapiens* erzählt wird.

Weitere Informationen

Museo de la Evolución Humana:
www.museoevolucionhumana.com
Turismo Burgos:
http://turismo.aytoburgos.es

eben eroberte Toledo abgeben. Als Entschädigung wurde die Stadt zum Bischofssitz.

Dombauhilfe aus Köln

Überragt wird die Altstadt von den Türmen der gotischen Kathedrale Santa María de Burgos, die die UNESCO zum Weltkulturerbe zählt. Man erreicht sie durch das Tor Arco de Santa María, hinter dem sich der Vorplatz erstreckt. Vor der Kathedrale sitzt ein Pilger mit Jakobsmuschel auf einer Bank – es ist ein Denkmal für die Wallfahrer, die seit Jahrhunderten durch Burgos kommen. Der Bau, den Ferdinand III. anlässlich seiner Hochzeit mit Beatrix von Schwaben errichten ließ, war die erste gotische Kathedrale in Spanien.
Am 20. Juli 1221 ging es los, am 20. Juli 1260 wurde der Hochaltar geweiht. Dann allerdings kam es zu einem mehr als 150 Jahre währenden Baustopp, bis der Bischof Alfonso de Cartagena von einem Besuch in Deutschland den Baumeister Johannes von Köln mitbrachte, dessen Heimat bereits eine eigene prachtvolle gotische Dauerbaustelle besaß. Die Pläne für deren Türme, die zwar existierten, aber noch nicht umgesetzt waren, kannte er offensichtlich schon. In Burgos begann er mit den Türmen, von denen einer – der Vierungsturm – allerdings später, im Jahr 1537, einstürzte. Er wurde 1567 unter Beteiligung eines Enkels des Kölner Baumeisters, Francisco de Colonia, ersetzt. Von dem kastilischen Enkel des Kölners stammt auch die Puerta de la Pellejería, die »Pforte der Jakobspilger«. Danach folgten nur noch vergleichsweise kleinere Veränderungen. So erfuhr die eindrucksvolle Westfassade mit den fein gearbeiteten Steinmetzarbeiten an den beiden je 88 Meter hohen Türmen im 19. Jahrhundert eine Anpassung an den klassizistischen Zeitgeschmack.

Erinnerung an den Ritter El Cid

Rodrigo Díaz de Vivar, der spanische Held, der dem größten Teil der Nachwelt kurz und knapp als El Cid bekannt ist, fand in der Kathedrale seine letzte Ruhestätte. Geboren wurde er vermutlich im nahe gelegenen Dorf Vivar del Cid, seine Unsterblichkeit verdankt er dem Umstand, dass er die Stadt Valencia im 11. Jahrhundert von der maurischen Herrschaft befreite. Dort starb

Solche Panoramen machen den Camino Francés unvergesslich: ein Schäfer mit seiner Herde bei Castrojeriz (o.), die Anhöhe Alto de Mostelares (r.o.) und die Kapelle Ermita de San Nicolás im Abendlicht (r.u.).

er auch am 10. Juli 1099. Die sterblichen Überreste des Ritters und seiner Gattin Jimena wurden 1835 von ihrem ursprünglichen Grab im Kloster San Pedro de Cardeña in die Kathedrale verlegt. Ihre heutige Grabstelle unter einer schlichten Marmorplatte erhielten sie erst 1921. El Cid ist auch außerhalb der Kathedrale präsent. Von seinem gewaltigen, östlich der Kathedrale stehenden Denkmal blickt der Held auf Burgos hinab – mit dramatisch wehendem Umhang und ausgestreckten Schwert. Tatsächlich waren die Beziehungen zwischen Held und Stadt nicht spannungsfrei. Dass König Alfons VI. ihn aus Kastilien verbannte, nachdem er sich in politische Konflikte in Andalusien eingemischt hatte und allgemein lästig fiel, ist heute in Burgos allerdings kein Thema mehr. Erst als Kastilien eine schmerzliche Niederlage gegen die Almoraviden einstecken musste, besserten sich die Verhältnisse wieder. El Cid stieg zum Herrscher von Valencia auf, das mit Kastilien offiziell verbündet war. Hier lebte der Ritter und Abenteurer bis zu seinem Tod, während seine Heimatregion erst nach seinem Ableben wieder Interesse an ihm entwickelte.

Prachtvolle Kirchen, berückende Ausblicke

Der Jakobsweg führt an der Nordseite der Kathedrale und der Kirche San Nicolás vorbei. An ihrer Ausstattung war wiederum Francisco de Colonia beteiligt, der Enkel des aus Köln importierten Baumeisters. Er schuf die Altarwand aus Alabaster, auf der 465 Figuren unter anderem die Geschichte des heiligen Nikolaus von Bari in Apulien erzählen – eine der größten Altarwände, die jemals entstanden. Es lohnt sich, sich durch die Altstadt treiben zu lassen, in die zahlreichen Kirchen und Klöster zu schauen und sich zwischendurch in einer Tapasbar zu stärken oder am schattigen Ufer des Arlanzón eine Ruhepause einzulegen. Immer wieder blitzen über Dächern und am Ende schmaler Straßen die Türme der Kathedrale auf, aus jeder Perspektive sind sie so reizvoll anzusehen, dass man gleich nach der Kamera tastet. Auf dem höchsten Punkt der Stadt befindet sich in der Kirche San Esteban das Museo del Retablo. Das Museum der Altarbilder zeigt Exemplare vom Mittelalter bis zum Barock. Eine wunderbare Aussicht auf Altstadt und Kathedrale bietet der Aussichtspunkt Mirador del Castillo. An klaren Tagen reicht der Blick bis zu den Bergen am Horizont.

Von Hontanas auf dem Weg weiter nach Westen.

13 Kastilische Weite – Meseta Central

Von Hontanas nach Carrión de los Condes

Jenseits von Burgos zeigt sich die Landschaft einmal mehr in neuem Licht: Die baumlose zentralspanische Hochebene beginnt. Hier und da sind Dörfer in die Meseta Central getupft. Weizenfelder, Weinbau und Schafherden prägen diesen Abschnitt des Wegs, der durch den nördlichen Teil der Meseta verläuft.

Unendlich ist der Himmel, und bis zum Horizont findet das Auge auch auf der Erde wenig, an dem es sich festhalten kann. Auf den 180 Kilometern zwischen Burgos und León dominieren Weite, Leere, einsame Dörfer. Im Frühling leuchtender Klatschmohn in den Feldern, im Sommer Sonnenblumen. Campos Góticos heißt dieser Landstrich auch in Anlehnung an die Besiedlung der Gegend durch die Westgoten nach dem Niedergang des Römischen Reichs. In diesen zeitlichen Dimensionen denkt man hier. 70 Einwohner, eine Kirche, eine Pilgerherberge – Hontanas ist das Destillat einer einsamen Station am Jakobsweg. Der entlegene Weiler verdankt seinen Namen Quellen und einer Lautverschiebung, die aus den Fontanas Hontanas machten. Das Dorf Boadilla del Camino ist 1000 Jahre alt. Hinter seiner Kirche zeigt eine üppig verzierte spätgotische Gerichtssäule einen Ort der Rechtsprechung an.

Mittelalter-Flair und ein Kloster als Herberge

Mit 2000 Einwohnern ist der einst blühende Marktflecken Carrión de los Condes noch immer – relativ – groß. Das Benediktinerkloster San Zoilo ist heute ein Hotel. Besonders schön ist der Renaissance-Kreuzgang, der eine kontemplative Atmosphäre bewahrt hat. Die romanische Kirche Santiago und die Kirche Santa María del Camino mit der Geschichte der Heiligen Drei Könige auf dem Südportal sind Carrións weitere Trümpfe.

14 Römer und Ritter – Durch Altkastilien

In der Natur versteckt: eine Bodega in San Nicolás del Real Camino.

Nach San Nicolás del Real del Camino

Fast ist es, als holte die Landschaft auf der Etappe nach León noch einmal tief Atem. Scheinbar endlos erstreckt sich die Meseta bis zum Horizont. Flaches Land und sanfte Hügel wechseln sich ab. Viele ihrer Dörfer wären ohne die Jakobspilger längst vergessen.

Nur wenige Kirchtürme, um die sich winzige Dörfer bilden, ragen aus der Landschaft. 17 Kilometer hinter Carrión de los Condes liegt Calzadilla de la Cueza mit nur zweistelliger Einwohnerzahl, aber langer Geschichte am Weg, der hier einer alten Römerstraße folgt. Denn schon damals siedelten hier Menschen und hinterließen der Nachwelt bauliche Spuren. Später unterhielt der Santiago-Ritterorden Abtei und Pilgerhospiz. An beide Epochen erinnern indes nur noch Ruinen.

Der Apostel als Pilger und Maurentöter

Weiter geht es durch Weizenfelder in den Sprengel Ledigos, dessen Pfarrkirche dem Heiligen Jakob geweiht ist. Im Kircheninneren ist Jakob als Pilger, Apostel und Maurentöter dargestellt. Terradillos de los Templarios, die nächste Siedlung, führt im Namen den Templerorden, der ihre Geschichte prägte. Denn im 12. Jahrhundert gehörte das Dorf dem im Jahr 1118 in Jerusalem gegründeten, geistlichen Ritterorden, der hier auch ein Pilgerhospiz unterhielt. Die Wurzeln von Terradillos reichen bis zu den Römern zurück. Heute hat der Ort mit 80 Einwohnern die für die Gegend typische Größe und verfügt auch über eine Pilgerherberge. Auch in San Nicolás del Real Camino besaßen die Tempelritter Ländereien. Hier gibt es eine entzückende, dem heiligen Nikolaus geweihte kleine Kirche und eine Pilgerherberge gleich nebenan.

15 Kleinod aus Ziegelbaukunst – Sahagún

Märtyrer und Mudéjar-Baumeister

Mit 2500 Einwohnern darf Sahagún hier mit Fug und Recht als Stadt gelten – oder zumindest als Kleinstadt mit einer eindrucksvollen und dazu gut erhaltenen Geschichte. Eine mittelalterliche Brücke über den Río Cea bringt Pilger seit alters her nach Sahagún, das die halbe Strecke des französischen Wegs markiert.

Sahagún ist geschichtsträchtig und voller Spuren einer großen Vergangenheit. Das Städtchen besitzt so viele Kirchen, dass es sich erlaubt hat, in einer von ihnen, der im 13. Jahrhundert erbauten La Trinidad, eine Pilgerherberge unterzubringen.

Vom Kloster San Facundo, im Mittelalter eine der wichtigsten Benediktinerabteien in Spanien, sind nur Reste übrig geblieben: Lediglich ein Uhrenturm und ein Torbogen, der heute die Straße überspannt, sind noch zu bewundern. Ein König verbrachte hier seine Lehrjahre: Alfons VI. von León wurde in diesem Kloster ausgebildet (und nach seinem Tod im Jahr 1109 auch hier bestattet). Christliche Nächstenliebe nahm auf dem Lehrplan offensichtlich keinen breiten Raum ein, da er sich später mit seinen königlichen Brüdern in heftige Auseinandersetzungen um das Erbe verstrickte, an deren Ende der eine tot, der andere eingekerkert und er selbst König auch von Kastilien und Galicien war.

Der immer noch prachtvolle Bogen (u.) in Sahagún ist der einzige Überrest der mittelalterlichen Benediktinerabtei. Die Kirche San Lorenzo (r.) vereint gotische und Mudéjar-Elemente.

Der Name des Klosters und der in seinem Schatten entstandenen Stadt leitet sich von Sanctus Facundus ab, einem von zwei römischen Legionären, die hier im 2. und 3. Jahrhundert den Märtyrertod starben.

Juwelen des Mudéjar-Stils

Bauten von der Römerzeit bis zum Barock sind erhalten und zeugen von der früheren Bedeutung der Stadt als religiöses und wirtschaftliches Zentrum. Auffällig ist die großzügige Verwendung von Ziegeln, die einem Mangel an Naturstein in der Gegend und der Tätigkeit von Mudéjar-Baumeistern zu verdanken ist – ebenso wie Ornamente, arabisch anmutende Bögen und schmuckvolle Fliesen. Weil es wenig Naturstein gab und gibt, sieht man in der Umgebung noch immer Häuser aus Lehm oder Fachwerk. Von Kirchen erwartete man Langlebigkeit, sodass sie aus Ziegelsteinen erbaut wurden – eine Technik, auf die sich Ingenieure muslimischer Herkunft gut verstanden und die außerdem den Bau stabiler Vierungstürme ermöglichte.

Backsteinkirchen mit arabischem Schmuck

Die wichtigsten Beispiele für den Mudéjar-Stil sind die auf einem Hügel gelegene Ruine des Franziskanerklosters La Peregrina und die im 12. und 13. Jahrhundert erbaute Kirche San Lorenzo mit gotischen und Mudéjar-Elementen. Das imposante Bauwerk lag einst am Schnittpunkt des Juden- und Mauren-Viertels und spiegelte mit seiner multikulturellen Bevölkerung die Verhältnisse auf der Iberischen Halbinsel nach der Reconquista. Die romanische Kirche San Tirso ist der älteste erhaltene Backsteinbau in der Gegend und zählt zu den schönsten Sakralbauten der Mudéjar-Architekten in Spanien. Ihre drei Schiffe enden jeweils in halbrunden Apsiden, die der Struktur besondere Harmonie verleihen. Die Fenster im Turm von San Tirso ruhen auf zierlichen Säulen und haben Rundbögen, was nicht zufällig an die Optik von Minaretten erinnert. Die Fenster der drei Etagen werden nach oben hin kleiner, was dem viereckigen Turm ein wenig Leichtigkeit verleiht. Im Inneren der Kirche sind ein Sarkophag aus dem 13. Jahrhundert und das Chorgestühl aus der ab 1257 erbauten Iglesia de la Pelegrina zu sehen, das aus dem ehemaligen Franziskanerkloster hierher gebracht wurde.

Seit Jahrhunderten sind die Jakobspilger nicht nur eine Erwerbsquelle für die Stadt, sie beteiligten sich mit ihren Spenden auch an der Realisierung der sakralen Bauprojekte. Auch Sahagún beweist, dass das Ergebnis der Gleichung aus Wirtschaft und Wallfahrt oftmals Kunst und Schönheit heißt.

WALLFAHRT MIT BROT UND KÄSE

Am 25. April bricht Sahagún zur Wallfahrt zur Einsiedelei La Virgen del Puente auf. Im Mittelpunkt der Romería del Pan y del Queso steht zwar die Jungfrau, aber auch Brot und Käse spielen eine Rolle, wie der Name nicht verschleiert. Hintergrund ist die Stärkung, die die Stadtverwaltung nach Vollziehen der religiösen Handlungen anbietet. Sogar ohne Brot und Käse ist die Pilgerprozession ein eindrucksvolles Erlebnis, denn wie immer bei solchen Anlässen sind die Teilnehmer mit leidenschaftlichem Ernst bei der Sache.

MARIENFEST MIT PAELLA

Ein unterhaltsames und auch kulinarisch interessantes Fest in Sahagún ist die Fiesta del Veraneante (eigentlich Asunción de Nuestra Señora) am 15. August, dem Tag der Aufnahme Marias in den Himmel. Musik, Wein und ein Paella-Wettbewerb machen den Tag zum Volksfest. Natürlich steht auch eine Messe auf dem Programm.

Weitere Informationen

www.turismocastillayleon.com
www.turismosahagun.com

16 Lagunen und Wein – El Burgo Ranero und Reliegos

Wo Frösche quaken und Störche klappern

Durch weites Land führt der Weg weiter in Richtung León. Noch einmal zeigt sich die karge Schönheit der Ebene: Alleen, Sonne, golden leuchtende Felder und träumende Dörfer. In El Burgo Ranero entstehen im Frühling saisonale Lagunenlandschaften. In Reliegos, zu Römerzeiten an der Kreuzung dreier wichtiger Fernstraßen gelegen, lagerte man in Bodegas in den Hügeln Wein.

Die Bodegas in Reliegos erinnern ein wenig an Hobbit-Höhlen (u.). Der Kirchturm von El Burgo Ranero (r.) erhebt sich aus der Weite der Ebene – Steigungen gibt es auf dieser Etappe nicht.

Felder, Pappeln und kleine Dörfer prägen den Weg nach El Burgo Ranero. Schon im Mittelalter weideten hier Schafherden, die den Sommer in den kühlen Bergen des Nordens verbrachten und im Winter die abgeernteten Stoppelfelder abfraßen. Abgesehen von der Landstraße und den Schienen des Hochgeschwindigkeitszugs hat sich die Gegend seit jenen Tagen nur wenig verändert. Das Wandern ist hier einerseits leicht, weil das Land nur sanfte Wellen aufweist. Allerdings gibt es auch kaum Schatten, was die Fortbewegung im Sommer zur Schwerstarbeit machen kann.

Storchennester auf Masten und Türmen

Zwischen den *Lagunas* erhebt sich der Kirchturm von El Burgo Ranero. Tatsächlich verleihen die Wasserflächen der Landschaft im Frühling Lagunencharakter und können dem Wanderer in der Trockenheit der Ebene und nach der Wanderung durch manches staubige Dorf wie Hitzespiegelungen erscheinen. Die temporären Gewässer, die nach der Schneeschmelze am Ende des Winters entstehen, sind womöglich auch für den Namen des Orts verantwortlich: Man vermutet, dass der Zusatz »Ranero« auf die Frösche Bezug nimmt, die sich hier sehr wohl-

SPORT UND LIVE-MUSIK

El Burgo Ranero beteiligt sich im Wettstreit um die Aufmerksamkeit und Zeit der Besucher mit einer Fiesta del Turista. Am zweiten Wochenende im August stehen außer einer Handball-Meisterschaft auch Kostümwettbewerbe, ein Kinderfest, ein Grill-Event, große Konzerte am Abend und Open-Air-Disco auf dem Programm. Zwei Tage lang wird gefeiert – und nebenbei der Beweis erbracht, dass im ländlichen Spanien Fiestas manchmal auch ohne Prozessionen vorkommen.

Weitere Informationen

El Burgo Ranero: www.aytoelburgoranero.es
www.turismocastillayleon.com

fühlen und mit ihrem Quaken eine ungewohnte Geräuschkulisse in der Hochebene schaffen. Bis zu den ersten heißen Tagen im Frühsommer, die die *Lagunas* trockenlegen, brüten die Amphibien hier und locken nebenbei jede Menge Störche an. Auf jedem zweiten Masten, so scheint es, bauen sie ihre geräumigen Nester.
Schnurgerade führt der Weg durch das Dorf, mit gut 700 Einwohnern wiederum übersichtlich. In Anerkennung der Tatsache, dass seit der ersten Erwähnung im Jahr 1126 vor allem Wallfahrer das Dorf passierten, heißt seine Hauptstraße in schöner Klarheit »Camino Francés«. Hier ist alles aufs Wesentliche reduziert: drei schlichte Herbergen und eine dem Apostel Petrus geweihte Kirche mit Storchennestern auf dem Turm. Die romanische Holzstatue der Heiligen Jungfrau, die der Pfarrkirche besondere Bedeutung verlieh, ist heute allerdings im Museum der Kathedrale von León ausgestellt.

In Hügeln versenkte Lehmbauten

Gut zwölf Kilometer westwärts setzt das Dorf Reliegos mit seinen 240 Einwohnern auf Wein statt auf Wasser. Häuser aus Lehm und Fachwerk, zum Teil in den Hügeln versenkt, geben dem Dorf einen archaischen Anstrich. In rund 70, in die Hügel gegrabenen Bodegas wurde früher Wein produziert und gelagert. Außerdem nutzte man sie als Vorratsräume für alles, was in der sengenden Sommersonne schnell verdarb. Als menschliche Siedlung ist Reliegos noch bedeutend älter: Archäologen entdeckten in dem Ort, an dem zur Römerzeit drei Fernstraßen zusammentrafen, mehr als 100 Artefakte aus noch fernerer Vergangenheit, nämlich Jungsteinzeit und Bronzezeit. Noch im 8. Jahrhundert galt Reliegos als wichtige Siedlung. Von der einstigen Bedeutung ist wenig mehr geblieben als die Lage am Jakobsweg. Zuverlässig führt er Menschen aus der ganzen Welt durch den kleinen Ort, der dem Jakobspilger 2012 ein steinernes Denkmal setzte. Außergewöhnlich machen ihn die in den Hügeln versenkten Lehmbauten, die aussehen wie Hobbit-Häuser im Auenland. Sie vermitteln einen Eindruck davon, wie lange im ländlichen Spanien traditionelle Lebensweisen überdauerten – auch unweit von großen Städten wie León. Die Hauptstadt des einstigen Königreichs ist nur 24 Kilometer entfernt.

Wunderschön ist die Kirche San Miguel de la Escalada (o.), die noch 20 Kilometer vor Mansillas de las Mulas liegt. Die Strecke nach León führt abermals durch die schattenarme Ebene (r.).

17 Eine lange Geschichte – Mansilla de las Mulas

Grenzfestung mit Gotteshäusern

Von der einstigen Lage an der Grenze eines Königreichs zeugt bis heute die mittelalterliche Befestigung mit ihren beiden erhaltenen Wehrtürmen. Der kleine Ort war bereits in der Antike besiedelt. Heute ist das Städtchen landwirtschaftlich geprägt. Kirchen und ein ehemaliges Kloster zeugen von seiner langen Verbindung mit den Pilgern des Jakobswegs.

Aus der Weite der kargen, sonnenversengten Hochebene erscheinen schließlich die weißen Häuser des Orts Mansilla de las Mulas. Sie sind keine Halluzination, auch wenn es dem Pilger in der flimmernden Hitze des Sommers zunächst so erscheinen mag. Schon aus einiger Entfernung sind die immer noch imposanten Überreste der mittelalterlichen Stadtmauern zu sehen. Auch das Stadttor Arco de la Concepción ist gut erhalten und dient bis heute als Zugang zum Zentrum. Von den Wehrtürmen, die sich einst alle 40 Meter erhoben, haben zwei überdauert. Die Befestigungsanlage stammt aus dem 11. Jahrhundert, als das Städtchen an der Grenze des Königreichs Asturien-León an der Brücke über den Esla lag. Zu dieser Zeit blickte es bereits auf eine Geschichte bis in die Antike zurück: Zur Zeit der Römer hieß der Ort Lancia.

Landwirtschaft und Kirchgang

Heute ist es ein kleines Agrarzentrum. Noch immer kommen zur landwirtschaftlichen Ausstellung Feria San Martín die Produzenten der Umgebung ins Städtchen, das unter anderem aufgrund seiner aromatischen Tomaten Ansehen genießt. Neben der Landwirtschaft hat aber auch der Glaube nach wie vor einen hohen Stellenwert, wenn seine Bedeutung auch weniger groß ist als in früheren Zeiten, als der Ort bis zu fünf Kirchen besaß. Das hellgelbe Schiff der Pfarrkirche Santa María

sieht auf den ersten Blick eher weltlich aus, doch der mit Storchennestern geschmückte Kirchturm weist das Gebäude als Gotteshaus aus. Es wurde im 18. Jahrhundert auf einem Vorgängerbau errichtet. San Martín dient als Haus der Kultur und besitzt ein schönes hölzernes Portal. Jakobspilger werden mit einem Denkmal neben der Puerta del Castillo gewürdigt, das erschöpfte Wallfahrer am Fuß eines Wegkreuzes zeigt.
Sehenswert ist das Heiligtum La Virgen de Gracia aus rotem Stein, das außerhalb des Zentrums steht. Seine Wurzeln hat es im 12. Jahrhundert. Schon seit 1787 wird es nicht mehr für Gottesdienste genutzt, beherbergt aber noch immer ein Bildnis der Schutzpatronin des Orts. Bis ins 15. Jahrhundert wurde es von einem Pilgerhospiz flankiert.

Völkerkunde im einstigen Kloster

Im einstigen Augustinerkloster Convento de San Augustín befindet sich heute das Ethnografische Museum. Vom Kloster selbst, einst ein wichtiges kulturelles Zentrum mit großer Bibliothek, haben Gewölbedecken und eine Kapelle überdauert, die eine ungewöhnliche Kulisse für insgesamt 3000 Exponate bilden. Es lohnt sich, in Mansilla de las Mulas noch einmal den ländlichen Frieden zu genießen. Die Strecke nach León verläuft abschnittsweise parallel zur Landstraße und die industriell geprägten Vorboten der Stadt sind von maßvoller Attraktivität. León selbst ist dafür umso reizvoller.

Störche auf dem Kirchturm

Etwa zehn Kilometer vor der Stadt entfernt liegt in Mansilla Mayor aber noch ein sehenswertes Bauwerk am Weg: die ehemalige Zisterzienserabtei Santa María de Sandoval, die ihre Wurzeln im 12. Jahrhundert hat. Im 15. Jahrhundert erfolgte der Beitritt zur kastilischen Zisterzienserkongregation, nachdem sich das Kloster in wirtschaftlichen Schwierigkeiten befunden hatte. 1835 wurde es aufgelöst. Heute gehört die Anlage den Störchen. Allein die bildschöne, erst 1462 vollendete gotische Kirche mit dem romanischen Portal und den romanischen Fenstern sowie der schöne Kreuzgang aus dem 17. Jahrhundert lohnen den Besuch.

TAUSENDJÄHRIGE KLOSTERKIRCHE

Auch wenn Sie das Gefühl haben, auf dieser Etappe bereits eine ganze Menge Klöster gesehen zu haben, lohnt die Klosterkirche von San Miguel de la Escalada einen weiteren Abstecher. Das Kloster wurde am Ende des 9. Jahrhunderts im mozarabischen Stil erbaut – von Christen, die von der noch herrschenden islamischen Kultur ästhetisch geprägt waren. Hier sollen die Mönche selbst die Kirche auf den Überresten eines westgotischen Gotteshauses errichtet haben – angeblich in nur einem Jahr. Sie waren aus Córdoba hierhergekommen. Besonders sehenswert sind die Säulengalerie mit Hufeisenbögen und die Hufeisenbögen im Innenraum.

Weitere Informationen

www.aytomansilladelasmulas.es
http://monasteriodesandoval.com

18 Hauptstadt eines Königreichs – León

Filigrane Fresken, brodelnde Bars

Die gotische Kathedrale Santa María ist eine der schönsten des ganzen Landes, die Basilika San Isidoro sogar Nationalheiligtum. Einst die Hauptstadt des gleichnamigen Königreichs und eine der wichtigsten Metropolen der Iberischen Halbinsel, muss sich León heute zwar mit dem Titel einer Provinzhauptstadt begnügen, ist aber noch immer voller Schönheit und verborgener Schätze.

Auf der weitläufigen, von Arkadengängen eingefassten Plaza San Martín braust am Abend das Leben. Restaurants haben ihre Tische im Freien eingedeckt, Flamenco-Kapellen drehen ihre Runden, der Rioja fließt in Strömen. León ist eine attraktive und geschichtsreiche Stadt, die dazu einer der schönsten Kathedralen Spaniens besitzt und die dennoch von vielen Spanien-Reisenden links liegen gelassen wird – es sei denn sie sind auf dem Camino Francés unterwegs.

Die Römer hinterließen der Stadt den Namen

Römer, Westgoten, Mauren – sie alle waren hier, erbauten oder zerstörten. Die Römer, neben deren Garnison auch eine Siedlung entstand, ließen der Stadt den Namen da – er soll auf *legio* zurückgehen, in Anlehnung an die hier stationierte *Legio VII Gemina Pia Felix*. In der Stadtmauer, die einen Teil der Altstadt noch heute umschließt, finden sich neben mittelalterlichen Teilen auch noch römische Fundamente. Nach Angriff und Zerstörung durch die Mauren blieb die Stadt verlassen, bis Ordoño II. von Asturien sie im Jahr 914 zur Hauptstadt machte. Ende des 10. Jahrhunderts wurde sie allerding neuerlich Ziel eines maurischen Angriffs, bei dem kaum ein Stein auf dem anderen blieb. Bald zählten Galicien, Kantabrien, Asturien, ein Teil von Portugal sowie

Das Kloster San Marcos (u.) zählt neben der Kathedrale und der Basilika San Isidoro zu den herausragenden Sehenswürdigkeiten Leóns. Lebhaft geht es in den Straßen der Stadt zu (r.).

das heutige Kastilien-León zum Königreich León, dessen Kapitale nun zu den wichtigsten auf der Iberischen Halbinsel gehörte. Lange profitierte sie von ihrer Lage am Jakobsweg, bis der Strom der Pilger im 16. Jahrhundert nachließ und schließlich auch für León wieder ruhige Zeiten anbrachen.

Die französischste der spanischen Kathedralen

Die stolze Kathedrale, die zwischen schmalen Gassen emporragt, wurde – bis auf die Türme – relativ flott in der zweiten Hälfte des 13. Jahrhunderts auf den Überresten römischer Bäder und einer romanischen Kirche erbaut. Ihr Baumeister Enrique war bereits seit 1235 am Kathedralenbau in Burgos tätig und leitete diesen 20 Jahre lang. Für Leóns Bischofskirche nahm er sich die Kathedrale von Reims zum Vorbild – dreischiffiges Lang- wie Querhaus, fünfschiffige Choranlage – und dachte auch an die Kathedrale von Saint-Dénis. So gilt Santa María la Regia als die französischste unter den spanischen Kathedralen. Denn die Wände sind durch Glas weitgehend aufgebrochen. Noch schöner als von außen ist sie von innen, da die strahlend bunten Flächen der gotischen Fenster – insgesamt 1800 Quadratmeter und original erhalten – eindrucksvolle Lichteffekte erzeugen. Besonders schön sind die Fensterrosetten, die die Zeit unbeschadet überdauert haben. Allerdings ereilten den märchenhaften Bau einige Schicksalsschläge in Form einstürzender Gebäudeteile im 17. und 18. Jahrhundert. Der zweite Vorfall hätte sich vermutlich verhindern lassen, wäre nach dem ersten Kollaps umfassend restauriert worden. Stattdessen hatte man begonnen, auf- und überzubauen, missachtete die Statik und hätte die Kathedrale womöglich ganz verloren. 1868 begann jedoch die Restaurierung, die die ursprüngliche Gotik wiederherstellte und das heutige Erscheinungsbild schuf.

Sixtinische Kapelle der Romanik

An den Glanz des einstigen Königreichs erinnert die Königliche Stiftskirche San Isidoro mit der Grablege der Könige von León. Die romanische Kirche steht nahe der Stadtmauer und wurde zwischen dem 10. und 12. Jahrhundert

KERZEN FÜR SAN ISIDORO

Natürlich wird in León auch die Karwoche mit großem Aufwand begangen. Am letzten Sonntag im April bietet sich vor der Kirche San Isidoro ein eigenartiges Spektakel, wenn sich Dutzende weltliche und geistliche Würdenträger gegenüberstehen, eine schwere Kirchenkerze den Besitzer wechselt und alle sich tief voreinander verbeugen – Live-Musik und ein tiefer Blick in die kastilische Seele inklusive. Hintergrund des Fests: Im Jahr 1158 bescherte der prominente Zuzügler Isidor der Stadt lang ersehnten Regen. Zum Dank brachten Abgesandte dem Heiligen eine Gabe dar: eine elf Kilogramm schwere Kerze. Da der Heilige die Präsente nicht persönlich entgegennehmen konnte, nahmen die Domherren sie an seiner Stelle an, wiesen aber darauf hin, dass es sich um eine Pflichtabgabe handele. Daraufhin verstrickten sich beide Seiten in eine Debatte, die zu keinem Ergebnis führte. Man entschloss sich, die Diskussion im nächsten Jahr fortzusetzen, und verabschiedete sich unter überhöflichen Vorbeugungen – den *Cabezadas*. Offiziell heißt das Fest *Foro u oferto* (»Pflicht oder Angebot«), im Volksmund *Las Cabezadas*.

Weitere Informationen

www.turisleon.com

Das Gewölbe (m.) und das Exterieur der Kathedrale von León (r.). Eindrucksvoll sind die Fresken in der Basilika San Isidoro (u.). Unten rechts die Basilika von außen.

erbaut. Auch der Heilige Isidor hat hier – Jahrhunderte nach seinem Tod – seine letzte Ruhestätte gefunden. Im 7. Jahrhundert wirkte er als Erzbischof von Sevilla und bedeutender westgotischer Kirchenlehrer, erst 1063 wurden seine Reliquien hierher gebracht. Ältester Gebäudeteil ist das unterirdische Panteón de los Reyes, die von strahlend bunten und erstaunlich gut erhaltenen Fresken geschmückte königliche Grablege. Sie weist Szenen aus dem Alten Testament sowie aus dem Leben Jesu von der Verkündigung bis zur Kreuzigung auf. Aufgrund dieser Fresken wird die Grabkapelle auch als Sixtinische Kapelle der spanischen Romanik bezeichnet.

Ein kostbarer Kelch

Aber auch die Schatzkammer der Basilika ist äußerst sehenswert, wenn auch ihre wertvollsten Schätze heute im Archäologischen Museum in Madrid liegen. Der Kelch der Doña Urraca ist jedoch noch hier. Dieser Becher aus Gold und Juwelen, einst eine Stiftung der Tochter König Fernandos, sorgte für Wirbel, als Kunsthistoriker mit der steilen These aufwarteten, Jesus habe beim letzten Abendmahl aus diesem Kelch getrunken. Der Heilige Gral in León? Sofort setzte sich ein Besucheransturm in Bewegung. Der Andrang war so groß, dass der Kelch eine Zeit lang weggeschlossen wurde. Heute ist er wieder in der Schatzkammer im ersten Stock ausgestellt. Er bietet einen faszinierenden Anblick, auch ohne dass der Erlöser daraus getrunken hätte.

Heute hat sich das Leben aus dem historischen Kern in die Neustadt verlagert – erst am Abend leisten die Bewohner der Stadt Touristen und Pilgern in der Altstadt Gesellschaft und drängen in Bars und Restaurants. Dann verströmt das historische Zentrum das meiste Flair.

Aber es ist auch schön, sich an einem heißen Nachmittag durch die stillen Gassen treiben zu lassen. Wer sehen möchte, wo die Pilger des Mittelalters unterkamen, besucht das Convento de San Marcos. 1152, als die Bautätigkeit an der Kathedrale begann, entstand hier ein Haus des Santiago-Ordens mit Pilgerhospiz. Der heutige Renaissance-Bau hat seinen Ursprung im 16. Jahrhundert. Während des Bürgerkriegs erlebte er eine finstere Epoche, als Gegner Francos in seinen Mauern inhaftiert und ermordet wurden. Heute beheimatet das Convento de San Marcos das Museo de León für sakrale Kunst. In der einstigen Pilgerherberge befindet sich ein besonders schönes Parador-Hotel.

19 Wallfahrtsort vor León – Virgen del Camino

Die Jungfrau im Feld

Vor 500 Jahren erschien einem Hirten die Muttergottes. Ihrem Wunsch entsprechend wurde auf dem Feld eine Kirche erbaut, die im Verlauf der Zeit zu einem wichtigen Wallfahrtsort vor allem für Gläubige aus León wurde. In den 1960er-Jahren wurde das Gotteshaus durch eine moderne Kirche ersetzt, ein wahres Juwel mit einer außergewöhnlichen Skulpturengruppe.

Hinter León erstreckt sich das Land einmal mehr scheinbar endlos unter sengender Sonne. Auf der Etappe bis nach Astorga müssen Pilger die altkastilische Hochebene überqueren, bevor der Weg noch einmal gebirgig wird. Etappenweise geht es durch sehr dünn besiedelte Gebiete, in denen viele Bräuche des traditionellen Lebens erhalten sind. Über Trobajo del Camino, dessen Name bei Pilger Verwirrung stiftet, weil in der Gegend gleich drei Orte dieses Namens existieren, geht es zunächst nach Virgen del Camino.

Der Hirte und die Jungfrau

Mit 5000 Einwohnern ist Virgen del Camino ein Städtchen, das rund um die Kapelle entstand, die ihm den Namen gegeben hat. Diese wurde wiederum gestiftet, nachdem einem Hirten im Jahr 1505 bei der Arbeit die Jungfrau Maria erschienen war. Es war ein heißer Sommertag. Erst dachte er, er könne in der Hitze halluziniert haben. Doch die Jungfrau erschien ihm immer wieder und trug ihre Bitte vor: Die »Virgen del Camino«, wie sie bald genannt werden sollte, forderte klar und unmissverständlich die Errichtung einer Kapelle, was auch bald in die Wege geleitet wurde. Die »Jungfrau vom Weg« wurde ein regelmäßiges Ziel Gläubiger aus León.

Moderne Kirche mit Pfingstszene

1961 wurde die Kirche durch einen modernen Neubau ersetzt, die Basílica Menor de La Virgen

Außergewöhnlich ist die moderne Basilica Menor La Virgén del Camino (u.). Die Figur des Pilgers am Wasser (r.o.) erinnert daran, dass Pilger sich mit viel Flüssigkeit versorgen sollten. Unten rechts die Wallfahrt für San Froilán.

del Camino. Bis auf den Namen war allerdings kaum noch etwas, wie man es zuvor gekannt hatte. Denn das Bauwerk aus einem weißen, auf einem dunklen Sockel mit Bronzetüren ruhenden Kubus könnte optisch von traditionellen Kirchenbauten kaum weiter entfernt sein. Kein Wunder also, dass mancher Wallfahrer aus León von diesem Anblick annähernd so überrascht war wie weiland der Hirte im Angesicht Marias. Architekt war ein portugiesisches Mitglied des Dominikanerordens, der die Kirche betreut. Die Front zeigt Maria mit den zwölf Aposteln. Jede der Figuren ist sechs Meter hoch und wiegt 700 Kilogramm. Aufgrund ihrer Schmalheit wirken sie dennoch alles andere als wuchtig, vielmehr scheinen sie von der Passion des Erlösers und den vergangenen 40 Tagen zermürbt zu sein wie viele Jakobspilger unter der Sonne von Kastilien-León.

Meisterwerk eines katalanischen Künstlers

Der in 1927 in Barcelona geborene und 2014 dort verstorbene Bildhauer Josep María Subirachs, der unter anderem durch eine Skulpturengruppe an der Fassade der Sagrada Familia in seiner Heimatstadt unsterblich wurde, gestaltete die überaus eindrucksvolle Pfingstszene im Stil des Modernismus. Innen setzt sich das ästhetische Schema aus dunkel vertäfeltem Sockel unter dem hellerem oberem Teil fort.
Das barocke goldene Altarbild aus der alten Kirche mit der Marienfigur aus dem 17. Jahrhundert schmückt auch die neue, was jene Gläubigen getröstet haben mag, die in den frühen Tagen mit dem modernen Sakralbau nur wenig anzufangen wussten.
Im modernen Bau schafft es einen spannungsvollen Kontrast. Zur Basilika gehört übrigens auch ein Dominikanerkolleg.
Von hier aus geht es weiter am Rand der zentralspanischen Ebene entlang. Wer im Sommer pilgert, benötigt unbedingt einen Sonnenhut, viel Wasser und gute Gedanken, die ihn durch die Weite von Feldern und Weiden ohne Schatten tragen.

FEST FÜR DIE JUNGFRAU, WALLFAHRT FÜR SAN FROILÁN

Mitte September wird die Virgen del Camino mit einem dreitägigen Patronatsfest geehrt, zu dem neben dem spirituellen Teil auch Konzerte, Tanz, Food Trucks aus León und aus Asturien sowie Spiele für Kinder gehören. Die ganze Stadt ist auf den Beinen.
Drei Wochen später steht der Höhepunkt des Jahres auf dem Programm, bei der das religiöse Element deutlicher herausgearbeitet wird: die Romería de San Froilán. Bis zu 60 000 Menschen nehmen an der Prozession mit dem Bild des Heiligen von León nach Virgen del Camino teil. Zugleich findet hier ein bunter Markt statt, auf dem man sich mit Lebensmitteln und Produkten aus der Region eindecken kann. Höhepunkt ist eine Prozession mit traditioneller Musik, bunt dekorierten Wagen und farbenprächtigen Bannern.

Weitere Informationen

www.lavirgendelcamino.info
http://virgendelcamino.dominicos.es

Die berühmte Brücke von Hospital de Órbigo, einem hübschen, gleichwohl sehr kleinen Städtchen (o.). Aus diesem Hospital und der nahen Brücke Puente de Órbigo setzt sich der Name des heutigen 1000-Einwohner-Dorfs zusammen (r.u.). Störche nisten auf dem Glockenturm der Kirche (r.o.).

20 Turnier und Spiele – Hospital de Órbigo

An der Brücke schlug sich der Ritter frei

Die mittelalterliche Brücke über den Fluss Órbigo queren Pilger seit Jahrhunderten. Vor über 500 Jahren wurde sie Schauplatz eines denkwürdigen Spektakels, als der Ritter Suero aus León hier einen Monat lang Lanzenkämpfe ausfocht. Seine Gegner: Langeweile, eine Liebschaft und zahlreiche Standesgenossen. Heute finden an der Brücke wieder Ritterspiele statt.

Über Villar de Mazarife, dessen Pfarrkirche dem Apostel Jakob gewidmet ist, erreicht man Hospital de Órbigo, das im 15. Jahrhundert Schauplatz eines großen Ritterturniers war. Schon im Mittelalter gab es ein Dorf am linken Flussufer, auch wenn der französische Weg dem rechten Ufer des Flusses Órbigo folgt. Erst im 16. Jahrhundert entstand die Siedlung, noch bevor der Ritterorden vom Heiligen Johannes zu Jerusalem hier ein Krankenhaus errichtete. Aus diesem Hospital und der nahen Brücke Puente de Órbigo setzt sich der Name des heutigen 1000-Einwohner-Dorfs zusammen. Außer mit Brücke und Hospiz ist es aber auch mit einer Begebenheit in der Tradition Don Quichotes verbunden – jenes vom großen Cervantes geschaffenen Ritters, der auf der Suche nach edlen Taten auch vor unschuldigen Windmühlen nicht Halt machte.

Ein Ritter voller Tatendurst

Es begab sich im Heiligen Jahr 1434, in dem der Tag des Apostels Jakob auf einen Sonntag fiel, dass der Ritter Suero de Quiñones aus León auf seinem stolzen Ross umherritt und nichts Rechtes mit sich und seinem Tatendrang anzufangen wusste. Kein Krieg, keine Schlacht – nicht einmal eine Windmühle stellte sich ihm in den Weg. Ein Turnier musste her, und zwar ein großes. Er versammelte neun Mitstreiter.

Turnier und Spiele – Hospital de Órbigo

Mit Erlaubnis ihres Monarchen wollten die zehn sich einen Monat rund um den Tag des Apostels an der Brücke Puente de Órbigo postieren und jeden Ritter, der sie auf dem Weg nach Santiago de Compostela überqueren wollte, zum Kampf auffordern. Die Botschaft vom bevorstehenden Spektakel verbreitete sich in Windeseile. Tribünen und Zelte wurden errichtet.

Befreiungsschlag mit der Lanze

Allerdings war nicht nur Langeweile sein Antrieb. Ritter Suero hoffte, sich zugleich von der Bürde zu befreien, an jedem Donnerstag eine Fessel zu tragen, die seine Verehrung für eine aristokratische Dame symbolisieren sollte. Längst aber war er ihrer ebenso überdrüssig geworden wie der Fessel, die ihn an die Liebelei erinnerte – so will es zumindest eine Lesart. Sollte er sich also gut schlagen bei dem Turnier, wollte er die Verpflichtung ablegen. Er und seine Mistreiter kämpften, einer starb, noch mehr wurden verletzt. Suero aber schlug sich bis zum Schluss, war von seinem Gelöbnis frei und auch die Fessel los. Heute schmückt Sueros Fessel eine Büste des Heiligen Jakob in der Kathedrale von Santiago de Compostela. Und mit der Fessel war auch die Langeweile zumindest für eine Zeit verschwunden. Einer anderen Überlieferung zufolge hatte der Ritter geschworen, zu Ehren seiner Angebeteten 300 Lanzen zu brechen, und zwar rund um den Tag des Jakobus. Wie immer sich das Turnier auch abspielte – seit einiger Zeit erleben Ritterspiele im Sommer regelmäßig eine moderne Neuauflage.
Durch Weinberge und Obsthaine geht es von Hospital de Órbigo weiter nach Westen. Bis nach Astorga sind es von hier noch 15 ländliche Kilometer. Am Horizont sind seit einiger Zeit auch die Montes de León zu sehen. Schließlich erscheint am Ende der Hochenebene im Tal Astorga.

SCHATTENPLATZ AN DER RÖMISCHEN BRÜCKE

Erfrischung, WLAN und schattige Plätze für erhitzte Pilger bietet die Bar El Puente in Puente de Órbigo. Ob Kaffee und Kuchen auf der Terrasse im Garten oder bunter Salat und ein großes Stück Tortilla in der angenehmen Bar – dies ist ein schöner Platz, um die Beine auszustrecken und sich zu stärken, und außerdem ein beliebter Treff für Pilger aus aller Welt. Die Bar befindet sich unweit der römischen Brücke.

FORELLENSUPPE UND STOCKFISCH

Bei größerem Hunger empfiehlt sich ein Besuch im luftig-modern eingerichteten Restaurante Jabel. Traditionelle Spezialitäten vom Iberischen Schinken und dem im Norden Spaniens sehr beliebten Stockfisch (Bacalao) bis zu Rinderfilet werden hier frisch zubereitet und freundlich serviert. Die Forellensuppe ist die Spezialität des Hauses.

Weitere Informationen

Bar El Puente: Calle el Paso Honroso 11, www.jardinelpuente.com
Restaurante Jabel: Calle Doctor Santos Hospital de Órbigo: Olivera 4, www.restaurantejabel.com
www.hospitaldeorbigo.com

Die Plaza Mayor und das Rathaus von Astorga am Abend (o.). Das ästhetische Kontrastprogramm bietet der Bischofspalast von Gaudí (r.). Süß wird es im Schokoladenmuseum (r. im Kasten).

21 Römerstadt mit Gaudí-Palast – Astorga

Spaziergang von der Antike zum Modernismus

In Astorga kreuzen sich der Jakobsweg und die Römerstraße Vía de la Plata. Kirchen, Klöster und Herbergen künden von der langen Verbindung mit dem Jakobsweg. Dabei reicht die Geschichte bis tief in die Epoche der Römer zurück. Sogar die antike Stadtmauer ist in Teilen erhalten. Mit dem Bischofspalast von Antoni Gaudí wartet hier zudem ein Meisterwerk des Modernismus.

Die Stadtmauern der einstigen römischen Siedlung, die 17 v. Chr. nach Unterwerfung der keltiberischen Bewohner gegründet und zum wichtigsten Verwaltungssitz im Nordwesten der Iberischen Halbinsel wurde, sind noch erhalten. Sie wurden im Mittelalter ausgebessert und ausgebaut, aber nicht erneuert – die mächtige Befestigung kommt auf 2000 Jahre Lebensdauer. Zur römischen Kaiserzeit hieß die Siedlung *Asturica Augustea* und gelangte durch Goldvorkommen in der Nähe zu besonderem Wohlstand. Noch heute betritt man sie durch ein römisches Tor. Auch Teile der römischen Thermen, des Abwassersystems, des Tempels des Augustus, des Forums sowie Überreste einer römischen Villa haben die Zeit überdauert.

Prominenter Halt am Jakosbweg

Im Mittelalter brachte der Jakobsweg verlässliche Einnahmen, zumal mancher Pilger, der es nicht rechtzeitig vor dem Herbst in die Berge geschafft hatte, in Astorga auf den Frühling warten musste und die örtliche Wirtschaft somit einen ganzen Winter lang unterstützte. Andere Pilger mehrten den Ruhm Astorgas durch ihre eigene Prominenz. Der Heilige Franziskus etwa beförderte durch seinen Halt auf dem Weg nach Santiago de Compostela den Bau eines Klosters. 1273 wurde es errichtet und ist noch erhalten. Die gotische Kirche hat aus jenen Tagen fast unverändert überdauert. Das historische Zentrum der Stadt, in der heute knapp 11 000 Menschen leben, zählt die UNESCO zum Weltkulturerbe der Menschheit. Und es ist überaus sehenswert, ermöglicht es doch eine Zeitreise durch die unterschiedlichsten Epochen vom alten Rom bis zum Modernismus.

Gaudí entwarf den Bischofspalast

Die Kathedrale und der Bischofssitz sind heute als Besuchermagneten noch effektiver als die Überreste der römischen Besiedlung. Der Bischofssitz wurde immerhin von keinem Geringeren als dem großen Antoni Gaudí (1852–1926) entworfen. Zwischen 1889 und 1913 wurde der Palacio Episcopal, der Bischofspalast, in neogotischem Stil erbaut und sieht ein bisschen aus wie ein fantastisches Spielzeugschloss. 1893 überwarf Gaudí sich nach dem Tod des bischöflichen Auftraggebers mit der Bauleitung; es kam zu einem langen Baustopp. Vollendet wurde der Palast schließlich von einem anderen Architekten. In seinen Mauern befindet sich auch das spannende Museo de los Caminos (»Museum der Pilgerwege«).

Die dreischiffige Kathedrale Santa María erhebt sich gleich neben dem Bischofspalast. Sie wurde im 15. Jahrhundert begonnen und im 17. barock vollendet. Entsprechend vielseitig sind ihre Baustile, die von der Gotik über die Renaissance bis zum Barock reichen. Besonders sehenswert ist der 1558 in Auftrag gegebene Hochaltar von Gaspar Becerra mit geschnitzten und vergoldeten Darstellungen des Lebens der Jungfrau Maria. Das benachbarte Diözesanmuseum birgt zahlreiche romanische und gotische Schätze, darunter ein Reliquienschrein aus dem 10. Jahrhundert.

Schmalzgebäck und Schokolade

Auch gastronomisch warten in Astorga zahlreiche Entdeckungen. Vor allem für ihre Schokoladen und die *Mantecados*, ein Schmalzgebäck, ist die Stadt berühmt. Für Schokoladenfans gibt es ein Museum, in dem Besucher die Köstlichkeiten auch probieren dürfen. Aber auch herzhafte Spezialitäten wie *Botillo*, eine Wurst aus Schweinefleisch, oder *Cocido Maragato*, ein Eintopf aus Kichererbsen, Kohl, Chorizo und Fleisch, geben nicht nur erschöpften Pilgern neue Kräfte.

EIN SÜNDIG SÜSSES MUSEUM

Die Geschichte der Schokoladenherstellung erklärt dieses Museum in allen Facetten. Das Museo del Chocolate zeigt von den Instrumenten, die einst für diese Kunst erforderlich waren, über die Plakate, die für den Konsum von Schokolade warben, bis zu all ihren schmackhaften Darreichungsformen alle Aspekte der köstlichen Kalorienbombe. Noch wichtiger als die Herstellung der Schokolade ist indes ihr Genuss, und so endet der Besuch mit einer Verköstigung von Pralinen und Schokoladen aus der Stadt – natürlich auch mit der Möglichkeit zum Kauf.

Weitere Informationen

Museo del Chocolate de Astorga: Avenida de la Estación 16
Astorga und Umgebung: https://turismoastorga.es; www.aytoastorga.es/turismo-y-ocio/MUCHA/index.html

Die Templerburg von Ponferrada (o.) ist weltberühmt. Ein Boxenstopp in einer Bar schenkt neue Energie (r.). Ganz rechts das Eisenkreuz Cruz del Ferro.

22 Hinter hohen Bergen – Ponferrada

Läuterung auf dem Monte Irago

Von Astorga an geht im Wortsinn bergauf. Über den Pass von Rabanal erreichen Pilger den Monte Irago, den höchsten Punkt des französischen Wegs. Der Weg hinab führt durch teils verlassene Dörfer und märchenhafte Berglandschaften, bis mit Ponferrada ein veritables Städtchen mit weltberühmter mittelalterlicher Templerburg, einer malerischen Altstadt und rund 1000 Jahren Pilgergeschichte erreicht ist.

In zwei Tagesetappen gelangen Pilger von Astorga nach Ponferrada. Nur ab und zu wird der Weg durch einsame Dörfer aufgelockert. Vor allem die zweite Etappe ist anspruchsvoll, denn wieder einmal stellen sich dem Pilger Berge in den Weg. Diesmal sind es die Montes de León. Von Astorga aus geht es zunächst durch Hügelland nach Rabanal del Camino, das auf halber Höhe des Gebirgszugs liegt. Das bildschöne Dorf auf 1145 Meter Höhe hat weniger als 100 Einwohner und bietet traumhafte Panoramen. Außer der obligatorischen Pilgerherberge und einer Einsiedelei aus dem 18. Jahrhundert, die Ermita San José, besitzt es ein Benediktinerkloster, das 2001 gegründet wurde.

Gesang und Segen für die Pilger

Die Mönche feiern fünfmal am Tag mit gregorianischen Gesängen stimmungsvoll die Messe. Der Gottesdienst um 19 Uhr ist Pilgern gewidmet, die den Pilgersegen erhalten. Schaden kann das nicht, denn jenseits von Rabanal wird die Steigung ernst. Von hier aus geht es den Monte Irago hinauf zum Cruz de Ferro, dem Eisenkreuz. Der Weg dorthin führt durch verlassene Dörfer und einsame Waldlandschaft, die frühere Pilger aufgrund von Wölfen und Wegelagerern fürchteten. Heute kann man sich unbesorgt auf die Schönheit der Bergpanoramen konzentrieren. Am Kreuz auf einem hohen Eisenpfahl,

das auf 1500 Meter den höchsten Punkt des französischen Wegs markiert, ist es seit jeher guter Brauch für Pilger, einen Stein aus ihrer Heimat abzulegen – als Symbol für Ballast und Sünden, die sie mit sich umher – geschleppt haben. Entsprechend ist der Steinhaufen am Fuß des Masts im Verlauf der Zeit angewachsen. Manche Pilger schmücken den Mast auch mit bunten Botschaften, Fotos oder Zetteln. 1982 wurde dem Kreuz eine kleine Kapelle zur Seite gestellt. Man vermutet, dass in der Antike hier einer Gottheit gehuldigt wurde; der Brauch des Steinablegens hat ebenfalls heidnische Wurzeln.
Auf dem Weg bergab wartet das idyllische Bergdorf El Acebo. Knapp 40 Menschen leben hier in Schieferhäusern auf 1000 Meter Höhe und genießen fantastische Ausblicke auf die kantabrische Berglandschaft – und dank der ständig wachsenden Popularität des französischen Wegs auch wirtschaftlichen Aufschwung. Über Molinaseca, wo die schöne romanische Brücke Puente de Peregrinos den Río Meruelo überquert, geht es dann nach Ponferrada, der Hauptstadt der Region Bierzo. Von hier aus sind es noch etwa 200 Kilometer nach Santiago de Compostela.

Altstadt im Schatten der Burg

Ponferrada war schon in keltischer und römischer Zeit besiedelt. Es folgten 1000 Jahre, die kaum Spuren hinterließen, bis der Bischof von Astorga im 11. Jahrhundert eine eiserne Brücke für den wachsenden Strom an Wallfahrern bauen ließ. Sie gab der erblühenden Siedlung ihren Namen – *Pons Ferrata*. Im 12. Jahrhundert baute der Templerorden auf den Resten der römischen Festung und über dem Fluss Sil eine Templerburg (Castillo de los Templarios), die im Verlauf der Zeit immer wieder aus- und umgebaut wurde und den Ort bis heute optisch beherrscht. Im Mittelalter bildete ihr äußerer Wall die Stadtmauer. Die Templerburg kann besichtigt werden und vermittelt ein gutes Bild vom Leben der Mitglieder des Ordens. Auch ein Museum gehört dazu, in dem wechselnde Ausstellungen gezeigt werden. Unterhalb der Burg liegt die entzückende Altstadt mit der im frühen 17. Jahrhundert fertiggestellten Basílica Nuestra Señora de la Encina mit üppiger Schatzkammer.

EIN MUSEUM FÜR DIE HEILIGE WOCHE

Seit einem halben Jahrtausend wird in Ponferrada die Passionsgeschichte mit Prozessionen und anderen Ritualen begangen. Wer nicht während der Semana Santa in der Stadt ist, hat im Museo de las Cofradías de Semana Santa (»Museum der Bruderschaften der Karwoche«) in der Antigua Iglesia de San Antonio Gelegenheit, dieser tief verwurzelten spanischen Tradition nachzuspüren. Zwar ist sie ein fester Bestandteil des religiösen Jahrs, doch pflegen Städte und Regionen individuelle Bräuche.

EINE BAR FÜR ALLE TAPAS

In der Nähe der Templerburg bietet El Otro Bar eine Riesenauswahl köstlicher Tapas und auch die passenden Weine zu den Leckerbissen. Wer sich hier etwas Zeit nimmt, hat die Gelegenheit, sich durch alle erdenklichen Fleisch-, Wurst- und Fischhäppchen, Tortillastücke und Gemüsespieße zu probieren. Preiswert.

Weitere Informationen:

El Otro Bar: Calle Saturnino Cachón 7
www.ponferrada.org
Templerburg:
https://castillodelostemplarios.com

Die Burg von Ponferrada umgeben von saftig grüner Landschaft.

23 Zum Kraft tanken – Villafranca del Bierzo

Auf steilen Wegen nach Galicien

In Villafranca del Bierzo, auch Klein-Compostela genannt, können müde Pilger seit 1600 die »Gnadencompostela« erhalten. Denn hinter dieser schönen Stadt wartet der wohl härteste Abschnitt des Camino Francés. Der Weg nach Galicien, der letzten zu querenden Provinz, führt über sehr steile Gebirgspässe. Jenseits der Provinzgrenze zeigt sich Spanien einmal mehr von einer neuen Seite.

Wein- und Hügelland zwischen Ponferrada und Cacabelos (u.). Cacabelos besitzt eine hübsche Fußgängerzone (r.o.). Ganz rechts die Gnadenpforte in Villafranca del Bierzo für erschöpfte Pilger.

Weinhügel und Obstgärten stimmen optisch auf das idyllische Villafranca del Bierzo ein. Doch zunächst führt der Weg durch Felder und fruchtbare Landschaft ins Städtchen Cacabelos. Ein Archäologisches Museum erweckt hier mit zahlreichen Exponaten die keltische und römische Ära zum Leben. Erstaunlich ist außerdem ein Altaraufsatz in der Kirche Nuestra Señora de la Quinta Angustia, das unter anderem den heiligen Antonius darstellt, der mit dem Jesuskind Karten spielt. Friedlich liegt schließlich das 3000 Einwohner zählende Villafranca del Bierzo vor dem Pilger. Zeitweise gab es in dem am Zusammenfluss von Burbia und Valcarce gelegenen Städtchen mehr als ein halbes Dutzend Pilgerherbergen. Nicht von ungefähr: Wer es bis hierher geschafft hatte, war entweder gestählt oder völlig erschöpft. Einige brauchten vor der Ersteigung des Cebreiro-Passes eine längere Pause, viele gaben auf, mancher blieb für immer. Gleich neben der hiesigen Jakobskirche liegt ein Pilgerfriedhof, auf dem Wallfahrer aus ganz Europa ihre letzte Ruhe fanden.

Sündenablass für geschwächte Pilger

Seit dem 17. Jahrhundert können erschöpfte Pilger, die die Gnadenpforte an der Seite der

Santiago-Kirche erreichen und durchschreiten, die »Gnadencompostela« erhalten. Sie bedeutet wie die Compostelana in Santiago einen vollständigen Sündenablass. Denn wer hier bereits angeschlagen war, der würde es womöglich nicht über die folgenden Gebirgspässe schaffen. Bis heute hat diese Regelung Gültigkeit.
Die mächtige Burg des Markgrafen von Villafranca aus dem 15. Jahrhundert dominiert noch immer das Bild der Stadt – neben Kirchtürmen, alten Klöstern wie dem barocken San Nicolás el Real, dem Rathaus und den mit Wappen geschmückten Herrenhäusern. Die schönsten Stadtpaläste reihen sich an der Calle del Agua. Neben der Jakobskirche sind die spätgotische Stiftskirche Colegiata de Santa María und die Kirche San Francisco mit ihrer farbenprächtigen Mudéjar-Artesonado-Decke besonders sehenswert.

Über Gebirgspässe in ein anderes Land

Nach einem letzten Durchschnaufen geht es weiter nach Galicien und in den äußersten Nordwesten Spaniens. Von hier aus betritt man buchstäblich noch einmal eine andere Welt. Galicien ist durch Bergketten vom übrigen Land getrennt, die lange fast unüberwindlich waren. Jenseits der Berge ist das Klima anders. War es in Kastilien-León heiß und trocken, ist das Wetter hier atlantisch geprägt, mit reichlichem Regen. Der taucht das Land in saftiges Grün. Hier wird *Gallego* gesprochen, das dem Portugiesischen näher ist als dem *Castellano*. Und auch das keltische Erbe hat aufgrund der geografischen Abgeschiedenheit länger überdauert. So sieht man hier Steinkreuze und runde, strohgedeckte Steinhäuser, hört keltische Klänge und glaubt sich mal in Wales, mal in der Bretagne.
Zunächst gilt es indes, die Gebirgsketten zu überwinden. Über Trabadelo, das auf 560 Meter Höhe liegt, geht es hinauf auf über 1000 Meter. Diese Etappe ist einmal mehr geeignet, Pilgern Demut zu lehren – oder innerliches Fluchen in spanischer Sprache. Nach etwa elf Kilometern sportlichen Anstiegs erreicht man El Cebrero (galicisch: O Cebreiro), das auf 1300 Meter Höhe bereits in Galicien liegt. Hier sind die kugeligen keltischen Bauten, die *Pallozas*, in denen früher Mensch und Tier unter einem Dach lebten, hübsch restauriert, zum Teil auch nachgebaut. Einige bilden ein

FOSSILIEN IM KLOSTER

Klein, aber informativ ist das Museo de Ciencias Naturales (Naturwissenschaftliche Museum) in einem ehemaligen Kloster in Villafranca del Bierzo. Die Sammlung von Fossilien, ausgestopften Tieren und Exponaten mit regionalem Bezug ist eklektisch, doch gibt das Museum auch die Gelegenheit, den historischen Bau von innen zu sehen. Leider unregelmäßige Öffnungszeiten.

DIE BAR DER FRÖHLICHEN PILGER

Wer sich mit einem gewaltigen Steak für den Aufstieg in Richtung Galicien wappnen möchte, sollte in Villafranca del Bierzo La Parada del Peregrino Alegre, (»Einkehr für fröhliche Pilger«), aufsuchen. Das Restaurant nahe der Kirche Iglesia de Santiago bietet tatsächlich außerordentlich große Steaks, aber auch ganz vegetarische Tortilla sowie Tapas und andere Klassiker der spanischen Küche.

Weitere Informationen

Museo de Ciencias Naturales: Convento de San Nicolás
La Parada del Peregrino Alegre: Calle Campo de la Gallina 8, https://la-parada-del-peregrino-alegre.business.site/
www.turismodelbierzo.es
Museo del Arqueológico in Cacabelos: http://cacabelos.org/marca

Der Brunnen in Barbadelo und die Kirche in O Cebreiro liegen schon in Galicien (u.). Zu den Vorzügen Villafrancas gehören die Stiftskirche Colegiata de Santa María und Brücken (r.).

ethnologisches Museum, andere eine Pilgerherberge.
Schon in der Antike wurde der gleichnamige Pass als Verbindung der Hochebene von Kastilien-León mit Galicien genutzt. Alfonso II. stiftete schon im 9. Jahrhundert ein erstes Pilgerhospiz, etwa 150 Jahre später entstand eine erste Kirche. 1072 wies Alfonso VI. Benediktiner an, ein Kloster zu gründen, um die von dem anstrengenden und gefahrvollen Aufstieg geschwächten Pilger zu versorgen.

Weihnachtswunder in frostiger Nacht

In der romanischen Iglesa Santa María la Real, der Klosterkirche, trug sich einstmals ein Weihnachtswunder zu. Der Überlieferung zufolge nahm in einer besonders winterlichen Weihnachtsnacht um das Jahr 1300 nur ein einziger Bauer den beschwerlichen Anstieg auf sich, um zur Christmette zu kommen. Der Geistliche, frierend, zweifelnd und schlecht gestimmt, wollte für eine einzige Seele nicht die Messe lesen. Der Bauer bestand auf seinem Recht, der Priester verwünschte ihn im Stillen, schritt zur Kommunion – und im Kelch hatte sich Wein in Blut verwandelt, die Hostie war zu Fleisch geworden. Woraufhin der Priester nicht nur von seinen Zweifeln geheilt war, sondern seine Einstellung auch deutlich verbesserte. Der wundertätige Kelch steht noch heute neben der Patene, dem Hostienteller, in einer Vitrine in der Kirche, in der regelmäßig Messen für die Pilger stattfinden. Auch das Grab des zweifelnden Mönchs befindet sich in der Kirche – und eine Marienskulptur aus dem 12. Jahrhundert, die jedes Jahr am 8. September Ziel einer Wallfahrt ist.

Uralte Kapellen in grüner Landschaft

Von hier aus geht es langsam, aber sicher bergab und tief ins grüne Galicien. Gute 20 Kilometer sind es vom iberokeltisch anmutenden El Cebrero (O Cebreiro) nach Triacastela. Unterwegs macht auf der Passhöhe San Roque in Liñales die imposante Statue eines Pilgers aus Bronze müden Wallfahrern Mut. Beeindruckend sind auch uralte, aus Feldsteinen errichtete Kapellen am Weg wie etwa die Ermita de San Pedro in O Biduedo. Von den drei Burgen, die dem 600-Einwohner-Dorf Triacastela den Namen gaben, ist keine erhalten. Die folgende Etappe prägt waldreiche Landschaft. Attraktiv ist das vier Kilometer von der reizarmen Stadt Sarria entfernte Dorf Santiago de Barbadelo mit seiner romanischen Jakobskirche und den Überresten einer keltoiberischen Siedlung.

24 Brücke am Fluss – Portomarín

Das umgesiedelte Dorf

Wegen des Baus eines Stausees Anfang der 1960er-Jahre wurde Portomarín von seiner angestammten Lage an den Ufern des Flusses Miño umgesiedelt und auf den Terrassen eines Hügels sorgfältig rekonstruiert. Kirchen und einige Stadtpaläste wurden abgetragen und am neuen Standort liebevoll wieder aufgebaut. Nun blickt das Städtchen vom Hang auf den See – und auf seine Vergangenheit.

Blick auf die Stadt am Stausee (u. und r.M.). An eine Festung erinnert die Kirche von Portomarín (r.u.). Außerhalb der Stadt ist auch mit Kühen zu rechnen (r.o.).

Die Stauung des Río Miño zum Belesar-Stausee wurde für Portomarín zur Schicksalsprüfung. Am Ende war es wie anderswo in Europa auch in solchen Fällen: Das Kraftwerk Belesar kam, der mittelalterliche Sprengel, der sich an beiden Ufern des Flusses erstreckte, musste weichen – obwohl er bereits 1946 unter Denkmalschutz gestellt worden war. Immerhin konnte er seine Schätze an den neuen Standort mitnehmen: Die romanische Kirche San Pedro und die imposante, aus dem 12. Jahrhundert datierende Festungskirche San Juan mit dem prachtvollen Portal wurden Stein für Stein nummeriert, abgetragen und am neuen Standort wieder aufgebaut. Auch einige Adelssitze aus dem Mittelalter und eine Freitreppe, die heute ins Leere führt, wurden ins neue Leben hinübergerettet. Der Rest versank im langsam steigenden Wasser. Von der um 1120 angelegten Brücke schauen heute nur noch ein Kopf und ein Bogen aus dem Stausee. Ein Teil von ihr wurde unterhalb des neuen Dorfs wieder aufgebaut.

Blüte im Hochmittelalter

Besonders eindrucksvoll ist die Festungskirche mit ihren zinnenbewehrten Türmen. Ihre Portale zeigen das Jüngste Gericht, die Verkündi-

gung und auf der Südseite verschiedene Heilige. Heute wird sie zumeist nach ihrem neuen Patron San Nicolás genannt. Ihre wehrhafte Architektur verdankt sie ihrer Geschichte, in der das Städtchen an der Brücke über den Miño – der flussabwärts die Grenze nach Portugal bildet – immer wieder heftig umkämpft war. Schon die Römer hatten hier eine erste Brücke über den Fluss gebaut. Zudem gaben sie der Stadt ihren – heute etwas verwaschenen – Namen: *Pons Minei*, die »Brücke über den Miño«. Auch später existierte eine Brücke, die die Wallfahrer diesen Weg nehmen ließ und so auch das Städtchen zu einer Blüte im Hochmittelalter führte. Zu dieser Zeit waren hier mit Johannitern, zu denen die Festungskirche gehörte, Templern und Santiago-Rittern, die ein Pilgerhospiz betreuten, gleich drei Orden vertreten. 1112 wurde die Brücke bei einer kriegerischen Auseinandersetzung zerstört und acht Jahre später durch die Johanniter erneuert.

Parks, Seeblick und Weingärten

Portomaríns Umzug liegt nun derart lange zurück, dass es sich so harmonisch auf seinen Hügel fügt, als wäre es immer schon hier heimisch gewesen. Mit mehreren Parks und dem Ausblick auf den See ist seine neue Lage besonders schön. Einzig die gewaltige moderne Betonbrücke, die über den gestauten Fluss führt, erinnert an den massiven Eingriff des Menschen in die Landschaft. Ringsum wird Wein angebaut, der allerdings überwiegend zum Tresterschnaps Orujo verarbeitet wird. Ein wenig Wein fällt jedoch auch ab; besonders gut ist der Rosé. Kulinarische Spezialität sind mit Aal gefüllte Empanadas. Teigtaschen sind zwar überall in Galicien beliebt, die Variante mit Aal ist aber typisch für Portomarín. Wer Süßes bevorzugt, sollte den örtlichen Mandelkuchen probieren. Er ist auch eine geeignete Einstimmung auf das Ziel, das jetzt gar nicht mehr so fern liegt – auch in Santiago de Compostela liebt man Mandelkuchen.

Das Dorf ist schön und friedlich, seine wechselvolle Vergangenheit hat keine Narben hinterlassen. Nur wenn im Hochsommer das Wasser des Stausees absinkt, tauchen Überreste des alten Dorfs aus der Oberfläche.

SCHNAPSFEST IM FRÜHLING

Am Ostersonntag endet auch in Portomarín die Fastenzeit, und zwar so gründlich, dass man an diesem Tag neben der Auferstehung Jesu auch den Schnaps feiert. Die *Festa da Augardente* findet am Ostersonntag auf der Plaza Mayor statt und dient dazu, den heimischen Tresterschnaps zu feiern und ihn noch bekannter zu machen. Gelegenheit zur Verkostung gibt es auch außerhalb des Fests in Bars und Restaurants.

TAPAS MIT SEEBLICK

Tapas von Tintenfisch bis zu gegrillten Peperoni, galicische Spezialitäten wie *Raxo con patatas y pimientos* (»marinierte Schweinelende mit gebratenen Kartoffelwürfeln und Paprika«) oder auch die für den Pilger unverzichtbaren Jakobsmuscheln gibt es in der urigen Casa Cruz in hervorragender Qualität.

Weitere Informationen

Casa Cruz: Rúa Benigno Quiroga 16
Portomarín:
www.concellodeportomarin.es

Das Castillo de Pambre (o.) liegt außerhalb von Palas de Rey - ebenso wie die mittelalterliche Brücke über den Seco (r.). Ohne Tintenfisch (r. im Kasten) geht in Galicien nichts.

25 Stadt ohne Palast – Palas de Rey

Königliche Spuren verlaufen im Sand

Die Schlussetappe rückt näher, und die Nähe des Ziels trübt bei Pilgern bisweilen den Blick für die Schönheit der Landschaft und den Reichtum an eindrucksvollen historischen Bauten in winzigen Dörfern und Städten. Doch die romanischen Kapellen und mittelalterlichen Burgen sind sehenswert – und in der spanischen Tintenfisch-Hauptstadt Melide setzen galicische Spezialitäten neue Kräfte frei.

Je näher Santiago de Compostela rückt, desto breiter wird der Pilgerstrom. Wer im Sommer unterwegs ist, wird es manchmal ausgerechnet im entlegenen Nordwesten Spaniens schwierig finden, ohne Reservierung ein Zimmer zu bekommen. Für Wanderer wird der Schlussspurt leichter, wenn auch noch ein paar Erhebungen zu bewältigen sind. Steigungen wie auf dem Weg nach Galicien und schwierige Abstiege auf regennassem Geröll gehören aber der Vergangenheit an. Zugleich entfaltet Santiago de Compostela seine magnetische Wirkung, die in vielen Wanderern neue Energien weckt. Das Tempo wird flotter.

Der Ortsname Palas de Rey lässt eine königliche Residenz vermuten, die die typische galicische Stadt mit 3400 Einwohnern indes nicht besitzt – und ob sie jemals eine besaß, ist zumindest nicht bewiesen. Möglich ist, dass der westgotische König Witzia hier zu Beginn des 8. Jahrhunderts Hof hielt. Auch für einen Bischofspalast fehlt der Nachweis. Früh im 10. Jahrhundert wurde der Ort erstmals unter seinem heutigen Namen in lateinischer Sprache erwähnt. Auch von der Kirche San Tirso ist dort bereits die Rede. Sie ist eine von mehreren romanischen Kirchen in der näheren Umgebung, die die Jahrhunderte überdauert haben.

Stadt ohne Palast – Palas de Rey

Die Burg entstand in einer Nacht

Das sehr gut erhaltene mittelalterliche Castillo de Pambre liegt ein wenig außerhalb. 1375 wurde die Burg von einem galicischen Aristokraten erbaut, um die Gegend, die lange durch Scharmützel aufgerieben wurde, zu befrieden – und zwar in einer Nacht. So will es eine Legende. Ein wenig länger dürfte es gedauert haben, bis die Festung mit vier Ecktürmen vollendet war. Jedenfalls erwies sie sich als dauerhaft und wurde auch während einer Revolte im 15. Jahrhundert nicht zerstört, als Bauern sich erhoben und manchem Feudalbau in Galicien ein Ende bereiteten. Heute ist sie im Besitz der Regionalregierung und kann besichtigt werden. Zur Burg gehört auch eine romanische Kapelle aus dem 12. Jahrhundert.

Romanische Kirchlein, römische Wege

Drei Kilometer hinter Palas de Rei steht in San Julián del Camino eine weitere romanische Kirche aus dem 12. Jahrhundert. Das kleine Gotteshaus dient den rund 40 Dorfbewohnern als Pfarrkirche. Die spätromanische Kirche Santa María im Sprengel Leboreiro steht gegenüber einem ehemaligen Pilgerhospiz, das seine Wurzeln ebenfalls im 12. Jahrhundert hat. Der Jakobsweg führt hier für kurze Zeit über den restaurierten Abschnitt einer alten Römerstraße. So dicht stehen in dieser Gegend 1000-jährige Sakralbauten und noch ältere Monumente, so nahe ist das Ziel des Pilgerwegs, dass mancher Wallfahrer beim Passieren eines uralten Dorfs, einer 1000-jährigen romanischen Kirche oder auch der mittelalterlichen Brücke nach Melide kaum noch den Blick hebt. Im historischen Zentrum von Melide *(siehe Highlight 59)*, einem größeren, auf einer Anhöhe gelegenen Städtchen, schauen indes auch hartgesottene Pilger einmal vom staubigen Weg auf, und sei es auch nur, weil ihnen der Duft von gegrilltem Tintenfisch in die Nase steigt. Pulpo ist eine der Spezialitäten Galiciens, die hier mit Hingabe gepflegt wird. Weil die Küste fern ist, wurde er traditionell – wie der beliebte Stockfisch – getrocknet, gekocht und mit Paprika und Kartoffeln serviert. Heute wird in der Regel tiefgekühlter Tintenfisch verwendet. Sehenswerte Gotteshäuser wie etwa die Kirche Sancti Spiritus gibt es hier natürlich ebenfalls.

BOXENSTOPP MIT TINTENFISCH

Sehr gute galicische Küche inklusive des ortstypischen Tintenfischs (Pulpo), zum Beispiel gegrillt und mit Olivenöl beträufelt als Tapa – erwartet Pilger und andere hungrige Reisende in der gemütlichen Pulpería A Nosa Terra in Palas de Rey. Spanische Klassiker wie die leckere Tortilla de Patatas gibt es hier natürlich auch. Ein paar Tische im Schatten der Markise vor dem Haus machen die Pause perfekt.

FEST FÜR DIE JUGEND

Bei der Fiesta de la Juventud – galicisch Fetsa da Xuventude – dreht sich am zweiten Juliwochenende in Palas de Rey alles um die Unterhaltung der Kinder (am Nachmittag) und jungen Leute (bis in den Morgen): mit Live-Musik, aber auch bekannten DJs. Bei der Party-Nacht unter freiem Himmel gibt es keine Altersbeschränkung nach oben.

Weitere Informationen

Pulpería A Nosa Terra:
Avenida Compostela 25, Palas de Rei
Infos zu Galicien: www.turismo.gal

Ländliche Idylle: Ribadiso (o. und r.) ist ein malerisches Dorf, Arzúa der Ursprungsort eines in ganz Spanien beliebten Weichkäses auf der Basis von Kuhmilch (r.o.).

26 Käse-Kapitale des Nordwestens – Arzúa

Käsereien und Kapellen bis O Predrouzo

Durch friedliche Landschaft geht es immer schneller dem Ziel entgegen. Nicht nur mittelalterliche Bausubstanz und eine der ältesten Pilgerherbergen liegen am Weg, auch ein in Spanien heiß geliebter Weichkäse hat hier seinen Ursprung. Pilger, die dem Magnetismus Santiagos noch nicht erliegen, können die Station in der kleinen Stadt Arzúa zu Verkostungen des ursprungsgeschützten Käses nutzen.

Nach dem Besuch in der Stadt des Tintenfischs geht es durch Eukalyptusplantagen weiter nach Westen. Der ortsfremde Bewuchs ist im Nordwesten Spaniens mittlerweile weitverbreitet und befriedigt als schnell wachsende Art die Bedürfnisse der Billigmöbel- und Zellstoffindustrie. Leider verdrängt der Eukalyptus aber einheimische Arten und passt nicht ins hiesige Ökosystem. Deshalb fehlt hier der für viele andere Camino-Etappen charakteristische Vogelgesang. Immerhin spenden auch diese Bäume Wanderern Schatten, und einige Eichenwäldchen sind am Weg ebenfalls noch zu finden. Auch Felder, Viehweiden und sanft rollende Hügel prägen diesen Abschnitt – keine spektakuläre, aber eine friedliche Landschaft.

Herberge an der Brücke

In Ribadiso, 40 Kilometer vor dem Ziel, führt eine mittelalterliche Brücke über den Río Iso. Wer schon andere Dörfer in Kastilien und Galicien klein fand, darf hier zur Lupe greifen. Zwar ist die Brücke gut sichtbar, doch leben hier nur eine Handvoll Leute, die sich auch noch weit verteilen. Es war nicht immer so. Dank des Jakobswegs entstand die Brücke im 14. Jahrhundert. Gleich neben ihr wurde auch eine Pilgerherberge erbaut, die zu den schönsten und ältesten am Camino Francés zählt.

Käse-Kapitale des Nordwestens – Arzúa

Mit der Renaissance der Pilgerbewegung wurde sie vor der Jahrtausendwende originalgetreu restauriert und nimmt heute wieder Wallfahrer auf, die sich an einem schönen Garten mit Treppe zum Fluss erfreuen dürfen.

Dörfliches Idyll mit Käsereien

Arzúa ist das letzte Etappenziel für Wanderer, die am Ende des Wegs fit genug sind, die verbleibenden 37 Kilometer nach Santiago de Compostela in einem Stück zu laufen. Das 6000-Einwohner-Städtchen mit ziegelgedeckten Steinhäusern mit blauen Fensterrahmen und mehreren Käsereien ist idyllisch und besitzt neben einer Jakobskirche auch eine Kapelle aus dem 14. Jahrhundert. Die Capilla de la Magdalena ist das Überbleibsel eines Augustinerklosters, das die Zeit nicht überdauert hat. Der in ganz Spanien hochgeschätzte und reichlich konsumierte Weichkäse Arzúa-Ulloa wird zwar in vielen Städtchen dreier galicischer Provinzen – A Coruña, Lugo und Pontevedra – produziert, hat aber hier seinen Ursprung. Früher ließ man den in Herbst und Winter hergestellten Kuhmilchkäse bis zu einem Jahr lang reifen, damit man im Sommer, wenn weniger Milch zur Verfügung stand, noch Käse hatte. Heute ist er der meistproduzierte Kuhmilchkäse im Land und wird in drei unterschiedlichen Reifestadien verkauft.

Geschützte Ursprungsbezeichnung

Die frische Variante stammt heute zumeist aus industrieller Herstellung. Kleine Käsereien lassen ihre Produkte länger reifen, wodurch der Geschmack komplexer wird. Ein Großteil der Produzenten stellt nur kleine Stückzahlen in landwirtschaftlichen Betrieben her. Mittlerweile gibt es eine geschützte Ursprungsbezeichnung für den Klassiker, sodass nur registrierte Käsereien und Milchhöfe in 32 galicischen Gemeinden den Arzúa-Ulloa herstellen dürfen. Auch die Kuhrassen, deren Milch verarbeitet werden darf, sind festgelegt. Die Tiere müssen im Herkunftsgebiet gehalten werden. In Arzúa mit seinen zahlreichen Produktionsstätten bietet sich eine gute Gelegenheit zur Verkostung des Käses in allen drei Reifegraden. Von hier aus sind es 20 Kilometer nach O Pedrouzo, für viele Pilger der letzte Halt auf dem Weg nach Santiago.

EIN FEST FÜR DEN KÄSE

Bei der *Festa do Queixo* wird alljährlich Ende Februar oder Anfang März in Arzúa ein Wochenende lang dem beliebten Kuhmilchkäse aus der Gegend gehuldigt – mit Konzerten, Verkostungen und gastronomischen Veranstaltungen. Die Vielseitigkeit des kulturellen und kulinarischen Programms bietet einen guten Einblick in die galicische Kultur.

SCHLEMMEN AUF GALICISCHE ART

Eine gute Gelegenheit zur Vertiefung gastronomischer Studien bietet die von den Brüdern Gabriel und Jesus geführte Casa Teodora in Arzúa. Die Pension besitzt ein sehr gutes kleines Restaurant, in dem Stockfisch und Seehecht auf galicische Art, Steak und andere Fleischspezialitäten mit dem Käse Arzúo-Ulloa und nicht zuletzt sündhaft gute Desserts auf der Karte stehen. Der Käsekuchen auf Basis des örtlichen Arzúo-Ulloa ist natürlich ein Muss.

Weitere Informationen

Festa do Queixo: www.festadoqueixo.org
Casa Teodora: Calle de Lugo 38, www.casateodora.com
Galicien: www.turismo.gal

27 Die letzte Etappe – Auf nach Santiago

Über den Berg ans Grab des Apostels

Kurz vor dem Ziel halten sich Erschöpfung und Euphorie die Waage – bis vor der Kathedrale die Strapazen vergessen sind und das Glück, es geschafft zu haben, alles überstrahlt. Ehe es so weit ist, warten noch einmal traumhafte Landschaften, in Arca O Pino eine römische Brücke und mit dem Monte de Gozo – dem »Berg der Freude« – der letzte zu überwindende Hügel.

Eine Waschung im Fluss Lavacolla (u.) und ab ins Ziel – fast. Auf dem Monte de Gozo (r.) heißt es noch einmal verschnaufen und das Ziel im Tal betrachten. Schön grün: der Alameda-Park in Santiago (r.u.).

Schon in der Bronzezeit war das Gebiet von O Pino besiedelt, wie Ausgrabungen in der Nähe belegen. Doch es bedurfte römischer Ingenieurskunst, um das erste bleibende Monument zu errichten: die römische Brücke, die im 4. Jahrhundert erbaut wurde und sich bis heute in gutem Zustand befindet. Sie war Teil der römischen Straße, die Astorga mit der Stadt Braga im heutigen Portugal verband. Arca ist das Hauptstädtchen der Gemeinde O Pino, zu der auch Santa Irene gehört, ein winziges Dorf mit einer der Heiligen Irene geweihten Kapelle aus dem 18. Jahrhundert.

Reinigung im Fluss, Spurt auf den Berg

Im Dorf Lavacolla wuschen sich die Pilger einst im Fluss, bevor sie Santiago erreichten. Durch die Nachbarschaft zum Flughafen von Santiago hat Lavacolla an ländlichem Reiz verloren. Wenn das Ziel fast schon zum Greifen nahe ist, muss in San Marcos mit dem Monte de Gozo, der »Berg der Freude«, noch ein letzter steiler Hügel überwunden werden. Von seiner Kuppe aus öffnet sich ein erster Blick auf die Stadt des Apostels und seine Kathedrale. Neben einem auf einem Betonklotz ruhenden Denkmal, das an den Besuch von Papst Johannes Paul II. im

Jahr 1982 erinnert, ist auch eine kleine Kapelle zu sehen. Vielen Pilgern fehlt die Ruhe, sich hier länger aufzuhalten. Den folgenden Abstieg und den Weg in die Stadt absolvierten Wallfahrer in früheren Zeiten barfuß und ohne Kopfbedeckung. Durch die Rúa de San Pedro erreicht man das Stadttor Porta do Camiño und die Altstadt mit der Kathedrale.

Am Ziel reinigt ein Fass mit Weihrauch

Auf der Plaza de Obradoiro (*siehe Highlight 93*) ist der Pilger am Ziel und kann sich außer an der Freude, es geschafft zu haben, auch am imposanten Anblick der Kathedrale berauschen. 75 Meter hoch erheben sich ihre Türme an den Seiten des barocken Westportals, die Nordfassade ist klassizistisch, der Kreuzgang gotisch. Herzstück ist der silberne Jakobsschrein in der Krypta, so wie die Pilgermesse der Höhepunkt der Pilgerreise ist. Auch das Hospital de los Reyes Católicos, 1499 als königliches Hospiz erbaut und heute eines der schönsten Parador-Hotels in Spanien, steht an diesem wunderschönen Platz. Für die Menschen im Mittelalter lag Santiago de Compostela am westlichen Ende der Welt, eine Reise dorthin dauerte Monate und kostete viel Geld und noch mehr Kraft. Abgerissen und mitgenommen kamen die Pilger an, und zur Reinigung wurde in der Kirche ein großes Weihrauchfass, der *Botafumeiro*, über den Gläubigen geschwenkt. Dieses Ritual wird noch immer vollzogen, obgleich man weiß, dass die desinfizierende Wirkung gering ist. An Festtagen und wenn größere Gruppen von Wallfahrern ankommen, wird es von kräftigen Männern an langen Seilen durch die Querschiffe gezogen.

Historische Altstadt mit Flair

Bis heute ist Santiago de Compostela das geistige und geistliche Zentrum Nordspaniens. Noch immer wird der Apostel hinter dem Altar geherzt, jeden Tag werden ungezählte Kerzen in der Kathedrale entzündet. Aus den Beichtstühlen klingt beständiges Murmeln. Auch die Altstadt hat mit ihren Gassen, den 114 Glockentürmen und den historischen Häusern und Torbögen den Geist vergangener Jahrhunderte bewahrt und zugleich den Charme einer lebhaften Universitätsstadt entwickelt. Nur die zahlreichen Geschäfte, in denen Souvenirs wie mit Jakobsmuscheln bedeckte Feuerzeuge und praktische, regentonnengroße Weihrauchfässer für zu Hause zum Kauf angeboten werden, würden den Apostel gewiss mit milder Verwunderung erfüllen.

WEITE BLICKE

Der westlich der Altstadt gelegene und durch einen Baustopp geschützte Hügel Pedroso bietet einen besonders malerischen Blick auf Santiago de Compostela – vor allem bei Sonnenuntergang, wenn die letzten Sonnenstrahlen die Kathedrale in goldenes Licht tauchen. Ein Kreuzweg führt zur Kuppe des Monte Pedro (Carretera do Pedroso). Auch vom Viertel Almáciga an einem Hügel öffnet sich ein hübscher Blick auf die Türme der Kathedrale (Travesa de Teo).

GRÜNE OASE IN DER STADT

Der Parque de la Alameda ist nicht die einzige Grünfläche der Stadt, aber womöglich die schönste. Er erstreckt sich als Teil des Süd-Campus der Universität westlich der Altstadt am Hügel Santa Susana. Neben weiteren schönen Blicken auf die Kathedrale bietet er mit Palmen, Magnolien, Pinien, Zedern, schattigen Wiesen, Brunnen und Blütenfluten ein perfektes Ziel zur Erholung nach anstrengenden Besichtigungen. Der Eichenhain ist der älteste Teil des Parks mit bis zu 200 Jahre alten Bäumen. 1929 wurde das Areal als grüne Stadt in der Stadt angelegt.

Weitere Informationen

Alameda-Park:
www.parquealamedasantiago.com
Santiago: www.santiagoturismo.com

CAMINO DEL NORTE

Traumroute am Meer

Dramatische Küste, stilles Hinterland: Die Playa de las Catedrales bei Ribadeo (l. und r.u.) und die Kirche Colegiata de Santillana del Mar (r.o.).

Traumroute am Meer – CAMINO DEL NORTE

Der Küstenweg nach Santiago

Über gut 800 Kilometer führt der Camino del Norte durch das Baskenland, Kantabrien und Asturien nach Galicien. Einst war er bei Pilgern beliebt, die auf dem Seeweg nach Nordspanien kamen. Nach der Reconquista wurde der Camino Francés zur wichtigsten Route, die nördlichste Route geriet in Vergessenheit. Heute ist sie wegen der Schönheit der Küste beliebt – und weil sie durch Spaniens beste Küchen führt.

Durch das saftig grüne Baskenland (u.). Schöne Städtchen wie das kantabrische Laredo (r.) gehören zu den vielen Vorzügen des Nordens.

Vom Baskenland bis Asturien folgt der Camino de la Costa spektakulären Küstenlandschaften. Steilklippen, sandige Buchten – die Panoramen sind immer wieder überwältigend. Das Auf und Ab entlang der Küste ist es naturgemäß auch. Mit dem Seebad San Sebastián, dem geschichtsträchtigen Guernica und der Metropole Bilbao wartet der Weg gleich zu Beginn mit einer Reihe äußerst attraktiver Orte auf, die allein schon eine Reise wert wären. In Kantabrien verläuft der Weg vom an einer runden, sandigen Bucht gelegenen Castro Urdiales bis nach San Vicente de la Barquera weiter am Golf von Biskaya entlang. Die Hafen- und Universitätsstadt Gijón liegt bereits in Asturien. Von der Küste geht es ab der Hafenstadt Ribadeo über die Ría de Ribadeo durchs grüne Galicien. In Ribadeo werfen Pilger einen letzten Blick aufs Meer, weshalb der Weg auf den verbleibenden gut 180 Kilometern Camino del Norte heißt – der nördliche Weg. In Oviedo, der alten Hauptstadt des asturisch-galicischen Königreichs, zweigt mit dem Camino Primitivo eine Alternativroute ab. In Arzúa vereint sich

Disco - Pub
DISCO

die nördliche Route mit dem französischen Weg; von hier aus sind es noch 40 Kilometer bis nach Santiago de Compostela.

Die Wurzeln der Wallfahrt zum Apostelgrab

Der Camino del Norte ist besonders eng mit der Geschichte des Apostelgrabs verbunden. Alfons II. herrschte in Asturien, als die Überreste des Apostels gefunden wurden. Sofort eilte er an den Fundort und ordnete den Bau einer ersten Grabkirche an, die 899 von Alfons III. erweitert wurde. Sie ist der Ursprung der heutigen Kathedrale und der Stadt, die um sie herum entstand. So ist es kaum verwunderlich, dass sich seine Untertanen bald in Scharen auf den Weg nach Santiago machten. Trotzdem blieb der Küstenweg nicht nur die Route für die Menschen aus Asturien, sondern wurde auch bei Gläubigen aus Nordsee-Anrainerstaaten beliebt, die den ersten Teil der Strecke auf dem Seeweg zurücklegten. Sie konnten gleich zwei wichtige spirituelle Ziele besuchen, nämlich das Sanktuarium San Salvador von Oviedo – das auch am Camino Primitivo liegt – und das Grab des Apostels. Der berühmteste Pilger auf dieser Strecke war Franz von Assisi, der im Jahr 1214 beide Heiligtümer besucht haben soll.

Castro Urdiales liegt malerisch am Golf von Biskaya.

Kulinarische Verlockungen im Baskenland

Heutige Pilger haben es dank einer hervorragenden Infrastruktur deutlich leichter als der Heilige aus Umbrien. Trotzdem wählen weniger als zehn Prozent der Jakobspilger diese Route. Dabei hat sie eine Menge zu bieten. So dürfen sich Pilger im Baskenland auf zahlreiche kulinarische Versuchungen gefasst machen. Denn am Herd macht baskischen Küchenchefs kaum jemand etwas vor. Die besten Köche Madrids (und vieler anderer Metropolen) stammen aus dem Norden Spaniens; selbst in winzigen Dörfern in Navarra und im Baskenland gibt es oft Spitzenlokale. So große Bedeutung hat das Essen, dass auch lokale Pilgerwege damit verbunden sind. Wenn etwa in Bilbao am 11. Oktober der Jungfrau von Begoña gehuldigt wird, ziehen die Gläubigen von Bar zu Bar, um sich mit Pintxos und Txakoli, einem jungen Weißwein, zu stärken. Das verleiht die nötige Energie für den Aufstieg zur Basilika de Begoña, dem hoch über der Stadt gelegenen Ziel der Wallfahrt und Ort einer Marienerscheinung im späten Mittelalter. Auch Wein spielt im Norden eine Rolle; auf den Weinbergen an der Küste gedeihen hervorragende Trauben, »weil gute Düfte aus der ganzen Welt über den Atlantik wehen«, so vermutet ein Winzer.

Steinstemmen und Baumstammwerfen

Madonnen und Heilige sind an der nördlichen Route zahlenstark vertreten. Im ganzen Baskenland wird Santo Tomás gefeiert. Am 21. Dezember gedenkt man seiner mit reichlichem Essen – dabei spielt der Bacalao, der im Norden sehr geliebte Stockfisch, neben weiteren Fischsorten und Meeresfrüchten eine zentrale Rolle – und mit baskischem Sport. Dazu zählen archaische Disziplinen wie Steinstemmen und Baumstammwerfen. Sie gehören zu den regionalen Eigenheiten, die wie das Ballspiel Pelota Vasca – das auch in Navarra gepflegt wird – und die schwermütigen baskischen Lieder vom Meer, die seit dem Ende der Franco-Diktatur wieder liebevoll gepflegt werden. An Festtagen legt man zudem eine rote statt der schwarzen Alltagsmütze an – das gilt allerdings nur für Männer, und auch unter ihnen greift vor allem die ältere Generation zur traditionellen Kopfbedeckung. Höhepunkt im baskischen Festkalender ist die Semana Grande Mitte August, die in Vitoria-Gasteiz beginnt, sich in San Sebastián fortsetzt und in Bilbao endet. Baskische Musik, Feuerwerk, Stierkampf und andere Ausschweifungen markieren die Woche, in der die Jungfrau Maria gefeiert wird.

Die schönsten Strände Spaniens

Steilküsten, sandige Buchten und grünes Hügelland prägen die Etappe durch Kantabrien. Auch die Hauptstadt Santander ist dank ihrer Strände ein vielbesuchter Badeort und verfügt mit dem

letzten öffentlichen Denkmal von General Franco dazu über ein skurriles Monument. Asturiens Costa Verde bildet den nächsten Abschnitt, wobei die Bezeichnung der grünen Küste als dezenter Hinweis auf regelmäßige Regenfälle gedeutet werden darf. Dramatische Klippen- und Steinformationen, zahlreiche Sandstrände, von denen einige zu den schönsten Spaniens gehören, und eine Kulisse aus saftig grünen Hügeln und Bergen verleihen der Landschaft ihren besonderen Reiz. Kulturell und sprachlich unterscheidet Asturien sich deutlich vom Beginn der Route im Baskenland. Vor allem die Küste ist vom keltischen Erbe geprägt, die sich ab 800 v. Chr. hier niederließen. Neben Kastilisch sprechen die Menschen ihren asturischen Dialekt, Galicisch und, um Pilger aus dem Ausland vollends zu verwirren, auch eine Mischung aus beidem. Auch Galicien besitzt noch hör- und sichtbare Erinnerungen an die Zeit der keltischen Ahnen – von traditioneller Musik mit der dudelsackartigen *Gaita Gallega* und der Harfe bis zu uralten Rundbauten, von denen einige die Zeit überdauert haben.

Der Norden Spaniens besitzt wunderschöne Strände - hier die Playa Ondarreta in San Sebastián mit Blick auf das Inselchen Santa Clara.

28 Startpunkt an der Küste – Irún

Auftakt zwischen Fluss und Meer

Auch der Küstenweg beginnt – wie der Camino Francés – an der französischen Grenze. Auf der anderen Seite des Flusses Bidasoa liegt das französische Städtchen Hendaye. Zwar sorgte die Grenzlage im Verlauf der Geschichte immer wieder für Scharmützel und Besatzungen, doch blühte der Ort durch die Pilger trotzdem auf und brachte es zu Wohlstand. Bauwerke aus der Renaissance tragen zu seinem Charme bei.

In Irún nimmt der Küstenweg seinen Ausgang – wenngleich viele Pilger schon in Bayonne oder Hendaye (baskisch: Hendaia) im französischen Baskenland starten. Bahnhof, Pilgerherberge, Küste – die Stadt mit gut 60 000 Einwohnern besitzt alles, was der Pilger benötigt, um es mit dem Projekt Jakobsweg aufzunehmen. Wer die ganze Strecke zu Fuß zurückgelegt, wird von hier aus 35, eher vielleicht sogar 40 Tage lang unterwegs sein. Ein Blick auf die schönen Berge ringsum deutet die Herausforderungen der unmittelbaren Zukunft an. Jetzt ist also ein guter Zeitpunkt, um noch einmal ohne schmerzende Füße durch ein Städtchen zu schlendern, das, wie in Spanien fast unvermeidlich, schon vor den Anfängen des Jakobswegs auf eine lange Geschichte zurückblickte.

Antike Stadt mit Therme und Nekropole

Die historische Bausubstanz in Irún ist relativ übersichtlich, da es im Spanischen Bürgerkrieg stark zerstört wurde. Überdauert hat jedoch die Kirche Santa María del Juncal aus dem 16. Jahrhundert, die eine schöne Barockfassade besitzt. Im Inneren ist ein romanisches Bildnis ihrer Patronin zu sehen. Irún war schon zur Römerzeit besiedelt, die Überreste aus der Antike mitsamt Therme und Nekropole sind

Wunderschön ist die Bucht von Hendaye (u.). Das Rathaus in Irún im Licht eines Frühlingstags (r.) und ein Blick ins Römische Museum der Stadt (r.u.).

im Römischen Museum ausgestellt, das einige Geheimnisse der antiken Stadt Oiasso und des Umlands enthüllt.
Urkundlich wurde Irún im Jahr 1203 zum ersten Mal erwähnt, als Alfons VII. der nahe gelegenen heutigen Kleinstadt (rund 17 000 Ew.) – Fuenterrabía das Privileg eines Gerichtsstands verlieh. Erst im 18. Jahrhundert konnte Irún (heue rund 63 000 Ew.) sich von der Gerichtsstadt lösen.

Philipp gab eine Tochter für den Frieden

Zuvor hatten sich hier gelegentlich bedeutende historische Ereignisse zugetragen: 1659 trafen sich der französische Louis XIV. und der Philipp IV. von Spanien auf der Fasaneninsel im Fluss, um den Pyrenäenfrieden zu besiegeln, der den fast ein Vierteljahrhundert währenden Auseinandersetzungen zwischen den Nachbarn ein Ende bereitete. Spanien musste zahlreiche Zugeständnisse machen und Philipp außerdem auch noch seine Tochter hergeben – Maria Teresa wurde mit dem einstigen Gegner verheiratet. Bald darauf wurde auch der Ehevertrag zwischen den Parteien auf der Insel unterschrieben. Die Kontrahenten waren nun nahe Verwandte. Da Maria Teresas Vater ihr aber keine Entschädigung für den (aufgegebenen) Thron an Frankreich zahlte, war die Zeit bald reif für weitere Auseinandersetzungen mit Waffengewalt. Die Implikationen reichten aber noch weiter: Von jenem ersten Zusammentreffen auf der Fasaneninsel an war Spaniens Vormachtstellung in Europa Geschichte. Bis auf Weiteres hatte Frankreich das Sagen.

Steiler Anstieg, weite Blicke

Es lohnt sich, von Irún aus den Weg über das schöne historische Städtchen Fuenterrabía (baskisch: Hondarribia) zu nehmen. Hier, wo der Fluss Bidasoa in die Biscaya mündet, wandert man zwar ein wenig länger, bleibt aber auch der Küste näher. Es lohnt sich, zuvor in Irún noch einmal Kraft zu schöpfen. Denn die folgende Etappe verlangt Pilgern einiges ab: Steile Aufstiege, Geröll und die unvermeidlichen Steile Auf- und Abstiege und Geröll sind anstrengend. Pasaia (spanisch: Pasajes) erreicht man entweder über den Jaizkibel oder unter Umgehung des Bergs. Wer den Weg über den Berggrat wählt, wird für seine Mühen mit fantastischen Blicken über die Küste belohnt.

AUSFLUG ZU DEN ALTEN RÖMERN

Unter der Stadt Irún verbergen sich die Überreste des antiken Oiasso. Einiges ist mittlerweile ausgegraben worden. An der Grenze zwischen Hispanien und Aquitanien an der Mündung des Flusses Bidasoa gelegen, entwickelte sich die Kolonie zum wichtigen Handelsplatz im Norden Spaniens. Das Museo Romano Oiasso erzählt ihre Geschichte, auch in spannenden Wechselausstellungen

VÖGEL VOR FLUSSLANDSCHAFT

An der Flussmündung befindet sich mit dem Ökologischen Naturpark Parque Ecológico de Plaiaundi nahe der Stadt ein Schutzgebiet für Vögel in einem Feuchtgebiet. Vogelbeobachter kommen hier auf ihre Kosten, es öffnen sich schöne Blicke auf die Mündung und die Berge. Vom Besucherzentrum, dem Centro de Interpretación *Txingudi Ekoetxea* aus führt ein zwei Kilometer langer Rundweg durch das Schutzgebiet.

Weitere Informationen

Museo Romano Oiasso: Eskoleta 1,
www.oiasso.com
Naturpark Plaiaundi: Avenida Piere Loti,
Tel. 943 619 389
Irún: www.irun.org

Ein Hauch von Rio: Blick über die Bucht von San Sebastián (o.). Ein Streifzug durch die Pintxos-Bars ist ein Muss (r.u.). Das Museum San Telmo (r.o.) dokumentiert die Geschichte des Baskenlands.

29 Stadt mit Star-Qualitäten – San Sebastián

Glamour und Gourmetküche an der Biskaya

Gut erhaltene Belle-Époque-Architektur zeugt von der glamourösen Vergangenheit des Seebads und macht Donostia, wie die Stadt auf Baskisch heißt, noch heute zu einem echten Juwel. Die Provinzhauptstadt ist Schauplatz des berühmten Filmfestivals und besitzt dazu außergewöhnlich viele mit Sternen dekorierte Restaurantküchen, eine stimmungsvolle Altstadt mit zahlreichen Pintxos-Bars und punktet mit traumhafter Lage am Meer.

Schützend hält die zwölf Meter hohe Christusfigur ihre Hand über die Bucht La Concha und verströmt einen Hauch brasilianisches Flair an der baskischen Küste. Eine baskische Fahne flattert in der Meeresbrise: grün wie die Landschaft, weiß-rot wie die weiß gekalkten Bauernhöfe mit den Ziegeldächern auf dem Land. Die zwischen dem Felsmassiv des Monte Igueldo und der Insel Santa Clara gelegene Bucht fügt sich mit der Promenade, den Wellen der Biskaya und den Gebäudefassaden zum Bild einer Stadt, die schöner kaum sein könnte. Besonders dramatisch wird es, wenn die Brandung bis an die elegante Strandpromenade schlägt, den Paseo de la Concha.

Der Kamm des Windes

Dann kommt auch der *Peine del Viento*, der »Kamm des Windes«, am westlichen Ende der Bucht am besten zur Geltung. Der Bildhauer Eduardo Chillida schuf die drei Bronze-Skulpturen im Meer, um den Küstenabschnitt ins rechte Licht zu rücken, an dem er als Kind geschwänzte Schulstunden verbracht hatte – offensichtlich mit langfristigem Nutzen. Mit seinem Werk versuchte Chillida, die Wurzeln des baskischen Wesens auszudrücken. Das scheint allen Stürmen standzuhalten – auch wenn übermannshohe Brecher über den jeweils zehn Tonnen schweren Skulpturen zusammenschlagen, die Gischt

noch in 50 Meter Entfernung Kameralinsen besprüht und aus Löchern am Boden der Plattform am Ufer Wasserfontänen aufsteigen wie aus den Atemlöchern von Walen. Chillida war ein Sohn der Stadt. 1924 kam er hier zur Welt, am 19. August 2002 starb der Künstler, der als einer der wichtigsten Bildhauer des 20. Jahrhunderts galt, in San Sebastián.

Belle-Époque-Seebad mit Filmfestival

Das Meer ist indes nicht die einzige Richtung, aus der mit Wasser zu rechnen ist. Von dem häufigen Regen, der Spaniens Norden so schön grün macht, werden Pilger, Einkäufer und Kneipengänger in der Altstadt durch attraktive Arkadengänge geschützt. Die eleganten Villen aus Sandstein mit ihren Erkern und schmiedeeisernen Balkongittern erinnern an die Epoche, als hier die spanische Königsfamilie urlaubte und wohlhabende Ausländer vor den Schrecken des Ersten Weltkriegs Schutz und Ablenkung suchten. Im prachtvollen, 1897 in Anwesenheit der Königin María Cristina eröffneten Casino, in dem sich die Gäste gelegentlich die Zeit vertrieben, spielen nur noch Lokalpolitiker: Es dient heute als Rathaus.

Seit Langem strömen außer Pilgern auch Schauspieler, Regisseure und Kinoliebhaber in das Seebad, das nach dem Ende dieses frühen Booms nostalgischen, aber keinen morbiden Charme entwickelt hat. Die Teilnehmer des Internationalen Filmfestivals logieren gerne im Hotel María Cristina, dem ersten Haus am Platz. In schönster Belle-Époque-Pracht thront es am Ufer des Flusses Urumea im Museumsviertel und zudem in unmittelbarer Nachbarschaft zum Schauplatz des Festivals, dem glamourösen, 1912 fertiggestellten Theater Victoria Eugenia.

DAS ÄLTESTE MUSEUM IM BASKENLAND

26 000 Exponate erklären auf 11 000 Quadratmetern die baskische Gesellschaft von der Frühzeit bis zur Gegenwart. 1902 wurde das Museum San Telmo in einem historischen Dominikanerkloster eröffnet, was es nicht nur zum ältesten Museum im Baskenland macht, sondern ihm auch einzigartige Atmosphäre verleiht. Auch eine kunsthistorische Sammlung gehört zum Museum.

BASKISCHER APFELWEIN

Mit einem Apfelhain, einem Ausstellungstrakt und einer Verkostung erklärt das Baskische Apfelwein-Museum Sagardoetxea die Herstellung des schmackhaften Erzeugnisses vom Baum bis zum Glas. Ein Guide erklärt dabei alle Produktionsschritte und relevanten Riten rund um *sagarra* (Apfel) und *txox* (Entnahme aus dem Fass und Verkostung).

Weitere Informationen

Museum San Telmo: Plaza Zuloaga,
www.santelmomuseoa.eus
Apfelwein-Museum Sagardoetxea:
Kale Nagusia 48, Astigarraga,
www.sagardoarenlurraldea.eus
www.sansebastianturismoa.eus
www.aquariumss.com
maria-cristina.sansebastianhotels.net

Frisch aus dem Meer: Fischmarkt in San Sebastián (u.). Das Rathaus (r.o.) war einstmals das Casino der Stadt. Im Café an der Promenade La Concha ist das Leben auszuhalten (r.u.).

Auf einen Txikito in die Altstadt

Wenn die üppig verzierten Laternen die Promenade beleuchten, flanieren hier würdige Herren mit Baskenmützen, am Geländer lehnen junge Menschen, die *Kalimotxo* trinken – eine für Ungeübte etwas gewöhnungsbedürftige Mixtur aus Cola und preiswertem Wein. Wie überall im Baskenland bietet der Barbesuch eine gute Gelegenheit, die Kenntnisse baskischen Vokabulars spielerisch zu vertiefen. In der Altstadt reiht sich Bar an Bar; auf ihren Tresen und in den Auslagen stapeln sich appetitliche Pintxos mit Stockfisch, Schinken, Käse oder Gemüse. Bei *Txikito*, einem Weinchen, *Zurito*, einem Bierchen, oder *Txakolina*, einem jungen, moussierenden Wein, macht man sich mit dem landesübliche Idiom vertraut. *Txikiteo* nennt sich die Kneipentour mit Freunden, bei der sich die Furcht vor den Konsonantenballungen des Baskischen schnell legt.

Ein Paradies für Gourmets

Zum Wein passt Fisch, der in der historischen Markthalle aus dem 19. Jahrhundert verkauft und in Restaurants liebevoll zubereitet wird. Elf Restaurantküchen im Radius von 25 Kilometern vom Rathaus sind mit Michelin-Sternen dekoriert, insgesamt 18 Sterne krönen ihre Küchen. Drei Restaurants in der Stadt können sogar auf jeweils drei Sterne verweisen: Arzak, Akelarre und Martín Berasategui. Für eine Stadt mit knapp 180 000 Einwohnern deuten diese Zahlen auf recht ausgeprägte Genuss-Sucht hin. Diese Dichte – es ist die weltweit höchste pro Kilometer außerhalb von Kyoto in Japan – erklärt sich außer durch eine für unverfälschte, frische Produkte günstige Lage mit der kulinarischen Tradition des Baskenlands. Obwohl die Küste hier steil abfällt, was das Fischen erschwert, ist das elegante Seebad noch immer auch ein Fischerort. Früher bedeutete der Fischfang harte, oft lebensgefährliche Arbeit. Nicht umsonst ist im Aquarium der Stadt das elf Meter lange Skelett eines Wals ausgestellt, der an einem Februartag des Jahres 1878 vor der Küste San Sebastiáns gefangen wurde – der letzte. Heute beschränkt man sich auf kleineres Meeresgetier. Das ganze Gewerbe hat sich verändert, die Boote sind größer und zuverlässiger geworden, die Fischer fahren früher und weiter hinaus. Manche Dinge aber sind geblieben, wie sie waren. Im Hafen sitzen Frauen, die zu ihren Trachtenröcken Sneakers tragen, Fischernetze flicken und in baskischer Sprache miteinander plaudern.

30 Heilige Stadt der Basken – Guernica

Friedensstadt mit dunkler Vergangenheit

Traurigen Ruhm erlangte die Stadt an der Biskaya, nachdem sie im Spanischen Bürgerkrieg als erstes ziviles Ziel eines Luftangriffs in die Geschichte einging. Picasso schuf mit *Guernica* ein mahnendes Antikriegsbild, das zum meistdiskutierten Werk des 20. Jahrhunderts wurde. Dabei reicht die Geschichte der Kleinstadt viel weiter in die Vergangenheit zurück.

Das Herz Guernicas (u.) und Picassos weltberühmtes Gemälde im Museo Nacional Centro de Arte Reina Sofía in Madrid (r.o.). Eine Skulptur von Eduardo Chillida im Park der Europäischen Völker (r.u.).

Mit 17000 Einwohnern ist Guernica, auf Baskisch Gernika, eine kleine Stadt mit großer und schwerer Geschichte. Selbstbewusst war sie immer schon. Als das Feudalreich der Basken in Ermangelung eines Erben an Kastilien fiel, war man nicht gewillt, auf die *Fueros*, traditionelle Rechte und Gesetze, zu verzichten. Deshalb mussten vom 14. bis zum 16. Jahrhundert alle kastilischen Monarchen in der »Heiligen Stadt der Basken« und dem 1000-jährigen Versammlungsort baskischer Ältestenräte schwören, diese Freiheitsrechte zu achten und die Basken ansonsten nicht weiter zu behelligen. Später sparten sie sich den Weg an die Biskaya und ließen ihre Bereitschaft durch Stellvertreter ausrichten.

Luftangriff auf Zivilisten

Heute ist die Stadt indes weniger für ihr baskisches Selbstverständnis berühmt als für ihr Schicksal im Spanischen Bürgerkrieg: Guernica wurde das erste zivile Ziel eines Luftangriffs. General Francisco Franco bediente sich im Bürgerkrieg deutscher und italienischer Flugein-

heiten, um das Baskennest vernichten zu lassen. Offiziell galt eine Brücke über den Fluss Oka als Ziel, ihre Zerstörung sollte baskischen Truppen den Weg abschneiden. Getroffen aber wurde die Stadt. Am 26. April 1937, einem Markttag, an dem sich außer 7000 Einwohnern und 3000 Bürgerkriegsflüchtlingen auch die Bauern aus der Umgebung in Guernica aufhielten, wurde die Stadt fast vollständig in Schutt und Asche gelegt – rund 80 Prozent waren zerstört. 1600 Zivilisten starben. Die Kirche, eine Munitionsfabrik und nicht zuletzt die Casa de Juntos, das Parlamentsgebäude, blieben stehen – denn dort oben auf dem Hügel wohnten Anhänger Francos, die verschont werden sollten. Der Diktator selbst behauptete rundweg, es habe keinen Luftangriff gegeben.

Ein Wandbild gegen den Krieg

Noch im selben Jahr malte der bereits weltberühmte Picasso das dreieinhalb mal acht Meter große Bild *Guernica* von der Bombardierung als spanisch-republikanischen Beitrag für die Weltausstellung in Paris. Den Auftrag hatte der Künstler, der sein Heimatland zuletzt 1934 besucht hatte, bereits zuvor erhalten. Doch über das Sujet seiner Arbeit für den spanischen Pavillon war er sich unklar. Nach der Zerstörung der Stadt war das Thema für Picasso, der auf der Seite der Spanischen Republik stand, klar. Wenige Tage nach der Bombardierung begann er mit den ersten Skizzen. *Guernica*, ganz in Schwarz, Grau und Weiß gehalten, wurde ein eindringliches Antikriegsbild, hastig und unter Zeitdruck gemalt, aber das wohl meistbeschriebene Kunstwerk des Jahrhunderts.
Während der Weltausstellung wurde es allerdings überwiegend totgeschwiegen; kaum eine Zeitung berichtete über die Kunst gewordene Anklage. Auch Franco dürfte kaum Gefallen an dem Werk gefunden haben. Und sogar in Guernica blieb es ein Politikum, allerdings aus anderen Gründen. Denn die Basken hätten es gerne bei sich gesehen, wenn schon nicht im Museum in Guernica, dann doch wenigstens – später – im schicken Guggenheim-Museum in Bilbao. Doch es befindet sich zusammen mit den Skizzen des Künstlers im Museo Reina Sofía in Madrid. Picasso selbst hatte verfügt, dass sein bis dahin in New York im Museum of Modern

EIN MUSEUM FÜR DEN FRIEDEN

Im Herz der Stadt befindet sich das Museo de la Paz (»Friedensmuseum«). Es erklärt, dass Frieden mehr bedeutet als die Abwesenheit von Krieg, wie man Frieden aushandelt und erreicht und was in Guernica geschah, als es keinen Frieden gab. Außerdem gibt es Wechselausstellungen zu den Themen Frieden und Menschenrechte. Sehr lohnend, um die Geschichte der Stadt zu verstehen, aber auch, um über Krieg und Frieden nachzudenken.

KAFFEE UND PINTXOS

Es muss nicht immer Kaffee und Kuchen sein. Sehr leckere, frisch zubereitete Pintxos stehen in der Cafetería Etxarte auf und in der Theke und bieten zusammen mit einem Cortado oder auch einem Gläschen Wein die richtigen Zutaten für einen entspannten Nachmittag.

Weitere Informationen

Museo de la Paz: Plaza de los Fueros,
www.museodelapaz.org
Cafetería Etxarte: Barrenkale-Barrena Kalea 6
www.gernika-lumo.net

Nur wenig der historischen Bausubstanz Guernicas (u.) hat überdauert. Die Heilige Eiche von Guernica ist in der gläsernen Decke des Versammlungshauses (Casa de Juntas) verewigt (r.).

Art ausgestelltes Werk erst nach dem Ende der Franco-Diktatur nach Spanien zurückkehren sollte. Mittlerweile wird es aus konservatorischen Gründen auch nicht mehr verliehen.

Auszeichnung als Internationale Friedensstadt

Mit der Aufarbeitung des Traumas konnte in Guernica erst nach dem Ende der Diktatur begonnen werden. Auf eine Entschuldigung aus Deutschland mussten die Bewohner sogar ein halbes Jahrhundert warten. Dennoch wurde Guernica zu einem Ort der Aussöhnung, weshalb die UNESCO die Stadt als internationale Friedensstadt auszeichnete. Das 2003 eröffnete Friedensmuseum dokumentiert den Tag der Bombardierung sowie die Rolle der Stadt im Bürgerkrieg. Bilder und Interviews mit Zeitzeugen machen das Ausmaß des Angriffs und seine Folgen fassbar. Dem Museum ist auch das ältere Zentrum für Friedensforschung *Gernika Gogoratuz* (»Guernica gedenken«) angeschlossen. Im *Parque de los Pueblos de Europa* (»Park der Europäischen Völker«) sind unter anderem Skulpturen von Eduardo Chillida und Henry Moore zu sehen.

Fünf Generationen Heiliger Eichen

Eine historische Altstadt gibt es in Guernica nicht. Dafür aber alte Traditionen – und alte Bäume. Im Mittelalter berieten sich die Basken hier im Schatten der heiligen Eiche, die 450 Jahre alt werden sollte. Heute versammeln sie sich innerhalb fester Mauern: Die Vertreter aus der Provinz Bizkaia tagen im Parlamentsgebäude. Am Eingang des Plenarsaals sind Weihwasserbecken in die Wände eingelassen. Denn lange diente das Gebäude, das ab 1826 auf dem Grundstück einer ehemaligen Kirche gleich neben der berühmten Eiche gebaut wurde, nämlich nebenher auch als Gotteshaus. Der Stamm einer alten Eiche, die bereits der zweite Heilige Baum war, wird in einem eigens errichteten Pavillon als Denkmal gehütet. Die dritte Eiche überstand den Bombenangriff, nicht aber einen Pilzbefall. Als die Truppen Francos nach dem Luftangriff in die Stadt marschierten, bildeten die Bewohner einen schützenden Ring um den Heiligen Baum. Erst Anfang des dritten Jahrtausends ging er ein. Vorausschauend hat man aber immer schon Abkömmlinge des Baums gehegt und gepflegt. Heute verehrt Guernica seine fünfte Heilige Eiche.

31 Von der Industrie- zur Kunststadt – Bilbao

Ein Talkessel Buntes

Der einstige Industrie-Moloch ist heute eine wohlhabende Stadt mit Börse und Banken, Kunst und Kultur. Eine Million Menschen pilgert jedes Jahr in das von Frank Gehry erbaute Guggenheim-Museum, das wie ein riesiges Kunstwerk am Fluss liegt. Auch die mittelalterliche Altstadt ist mit Bars, Restaurants, Geschäften und nicht zuletzt der dem Apostel Jakob geweihten Kathedrale äußerst attraktiv.

Das Pilgerportal der gotischen Kathedrale des Heiligen Apostels Jakobus aus dem 14. Jahrhundert krönt eine Jakobsmuschel. Lange war sie für Pilger das Symbol dieses Etappenziels auf dem Küstenweg, wie die Kathedrale ihren Ursprung als Pilgerkirche hat. 1893 wurde die hängende Brücke Puente de Vizcaya fertig, die älteste Schwebefähre der Welt. Sie ist noch heute in Betrieb – alle acht Minuten werden Menschen und Fahrzeuge über den Fluss transportiert. Dabei wurde sie im Spanischen Bürgerkrieg unter den Augen ihres Architekten Alberto Palacio zerstört und musste später wieder aufgebaut werden. Seit 2006 zählt die UNESCO die Stahlbaukonstruktion zum Welterbe der Menschheit. Sie war und ist ein Stück Ingenieurskunst, das den Betrachter in Staunen versetzt. Nicht umsonst war mit Palacio ein baskischer Schüler des großen Gustave Eiffel mit dem Bau betraut. Etwa 100 Jahre später kam es knüppeldick, die Augen von Pilgern und Urlaubern schweiften nun weder zur Kathedrale noch zur ikonischen Brücke. Sie interessierten sich nur mehr für einen lang gezogenen Bau am Flussufer, halb an ein silbern funkelndes Schiff, halb an einen

Eine der wichtigsten Attraktionen Nordspaniens ist das Guggenheim-Museum (u.). Die Spinne *»Maman«* ist nichts für Phobiker. Prachtvoll ist die Bahnhofshalle (r.), ungewöhnlich die Zahnradbahn.

überdimensionierten gestrandeten Wal erinnernd: das Guggenheim-Museum.

Besuchermagnet im Titangewand

1997 wurde der Bau von Frank Gehry im Beisein des damaligen spanischen Königs Juan Carlos eröffnet. Mit rund einer Million Besucher im Jahr ist das Museum für zeitgenössische Kunst heute eine der wichtigsten Attraktionen im Baskenland. Die Struktur aus Glas, Titan und Kalkstein aus Granada ist sogar selbst ein Kunstwerk. Beim Blick von oben sieht der Betrachter nur Glas und das Wasser des Flusses Nervión. Die Verkleidung aus 33 000 Titanplatten ist nicht völlig eben und schafft einen Effekt, der an die Schuppen eines Fischs erinnert. Weil Bilbao viele graue Tage kennt, sind die Platten so behandelt, dass sie in jedem Licht leuchten. So ist das Museum selbst eine Skulptur, die sich bei aller architektonischen Extravaganz perfekt in ihre Umgebung einfügt.
Auch rund um die eindrucksvolle Konstruktion finden sich ikonische Kunstwerke: die neun Meter hohe Spinnenskulptur *Maman* von Louise Bourgeois etwa und die bepflanzte Hunde-Skulptur »Puppy« von Jeff Kohns. Das Museum zeigt auf seiner 9000 Quadratmetern Ausstellungsfläche Kunstwerke aus der gewaltigen Sammlung der Guggenheim-Stiftung, kauft aber auch Arbeiten ein oder gibt sie in Auftrag. Der Amerikaner Robert Rauschenberg (1925–2008) gehörte zu den ersten Künstlern, die das Museum mit einer Retrospektive ehrte.

Strukturwandel mit Kunst und Kultur

Gleich neben dem Guggenheim-Museum befindet sich mit dem Museo de Bellas Artes eines der bedeutendsten spanischen Kunstmuseen. Das Viertel mit seiner Mischung aus hypermodernen Bauten, übriggebliebenen Hafen-Containern und den Fassaden alter Wohnhäuser entwickelte in den 1990er-Jahren industriellen Charme wie die Londoner Docklands, das Hafenviertel in Liverpool oder in Belfast, die ihr industrielles Erbe zur Kulisse zeitgenössischer Architektur und zum Schauplatz von Kunst und Kultur machten. In allen Ecken

MIT DER METRO ANS MEER

Lust auf eine Spritztour ans Meer? Es liegt nur zehn Kilometer von der Altstadt entfernt. Die Linie 1 bringt Badelustige in 20 Minuten nach Getxo. Von der Haltestelle Gobela aus ist der Strand in nur wenigen Schritten zu erreichen.

AUSFLUG ZUM AUSSICHTSPUNKT

Mit der Zahnradbahn (Funicolor de Artxanda) geht es aus der im Talkessel liegenden Stadt hinauf zum Aussichtspunkt Artxanda. Seit dem 7. Oktober 1915 erleichtert sie Bewohnern und Besuchern der Stadt den Weg bergan. Zwar ist der Hügel gerade mal 250 Meter hoch, doch er dient den Großstädtern neben der Küste als kleine Sommerfrische. Von oben öffnet sich ein formidabler Blick auf das Umland und die Stadt mit Fluss und Guggenheim-Museum. Neben der Zahnradbahn sorgen 45 Aufzüge und Rolltreppen sowie 20 Rampen für genug Atemluft in der zwischen Hügeln gelegenen und vom Fluss geteilten baskischen Metropole.

Weitere Informationen

Funicolor de Artxanda:
https://funiculorartxanda.bilbao.eus
Bilbao: www.bilbaoturismo.net
Guggenheim-Museum:
www.guggenheim-bilbao.eus

Die Zubizuri-Brücke (u.) trägt ebenso zur Attraktivität des modernen Bilbao bei wie das von Frank Gehry entworfene Prestige-Museum (r.) – und das Nachtleben in der Altstadt (u.).

wurde die alte, vom Ende der Schwerindustrie und Niedergang des Schiffsbaus stark gebeutelte Hafenstadt aufgemöbelt – durch die von Santiago Calatrava entworfene Brücke Zubizuri, durch futuristische Geschäftszentren, ein neues Opernhaus und urbane Errungenschaften wie die 28 Kilometer lange Metrolinie, die mittlerweile schon bald ein Vierteljahrhundert Menschen transportiert. Ein wenig trug diese Entwicklung auch dazu bei, die klassische Teilung der Stadt in den Bereich der Arbeiter am linken Ufer – hier befindet sich in Ufernähe auch der Jugendstil-Bahnhof Abando – und den der Wohlhabenden und der Altstadt am rechten Ufer zu verwischen.

Die nach einem Hochwasser Anfang der 1980er-Jahre sanierte mittelalterliche Altstadt bildet indes noch immer eine Welt für sich. *Las Siete Calle* nennt man sie, »die sieben Straßen«. Natürlich sind hier die ältesten Kirchen der Stadt mitsamt der Kathedrale zu finden, dazu mit dem *Museo Etnográfico Vasco* (»Baskisches Museum«) und dem Museum für Archäologie wichtige Kulturstätten und nicht zuletzt Läden, Restaurants und Bars. So ist im Sträßchen Barrenkale ab 22 Uhr regelmäßig kaum noch Durchkommen möglich, so dicht drängen sich die Kneipengänger.

Politische Stabilität nach unruhigen Zeiten

Heute gilt die Hauptstadt der Provinz Bizkaia als zukunftsgewandte Metropole des Nordens, die den Strukturwandel geschafft hat. Doch der Status der Autonomen Region war lange ein heikles Thema, auch wenn die drei Provinzen Gipuzkoa, Bizkaia und Araba, so ihre baskischen Namen, schon seit 1979 ein hohes Maß an Eigenständigkeit genießen. Lange sorgten die Anschläge der Terrororganisation ETA für ein gewaltsames und unruhiges Klima. Nachdem es dem Baskenland gelungen ist, den strukturellen Wandel von der Schiffsbaumetropole zum Technologie- und Finanzzentrum zu vollziehen, und die Region insgesamt wohlhabender und gebildeter ist als viele andere in Spanien, hat sich auch die politische Situation stabilisiert. Heute sieht nur noch ein kleiner Teil der Basken eine Unabhängigkeit von der übrigen Nation als erstrebenswertes Ziel, was auch an wachsender Mobilität liegt – Kastilier leben heute häufiger im Baskenland als früher, ebenso wie Basken in Madrid. Viele Menschen im Baskenland sehen sich als Basken und Spanier – das eine schließt das andere nicht mehr aus.

Malerisch: Hafen, die Kirche Santa María und die Burg prägen das Gesicht von Castro Urdiales (o.). Auch hier sind in jeder Bar köstliche Tapas zu haben (r.). Berühmt sind die Passionsspiele (r.o.).

32 Malerische Hafenstadt – Castro Urdiales

Mittelalterliche Schönheit über dem Meer

Dekorativ erstreckt sich die kleine Stadt an der Grenze von Baskenland und Kantabrien am Meer. Ihre Altstadt liegt auf einer Halbinsel, die Promenade Paseo Marítimo liegt zwischen auf dem Wasser schaukelnden Fischerbooten und den Türmen des historischen Hafenorts. Mit dieser Optik empfiehlt sich das kleine Küstenstädtchen auch für einen Ruhetag nach den Anstrengungen der Berge.

Pilger können aufatmen: Der anstrengendste Teil des Küstenwegs lag schon in Bilbao hinter ihnen, die Zeit der zähen Aufstiege ist vorbei. Deshalb stoßen auf dieser Etappe auch viele frische Pilger auf den Küstenweg, die ihre Wanderung erst in Bilbao begonnen haben. Zwar ist die Küste auch hier hügelig, aber nicht mehr gebirgig. Die attraktive kleine Hafenstadt Castro Urdiales liegt von grünen Hügeln geschützt am Meer. Mit 32 000 Einwohnern ist sie die drittgrößte Stadt Kantabriens, verströmt jedoch freundliches Kleinstadtflair. In der runden Bucht von Castro Urdiales erstrecken sich mit der Playa Brazomar und der Playa de Ostende an der anderen Seite der Altstadt zwei schöne Strände. Hier wird es vor allem am Wochenende voll. Strandurlauber finden sich hier weniger, vielmehr enspannen sich die Einheimischen hier nach der Arbeitswoche am Meer.

Fischrestaurants in idyllischer Altstadt

Die Altstadt liegt auf einer Halbinsel neben dem Hafen, der sich an die Badebucht von Brazomar anschließt. Auf der einstigen Templerburg erhebt sich nun ein kleiner Leuchtturm, der die Hafenzufahrt bewacht. Herz der Altstadt ist der Rathausplatz (Plaza del Ayuntamiento). In den Gassen westlich davon duftet es verlockend aus den Küchen zahlreicher Res-

taurants, in den Bars warten appetitliche Häppchen. Wer Fisch liebt, wird sich hier wohlfühlen: Die Fischrestaurants der Stadt befinden sich unmittelbar neben dem Fischerhafen.

Antike Spuren, mittelalterliches Flair

Sie sind dennoch nicht der einzige Trumpf dieser Altstadt in (Halb-)Insellage. Dank der traditionellen Bauwerke mit Holzbalkons in den Straßen gegenüber des Fischerviertels, die ihre Wurzeln im Mittelalter haben, wurde die Altstadt schon 1978 zum historischen Ensemble erklärt. Seither ist sie vor unpassenden baulichen Eingriffen sicher. Die gotische Kirche Santa María de la Asunción und die Festung stehen gleich nebeneinander. Die Kirche wurde zwischen dem 13. und 15. Jahrhundert erbaut und ist der wichtigste gotische Sakralbau Kantabriens. Sie ist nicht nur selbst schön anzusehen, sondern von hier oben aus bietet sich auch ein weiter Ausblick auf die Bucht. Es lohnt sich daher, nicht nur die Kirche zu besichtigen, sondern sie auch zu umrunden. Zusammen mit der Burg mit Leuchtturm, einer Brücke aus dem Mittelalter und der Wallfahrtskapelle Santa Ana, unter der römische Ruinen entdeckt wurden, bildet die Kirche das denkmalgeschützte Viertel Pueblo Vieja. Die Ruinen des Hospitals la Vera Cruz erinnern an die lange Tradition des Pilgerns auf diesem Weg. Besonders atmosphärisch ist die Altstadt gegen Abend, wenn die Sonne untergeht und den Himmel rosa und die alten Mauern golden färbt. Ein Spaziergang auf dem Paseo Marítimo über der Biscaya ist sogar unvergesslich.

Zeichnungen aus dem Spätpaläolithikum

Die Geschichte der Stadt reicht trotz ihrer überwiegend mittelalterlichen Bausubstanz des historischen Zentrums – natürlich – schon viel weiter zurück. Die Römer waren hier bereits zu Hause und nannten die Siedlung Flavióbriga. Zwei Meter unter der heutigen Stadt liegen die Überreste ihrer Hafenstadt. Deutlich älter sind indes die Felsmalereien in der Höhle Peña del Cuco. Sie stammen aus dem Jungpaläolithikum. Zwischen 40 000 und 9700 vor unserer Zeitrechnung entstanden die Zeichnungen, die Ziegen, Pferde und Hirsche zeigen.

PASSION AN KARFREITAG

Jedes Jahr an Karfreitag verwandelt sich das Zentrum von Castro Urdiales in eine Bühne, wenn mit vielen Details und aufwändigen Kostümen der Leidensweg Christi in einem über die Stadtgrenzen hinaus berühmten Passionsspiel dargestellt wird. Vom Gebet im Olivenhain bis zum Kreuzweg Jesu wird die Passionsgeschichte eindrucksvoll inszeniert.

IM TORTILLA-PARADIES

Es müssen nicht immer Pintxos sein – auch der spanische Klassiker Tortilla hat das Potenzial für vielseitige Geschmackserlebnisse. Preiswerte und köstliche Tortillas in erstaunlichen vielen Varianten gibt es in der Bar la Plaza an der Plaza del Mercado – mit Zwiebeln, Chorizo, Schinken und Käse, Aioli oder was dem kreativen Tortilla-Experten hinter der Theke einfällt.

Weitere Informationen

Karfreitagsprozession:
www.pasionviviente.org
Castro Urdiales:
www.turismocastrourdiales.net
Kantabrien: https://turismodecantabria.com

33 Ferienort in runder Bucht – Laredo

Alte Stadt an der Smaragdküste

Laredo liegt an einem der schönsten Küstenabschnitte Kantabriens, der von Sandstränden und zahlreichen Höhlen geprägt wird. Costa Esmeralda, Smaragdküste, wird er wegen des grün leuchtenden Meers genannt. Die Stadt besitzt Kantabriens längsten Strand, gesäumt von einer vier Kilometer langen Promenade. Für viele Nordspanier ist Laredo ein beliebtes Urlaubsziel.

Über schöne Küstenpfade legt der Pilger die letzten Kilometer nach Laredo zurück. Idyllisch liegt das Städtchen zwischen dem Meeresarm Ría de Treto und der Bucht von Santoña am fünf Kilometer langen Strand La Salvé – dem längsten in Kantabrien und auch einem der schönsten. Der Name Costa Esmeralda wurde von Touristikern ersonnen, beschreibt aber das smaragdfarben leuchtende Meer tatsächlich sehr treffend. Dazu ist es auch noch sehr sauber: Über dem Strand leuchtet (wie auch in Castro Urdiales) eine blaue Flagge für besonders gute Wasserqualität.

Seeschlacht im Dreißigjährigen Krieg

Die Bucht zwischen Laredo und Santoña, die heute sommerliche Träume von Sonnenbaden und Planschen im Meer weckt, bildete während des Dreißigjährigen Kriegs die Kulisse einer kriegerischen Auseinandersetzung, als die smaragdfarbene Küste zum Schauplatz einer dramatischen Verfolgungsjagd von französischer und spanischer Marine wurde. Zwei spanische Kriegsschiffe suchten vor den französischen Verfolgern Zuflucht. Vergeblich: Die französische Flotte war der spanischen deutlich überlegen und kaperte ihr Flaggschiff. Die Besatzung des

Blick auf Laredo (u.). Pilger haben das Meer hier immer wieder im Blick (r.o.). Die Blumenschlacht am letzten Freitag im August (r.u.) markiert den Höhepunkt des Sommers.

anderen spanischen Schiffs, der Almiranta, beschloss, nicht auf ein ähnliches Schicksal zu warten, sondern das eigene Schiff lieber gleich zu versenken. Über eigene Waffen verfügten sie nicht mehr, wussten also, dass sie chancenlos waren. Im Vergleich zur Vorstellung, der Feind könnte ihre Ladung erbeuten, erschien ihnen die selbst herbeigeführte Havarie als kleineres Übel. 300 Jahre lag das Wrack der Almiranta auf dem Meeresgrund vor der Küste, bevor Archäologen Teile davon an die Oberfläche holten.

Sommerfrische mit kühlender Brise

Heute geht es hier friedlich zu. An einer Seite wird die Bucht vom großen Hafen begrenzt, in dem Fischerflotte und Sportboote liegen. Das Städtchen ist mit 11 000 Einwohnern allerdings recht übersichtlich. Im Sommer kann es trotzdem voll werden, denn die Bewohner Kantabriens und des Baskenlands schätzen Laredo als Wochenend- und Ferienziel. Sogar Madrilenen kommen her, um der Hitze der Hauptstadt zu entfliehen und die kühlende Brise der kantabrischen Strände und das klare Wasser zu genießen.

Prachtvolles flämisches Retabel

Die spätmittelalterliche Altstadt, 1970 zum historischen Ensemble erklärt, ist ebenfalls klein, aber mit schmalen Gassen und roten Ziegeldächern sehenswert. Stadtpaläste aus dem 16., 17. und 18. Jahrhundert und die Pfarrkirche Santa María de la Asunción mit dem üppig verzierten, flämischen Retabel de Belén zählen zu ihren Attraktionen. Gleich hinter der Kirche beginnt grüne kantabrische Hügellandschaft. Im neueren Ensanche arbeiten die meisten Bewohner der Stadt. Geschäfte, Banken, Büros sind hier zu finden, doch ist auch diese Neustadt eher ein Städtchen. Von der Plaza Carlos V. aus erstrecken sich drei parallel verlaufende Straßen entlang der Küste. Von Laredo aus sind es dreißig Kilometer bis nach Güemes. Zu Beginn warten weitere traumhafte Ausblicke auf die smaragdfarbene Küste, dann verläuft der Weg bald durchs Binnenland.

EIN HAUCH VON KARNEVAL IM SOMMER

Die Batalla de Flores (»Blumenschlacht«) ist der wichtigste Termin im Festkalender der Stadt. Am letzten Freitag im August ziehen mit Blumen geschmückte Wagen durch Laredo – ein farbenfrohes und lautes Spektakel. Die größten Wagen zieren rund 120 000 Blumen und Blüten. Den ersten Höhepunkt der Veranstaltung bildet die Noche de la Flor, die »Nacht der Blume«. Tausende sind am Donnerstag schon ab dem Nachmittag auf den Beinen, um bei einem Rundgang durch die Stadt dabei zuzusehen, wie letzte Hand an die Wagen gelegt wird, die am nächsten Tag durch die Straßen fahren. Das Tourismusbüro hält einen Plan mit den Standorten der Werkstätten bereit. Am Tag selbst drängen sich die Menschen in den Straßen und auf Tribünen, um insgesamt drei von Musik begleitete Umzüge zu erleben – ein unvergessliches Erlebnis.

Weitere Informationen

Batalla de Flores: www.batalladeflores.net
Laredo: www.laredoturismo.es

34 Grünes Idyll – Güemes

Einsamer Sprengel in stiller Landschaft

Von der Küste führt der Weg ins Hinterland aus Feldern, Wiesen und Wald. Nach den weiten Sandbuchten von Santoña und Noja scheint dies eine andere Welt zu sein: ländlich, dünn besiedelt mit nur einer Handvoll Häusern und einem Kirchlein. Das Läuten von Kirchen- und Kuhglocken fügt sich zu einer reizarmen Geräuschkulisse – dabei ist die Küste mit ihren Badeorten nur wenige Kilometer entfernt.

Spektakulär gerät mancher Sonnenuntergang in Santoña (u.). Küste und Hinterland sind hier gleichermaßen verführerisch, die Natur fast unberührt (r.).

Die erste Etappe bietet wunderschöne Küstenblicke, bevor der insgesamt gut 20 Kilometer lange Weg ins Landesinnere führt. Mancher beginnt diese Etappe mit einer Bootsfahrt über die Flussmündung nach Santoña. Von dort prägen zunächst weite, oft menschenleere Buchten und Sandstrände das Bild, von denen jene in Berria und Noja zu den wohl schönsten des Camino del Norte zählen. Die Playa de Berria ist auch bei Surfern beliebt, wegen Wellen und Strömungen aber nicht überall zum Baden geeignet. Das Städtchen Noja ist mit seinen beiden goldenen Stränden Playa de Trengandin und Playa de Ris im Sommer ein beliebter Badeort. Pilger haben auf diesem Abschnitt die Möglichkeit, die Wanderschuhe auszuziehen und immer wieder barfuß am Strand zu laufen.

Grünes Tal mit Bächen und Flüsschen

Im Landesinneren führt der Weg durch grüne Hügel. Ein kurzer, steiler Anstieg ist zu bewältigen, dann liegt Güemes in einem Tal vor dem

POSADA IM GRÜNEN

Wenn die Füße vernehmlich nach einem Ruhetag (oder zweien) verlangen, bietet die Posada Rural Camino del Norte ein idyllisches Refugium zwischen Wald, Wiesen und Bächen. Das im 18. Jahrhundert aus Steinquadern erbaute Haus wurde liebevoll restauriert und verströmt mit Terrakottafliesen und Deckenvertäfelungen aus Kastanienholz jede Menge Charme. Die geschmackvollen Zimmer sind individuell eingerichtet. Am schönsten aber ist die Stille, die nur vom Gesang der Vögel am Morgen und dem Läuten der Glocken der Pfarrkirche San Vicente unterbrochen wird.

Weitere Informationen

Posada Rural Camino del Norte:
Calle la Barcena 305, Güemes,
www.posadaruralcaminodelnorte.com
Kantabrien: www.turismoencantabria.com

Wanderer. Mehrere Bäche und kleine Flüsschen laufen hier zusammen und vereinen sich zum Aguachica. Die Wasserläufe sind ein Grund, warum Güemes inmitten saftig grüner Landschaft liegt; der andere ist das regenreiche Klima an Spaniens Nordküste. Was am Meer meist schnell wegzieht, bleibt im Hinterland gerne auch mal ein paar Stunden hängen und ergießt sich in Regenfällen. Das im Vergleich zur sengenden Hitze in anderen Landesteilen sehr moderate Klima gehört zweifellos zu den Vorzügen des Camino del Norte. Wenn er auf den letzten gut 180 Kilometern landeinwärts zieht, schafft das Wetter sogar regelmäßig Gelegenheit, auch mal das Regencape aus dem Rucksack zu ziehen. Doch mit zermürbendem Dauerregen ist nicht zu rechnen. Das ferne, feuchte Galicien ist hier noch Zukunftsmusik, der Himmel klart meist schnell wieder auf.

Pilgerherberge mit Charakter

Güemes mit gerade mal 300 Einwohnern ist im dritten Jahrtausend nicht zuletzt durch eine Pilgerherberge mit Kult-Status zur Legende geworden. Geprägt wird die Albergue von dem charaktervollen Herbergsvater Ernesto, der die 80 bereits überschritten hat, und von dem internationalen Publikum, das Ernestos Ruf gefolgt ist. Vor allem, wer während seiner Wanderung viel Zeit alleine verbracht hat, wird sich hier wohlfühlen – und das nicht nur wegen des Rotweins, den Ernesto neben dem Wasser zum Abendessen auftischen lässt.

Auch am Abend braust Santander vor Leben (o.). Farbenfrohe, meist religiös motivierte Feste gehören hier so fest zum Leben wie überall in Spanien (r.o.).

35 Die Perle Kantabriens – Santander

Metropole am Küstenweg

Königliche Sommerresidenz, Yachthafen, Surfparadies, Badeort und Hauptstadt Kantabriens: Santander ist vielseitig, elegant und zählt mit weißen Stränden in runder Bucht zu den schönsten Städten Spaniens. Dabei ist historische Architektur hier rar, denn nach Luftangriffen im Bürgerkrieg verwüstete später ein Großbrand die Altstadt. Umso eindrucksvoller ist Santanders heutige Pracht.

Eine Brise vom Meer, weißer Sand, grüne Berge in der Ferne, eine elegante Promenade und schöne Cafés und Bars – kein Zweifel: In Santander ist das Leben auszuhalten. Die »Braut des Meers« wird die Stadt auch genannt, doch bemühten sich immer schon auch andere um die Schöne.

Königliche Sommerfrische

König Alfons VIII. (1886–1941) etwa verbrachte den Sommer am liebsten in dieser schönen Stadt, in der das Klima so viel angenehmer war als in der Gluthitze des sommerlichen Madrids. Zum Dank schenkte Santander ihm im Jahr 1909 den Palacio de la Magdalena auf einer Halbinsel, der einen traumhaften Blick auf die Stadt zwischen Bergen und Stränden bietet. Heute ist hier eine Internationale Universität ansässig. Auch schon Isabella II. hatte im Jahr 1861 im damals noch außerhalb der Stadt gelegenen Sardinero einen unvergesslichen Sommerurlaub verbracht. Später folgte der Souverän von Savoyen, was für einen ersten Aufschwung an den Stränden sorgte, die sich noch heute als Sardinero I und II größter Popularität weit über die Grenzen Santanders hinaus erfreuen. Doch König Alfons wurde zum Trendsetter und etablierte Santander in aristokratischen und wohlhabenden bürgerlichen Kreisen als beliebtes Sommerziel.

Schicksalsschläge und Wiedergeburt

Im Bürgerkrieg wurde die Stadt, in der sich schon 1893 mit der Explosion eines im Hafen liegenden Frachters ein Unglück mit vielen Opfern ereignet hatte, von Luftangriffen schwer getroffen. 1941 verwüstete ein Großbrand Santander dann so schwer, dass es weitgehend neu aufgebaut werden musste. Trotz der desolaten weltpolitischen Lage bewies man dabei Optimismus und Zukunftsglauben und ließ Santander als Seebad auferstehen. Sandstrände gab (und gibt) es schließlich genug.

Authentische historische Bausubstanz ist aufgrund der Verwüstungen in der ersten Hälfte des 20. Jahrhunderts für die örtlichen Verhältnisse jedoch rar. Die gotische Kathedrale wurde ebenso wie verschiedene Adelspaläste und Stadtvillen in der Altstadt wieder aufgebaut. Nuestra Señora de la Asunción, so ihr voller Name, hat ihre Wurzeln im 12. Jahrhundert, als mit dem Bau einer Abteikirche begonnen wurde. Um 1200 wurde die dreischiffige Unterkirche errichtet, bis zum 14. Jahrhundert dauerte der Bau der Oberkirche. Im 15. Jahrhundert wurden der schöne gotische Kreuzgang und mehrere Seitenkapellen angefügt. Nach dem Großbrand wurde die schwer beschädigte Kirche restauriert und vergrößert. Andere Kirchen öffneten ihre Schatztruhe, um die zerstörte Ausstattung zu ersetzen. Aus einem Kloster in Madrid stammt beispielsweise das Chorgestühl.

Centro Botín und Leuchtturm

Neubauten wie das von Renzo Piano entworfene und 2017 nach fünf Jahren Bauarbeiten eröffnete Centro Botín beweisen, dass man in Santander den Blick noch immer nach vorne richtet. Träger ist die Stiftung der Bankiersfamilie Botín, die den Namen ihrer Heimatstadt auch ihrem Kreditinstitut gegeben hat. Das futuristische Centro Botín beheimatet ein sehenswertes Museum für Moderne Kunst, ist aber auch wegen seiner Architektur eine der wichtigsten Attraktionen der Stadt. Der Zentralsitz der Bank im Zentrum sieht mit Türmchen, Torbogen und schmiedeeisernen Balkons hingegen aus wie ein Schloss. In die entgegengesetzte Richtung der Zeitachse führt das *Museo de Prehistorica y Arqueología* (»Museum für Prähistorie und Archäologie von Kantabrien«). Mehr als 1000 Exponate weisen auf doppelt so viel Quadratmetern den Weg in die Vergangenheit: von der Stein- und Eisenzeit über die Welt der alten Römer bis zum Mittelalter. Die Funde aus der Antike stammen aus Castro-Urdiales, dem antiken Flaviobriga, und aus dem kantabrischen Juliobriga.

Bewacht wird die Bucht von Santander vom 1839 eingeweihten Leuchtturm El Faro de Cabo Mayor. Der 30 Meter hohe Turm steht dekorativ am Eingang zur Bucht – mehr als 90 Meter über dem Wasser. Das Haus des Leuchtturmwärters wurde mit der Automatisierung der Leuchtzeichen nicht mehr benötigt und im Jahr 2005 umgewidmet. Seither beheimatet es mit dem Centro de Arte Faro de Cabo Mayor ein spannendes Museum. Es versammelt Objekte sowie Kunstwerke kantabrischer und internationaler Künstler, die sich mit dem Meer und mit Leuchttürmen beschäftigen.

Zeitreise ins Mittelalter in Santillana

Auch die Strecke jenseits von Santander ist reizvoll. Santillana del Mar liegt auf dem Weg nach San Vicente de la Barquera und ist eine der am besten erhaltenen mittelalterlichen Städte im ganzen Land. Schon die mit Wappen geschmückten Häuser aus dem 15. bis 17. Jahrhundert sind eindrucksvoll. Erbaut wurden sie von wohlhabenden Händlern und der örtlichen Aristokratie. Auch die Stiftskirche San Colegiata ist sehenswert. Nur zwei Kilometer von hier liegt die berühmte Höhle Altamira mit Felszeichnungen aus der Steinzeit. 14 000 Jahre soll sie zählen. Der Abstecher in die Prähistorie lohnt sich unbedingt. Die Originale müssen seit einigen Jahren vor den Besuchern geschützt werden, doch wurden gleich nebenan in einer Höhle die Malereien kopiert.

EIN FEST FÜR DIE JUNGFRAU VOM MEER

Santander feiert am ersten Wochenende im Juni seine Schutzpatronin mit einem bunten Reigen aus Messe und Prozession, folkloristischen Darbietungen sowie einem gastronomischem Angebot, das die Festivitäten auch für Uneingeweihte sehr attraktiv macht. Der Hintergrund der tollen Tage im Juni ist indes ernst. Im ausgehenden 16. Jahrhundert wurde die Stadt von der Pest heimgesucht und bald darauf von einer schweren Flut verwüstet. Der Dank der Überlebenden galt der Jungfrau vom Meer, die man auch um künftigen Schutz bat. Dass Piraten um 1590 ihr Bildnis stahlen, ihr Schiff aber vor Castro Urdiales zerstört und die Jungfrau unbeschadet geborgen wurde, galt als Beweis ihrer Kraft.

FIESTA IN SANTILLANA DEL MAR

Am 28. Juni richtet das Städtchen seine Schutzpatronin Santa Juliana ein farbenfrohes Fest aus. Zum Programm gehören unter anderem eine Parade der Riesen, kulinarische Verkostungen, folkloristische Tänzen und traditionelle Musik.

Weitere Informationen

Santander: https://turismo.santander.es
www.centrobotin.org
Santillana del Mar:
https://santillanadelmarturismo.com

Angler am Cabo Mayor bei Santander.

Fischerdorf in grüner Bucht: San Vicente de la Barquera(l.). Das Kastell (r.u.) bewahrt mittelalterliche Kanonen (Kasten r.o.); mehr Freude verspricht der Eintopf aus Kartoffeln und Tunfisch (Kasten r.u.).

36 Leben am Fjord – San Vicente de la Barquera

Malerisches Fischerdorf vor den Picos de Europa

Die majestätischen Kalksteinberge der Picos de Europa, Kantabriens Stolz und Wahrzeichen, bilden die eindrucksvolle Kulisse des Küstenorts. Besonders imposant ragt der Naranjo de Bulnes auf. Das historische Zentrum von San Vicente de la Baquera zählt zu den schönsten mittelalterlichen Stadtkernen im Norden Spaniens.

Überreste der alten Stadtmauer, eine wehrhafte Burg, zwei historische Brücken und die zwischen dem 13. und 16. Jahrhundert erbaute Kirche Santa María de los Ángeles bilden ein historisches Ensemble, wie man es sich schöner kaum vorstellen könnte. Nimmt man dazu noch mehrere dekorative Strände sowie bunte Fischer- und schicke Sportboote, erhält man einen der attraktivsten Orte an Spaniens Nordküste. Pilger erreichen dieses Idyll von Comillas kommend und sehen es von der Steilküste aus am Ende einer Bucht mit Sandstränden. Mit der Playa de la Rabia und der Playa Oyambre – einem der besten Surfspots in Kantabrien – liegen allerdings auch schon vor San Vicente zwei traumhafte weiße Sandstrände am Weg.

Der älteste Teil des Städtchens liegt auf seinem höchsten Punkt: Die Burg (Castillo de San Vicente) ließ Alfons I. im 8. Jahrhundert anlegen, nachdem es ihm gelungen war, die Mauren aus der Gegend zu vertreiben. Sie wurde Teil der Stadtbefestigung. Heute ist sie umfassend restauriert. Neben dem Kastell thront die dreischiffige gotische Kirche Santa María de los Ángeles über der Mündung des Flusses Escudo. In ihrem Inneren ist das barocke Altarbild bemerkenswert.

Eine Brücke mit 28 Bögen

Besonders eindrucksvoll ist die Puente de Maza, die mit 28 Bögen über den Meeresarm Ría de San Vicente de la Barquera führt. Die

Brücke wurde im 16. Jahrhundert auf Weisung der Reyes Católicos angelegt, der katholischen Könige Isabella und Ferdinand, denn der Río Escudo vereint sich hier mit den Gezeiten des Meers zu einem Fjord. Die kürzere Puente de Parral stammt aus dem 18. Jahrhundert und überbrückt den Río Escudo vor der Mündung ins Meer, wo ihn Land und Damm zu schmalerem Lauf disziplinieren. Das Mündungsgebiet und die Strände sind Teil des Naturparks Parque Natural de Oyambre, der vielen Wasser- und anderen Vögeln Lebensraum bietet und sich von Comillas an entlang der Küste erstreckt. Pilger sehen ihn auf ihrem Weg nach San Vicente über zehn Kilometer zu ihrer Rechten.

Fischer segelten bis Neufundland

Schon zur Zeit der Römer gab es hier einen Hafen, der im Mittelalter zu den wichtigen Häfen an der kastilischen Küste gehörte – neben Castro Urdiales, Laredo und Santander. Bedeutend war der Ort aber nicht nur zur Verteidigung, sondern auch wirtschaftlich: Seine Fischer fuhren wie ihre Kollegen in der Normandie und Bretagne bis nach Neufundland, um Kabeljau zu fangen. Wie nachhaltig der Import von Fisch wirkt, beweist die dauerhafte Leidenschaft der Nordspanier für Stockfisch. Weil die kantabrischen Fischer auch hervorragende Seefahrer waren, schafften sie es nicht nur über den oft stürmischen Atlantik in die Neue Welt, sondern segelten auch in Richtung Süden zu den Kanarischen Inseln und nach Nordafrika. Natürlich wird in San Vicente auch heute noch gefischt, und die Früchte des Meers prägen die Küchen der Restaurants. Typische Spezialität ist ein köstlicher Eintopf aus Tunfisch und Kartoffeln, der als *Sorropotún* oder *Marmita barquereña* auf den Speisekarten steht.

Von hier aus ist es nicht mehr weit nach Asturien, wo sich der Camino del Norte vom Küstenweg trennt. Zuvor öffnet sich gleich hinter San Vicente ein wunderschöner Blick auf das Bergpanorama der Picos de Europa.

AUSSICHT AUF DIE BUCHT

Das Castillo de San Vicente wurde vor der Jahrtausendwende umfassend restauriert und ist seitdem Standort eines gepflegten Heimatmuseums, in dem ein Film (auf Spanisch) über die Geschichte der Stadt und Exponate von Kanonen bis zu Alltagsgegenständen die Vergangenheit zum Leben zu erwecken suchen. Das größte Exponat ist indes die Burg selbst, und die Aussicht, die sich von hier oben über Stadt, Hafen und Ría bietet, ist spektakulär.

SARDINEN UND CHORIZO

Schmackhafte Tintenfisch, Muscheln und gegrillte Sardinen, aber auch Bohneneintopf mit Chorizo und andere deftige Spezialitäten stehen auf der Karte des Restaurants Puente La Maza (Avenida Miramar 16) in San Vicente de la Barquera, das trotz der Lage am Meer kulinarisch auch das Hinterland abdeckt. Auch das Ambiente ist angenehm, und die Preise sind sehr moderat.

Weitere Informationen

https://turismodecantabria.com

Altstadt zwischen Bucht und Hafen: Gijón. Von hier führt der Weg ins ländliche Asturien (r.), das seine eigenen Traditionen besitzt (Kasten r.).

37 Kapitale der Costa Verde – Gijón

Hafenstadt mit Vergangenheit

Gijóns Geschichte reicht in die Zeit der Römer zurück. Die katholischen Könige Isabella und Ferdinand ließen hier einen Hafen anlegen, der einen frühen Bauboom beförderte. So besitzt die Universitätsstadt trotz der schweren Schäden, die sie im Bürgerkrieg erlitt, schön restaurierte historische Bauten. Besonders attraktiv sind die Altstadt und einige hochkarätige Museen.

Das auf einem Hügel am Hafen gelegene Santa Catalina ist der älteste Teil der Stadt. Die ersten Bewohner konnten von hier aus sehen, ob sich vom Kantabrischen Meer her womöglich Feinde näherten. Heute ist der Blick auf die Biskaya längst nicht mehr wehrhafter Natur, sondern ein Genuss. Der Hügel sowie das Fischer- und Altstadtviertel Cimadevilla zu seinen Füßen liegen so attraktiv auf und an der felsigen Halbinsel, dass man kaum entscheiden mag, was schöner ist: die Altstadt mit schmalen Gassen und kleinen Plätzen, die Strände, die Hafen und Halbinsel flankieren, oder doch der Park auf dem Hügel, den die Skulptur *Elogio del Horizonte* (»Lob des Horizonts«) von Eduardo Chillida krönt. Sie zählt zu den wichtigsten Werken des baskischen Bildhauers und verpasst dem fernen Horizont einen wirkungsstarken Rahmen. Wem die Sprache hier mal wieder gar nicht spanisch vorkommt, irrt sich übrigens nicht: Auch Asturien leistet sich ein eigenes Idiom. Um die Verwirrung zu steigern, wird neben Spanisch und Asturisch auch ein Dialekt gesprochen, der aus asturischen und galicischen Elementen besteht.

Geheimtipp am Camino del Norte

Im Spanischen Bürgerkrieg wurde Gijón fast komplett zerstört, und beim Wiederaufbau entstand zunächst ein ziemliches Durcheinan-

der. Vor allem rasch hochgezogene Bausünden störten den Gesamteindruck. Mittlerweile hat die Stadt mit heute 270 000 Einwohnern ihre ästhetische Harmonie zurückgewonnen und ist wegen ihrer attraktiven Lage und der lebendigen Atmosphäre sogar ein Geheimtipp am Camino del Norte. Eine Vielzahl historischer Bauwerke erzählt Episoden aus der Geschichte der Stadt seit ihren Anfängen zur Zeit der Römer – bunt gemischt. Die vor der Halbinsel gelegene Plaza Mayor wird vom Rathaus aus dem 19. Jahrhundert dominiert. Flaniert man von hier aus den Strand Playa de San Lorenzo entlang in Richtung Sportpalast, passiert man römische Überreste und kleine Fischerhäuschen, aber auch elegante Stadtvillen.

Römische Thermen und Fußbodenheizung

1903 fand man unter dem 1590 erbauten Palacio de los Valdés und in seiner Umgebung die Überreste der römischen Thermen. Diese öffentlichen Bäder sind heute als Museo Termas Romanas de Campo Valdés zugänglich.
Es zählt zu den wichtigsten Museen über die Epoche der Römer in Nordspanien und umfasst neben den Bädern weitere Exponate, die vom täglichen Leben und Treiben in der römischen Siedlung berichten. Auch Teile einer römischen Fußbodenheizung aus unterirdisch verlaufenden Warmwasserleitungen sowie Teile der antiken Stadtbefestigung sind erhalten.

Atlantisches Botanik-Paradies

Besonders attraktiv ist die Museumsszene von Gijón. Neben den Römischen Thermen ist das (Freiluft-)Museum des Asturischen Volks (Muséu del Pueblu d'Asturies) besonders spannend. Zu den Gebäuden, die die asturische Architektur und Kultur vermitteln, gehört neben einem traditionellen Bauernhof, einem Dudelsack-Museum und typischen Getreidespeichern auf Stelzen auch der asturische Pavillon der Weltausstellung des Jahres 1992 in Sevilla.
An der Plazuela del Marqués nahe der Playa Mayor steht mit dem Palacio de Revillagigedo ein festungsartiger Bau, der heute ebenso wie die Stiftskirche San Juan Bautista für Kunstausstellungen genutzt wird. Der Atlantische Botanische Garten, der sich der Flora und Vegetation dieser Klimazone widmet, ist mit einer Fläche von knapp 16 Hektar eine große grüne Oase.

GIJÓN FEIERT ASTURIEN

Am ersten Sonntag im August feiert Asturien sich selbst – und in der größten Stadt der Region fallen die Umzüge in traditioneller asturischer Gewandung mit Musik natürlich besonders üppig und farbenfroh aus. In der ersten Augusthälfte findet auch die Semana Grande von Gijón statt. Dabei wird der Jungfrau von Begoña gehuldigt – mit vielen Konzerten überall in der Stadt und an den Stränden, mit Kleinkunst und einem mitternächtlichen Feuerwerk als Höhepunkt.

DIE STÄRKSTEN MILKSHAKES NORDSPANIENS

Pilgern kostet Kraft. Gut, dass es in der Bar Zephyr (Calle Begoña 13) nicht nur Kaffee, Bier und Cocktails gibt, sondern auch gehaltvolle Milkshakes, in denen der Löffel senkrecht stehen bleibt. Das liegt außer am cremigen Inhalt am Beiwerk: Sahne, Gebäckstücke und bonbongroße Schokoladenraspeln türmen sich auf den »Super-Snack-Shakes«. Sehr lecker! Und wer gute 20 Kilometer am Tag läuft, muss beim Genuss nicht an die Waage denken.

Weitere Informationen

Gijón: www.gijon.es
Museen: http://museos.gijon.es
Atlantischer Botanischer Garten:
www.botanicoatlantico.com

Futuristisch ist das Centro Oscar Niemeyer (o.). Ähnlich extravagant feiert Avilés Karneval (r.). Leuchtturm und Steilküste sind wiederum küstentypisch (r.o.).

38 Stadt mit langem Atem – Avilés

Mittelalterliche Paläste und brasilianische Postmoderne

Avilés wurde wie manche nordspanische Hafenstadt heftig vom Niedergang der Schwerindustrie getroffen. Die Stadt mit einem schönen mittelalterlichen Kern will ihre industrielle Vergangenheit abschütteln und setzt dabei auf Kultur. Der legendäre Architekt Oscar Niemeyer persönlich läutete mit seinem außergewöhnliches Kulturzentrum am Flussufer den Strukturwandel ein.

Knapp 25 Kilometer trennen Gijón von Avilés. Die mit 78 000 Einwohnern drittgrößte Stadt Asturiens liegt im Mündungsgebiet des Flusses Alvares, der sich hier zu einem Meeresarm verbreitert – leider flankiert von einigen qualmenden Schloten. Während der Franco-Ära entstand unter anderem eine Stahlhütte, die das Stadtbild verschandelte. Avilés war wie Gijón seither industriell geprägt, konnte seine sehenswerte Altstadt aber erhalten. Sie glänzt unter anderem durch die eleganten Stadtpaläste der Indianos – Seefahrer, die in der Neuen Welt ein Vermögen gemacht hatten und zurück in der Heimat ihren Wohlstand nicht verbargen.

Historische Paläste in der Altstadt

Schon im 12. Jahrhundert erhielt Avilés einen Hafen für die asturisch-kastilische Flotte. Schnell wurde er zum wichtigsten Handelshafen an der Nordküste. Ab dieser Zeit entstanden die ersten aufwändigeren Bauten, die die Jahrhunderte überdauern sollten: die Kirche San Nicolás de Bari aus dem 14. Jahrhundert mit schönem Kreuzgang und die eleganten Wohnhäuser wohlhabender Aristokraten, die diesem Teil der Stadt den Namen La Villa gaben. Ein Beispiel ist der Palacio de Camposagrado, der im 17. Jahrhundert aus einem früheren mittelalterlichen Bau entstand. Später kamen harte Zeiten für den reich verzierten

Barockpalast, als erst Napoleons Truppen und später asturische Truppen hier Quartier nahmen. Vom ursprünglichen Interieur ist nur eine große Freitreppe erhalten. Heute beheimatet der Palast eine Kunsthochschule.
Die Fischer lebten im Viertel Sabugo im Norden der Altstadt. Sie besuchten ihre eigene Kirche, die in romanischem Stil erbaute Iglesia Santo Tomás. Zentrum der Altstadt ist die schöne Plaza de España mit dem Rathaus. Die Befestigung der mittelalterlichen Stadt ist nicht erhalten, dafür aber neben dem reichen architektonischen Erbe auch ein *Hórreo*, ein Kornspeicher auf Stelzen. Die Altstadt ist dabei keinesfalls museal. Die Calle de Galiana etwa verströmt dank vieler Restaurants lebendige Atmosphäre und köstliche Düfte.

Kunst statt Industrie an den Flussufern

Mittlerweile ist in Avilés ein Strukturwandel in Gang gesetzt, der den verbliebenen Schloten an den Ufern der Ría Alvares ansprechendere Bauwerke entgegengesetzt. Ebenso wie anderen Städten an der spanischen Nordküste, etwa Bilbao, setzte auch Avilés der Niedergang der Schwerindustrie sehr zu. Die Stadt versucht daher, neue Wege zu gehen und wie die baskische Metropole zunehmend auf Kultur zu setzen. So entstand 2011 am rechten Flussufer das Centro Oscar Niemeyer des legendären brasilianischen Architekten und Stadtplaners: vier strahlend weiße, futuristische Bauten, in denen sich eine Ausstellungshalle, ein Mehrzweckbau und eine Konzerthalle mit einer 18 Meter hohen Kuppel befinden. Sie sind auf einem weiten Platz angeordnet, der im Sommer für Veranstaltungen genutzt wird. Zum Ensemble gehört auch ein Aussichtsturm mit Panoramarestaurant, das einer fliegenden Untertasse gleich über dem Boden schwebt. Zu erreichen ist es über eine Wendeltreppe, die um den Sockel führt. Die Verbindung Niemeyers mit der Region begann, als der Architekt 1989 den Prinz-von-Asturien-Preis erhielt. Den Entwurf für das Kulturzentrum auf der »Insel der Innovation«, so der Name des Areals, schenkte Niemeyer der Region. Es ist der einzige Niemeyer-Bau in Spanien.

EIN FESTIVAL FÜR KELTEN ALLER LÄNDER

Die gemeinsamen keltischen Wurzeln feiert Avilés beim Festival Intercéltico zusammen mit Musikern, Künstlern und anderen Akteuren aus keltischen Gebieten in Frankreich, Irland und auf den britischen Inseln. Jedes Jahr finden sich Abkömmlinge und Freunde der keltischen Kultur in Avilés zu Musik-, Kunst- und kulinarischem Genuss zusammen.

KARNEVALSZUG MIT SCHWIMMENDEN WAGEN

Bevor die Fastenzeit beginnt, schlägt Avilés beim Karneval (der hier *Antroxu de Avilés* heißt) noch einmal über die Stränge. Höhepunkt der Festivitäten ist der Umzug mit Booten statt herkömmlicher Karnevalswagen durch die Calle de Galiana. Damit das überhaupt möglich ist, verwandelt man für den *Descenso Internacional y Fluvial de la Calle de Galiana* die Gasse mittels Wasser und Seife in ein riesiges Schaumbad – ein außergewöhnlicher Anblick.

Weitere Informationen

Avilés: www.aviles.es/web/turismo
Centro Oscar Niemeyer:
www.centroniemeyer.es

Blick auf den Hafen von Luarca (o. und r.o.). Rechts der Leuchtturm des Städtchens hoch über dem Atlantik (r.u.).

39 Schöner Fischerhafen – Luarca

Walfische und Riesenkalmare

Zwischen hohen Klippen versteckt sich das attraktive Städtchen mit seinem Fischer- und Sporthafen und einer schönen Promenade. Seit dem Mittelalter lebten hier Fischer, Walfänger und später auch Händler und Rückkehrer aus der Neuen Welt und schufen nebenbei ein Ensemble verschiedener Baustile. Noch immer wird im Fischerhafen ab 12 Uhr der Fang der Nacht versteigert.

Malerisch liegt das Hafenstädtchen in einer geschützten Bucht. Trotz seiner Schönheit – und seiner Bedeutung als Sitz einer der wichtigsten Fischereiflotten Asturiens – ist Luarca außerhalb Spaniens kaum bekannt. Und trotz der versteckten Lage zwischen hohen Klippen ist es vor den Launen der Biskaya nicht gefeit: Eine Sturmflut mit zehn Meter hohen Wellen trug 2014 einen Teil des Meeresmuseums davon. Es besaß eine einmalige Sammlung der bislang noch wenig erforschten Riesenkalmare – der größte maß 14 Meter. Das Museum Aula del Mar mit seinem angeschlossenen Forschungszentrum soll im Verlauf des Jahres 2021 neu eröffnen.

Schon im Mittelalter gab es hier einen Hafen. Die Fischer fuhren aber nicht nur für Kabeljau hinaus, Luarca war auch eine Walfangstation. Die Bewohner durften auf Geheiß von König Alfons dem Weisen ihrer Arbeit nachgehen. Luarca entwickelte sich zum Handelshafen und stieg bis zum Ende des 18. Jahrhunderts zum drittgrößten in Asturien auf. Zu dieser Zeit wurden in Luarca auch Schiffe gebaut.

Alte Fischerviertel, elegante Bürgerhäuser

Neben Promenade und Hafen tragen der Rio Negro, der in weiten Schwüngen zum Meer fließt, und sieben Brücken zum Reiz des Dorfs bei. Nahe der Mündung liegen die ältesten

Schöner Fischerhafen – Luarca

Teile der Stadt, die Fischerviertel La Pescadería El Camabaral und La Carril. Steigt man vom Viertel La Pescadería, wo sich die weiß gestrichenen, schiefergedeckten Häuser übereinanderzustapeln scheinen, die Klippe hinauf, erreicht man den Aussichtspunkt El Chano. Von hier öffnet sich ein fantastischer Blick auf das Städtchen und den Atlantik. An den Ufern des Flusses in Richtung des Landesinneren ließen sich im 19. Jahrhundert wohlhabend gewordene Bewohner von Luarca Häuser bauen. Noch immer konzentriert sich hier das merkantile Geschehen, und auch einige Bauten im Stil des Modernismus sind zu bewundern. Das 1912 fertiggestellte Rathaus würde mit seinem verspielten Stilmix auch gut an die Côte d'Azur passen.

Friedhof und Leuchtturm auf der Steilklippe

Mit Severo Ochoa hat Luarca den Medizin-Nobelpreisträger des Jahres 1959 hervorgebracht, der 1983 auf dem Dorffriedhof seine letzte Ruhe fand. Allerdings befindet sich der Friedhof in Luarca auf einer Klippe, was zu einem Fischerhafen im Westen Asturiens nicht schlecht passt. Der Friedhof mit Blick über den Atlantik gilt als einer der schönsten in Spanien.

Hier oben hielten die Bewohner früher auch nach den charakteristischen Fontänen von Walen Ausschau. Wurde einer gesehen, ging es in in die Boote und auf die Jagd. Die Verfolgung konnte die Walfänger bis vor die Küste Nordamerikas führen – und das in Zeiten, als Kolumbus noch von Indien träumte.
Auch der Leuchtturm aus dem 19. Jahrhundert wacht hier oben über dem Meer. Die Kapelle La Atalaya bietet auf der Klippe spirituellen Beistand – ebenso wie die im 19. Jahrhundert erbaute Pfarrkirche Santa Eulalia im Ort. Noch höher liegt der Aussichtspunkt La Funal in Almuña nahe einiger Villen der *Indianos*, wohlhabend gewordener Heimkehrer aus der Neuen Welt.

Fischerkneipen und Apfelwein

Irdischen Beistand geben in Luarca die Bars, die hier *Chigres* heißen und in den Genuss des beliebten Apfelweins, des Sidra, einführen. Am Fuß der Klippen erstrecken sich außerdem drei attraktive Strände, die *Salinas*. Es ist ein Ort, in dem man gerne länger bleiben würde. Auf der halben Strecke zwischen Gijón und Galicien beginnt aber auch das Apostelgrab in Santiago, seine magnetische Wirkung auszuüben.

KÜSTENRUNDFAHRT FÜR DIE JUNGFRAU

Luarca ist Schauplatz einiger farbenprächtiger Feste, die schönsten sind eng mit dem Meer verbunden. Stimmungsvoll und für Landratten ungewöhnlich ist die dreitägige Fiesta del Rosario, das »dreitägige Fest der Jungfrau vom Rosenkranz«, das die Himmelfahrt der Jungfrau Maria feiert. Die Prozession am 15. August findet auf dem Wasser statt. Die Jungfrau geht also an Bord und wird bei der Prozession von Booten begleitet, die mit Blumen und Bannern geschmückt sind. Die gesamte Fischereiflotte beteiligt sich daran. Auch in den beiden Tagen zuvor ist schon einiges los. Bei der *Sardinada* am 13. August laben sich die Feiernden an Sardinen und Apfelwein und am Tag darauf stehen nautische Wettbewerbe im Hafen von Luarca auf dem Programm. Über die Grenzen der Stadt hinaus ist auch das traditionelle Schäferfest *La Vaqueirada* bekannt, das am letzten Sonntag im Juli in La Braña de Aristébano mit traditioneller Musik und ebensolchen Tänzen gefeiert wird.

Weitere Informationen

www.turismoluarca.com

40 Sportlich – Von Luarca bis La Caridad

Grüne Natur und keltische Spuren

Hügel, Flüsse und viel Grün prägen diesen Teil Asturiens. Zwar verläuft die Etappe zum Städtchen La Caridad nicht am Meer entlang, aber sie führt dennoch durch einen reizvollen Teil Asturiens. Mit Castro de Coaña liegen die gut erhaltenen Überreste einer iberokeltischen Siedlung am Weg, die das Leben in vorchristlicher Zeit erstaunlich gut dokumentieren.

Der Atlantik gibt sich unzugänglich und macht den Abschied leichter (u.). Faszinierend sind die Überreste eines keltischen Dorfs mit fast hundert runden Steinhäusern (r.).

Eine sportliche Tagesetappe von knapp 30 Kilometern liegt zwischen Luarca und La Caridad (A Caridá). Der Weg führt hier nicht unmittelbar am Meer entlang. Westlich von Luarca bieten mehrere Flüsse, darunter Barayo, Frejulfe und Navia, vor ihrer Mündung ins Meer den einzigen Kontakt zum Wasser. Aber auch das Hinterland der Küste kann sich sehen lassen. Das Mündungsgebiet des Frejulfe stehen ebenso wie die Playa de Frejulfe als 15 Hektar großes Naturdenkmal unter Schutz. Auch das große, weit verzweigte Mündungsgebiet des Río de Navia und das gleichnamige Städtchen mit seinen ansehnlichen Villen der *Indianos*, der Rückkehrer aus der Neuen Welt, verleihen dieser Etappe Reiz. Dies ist ein Teil Asturiens, der außerhalb Spaniens vor allem Pilgern bekannt ist.

Keltisches Dorf mit 100 Häusern

Dabei reicht seine Geschichte zurück in vorchristliche Zeit, und einige Spuren aus dem Jahrtausend vor der Zeitenwende haben die Zeit überdauert. So ist in Coaña eine Stele zu sehen, die ihren Ursprung in der Verehrung der Sonne hat. Gleich daneben sind mit Castro de Coaña die erstaunlich gut erhaltenen Überreste einer keltischen Siedlung aus der Eisen-

BOHNEN UND MEER

Hervorragende Meeresfrüchte (sehr gut ist der gegrillte Tintenfisch) und Salate, aber auch die obligatorische *Fabada*, Bohnensuppe mit Chorizo, in schönem und sehr gepflegtem Ambiente gibt es in der Bar Quinto Traste in Llóngara. Auch das Preis-Leistungs-Verhältnis ist sehr gut, das Tagesmenü kostet 10 Euro.

EIN FEST FÜR SAN MIGUEL

Der 29. September ist der Höhepunkt eines vier Tage dauernden Fests, mit dem La Caridad seinen Schutzpatron feiert, den Heiligen Michael. Los geht es mit der Messe, der die Prozession folgt. Das übrige Programm besteht aus Konzerten, Kinderspielen und reichem kulinarischen Angebot.

zeit zu sehen. Die Fundamente von knapp 100 runden Steinhäusern und Artefakte wie Getreidemörser aus Stein berichten vom landwirtschaftlich geprägten Leben in übersichtlichen Gemeinden – was sich weniger dramatisch von den heutigen Gegebenheiten unterscheidet, als man denken könnte. Sogar Bergbau wurde schon betrieben, und Gold, Eisen, Kupfer und Zinn wurden zu Schmuck und Werkzeugen verarbeitet. Die Castro-Kultur, wie Archäologen die Zeit der keltischen Besiedlung des Nordwesten der Iberischen Halbinsel nennen, reicht vom Ende der Bronzezeit bis zum 1. Jahrhundert n. Chr.

Schmuck und Götterstatuen

Die *Castros* genannten Dörfer lagen meist auf einem Hügel und waren durch steinerne Wälle geschützt. Funde wie Götterstatuen und fein gearbeiteter Schmuck berichten vom Leben der Menschen in dieser Epoche. Überreste der keltischen Dörfer sieht man außer im Nordwesten des heutigen Spaniens in Portugal. Castro de Coaña hat die Zeit besonders gut überstanden und zählt neben Castro de Baroña, Castro Santa Tecla und Castro de Borneiro (alle in Galicien) zu den eindrucksvollsten Zeugnissen dieser Kultur in Spanien.

Dörfliches Idyll mit nahem Strand

Mit weniger als 2000 Einwohnern ist La Caridad (A Caridá) doch immer noch der zweitgrößte von acht Ortsteilen der zehn Kilometer entfernten Gemeinde El Franco, die Pilger als Erstes erreichen. Die Gegend war bereits während der Jungsteinzeit besiedelt, wie einzelne Funde belegen. La Caridad ist mit dem Parque María Cristina im Zentrum, typischen asturischen Häusern mit Erkern und Balkonen, der Barockkirche San Miguel de Mohices und einigen windzerzausten Palmen eine hübsche, ruhige Kleinstadt. Eine Pilgerherberge gibt es natürlich auch. Zudem haben die Bewohner das Glück, das einen guten Kilometer entfernte Meer zu Fuß erreichen zu können. Allerdings ist die von Klippen umgebene, felsige Playa de Cambaredo nicht ganz leicht zu erreichen und eignet sich vor allem zum Wandern. Von La Caridad aus geht es durch hügeliges Land nach Valdepares, einem weiteren Dorf in der Gemeinde El Franco.

Weitere Informationen

www.turismoasturias.es

Blick auf die Playa Mexota, einen der Traumstrände an diesem Küstenabschnitt (o.). Der Horizont ist fast unendlich weit weg – etwa am Aussichtspunkt in Tapia de Casariego (r.).

41 Surf-Dorado – Tapia de Casaregio

Hohe Wellen, traumhafte Strände

Der wegen seiner ansehnlichen Brecher bei Surfern besonders beliebte Fischerhafen ist einer der schönsten Orte im Westen Asturiens. Wer hohe Wellen lieber vom Land aus betrachtet, hat die Wahl unter mehreren feinsandigen Stränden, die sich auch zum Planschen eignen. Auch mit den Früchten des Meeres weiß man hier einiges anzufangen: Die örtliche Gastronomie ist exquisit.

Den Atlantik, der mit seinem Tosen die Herzen von Wellenreitern höher schlagen lässt, kann man in Tapia de Casariego auch gezähmt genießen: in Felsenschwimmbecken, in denen das Wasser des Ozeans ganz friedlich wogt, und in geschützten Buchten, die die großen Brecher nicht erreichen. Ein halbes Dutzend feinsandiger Strände befinden sich außerdem in unmittelbarer Nachbarschaft an der von Buchten und Klippen geprägten Küste. Ernsthaft voll werden die Strände Serantes, La Paloma, Santa Gadea, Mexota, San Blas und die Playa de Peñarronda, charakterisiert durch einen gewaltigen, algenbewachsenen Felsbrocken mit einem Tor darin, vor allem an sommerlichen Wochenenden.

Einer der Top-Surfspots in Spanien

Denn bei spanischen Urlauben erfreuen sich die Küstenorte Asturiens großer Beliebtheit, und das malerische Tapia wird wegen seiner Schönheit und wegen seiner Gastronomie besonders geschätzt – mal ganz abgesehen von den Wellen, den Herzschlagbeschleunigern für Wellenreiter. Sie machen das Städtchen zu einem der wichtigsten Surf-Spots in Spanien.

Von der langen Verbindung der Menschen mit diesem Küstenabschnitt zeugen Überbleibsel aus der späten Altsteinzeit, die hier gefunden wurden, aber auch vergleichsweise junge Zeugnisse in Form keltischer *Castros*, Siedlungen aus runden Steinbauten. Gleich neun von

ihnen sind an diesem Abschnitt der Küste zu finden und weisen den Weg in eine fast vergessene Vergangenheit. Mit so vielen, recht nahe beieinander liegenden Orten war die Gegend zur Zeit der Kelten erstaunlich dicht besiedelt. Später strebten die Bewohner von Tapia in die Neue Welt, um ihr Glück zu machen. Einigen gelang es, sodass sie mit in Übersee erworbenen Reichtümern zurückkehrten.

Floridas Gouverneur brachte Mais

Gonzalo Méndez de Cancio beteiligte sich im 16. Jahrhundert an Expeditionen nach Amerika und war von 1596 bis 1603 Gouverneur von La Florida, wie das Gebiet des heutigen amerikanischen Bundesstaats im Südosten damals hieß. Seine Wirkungsstätte war die Siedlung St. Augustine, die der Admiral und Entdeckungsreisende Pedro Menéndez, ein Landsmann aus Avilés, 1565 gegründet hatte. Bei seiner Rückkehr hatte Méndez de Cancio wie mancher der Amerikafahrer seit Kolumbus Mais im Gepäck. Während sich die Pflanze in Andalusien nicht gegen heimische Arten durchsetzte und auch das trockene Klima im Süden nicht sonderlich schätzte, verbreitete sie sich im kühleren und feuchteren Norden relativ schnell und trug zur besseren Ernährung der Armen bei. Elegante Villen der Amerika-Rückkehrer gehören wie überall in der Gegend zum historischen Stadtkern von Tapia.

Bunter Fischerhafen mit sauberem Wasser

Die Strandpromenade an der Steilküste beweist, dass Tapia de Casariego, Hauptort von vier Gemeinden und Heimat von 4000 Menschen, längst nicht mehr nur ein Fischerhafen ist. Der Tourismus ist heute das wichtigere wirtschaftliche Standbein. Im Hafenbecken liegen bunte Fischerboote, an heißen Sommertagen nutzen die Kinder es als Schwimmbecken. Heute sind im Hafen auch Bars und Restaurants zu finden. Die Häuser scheinen über dem Becken aus dem Felsen emporzuwachsen – ein malerischer Anblick, aber bei heftigen Herbststürmen zerrt der Wind hier trotz der geschützten Lage des Hafenbeckens heftig an den Fensterläden. Ein schöner Spaziergang führt Pilger, die noch Kraft haben, außerdem zum Aussichtspunkt Mirador de Represas.

SEEPOCKEN UND ENTENMUSCHELN

Meeresfrüchte sind oft appetitlicher, als ihr Name vermuten lässt. Das gilt auch für die Seepocken, die wie Muscheln aussehen, aber zu den Krebsen gehören. Meerwasser, Regen und Sonnenlicht befördern ihr Wachstum an Felsen, weshalb sie an Asturiens Küste ideale Bedingungen vorfinden. In Meerwasser und grobem Salz kurz gekocht, gehören sie zu den Spezialitäten der asturischen Küste und werden als Tapas in Begleitung von Cidre genossen. In Tapia de Casariego stehen die Seepocken im Mittelpunkt sommerlicher Gastronomie-Festivals. Auch Entenmuscheln sind keine Muscheln, sondern Krebse, die sich von Plankton ernähren. Ähnlich wie Austern schmecken sie nach der Frische des Meeres, und wie diese besitzen sie viele Mineralstoffe, aber so gut wie kein Fett. Eine gute Adresse zum Probieren ist das Restaurant Sidrería La Terraza (Calle Amor de Dios), das auch für das asturische Nationalgericht bekannt ist: *Fabada Asturiana*, den typischen Bohneneintopf mit Chorizo und Blutwurst.

Weitere Informationen

www.tapiadecasariego.es

42 Fischerdorf im Mündungsgebiet – Castropol

Hafen-Idyll am Meeresarm

Castropol liegt im Westen Asturiens an der Mündung des Eo, der sich hier zu einem Meeresarm verbreitert, und kombiniert die Vorzüge von Fluss- und Küstenlandschaft. Es ist die letzte Station des Camino del Norte in Asturien, am anderen Ufer erstreckt sich Galicien. Verbunden werden die Regionen seit 1987 durch eine mehr als 600 Meter lange Brücke, die auch für Pilger die Überfahrt ersetzt hat.

Dekorativ schmiegt sich Castropol auf eine Landzunge am asturischen Ufer der Ría del Eo, der breiten Mündung des Eo. Den Blick über den Meeresarm in Richtung Ozean dominiert heute die 1987 fertiggestellte, mehr als 600 Meter lange Brücke Puente de los Santos. Wer kein ausgesprochener Verehrer moderner Ingenieurskunst ist, mag den Verlust der unverfälschten Aussicht bedauern.

Die Brücke der Heiligen

Zugleich erleichtert die Brücke den Bewohnern die Fortbewegung zwischen den beiden Ufern und somit auch zwischen Asturien und Galicien natürlich erheblich. Auch Fußgänger finden hier einen – lauten und windigen – Weg über die Flussmündung. Alternative ist die Überquerung der Flussmündung mit der Fähre. Flankiert wird die Brücke an beiden Seiten von zwei Kapellen, deren Patronen sie ihren Namen verdankt. Die Ermita de la Atalaya ist San Román geweiht und liegt im hübschen Hafen Figueras – zu dem auch eine Werft gehört – auf der asturischen Seite, die Capela de San Miguel in Ribadeo liegt auf der galicischen Seite.

An der Playa de Peñarronda spürt man die Kraft des Atlantiks (u.). Die Cascada de Cioyo ergießt sich außerhalb von Castropol (r.), das auch einen schönen Park besitzt (r.u.).

Fischerdorf im Mündungsgebiet – Castropol

Lange Historie am Ufer der Mündung

Wie die gesamte Küstenregion im Nordwesten war auch das Städtchen Castropol mit heute knapp 4000 Einwohnern bereits in vorchristlicher Zeit besiedelt. Die Spuren reichen auf dem Gebiet bis in die Bronzezeit zurück. In der Antike unterhielten die Römer hier Stützpunkte und hinterließen Castropol auch den Namen. Im 11. Jahrhundert wurde ein Kloster gegründet, das nicht überdauert hat. Etwa 300 Jahre später mauserte sich Castropol dank seiner günstigen Lage und des Hafens zu einem wirtschaftlichen Zentrum.

Heute entfaltet die Position auf einer Landzunge im unter Naturschutz stehenden Mündungsgebiet vor allem ästhetische Wirkung. Die weißen Häuser scheinen sich übereinanderzustapeln, überragt werden sie von der dem Apostel Jakob gewidmeten weißen Pfarrkirche, die im 16. und 17. Jahrhundert entstand. Nicht weit entfernt befindet sich die Kapelle Santa María del Campo, die 1461 vollendet wurde. In der kleinen Altstadt erinnern die Villen der Rückkehrer aus Amerika an eine vergangene Epoche. Attraktiv ist der Fischer- und Sporthafen, der schöne Blicke in Richtung Fluss, Mündung und Galicien öffnet und in dessen Nachbarschaft sich einige angenehme Restaurants befinden.

Asturiens Vorzüge auf einer Landzunge

Diese Vorzüge machen Castropol für spanische Wochenendurlauber zu einem beliebten Ziel – wie sich der gesamte Norden mit angenehmem Klima, mit Bergen, Küste, ausgezeichneter Gastronomie und spannender Architektur von Überresten der Antike bis zu den Palästen der Amerika-Rückkehrer vom Geheimtipp zum Besuchermagneten entwickelt hat. Castropol vereinigt diese Reize auf relativ überschaubarer Fläche, weshalb es an Sommerwochenenden empfehlenswert ist, die Paella im Restaurant vorzubestellen. Denn auch intakte Natur ist hier noch zu finden: Außerhalb des Städtchens ergießt sich der Wasserfall Cascada de Cioyo zwischen Felsen und üppigem Grün, die Ría – der Meeresarm, in dem der Grenzfluss aufgeht – ist Vogelschutzgebiet und bietet einen großen Reichtum an Natur. Wer gerne Vögel beobachtet, wird sich angesichts der Vielfalt von Seevögeln kaum losreißen können. Allerdings wartet am jenseitigen Gebiet mit dem Strand Las Catedrales (galicisch: As Catedrais) ein weiteres Naturparadies mit großer Artenvielfalt.

BLUMEN ZU FRONLEICHNAM

An Fronleichnam (meist Mitte bis Ende Juni) verwandelt sich Castropol in ein Meer von Blüten, wenn die Straßen der Altstadt zur Prozession mit Teppichen aus Blumen geschmückt werden – ein farbenfrohes Spektakel mit schöner Atmosphäre.

MEERESFRÜCHTE AN DER MÜNDUNG

Eines der besten Fischrestaurants weit und breit ist die nur äußerlich unscheinbare Marisquería El Risón, die gleich am Hafen und mit schöner Aussicht auf die Flussmündung hervorragende Fischspezialitäten und Meeresfrüchte bietet. Der perfekte Ort, um eine Paella zu probieren oder in Austern, Muscheln und exotischeren Köstlichkeiten aus dem Meer wie Seespinne und Seepocken zu schwelgen. Auch Fischverächter kommen dank sehr guter Fleischspezialitäten auf ihre Kosten. Paseo del Muelle, im Complejo Peñamar.

Weitere Informationen

Marisquería El Risón: Paseo del Muelle, www.complejopenamar.com

Castropol: https://castropolturismo.com

43 Stadt mit Kathedralenstrand – Ribadeo

Abschied von der Küste und auf ins Landesinnere

Die Hafenstadt Ribadeo liegt westlich des Eo, der die Grenze zwischen Asturien und Galicien bildet und hier in einem breiten Meeresarm aufgeht. Das Städtchen ist mit seiner Burg, dem Leuchtturm auf einer vorgelagerten Insel sowie spätmittelalterlicher und moderner Architektur genauso attraktiv wie sein kulinarisches Angebot. Von hier ab geht es durch Galicien, und hier verlässt der Weg die Küste.

Jenseits des Meeresarms und der Brücke der Heiligen erstreckt sich mit Galicien die letzte Region auf dem Weg. Wenn Beschilderung und auch Alltagsgespräche einmal mehr anders klingen als im Spanischunterricht (oder etwa im Baskenland), liegt es wiederum an der Vielsprachigkeit Spaniens. Mit knapp 10 000 Einwohnern zählt Ribadeo zu den größeren Städten auf dieser Etappe.

Kirchen und Klöster aus dem Mittelalter

Die Lage über dem westlichen Ufer des Meeresarms und das schöne historische Zentrum qualifizieren die Stadt für einen Ruhetag, denn es gibt einiges zu sehen. Ihr Herz ist die Plaza de España, an der sich historische Gebäude aus mehreren Epochen erheben: neoklassizistische Paläste, das Kloster Santa Clara und die Pfarrkirche Santa María del Campo, deren Ursprung ins 13. Jahrhundert zurückreicht. Bis 1835 gehörte sie zu einem Franziskanerkloster, von dem sonst wenig erhalten ist. An der Kirche ist das gotische Portal aus dem 14. Jahrhundert und ein Fenster aus derselben Periode sehenswert. Im Inneren sind die barocken Altarbilder und die Wappen der örtlichen Adelsfamilien interessant. Das Kloster Santa Clara hat seine Wurzeln im 11. Jahrhundert, fiel aber 1544 einem Brand zum Opfer. Der heutige Bau

Der Leuchtturm vor Ribadeo aus der Vogelperspektive (u.). Grün und elegant präsentiert sich die Plaza de España (r.). Verspielt: der Turm der Casa de Indiano (r.u.).

stammt aus dem 17. und 18. Jahrhundert. Sehenswert sind das Hauptportal mit der Aufschrift *Haec est domus paupertatis* (»Dies ist ein Haus der Armen«), wie es sich die Heilige Klara für die Klarissen wünschte. Weil die Klarissen in Klausur leben, kann man nur die Klosterkirche besichtigen und an der Messe teilnehmen.

Amerika-Rückkehrer bauten Villen und Schulen

27 elegante Villen wohlhabender Amerika-Rückkehrer sind erhalten. Mehrere Schulen, Brunnen, Straßen, die Markthalle und ein Friedhof entstanden ebenfalls durch die Vermögen, die *Indianos* von ihren Unternehmungen in der Neuen Welt mitbrachten und in ihrer Heimat zum Wohl der Allgemeinheit einsetzten. Die meisten dieser Rückkehrer fanden erst im 19. und frühen 20. Jahrhundert ihr Glück in Übersee. Dieser Auswandererwelle sind – anders als den Eroberungs- und Erkundungsfahrten des 16. Jahrhunderts – Impulse zu verdanken, die man ihren Heimatstädten noch heute ansieht. Viele Auswanderer blieben aber in Amerika, sodass heute viele Bewohner der Stadt Verwandtschaft jenseits des Atlantiks haben.

Kormorane am Kathedralen-Strand

Die Stadt besitzt mit der Playa de las Catedrales eine der schönsten Badegelegenheiten der Region. Tatsächlich ist der Strand die meistbesuchte Attraktion Galiciens, nach dem Apostelgrab. Eine gute Gelegenheit also, die Füße ins Wasser zu tauchen, bevor der Camino del Norte sich ins Landesinnere wendet – am besten bei Ebbe, die die gewölbeartigen Strukturen freilegt, denen der Strand seinen Namen verdankt. Denn die spektakulären Felsformationen erinnern an die Gewölbe einer Kirche. Allerdings wird dieses natürliche Gotteshaus vor allem von Kormoranen, Austernfischern, Meerstrandläufern und Steinwälzern besucht – ein echtes Paradies also für Naturliebhaber und Vogelbeobachter. Auch Turmfalken sind hier heimisch.

Zum Abschied von der Küste können Pilger zudem noch einmal in ganz frischen Meeresfrüchten und Fisch schwelgen. Die Verbindung des Flusses Eo mit dem Meeresarm schafft ein besonders reiches Angebot von Flussaalen über Lachsforellen bis zu Austern sowie Herz- und Venusmuscheln, die hier besonders beliebt sind. Nach Santiago de Compostela sind es von Ribadeo aus noch 190 Kilometer.

BEI DER MUTTERGOTTES DER TUGENDEN

Der Jakobsweg führt durch das Dorf A Ponte, wo mit dem Santuario de Nuestra Señora de las Virtudes ein für die weitere Umgebung wichtiges Heiligtum und Pilgerziel liegt. Die kleine Kapelle für die Muttergottes der Tugenden hat ihren Ursprung im späten 14. Jahrhundert, wurde aber im Verlauf der Zeit einige Male umgebaut. Bemerkenswert sind Altarbilder aus Renaissance und Barock sowie Fresken aus dem späten Mittelalter, die zum Teil erst in den 1970er-Jahren unter einer weißen Farbschicht entdeckt wurden. Sie zeigen Szenen aus der Kindheit und Jugend Jesu, während ein Triptychon der Geschichte Marias gewidmet ist. Die Südwand zeigt die Szene eines Schiffbruchs. Sie entstand 1606 als Dank an die Jungfrau für den glücklichen Ausgang einer Havarie. Jedes Jahr an Pfingstmontag wird hier mit vielen Bannern aus den umliegenden Gemeinden die *»Romería das Cruces«* gefeiert, die an einen Sieg der lokalen Bevölkerung über die napoleonischen Truppen erinnert.

Weitere Informationen

http://turismo.ribadeo.gal

Fast wie eine Fata Morgana wirkt das Dorf Mondoñedo mit seiner Kathedrale (o.). Imposant ist auch die Klosterkirche von Vilanova de Lourenzá (r.). Stattlich: der Bergfried von Vilalba (r.o.).

44 Viel ländlicher Charme – Nach Vilalba

Weltkulturerbe – Mondoñedo und Umgebung

Durch saftig grüne, von Flüssen und Bächen durchzogene Landschaft geht es ins Landesinnere. Lourenzá, Abadín und das idyllisch in einem Tal gelegene Vilanova liegen am Weg, bis Vilalba mit seinem Burgfried knapp 70 Kilometer von der Küste entfernt aus dem Dunst taucht. Zuvor bildet die Kathedralbasilika von Mondoñedo mit ihren Kunstschätzen einen Höhepunkt der Etappe durch Galicien.

Von Ribadeiro folgt der Camino del Norte einer antiken römischen Straße nach Vilanova de Lourenzá, das friedlich in einem Tal liegt. Der Weg führt durch das ländliche Galicien, in das kleine Dörfer wie mit der Gießkanne gesprenkelt sind. Schön grün ist es hier, weil sich das Wasser im Hinterland der Küste tatsächlich nicht selten wie aus Kannen ergießt. Vilanova ist der Hauptort einer gleichnamigen, auf mehrere Ortschaften verteilten Gemeinde. Hier gründete im Jahr 969 der Graf Osorio Gutiérrez ein Benediktinerkloster. In dessen Schatten entstand das Dorf. Das heutige Kloster ist ein spektakulärer Barockbau. Seine Kirche entwarf 1732 Fernando de Casas Novoa, der wichtigste Architekt des Barocks in Galicien, der mit der Westfassade der Kathedrale in Santiago de Compostela unsterblich wurde.

Durch Regen und Nordwind zur Kathedrale

Eine mittelalterliche Straße führt aus dem Tal von Vilanova in Richtung Mondoñedo. Sie wird Camino da Brea genannt, was auf das altgriechische Wort für Nordostwind *(boreas)* zurückgeht. Im Galicischen wurde es zu *brea* geschliffen, einer knappen Umschreibung für regnerisches Wetters mit starkem Wind. Das Phänomen hat überdauert. In vielen Dörfern am Weg bieten Kapellen Unterschlupf, wenn die Regenfälle einmal länger dauern.

Viel ländlicher Charme – Nach Vilalba

Die barocken Türme der romanischen Kathedralbasilika überragen das in einem Tal gelegene 4000-Einwohner-Städtchen Mondoñedo. Es ist als Bischofssitz und Heimatort des Verfassers der galicischen Hymne bedeutend und besitzt dazu einen der herausragenden historischen Ortskerne der Region. Die wunderschöne, von der UNESCO zum Weltkulturerbe gezählte Kathedrale Virgen de la Asunción erhebt sich an einem Platz im Zentrum. Sie wurde ab 1219 erbaut und 1248 geweiht, im Lauf der Jahrhunderte aber immer wieder verändert. Heute zeigt sie romanische, gotische und barocke Elemente. Ein Kreuzgang verbindet sie mit dem benachbarten Bischofspalast. Besonders sehenswert sind das gewaltige Rosettenfenster über dem Portal mit einem Durchmesser von fünf Metern, das gotische Chorgestühl, gotische Fresken und der Hauptaltar im Rokokostil.

Kapaune und Käse

Jenseits des Städtchens geht es nach anfänglichen Steigungen durch die weite Ebene Terra Chá. Zusammen mit der oberen Region des Flusses Miño wird das Gebiet als »Terras do Miño« von der UNESCO als Biosphärenreservat geschützt. Dörfer, einsame Höfe und römische Brücken liegen auf dem Weg nach Vilalba. Das im 13. Jahrhundert gegründete Städtchen im Zentrum der Terra Chá ist dank der Nähe zur Gebirgskette Serra do Xistral und zum Monte Monseivane ebenso wie wegen der von Flüssen durchzogenen Ebene ein beliebtes Ziel für Wanderer. Das Museum für Prähistorie und Archäologie (Museo de Prehistoria e Arqueoloxía) dokumentiert ebenso wie die Dolmen in der Umgebung, dass diese Gegend lange vor der Stadtgründung im Mittelalter schon besiedelt war. Auch kulinarisch hat Vilalba einiges zu bieten: zum einen als Ursprungsort des in Lorbeerblättern geräucherten Käses San Simón de Costa, einer Spezialität mit geschützter Herkunftsbezeichnung, zum anderen durch seine Kapaune. Die gefüllten Hähne beherrschen außer den örtlichen Speisekarten auch den Kapaunen-Markt am Sonntag vor Weihnachten.

Ab dem 15. Jahrhundert schützte die Burg Andrade das Städtchen. Heute ist davon nur der Bergfried erhalten. Er beheimatet heute einen Parador, eines der angenehmen Hotels in historischer Bausubstanz, die überall in Spanien zu finden sind.

ABER BITTE MIT BOHNEN

Der in ganz Asturien beliebte Bohneneintopf mit Fleischbeigaben wird in Vilanova de Lourenzá besonders geschätzt. Wer ihn noch nicht probiert hat, sollte hier zugreifen. Nicht nur ist das Städtchen weithin berühmt für seine ausgefeilte Interpretation dieses Klassikers, es hat ihm sogar ein eigenes Fest gewidmet: Am ersten Sonntag im Oktober dreht sich bei der *Festa da Fava* alles um die weiße Bohne, die die Basis des Eintopfs bildet und deren Herkunftsbezeichnung geschützt ist.

TAPAS UND TINTENFISCH

Ausgezeichnete Tapas von Churrasco über gegrillte Paprika bis zum Schwerpunktthema Tintenfisch in diversen Zubereitungsarten bietet das Mesón Pulpería O Típico in Vilalba (Rúa de Galicia 56). Außer für den Oktopus ist die Tapasbar auch für ihre Schweinerippchen berühmt.

Weitere Informationen

Vilanova de Lourenzá:
www.concellodelourenza.gal
Kathedrale von Mondoñedo:
https://catedralmondoñedo.com
Galicien: www.turismo.gal

45 Durch das Mittelalter – Vilalba bis Baamonde

Kapellen und Kastanien

Auf historischen Wegen aus dem Mittelalter geht es von Vilalba weiter durch eine Landschaft, die seit Jahrhunderten besiedelt ist. Uralte Brücken zeugen von der langen Geschichte des Wegs. Ebenso wie die Architektur haben auch Traditionen und mancher Volksglaube überdauert. In Baamonde wartet neben der Jakobskirche aus dem 12. Jahrhundert eine Marienkapelle im Stamm einer Kastanie.

Die Etappe nach Baamonde führt durch kaum berührte, dünn besiedelte Landschaft. Tourismus scheint in diesem Teil Galiciens noch nicht erfunden zu sein – obwohl Santiago de Compostela näher rückt und die Region unberührte Landschaft und historische Bauten besitzt. Seit Langem schon ist die Gegend besiedelt, wie historische Kapellen, aber auch weltliche Bauten wie die restaurierte Mühle Muíño do Rañego belegen. Schon im Mittelalter waren außer Pilgern hier auch Händler und Bauern auf dieser Route unterwegs.

Noch 111 Kilometer und 111 Meter

Uralte Brücken zeugen von der frühen Nutzung. Nach zehn Kilometern überquert der Weg die mittelalterlichen Puente de Saa, die aus dicken Schiefersteinplatten und mehreren kleiner werdenden Spitzbögen besteht und über den Fluss Labrada führt. Kurz hinter der Brücke behauptet ein Wegweiser, dass es noch 111 Kilometer und ebenso viele Meter bis nach Santiago de Compostela seien. Zwar ist es nicht leicht, die Angaben zu überprüfen, aber das Ziel rückt deutlich näher – am Ende der Etappe ist die verbleibende Kilometerzahl nur gerade noch dreistellig.

Quellwasser gegen Warzen

Es folgen winzige Dörfer, die oft nur aus einer Handvoll Häuser bestehen. In Pígara sprudelt die Quelle Fonte das Verrugas, an der Pilger

Stille, dünn besiedelte Landschaften machen die Magie dieser Etappe aus. Die kleine Jakobskirche in Baamonde (r.) wirkt in der dünn besiedelten Gegend besonders berührend.

EIN TAG FÜR DIE JUNGFRAU

Alljährlich am 11. September feiert Baamonde die Jungfrau vom Rosenkranz, die Virgen del Rosario de Baamonde. Es ist der Tag im Jahr, an dem das Städtchen seine friedliche Schläfrigkeit abschüttelt und zur Kirche pilgert, um der Heiligen Virgén del Rosario die Ehre zu erweisen. Außer Messe und Prozession gehören auch Konzerte traditioneller (Dudelsack-) Combos und zeitgenössischer Bands dazu, ebenso wie Tanz und Sportwettbewerbe.

Weitere Informationen

www.turismo.gal

ihre Wasservorräte auffüllen können. Kosmetische Nebenwirkungen sind nicht ausgeschlossen: Das Wasser stillt nicht nur Durst, es soll auch heilende Wirkung haben, insbesondere bei Warzen.

Baamonde gehört zur Gemeinde Begonte, ist aber aufgrund der kleinen gotischen Kirche Santiago und als Heimat des Bildhauers Victor Corral bemerkenswert. Der Skulpturenschmuck der kleinen Kirche trägt noch gotische Züge. In ihrem Inneren lohnt ein Kreuzweg mit drei Stationen den Besuch. Neben dem kleinen, verwitterten Gotteshaus wacht ein Kastanienbaum, der ebenso alt sein soll wie die Iglesia de Santiago de Baamonte.

Kapelle im Kastanienstamm

Noch ungewöhnlicher als das Alter der Kastanie ist das Kunstwerk in ihrem Stamm: Der im Ort heimische Künstler Victor Corral schnitzte 1971 eine kleine Kapelle für die Jungfrau des Rosenkranzes in den Stamm. Mit dem Werk protestierte er gegen das Vorhaben, den uralten Baum zugunsten der Erweiterung der Straße zu fällen. Anscheinend fiel es den Behörden schwerer, eine geweihte Kapelle zu entfernen als einen Baum, denn die Kastanie mit Kapelle steht noch immer. Victor Corral, geboren 1937, lebt und arbeitet nahe der im 12. Jahrhundert im Stil der Gotik erbauten Kirche Santiago de Baamonde. Sein Atelier hat er als Casa Museo der Öffentlichkeit zugänglich gemacht. Ein Besuch beim Bildhauer ist Pflicht, nicht nur wegen seiner hervorragenden Arbeiten, sondern weil es in der dünn besiedelten Gegend nicht allzu viele Gelegenheiten zu einer informativen Plauderei gibt. Der Künstler führt selbst durch sein Atelier und durch den verwunschenen Garten, der ebenfalls mit Skulpturen aus Holz und aus Stein übersät ist.

Auch hinter Baamonde bleibt die Gegend meditativ: Grüne, wenig berührte Landschaft, aber auch Heidelandschaft und nur wenige Dörfer prägen die folgende Etappe. Neben den zweistelligen Kilometerangaben auf den Wegweisern bieten aber immer wieder Natur und historische Monumente Abwechslung.

46 Altehrwürdig – Sobrado dos Monxes

Kapellen, Kirchen und ein Klostergarten

Einen sportlichen Tagesmarsch von Baamonde entfernt liegt Sobrado dos Monxes. Der kleine Ort wird von der 1000-jährigen Klosteranlage geprägt, die ihm den Namen gegeben hat. Nach langem Leerstand und Verfall wird das Ensemble restauriert und ist heute die Heimat von Trappistenmönchen, die sich neben ihren geistlichen Aufgaben der ökologischen Landwirtschaft verschrieben haben.

Der Abschnitt von Baamonde nach Sobrado dos Monxes ist mit knapp 40 Kilometern einer der längsten des Camino del Norte. Ziel dieser Etappe ist die Kleinstadt Sobrado mit knapp 1800 Einwohnern, die vor allem wegen des Zisterzienserklosters Monasterio Santa María de Sobrado bemerkenswert ist. Sie liegt malerisch zwischen Wiesen und einem Wäldchen und ist mit ihrer 1000-jährigen Geschichte, außergewöhnlicher Architektur und ihrer Bedeutung für den Jakobsweg eine der herausragenden Attraktionen am Camino del Norte.

Steinerne Brücken, friedliche Kapellen

Nach den vorangegangenen Wanderungen durch ebenes Gelände sind auf dieser Etappe auch wieder einige Höhenmeter zu überwinden. Dafür bietet er schöne Landschaft und Abwechslung. Von Baamonde an verläuft der Weg parallel zum Fluss Parga, bis er in Santo Alberto de Parga über eine schöne alte Brücke führt und die im 14. Jahrhundert im Stil der Gotik erbaute Kapelle Santo Alberto erreicht. Sie liegt friedlich im Schutz einer verwitterten Steinmauer. Alljährlich im Mai ist sie Ziel einer Wallfahrt, bevor sie wieder in einen nur von

Das Zisterzienserkloster Santa María de Sobrado (u., r.) hat seinen Ursprung im 10. Jahrhundert.

gelegentlichen Pilgerbesuchen unterbrochenen Dornröschenschlummer sinkt. Das nächste Gotteshaus am Wegrand ist die kleine romanische Kirche Iglesia de San Paio de Seixón. Durch Felder, Wäldchen und kleine Siedlungen geht es weiter in Richtung Sobrado.

Kloster mit über 1000 Jahren Geschichte

Dank seiner langen Geschichte mit Höhen und Tiefen zeigt sich das Monasterio Santa María de Sobrado heute in einem vielseitigen Stil-Mix von Romanik bis Barock. Es wurde im Jahr 952 als Benediktinerabtei gegründet und schnell ein Zentrum klerikaler Macht in Galicien. Zu Beginn des 12. Jahrhunderts gaben die Benediktiner es auf, aber schon 1142 wurde es als Zisterzienserkloster zu neuem Leben erweckt. Denn in der Hochphase der Pilgerreisen im 12. Jahrhundert wurden Klöster zum Schutz der Wallfahrer benötigt. Nach einer Blütezeit verlor es an Bedeutung und schloss sich Ende des 15. Jahrhunderts den kastilischen Zisterziensern an. Im späten 17. Jahrhundert folgte ein Aufschwung, der mit diversen Bauprojekten einherging. So wurde die große Barockkirche erbaut und 1708 geweiht. Auch die drei Kreuzgänge stammen aus dem 17. Jahrhundert; der *Claustro de los Pelegrinos*, der »Kreuzgang der Pilger«, bildet den Eingang. 1835 ging es wieder bergab, das Kloster wurde aufgelöst, zum Teil zerstört und war mehr als 100 Jahre lang dem Verfall preisgegeben.

Bio-Gemüse aus dem Klostergarten

1954 begann der Wiederaufbau durch Trappisten (Zisterzienser der strengeren Observanz), die das Kloster noch heute leiten und auch die Pilgerherberge wieder führen. Allerdings dauert die Restaurierung noch an. Neben den barocken Bauten sind die Küche und der Kapitelsaal erhalten, die aus dem Mittelalter stammen, sowie die im 14. Jahrhundert erbaute Capilla de la Magdalena.

Pilger können an den Messen in der Barockkirche teilnehmen und authentisches Klosterleben erleben. Auch ein 3000 Quadratmeter großer Garten und ein Gewächshaus gehören zum Kloster. Die Mönche bauen hier Gemüse in Bio-Qualität an, das außer zur eigenen Versorgung auch für die Verköstigung der Pilger genutzt wird. Zudem betreiben sie Milchwirtschaft und stellen neben Marmelade und Honig *Dulce de Leche* her, einen Brotaufstrich aus Milch, Zucker und Vanille.

KÄSE AUS FRIOL, BROT AUS OUSÁ, FORELLE AUS DEM FLUSS

Die dünn besiedelte, landwirtschaftlich geprägte Gegend besitzt nicht nur reizvolle Natur, sie bietet auch unverfälschte Nahrungsmittel. Wer die Etappe über Friol läuft, gelangt ins Herkunftsgebiet des in Spanien äußerst beliebten Weichkäses Arzúa-Ulloa. Außer köstlichen Käsesorten besitzt der kleine Ort auch die Torre de Friol, eine Burg aus dem 13. Jahrhundert. Der Sprengel Ousá wiederum ist für sein besonders gutes Brot bekannt. Auch für Dulce de Leche ist Sobrado bekannt, den auf Milch und Zucker basierenden Brotaufstrich, den die Mönche des Klosters herstellen. Zu den kulinarischen Spezialitäten der Gegend zählen frische Forellen und zartes Kalbfleisch. Sehr gute Kostproben von beidem bietet zum Beispiel die Casa do Queixo de Grixalba an, die etwas außerhalb auf einem Bauernhof liegt, der auch über Gästebetten verfügt.

Weitere Informationen

Casa do Queixo de Grixalba:
www.casadoqueixo.com
Monasterio Santa María de Sobrado:
www.monasteriodesobrado.org

Durch galicische Wälder geht es weiter nach Westen (o.). In Arzúa spendet nicht nur der Brunnen Fuente Saleta (galicisch: Fonte da Saleta) neue Kräfte (r.), auch Käse spielt hier eine wichtige Rolle.

47 Ruhe in der Natur – Von Sobrado nach Arzúa

Durch Feld und Wald zurück zur Zivilisation

Radelnde Pilger schaffen es von Sobrado del Monxes in einem Rutsch nach Santiago de Compostela. Mit über 50 Kilometern sind es für Wanderer von hier aus hingegen noch zwei bis drei Tagesetappen bis zum Apostelgrab. Über kleine Dörfer und durch magischen Eichenwald geht es zunächst nach Arzúa, wo der Camino del Norte endet und in den französischen Weg übergeht.

Diese Etappe durch das ländliche Galicien bietet noch einmal die Gelegenheit, Natur und Ruhe zu genießen, bevor sich der nördliche Weg mit dem französischen vereint. Ab Arzúa wird der Strom der Pilger breiter und lebhafter, sowohl durch die Begegnung mit anderen Pilgern als auch durch die zunehmende Urbanität.

Durch das ländliche Galicien

Der Weg führt zunächst durch Vilarchao, das im Wesentlichen aus einer Handvoll Häusern und einigen Weiden besteht, und durch das ähnlich strukturierte O Peruxil. Kurz darauf liegt mit der kleinen Iglesia de San Lorenzo de Carelle das Heiligtum der Jungfrau der Wunder am Weg. Schön ist das offene Glockenspiel des Kirchleins. Ungefähr auf der Hälfte der Strecke liegt As Corredoiras, das hauptsächlich aus einer Kreuzung nebst Bar besteht und sich aufgrund dieses Angebots als Zwischenstopp empfiehlt. Von hier aus geht es in Richtung Boimorto weiter. Die Landschaft bündelt hier noch einmal die Schönheit des grünen Galiciens: dichter Laubwald, Stille, die nur vom Gesang der Vögel zerschnitten wird, und immer wieder Zeugnisse der langen Geschichte von Spaniens Nordwestens in Form winziger Kirchen – wie der Iglesia de Santa María de Sendelle oder der Iglesia de

Santa María de Viladavil – und uralter Brücken und Brunnen.

Stadt am Treffpunkt dreier Jakobswege

Nach 20 Kilometern ist Arzúa erreicht, eine Kleinstadt, die als Käse-Kapitale des Nordwestens zu Ruhm gekommen ist *(siehe Highlight 27)*. Von hier an werden Pilger schrittweise wieder an die Zivilisation gewöhnt. Wallfahrer aus europäischen Metropolen, die noch vor wenigen Wochen Mühe gehabt hätten, Arzúa ohne Vergrößerungsglas zu finden, werden nach ihren Wanderungen durch das menschenleere Galicien die Existenz von gleich mehreren Bars, Restaurants, Lebensmittelgeschäften und Hotels zu schätzen wissen. Quellen aus dem 13. Jahrhundert bezeichnen den Abschnitt um Arzúa als »Weg von Oviedo«, da auch der ursprüngliche Pilgerweg, der Camino Primitivo, durch das Städtchen führt. Von Arzúa aus führen die drei Wege zusammen in Richtung Santiago de Compostela. Entsprechend lebhaft geht es auf der folgenden, letzten Etappe zu. Dank der bevorzugten Lage an gleich drei Jakobswegen lebt das rund 6000-Einwohner-Städtchen Arzúa seit Langem vom und für den Jakobsweg, wie schon die Namen der örtlichen Unternehmen beweisen, von der Autowerkstatt Camino de Santiago bis zum Taxi-Dienstleister A Peregrinos. Bis heute ist Arzúa das wirtschaftliche Zentrum der Region, wobei neben den Pilgern auch Käse, Landwirtschaft und Rinderzucht eine Rolle spielen.

Kirche, Kapelle, Einsiedelei

In Arzúa gibt es zudem mit der örtlichen Santiago-Kirche, der schönen Capilla de la Madalena aus dem 14. Jahrhundert schräg gegenüber und der außerhalb gelegenen, aber für radelnde Pilger gut erreichbaren Einsiedelei Ermita de la Mota am Rand eines Eichenwalds vor dem Schlussspurt noch einiges zu sehen. Die Iglesia de Santiago de Arzúa ist eine spirituelle Tankstelle für Wallfahrer, da hier regelmäßig Pilgermessen stattfinden und auch der Pilgerpass gestempelt wird. Neben der Magdalenen-Kapelle befindet sich eine Pilgerherberge.

KÄSEFEST IM FRÜHLING

Die ganze Region ist für ihren typischen Käse berühmt. Wer früh im Jahr auf dem Weg nach Santiago de Compostela ist, kann dieses berühmte Produkt beim einschlägigen Fest, der *Festa do Queixo* am ersten Sonntag im März vertiefen. Probieren ist hier ausdrücklich erwünscht.

NICHT NUR KÄSE

Außer für den berühmten Käse ist Arzúa auch für seinen Honig bekannt. Im Museo Viviente de la Miel, dem »Museum für lebendigen Honig«, erfährt man alles Wissenswerte über das Produkt, seine Entstehung, alte und moderne Bienenstöcke und seine Aromen – verkosten darf man nämlich auch. Zu dem kleinen Museum gehört auch ein schöner Garten voller duftender Blumen, die bekanntlich bei der Herstellung des Naturprodukts eine wichtige Rolle spielen.

Weitere Informationen

Käsefest: www.festadoqueixo.org
Museo Viviente de la Miel: Portodemouros, Arzúa, www.abelleiro.com
Galicien: www.turismo.gal

48 Endspurt nach Santiago – Arca

Über den Berg Monte Gozo ins Ziel

Der Endspurt fordert neben dem Mobilisieren der letzten Kräfte auch Geduld. Denn die meisten Pilger müssen auf der Schlussetappe noch einmal übernachten, wollen sie die Ankunft in Santiago de Compostela bei klarem Bewusstsein erleben. Neben Kapellen und Heiligen Brunnen prägen Begegnungen mit anderen Wallfahrern die Zielgerade, denn nun gehen Pilger aller Wege gemeinsam dem Apostel entgegen.

Auf dem Monte Gozo beginnt der Endspurt – die Pilgerstatuen blicken auf das nahe Ziel (u.). Am Weg liegen O Pedrouzo (r.o.). Kapellen, Heilige Brunnen und manchmal auch ein Regenguss (r.).

Von Arzúa sind es noch 40 Kilometer zum Apostelgrab. Die meisten Pilger teilen diese Strecke auf, indem sie entweder etwa auf der Hälfte in Arca einen Stopp einlegen oder bis zum letzten Gipfel vor Santiago de Compostela laufen, zum Monte do Gozo. An diesem letzten Hügel vor dem Ziel steht eine Pilgerherberge, deren Lage es Pilgern ermöglicht, die letzten fünf Kilometer notfalls noch vor dem Frühstück zu marschieren und die Kathedrale im Licht der Morgensonne zu erreichen. Viel mehr schaffen sie nach den 36 Kilometern vom Vortag allerdings auch kaum.

Ortsnamen erzählen Pilgergeschichten

Jenseits von Arzúa wechseln sich Eichen- und die im Nordwesten Spaniens mittlerweile recht verbreiteten Eukalyptuswälder ab. Über den Río Raído und die Dörfer Cortobe, A Calzada, Ferreiros und A Calle geht es in Richtung Arca. Interessant ist, dass viele Ortsnamen dem Jakobsweg zu verdanken sind: A Carretera verweist auf eine gepflasterte Straße, A Calle auf eine kleine Straße und Ferreiros auf die Schmiede, in der reitende Pilger die Hufeisen ihres Pferdes wechseln lassen konnten. Auch die Infrastruktur ist vom Pilgerstrom geprägt –

EINE PARTY FÜR SAN PEDRO

Am letzten Wochenende im Juni konzentriert man sich in Arca während der Romería de San Pedro ganz auf den Heiligen Pedro. Der eigentliche Feiertag der Apostel Petrus und Paulus ist der 29. Juni, doch Messen und Wallfahrt zu Ehren des Heiligen Petrus finden am Wochenende statt. Neben den religiösen Handlungen bestimmen musikalische Darbietungen und kulinarische Verkostungen das Programm.

Weitere Informationen
https://opino.gal

einsame Gegenden, in denen Verpflegung und Übernachtungen geplant werden mussten, sind Geschichte. Nicht nur Herbergen sind im Gebiet des Schlussspurts reichlich vorhanden, auch Cafés, Bars und Brunnen sorgen für eine flächendeckende Versorgung mit dem Überlebensnotwendigen, vom belebenden *Café cortado* über das belegte *Bocadillo* bis hin zum frischen Wasser. Zugleich ist es auf dieser Etappe voller, und daher kommt es im Sommer durchaus vor, dass Pilgerherbergen am Nachmittag schon ausgebucht sind.

Heilendes Wasser aus Heiligem Brunnen

O Pedrouzo ist der Hauptort der Gemeinde Arca. Noch vor den Toren des Städtchens steht die Wallfahrtskirche Santa Irene, die im 18. Jahrhundert zu Ehren der portugiesischen Märtyrerin und Heiligen errichtet wurde. Auch ein Heiliger Brunnen (Fuente Santa) ist hier zu finden, dessen Wasser heilende Wirkung besitzen soll. Vor allem bei Hautkrankheiten soll es Linderung bringen, aber auch geschwollene Pilgerfüße wissen das kühlende Wasser zu schätzen.

Rituelle Waschung am Flughafen

Von Arca aus sind es nur noch 22 Kilometer bis ans Ziel. Dennoch muss mancher Wallfahrer jetzt die ernüchternde Feststellung machen, dass noch immer einige Anstiege zwischen ihm und dem Apostel liegen. Hinter dem Dorf Santo Antón beginnt die Steigung. Ebenfalls überraschend ist, dass der Weg bei Lavacolla, wo sich Pilger seit alters her vor Erreichen des Ziels einer rituellen Waschung unterziehen, neben dem Internationalen Flughafen von Santiago de Compostela verläuft – ein echtes Kontrastprogramm zu den stillen Hügeln und Tälern des ländlichen Galiciens. Ist der Anstieg auf den Monte de Gozo geschafft, steht dem Glück nicht mehr viel im Weg. Vom Gipfel des 380 Meter hohen Hügels führen die letzten fünf Kilometer bergab. Durch die Porta do Camiño geht es in die Stadt, durch immer schmalere Gassen und über kleine Plätze, bis die Plaza de Obradoiro sich öffnet. Die Plaza de la Quintana bietet Zugang zur in Heiligen Jahren geöffneten Heiligen Pforte. Vor dem Pilger erhebt sich die Grabkirche des Apostels Jakob.

Ein Pilger auf dem fordernden, aber lohnenden Camino Primitivo (l.o.). Wunderschön sind die strahlend bunten Fenster der Kathedrale von Lugo (l.u.) und die präromanische Kirche San Miguel de Lillo (r.) bei Oviedo.

CAMINO PRIMITIVO

Der älteste Weg

Der älteste Weg – CAMINO PRIMITIVO

Die ursprüngliche Route nach Santiago de Compostela

Durch die Berge Asturiens und Galiciens führt der Camino Primitivo zum Grab des Apostels. Das bedeutet reichlich Steigungen, aber auch eindrucksvolle Panoramen und Ausblicke. Und auch auf bedeutende historische Städte muss man hier nicht verzichten. Mit einer Länge von 340 Kilometern eignet sich der Camino Primitivo besonders für Pilger mit weniger Zeit und größerem Lungenvolumen.

Im Schnitt brauchen Pilger für den Camino Primitivo ab Oviedo, den ursprünglichen Weg nach Santiago de Compostela, 16 Tage. Wegen der Berge ist er in der kalten Jahreszeit – anders als der nördliche Weg mit seinem milderen Küstenklima – nicht gut zu bewältigen. Frühling, Sommer und Herbst sind daher die besten Zeiten für diese Route. Sie führt überwiegend über alte Römerstraßen durch unberührte Naturlandschaften, in denen sich oft über Stunden kaum Hinweise auf Besiedlung finden. Doch auch zahlreiche bedeutende Kulturschätze liegen am Weg. Die Kombination macht ihn zu einer körperlich fordernden, aber landschaftlich und kulturell äußerst reizvollen Route. Natürlich ist es auch möglich, von Irún an zunächst dem Camino del Norte zu folgen, von Gijón nach Oviedo und dann den Camino Primitivo zu gehen.

Pionier unter den Pilgern

König Alfons II., auch als Alfons der Keusche bekannt, nahm um das Jahr 830 von Oviedo diesen Weg zum Apostelgrab. Er war es auch, der die Errichtung der Grabkirche förderte und maßgeblich daran beteiligt war, die Pilger-

Durch den Wald (u.) zu Kulturschätzen: Blick auf das Kloster Monasterio de San Julían de Samos (r.), dessen Wurzeln in die Ära der Westgoten reichen.

bewegung zu begründen. Auch wenn die Jakobswege alle auf eine sehr lange Geschichte zurückblicken, muss die Reise dieses Monarchen als eine der frühesten überhaupt gelten – obwohl es noch dauern sollte, bis sich auf allen Routen die großen Pilgerströme auf den Weg machten. Alfons II. leistete wesentliche Beiträge dazu, nicht zuletzt, weil er auch das erste Klosters gründete, das sich um den Altar des Heiligen kümmerte: San Paio de Antealtares in Santiago de Compostela. Die ersten Pilger aus Asturien und Galicien und aus den übrigen Regionen des spanischen Nordens wählten im 9. und 10. Jahrhundert ebenfalls diesen Weg. Alfons III., der die zweite Basilika in Santiago initiierte, pilgerte den Camino Primitivo sogar zweimal. Bald folgten ihnen auch Wallfahrer aus anderen Ländern. Im Hochmittelalter wurde der französische Weg ab León, der neuen Hauptstadt, zur meistgegangenen Route. Der Primitivo, der Küstenweg und der Camino Francés verbindet, geriet in Vergessenheit.

Von Oviedo durch das Gebirge nach Lugo

Für heutige Pilger bildet Oviedo mit seiner gotischen Kathedrale zu Beginn des Wegs auch den ersten Höhepunkt der Route. Jenseits der Stadt führt der Weg zunächst langsam steigend bergan, bis er sich ab Salas ernsthaft ins Gebirge windet. Bergwiesen und Almen öffnen hier weite Blicke, bevor nach einem Stück in Richtung Tal mit dem 1030 Meter hohen Pass Alto de Alcebo eine größere Herausforderung und die Überquerung der Grenze nach Galicien folgen. Das Bergland geht schließlich in galicische Hügellandschaft über, in der mit der Stadt Lugo eine weitere historische Kulturstadt am Weg liegt. Ihre Wurzeln reichen in die Zeit der Römer, deren Stadtmauer noch erhalten ist. Die UNESCO zählt sie zum Weltkulturerbe. Die Antike begleitet den Pilger weiter durch das grüne Galicien, wo sich Überreste römischer Tempel und Siedlungen finden. 50 Kilometer vor Santiago de Compostela trifft der Camino Primitivo in Melide auf den französischen Weg.

Geheimtipp trotz guter Infrastruktur

Trotz seiner langen Tradition und einer sehr guten Infrastruktur – Herbergen sind reichlich vorhanden, auch die Beschilderung ist gut – steht der Camino Primitivo heute im Schatten der bekannteren Routen. Das liegt auch am sportlichen Pensum, hat aber den Vorteil, dass er auch im Sommer, wenn die Pilger auf dem Camino Francés bisweilen in großen Zahlen unterwegs sind, nicht überlaufen ist.

Kaffeepause im historischen Zentrum von Oviedo.

PRENDA

Wunderschön ist der Kreuzgang des Klosters Santa María de Valdediós (o.). Die Natur am Meeresarm von Villaviciosa (r.) steht dem in nichts nach.

49 Romanik am Meeresarm – Villaviciosa

Leben zwischen Fluss und Meer

Das alte Fischer- und Seefahrerstädtchen Villaviciosa liegt idyllisch an der Mündung des gleichnamigen Flusses ins Meer, das sich hier wie ein Fjord ins Land schiebt. Neben Apfelplantagen und Apfelweingütern ist es für eine hohe Zahl asturischer präromanischer Kirchen berühmt. Acht Strände und eine erstklassige Gastronomie gehören außerdem zu den Trümpfen der Stadt.

Wie viele Hafenstädte im Norden schmiegt sich auch Villaviciosa tief in eine Ría, einen Meeresarm, der hier neun Kilometer tief ins Land ragt und sich mit dem gleichnamigen Fluss verbindet. In der Vergangenheit bot diese Lage den Bewohnern die Möglichkeit, Landwirtschaft und Fischfang miteinander zu verbinden. Der Fischerhafen hat noch immer Bedeutung für die Stadt mit 14 500 Einwohnern. Früher begriff man das Meer auch als Aufforderung. So brachte Villaviciosa mit dem 1536 geborenen Seefahrer Juan Fernández auch einen der großen spanischen Entdeckungsreisenden hervor. Heute hat die Küste mit acht Stränden vor allem Freizeitwert: Wandern, Wassersport, Vogelbeobachtung und Golfen sind ebenso möglich wie Apfelweinverkostungen und Bootstouren. Das Gebiet der Ría Villaviciosa steht unter Naturschutz.

»Klösterchen« aus dem 9. Jahrhundert

Das Städtchen ist noch von seinen mittelalterlichen Mauern umgeben. Das Umland ist mit romanischen und noch älteren Kirchen und Kapellen geradezu gespickt. Ein wenig außerhalb steht im idyllischen Tal von Boiges das »Klösterchen« (El Conventín) San Salvador de Valdediós, eine im 9. Jahrhundert erbaute Kirche. Im Jahr 893 wurde sie in Anwesenheit von sieben Bischöfen geweiht. Das dreischiffige

Gotteshaus besitzt präromanische Fresken, die im Barock übermalt, aber später wieder freigelegt wurden. Alfons III., der sich nach der Entmachtung durch seine Söhne ein nahe gelegenes Gut als Alterssitz auserkoren hatte, ist mit seinem Emblem in der Fassade verewigt. An Bogenfenstern und den Kapitellen des Portals sind mozarabische Einflüsse zu erkennen. In der Nähe liegt das Zisterzienser-Kloster Santa María de Valdediós, das um das Jahr 1200 gegründet wurde. Sein romanischer Kreuzgang wurde im 16. und 17. Jahrhundert in klassizistischem Stil erneuert.

Mozarabische Fensterbögen, präromanische Fresken

Nur wenig jünger ist die ebenfalls außerhalb gelegene präromanische Iglesia de San Salvador de Priesca, die im Jahr 921 geweiht wurde. Wie bei San Salvador de Valdediós verriet ein Gründungsstein das genaue Datum – hier ging er allerdings später bei Restaurierungsarbeiten verloren. Das Datum war zu dem Zeitpunkt aber bereits bekannt. Auch sie ist dreischiffig, und auch ihre Hufeisenbogenfenster zeugen von mozarabischer Baubeteiligung. Zudem sind auch hier Fresken aus präromanischer Zeit erhalten. Im Inneren bezaubert sie noch immer mit der Schlichtheit jener Epoche. Wie beim »Klösterchen« wurde auch bei dieser Kirche im Ortsteil Priesca der Glockengiebel erst später hinzugefügt. Die Kirche San Andrés de Bedriñana, die im gleichnamigen Ortsteil auf dem Gemeindegebiet von Villaviciosa steht, hat ihre Wurzeln im 10. Jahrhundert. Ihre präromanischen Elemente verbinden sich mit Ergänzungen aus dem 12. Jahrhundert.

Bohnen, Fisch, Apfelwein und Käse

Im Städtchen selbst sind viele gute Lokale zu finden. Kulinarisch steht hier der traditionelle asturische Bohneneintopf mit Chorizo und Blutwurst ganz weit oben in der Gunst der kulinarisch verwöhnten Bewohner. Aber auch Süßwasser- und Meeresfisch sowie Meeresfrüchte gibt es in hervorragender Qualität, und die Küchenchefs wissen aus den sehr guten Produkten der Region noch Besseres zuzubereiten. Auch Apfelwein (Sidra) spielt hier eine wichtige Rolle. Viele Bauern mit Apfelhainen verkaufen Früchte und Most selbst und bieten auch Verkostungen an, häufig begleitet von Tapas oder Käse aus eigener Herstellung.

MUSIK UND APFELWEIN

Am vorletzten Sonntag im August konkurrieren die Weingüter *(Llagares)* der Umgebung beim Concurso de Sidra Natural Casera darum, wer den besten Apfelwein produziert. Dabei wird nicht nur eine Menge verkostet, sondern es treten auch Live-Bands auf, die traditionelle asturische Musik spielen. Am ersten Samstag im September findet auf der Plaza del Ayuntamiento die *Fiesta de la Sidra*, das Apfelweinfest, statt. Wer am Ort ein Probierglas kauft, kann es sich an allen Ständen füllen lassen.

DIE BESTEN BOHNEN DER WELT

Den besten Bohneneintopf der Welt gibt es in der Sidreria Bedriñana, zumindest wurde das Restaurant schon mehrfach mit dieser Auszeichnung geehrt. Spätestens jetzt sollte man also die köstliche *Fabada* mit weißen Bohnen, Chorizo und Blutwurst einmal probieren. Apfelwein (Sidra) gibt es, der Name des Hauses verrät es, ebenfalls. Auch Tapas, Fisch und Fleischspezialitäten (z. B. Rinderfilet mit Paprika) stehen auf der Karte. Im Sommer sitzt man schön auf der Terrasse, muss dafür aber pro Gericht einen Aufpreis von 1 Euro bezahlen.

Weitere Informationen

Sidreria Bedriñana: Calle Maliayo 1, www.sidreriabedrinana.com
Villaciosa: www.turismovillaviciosa.es

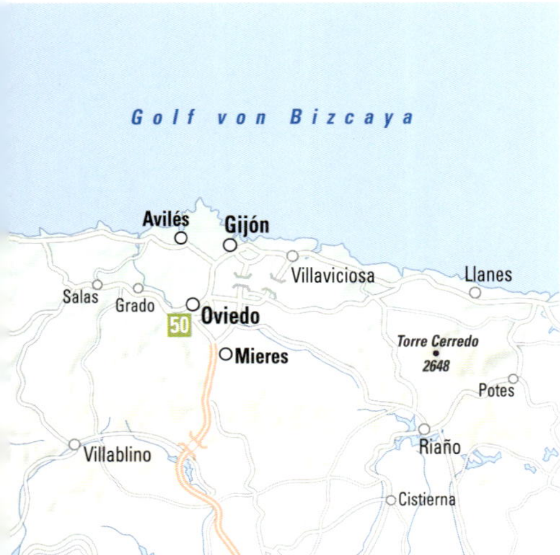

50 Perle am Primitivo – Oviedo

Wo der erste Pilger seine Reise begann

Oviedo, die Hauptstadt Asturiens, war im 9. und 10. Jahrhundert Kapitale des gleichnamigen Königreichs. Von hier brach Alfons II. auf, nachdem das Apostelgrab entdeckt worden war. Die Kathedrale San Salvador mit der Heiligen Kammer, die gepflegte Altstadt mit präromanischer Architektur, schönen Plätzen und nicht zuletzt zahlreichen Apfelweinlokalen machen Oviedo zu einem echten Juwel.

Harmonisch und gepflegt wirkt das Zentrum der Stadt mit 220 000 Einwohnern. Ihre Kathedrale, das Wahrzeichen spanischer Gotik, ist ein Bau für die Ewigkeit. Dass die Altstadt einen großen Reichtum historischer Bauten besitzt, ist angesichts der eindrucksvollen Geschichte der ersten christlichen Hauptstadt auf der Iberischen Halbinsel kaum verwunderlich. Schon eher wundersam erscheint ihr heutiges Bild vor dem Hintergrund der Tatsache, dass sie zweimal fast zerstört wurde. Ein Großbrand wütete 1521 und hinterließ hauptsächlich rauchende Trümmer. Während des Spanischen Bürgerkriegs zündeten aufständische Bergarbeiter in der Heiligen Kammer der Kathedrale einen Sprengsatz. Weg von der Vergangenheit, hin zum Heute, sollte die Botschaft dieser Aktion sein.

Wiederaufbau nach dem Bürgerkrieg

Die Zukunft erforderte umfangreiche Wiederaufbaumaßnahmen in der von den Kämpfen des Bürgerkriegs gezeichneten Stadt. Doch Oviedo stand wieder auf und erstrahlt längst wieder in alter (neuer) Schönheit. Oviedo ist heute eine Stadt der Kunst, aber auch voller

Das Kirchlein San Miguel de Lillo ist ein Juwel der Präromanik (u.). Die Kathedrale von Oviedo mit La Regenta im Vordergrund bietet auch bei Nacht einen Anblick von erhebender Schönheit (r.).

Leben. Kirchen, Klöster und Museen zeugen vom kulturellen Reichtum, der Sidra-Boulevard, wie die Calle Gascona mit ihren Apfelweinbars und Restaurants treffend genannt wird, von den angenehmen Seiten des Lebens. Ein riesiger Park, der Campo de San Francisco, trennt Alt- und Neustadt voneinander und fungiert als grüne Lunge Oviedos.

Alfons II., der erste Jakobspilger

Alfons II., von 791 bis zu seinem Tod im Jahr 842 König von Asturien und dank seines mönchischen Lebensstils auch als Alfons der Keusche (*El Casto*) bekannt, wurde hier geboren. Er machte das aus einer römischen Siedlung und dem späterem Sitz eines Klosters hervorgegangene Oviedo zu seiner Residenz – und somit zur ersten christlichen Hauptstadt auf der Iberischen Halbinsel. Alfons befestigte die junge Hauptstadt und investierte in die Infrastruktur. Als ihn um das Jahr 830 die Nachricht vom Fund des mutmaßlichen Apostelgrabs erreichte, machte er sich von hier aus als erster Pilger auf den Weg und begründete den Ruhm Compostelas als Wallfahrtsort. So ist Oviedo der eigentliche Startpunkt des ursprünglichen Pilgerwegs. Bis zum Jahr 912 blieb Oviedo die Kapitale, dann übernahm León die Hauptstadtwürde. Die Stadt profitierte jedoch während des ganzen Mittelalters vom Pilgerwesen. Bis heute ist das Bild der Altstadt von mittelalterlicher Architektur geprägt.

Wie die für Asturien charakteristischen und in Oviedo besonders reich vertretenen präromanischen Kirchen gehört auch die Heilige Kammer der Kathedrale San Salvador zum UNESCO-Weltkulturerbe der Menschheit. Zwischen dem 13. und 16. Jahrhundert wurde die dreischiffige Kirche mit Seitenkapellen und Querschiff als vierter Sakralbau an dieser Stelle errichtet. Durch die lange Bauzeit mischen sich die gotischen Züge der Kathedrale mit Stilelementen der Renaissance. Einzig die Palastkapelle ist noch vom Bauwerk Alfons II. erhalten, von der romanischen Kathedrale gibt es noch ein Turmfragment. Die Capilla de Nuestra Señora del Rey Casto ist dem keuschen König gewidmet, an sie schließt das Königliche Pantheon an, in der die Könige von Asturien ihre letzte Ruhe gefunden haben. Das gewaltige Retabel des

MUSIK, PARADEN UND FOLKLORE

In der dritten Septemberwoche, wenn der Sommer endet und der Herbst zum Greifen nahe ist, feiert Oviedo die *Fiestas de San Mateo*, und zwar so intensiv, dass weder Bewohner noch Besucher zur Ruhe kommen. Konzerte von Jazz über Flamenco bis zu kubanischen Klängen, kirchliche Prozessionen, Umzüge in traditionellen Trachten, sportliche Wettkämpfe und Feuerwerk sind nur einige der Anziehungspunkte während der wirbelnden Festwoche. Höhepunkt ist die Parade zum Día de las Americas. Mit ihr wird den Bewohnern Asturiens Tribut gezollt, die ihre Heimat verließen, und den Ländern der Neuen Welt, die sie herzlich empfingen.

ASTURISCHER APFELMOST

Wer ihn noch nicht probiert hat, sollte spätestens jetzt die Gelegenheit ergreifen. Der in Asturien überaus beliebte Apfelmost wird in Sidrerías üblicherweise flaschenweise ausgeschenkt. Das ist nicht so dramatisch, wie es klingt, denn er hat weniger als drei Prozent Alkohol, ist also deutlich leichter als Wein. Besonders viele Sidrerías sind in der Calle Gascona zu finden.

Weitere Informationen

Turismo Oviedo: www.turismoviedo.es
Kathedrale San Salvador de Oviedo: https://catedraldeoviedo.com
Museo de Bellas Artes de Asturias: www.museobbaa.com
Museo Arqueológico de Asturias: https://museoarqueologicodeasturias.com

Die präromanischen Kirchen der Umgebung (o.) gehören zum UNESCO-Weltkulturerbe wie die Kathedrale von Oviedo. Sie birgt Meisterwerke früherer Bildhauer (u.). Oviedos Altstadtgassen (r.) laden zum Flanieren ein.

Hochaltars zeigt auf flämisch beeinflussten Darstellungen das Leben Christi von der Verkündigung bis Pfingsten. Der gotische Kreuzgang beheimatet das Diözesanmuseum mit zahlreichen gotischen und barocken Exponaten. Hinter ihm liegt ein alter Pilgerfriedhof.

Blut Christi und Brot vom Letzten Abendmahl

Der Domschatz ruht in der Heiligen Kammer, der Cámara Santa. Sie wurde nach dem Sprengstoffattentat im Bürgerkrieg restauriert, ebenso wie ihre Schätze. Zu ihnen gehören überaus wertvolle Reliquien. Späne vom Kreuz Christi, Teile des Gewands Jesu und des Gewands Marias, ein Stück Brot vom Letzten Abendmahl und gar Blutstropfen Christi sollen sich in dem Schrein befinden, den Alfons VI. im Jahr 1075 für sie stiftete. So ist es nicht verwunderlich, dass man in Oviedo die Auffassung vertritt, der Pilger besuche in Santiago de Compostela den Diener, in der Kathedrale San Salvador jedoch den Herrn. Das fast einen Meter hohe Kreuz des Siegs (La Cruz de la Victoria) und das Kreuz der Engel (La Cruz de los Angeles) sind weitere Schätze der Heiligen Kammer.
Die neben dem Turm der Kathedrale gelegene Kirche San Tirso wurde zur Zeit Alfons II. erbaut und ist das letzte Bindeglied zu seiner Epoche in Oviedo. Vom Original ist aber nur noch ein mozarabisches Fenster mit drei Bögen auf Marmorsäulen mit schönen Kapitellen erhalten. Die Kirche wurde beim Feuer 1513 weitgehend zerstört und danach mehrmals verändert.

Ein Kloster wird zum Museum, ein Königspalast zur Kirche

In Oviedo laden bedeutende Museen zum Besuch ein. Das Museum der Schönen Künste ist in zwei durch einen überdachten Innenhof miteinander verbundenen Palästen in der Altstadt untergebrachte. Es zeigt mehr als 8000 Exponate vom Mittelalter bis zur Moderne. Das Archäologische Museum residiert in einem Flügel des ehemaligen Klosters San Vicente. Die ausgestellten Funde aus Paläolithikum und Römerzeit sind ebenso interessant wie die Geschichte des Gebäudes. Das Kloster hat seine Wurzeln im 8. Jahrhundert und soll der Geburtsort von Alfons II. sein. Auf jeden Fall begann mit ihm die Geschichte der Stadt. Außerhalb am Hang des gleichnamigen Bergs steht mit Santa María del Naranco ein sehenswertes präromanisches Bauwerk, das anfangs das Jagdschloss von König Ramiro I. war und später zur Kirche umfunktioniert wurde. Das 848 errichtete Bauwerk gehört ebenso wie die nahe gelegene Kirche San Miguel de Lillo zum UNESCO-Weltkulturerbe, denn beide sind Teil der präromanischen Denkmäler Oviedos und des Königreichs Asturien. Ein weiteres vorromanisches Beispiel ist die Kirche San Julián de los Prados im Nordosten der Stadt.

Ländlich ist die Strecke von Oviedo nach Grado (o.). Typisch sind die auf Stelzen stehenden Speicher für Getreide und Feldrüchte (r.), die *Hórreos*.

51 Land der Kornspeicher – Oviedo bis Grado

Zurück zur Natur mit Käse und Apfelwein

Von Oviedo aus geht es wieder ins ländliche Asturien. Hügel, Wiesen und Wälder prägen die Landschaft, bis das lebhafte Marktstädtchen Grado und seine umliegenden Gemeinden mit kleinen Kapellen, historischen Kornspeichern und berühmter Käseherstellung erreicht sind. Im Hauptort Grado findet sonntags ein bunter Markt mit Händlern aus der weiteren Umgebung statt.

Das nächste Etappenziel, der kleine, zur Gemeinde Grado gehörende Sprengel San Juan de Villapañada, liegt 30 Kilometer westlich von Oviedo. Ein ordentliches Pensum also, für das man sich am besten in Oviedo mit einem guten Frühstück wappnet. Villapañada besitzt eine Pilgerherberge und verströmt ländliche Ruhe, ist jedoch winzig. Das größere Grado bietet neben der für Pilger relevanten Infrastruktur aus Lokalen, Supermärkten und Apotheken auch einen attraktiven mittelalterlichen Stadtkern. Zu Grado gehören insgesamt 28 Gemeinden; außer Villapañada verfügt auch Cabruñana über eine Herberge für Jakobspilger.

Kühe, Apfelhaine und Hórreos

Der Weg aus Oviedo hinaus führt schnell in wenig berührte und dünn besiedelte Hügellandschaft. Kühe, Pferde und gelegentlich ein Hofhund sind oft die einzigen Ansprechpartner, sofern man nicht auf andere Pilger trifft. Im Frühling tupft die Blüte der Apfelbäume zarte weiße Wolken in die Landschaft, denn dies ist noch immer Apfelland. Auch historische Bauten stehen immer wieder am Wegrand – außer Kapellen vor allem Hórreos, Getreide- und Maisspeicher, die im Norden Spaniens (und Portugals) über Jahrhunderte genutzt wurden. Durch die erhöhte Lagerung war Getreide oder Früchte vor Feuchtigkeit von unten, aber auch vor Nagetieren geschützt. Heute werden sie als Kulturdenkmäler gepflegt und erhalten; alleine hier in Asturien gibt es noch rund 18 000 Exemplare. Die ältesten noch erhaltenen Speicher stammen aus dem 15. Jahrhundert. Ihre Verzierung – Kreuze, aber auch Figuren, die negative Einflüsse von der gelagerten Ware fernhalten sollten – machen sie zu spannenden Zeugnissen der Vergangenheit.

Mittelalterliche Marktstadt

Grado war bereits in der Bronzezeit besiedelt. Später ließen sich hier die Römer nieder, deren Straßen auch in den umliegenden Hügeln und am Fluss Nalon zum Teil noch erhalten sind. Römische Bausubstanz hat indes nicht überdauert, weil die Überreste nach dem Ende des Römischen Reichs abgetragen für andere Bauwerke genutzt wurden. Im Mittelalter entwickelte Grado sich zum Markt- und Handelsplatz; die Markttradition lebt bis heute fort. Sonntags kommen Landwirte aus dem gesamten Umfeld, um ihre Produkte zu verkaufen. Im 19. und frühen 20. Jahrhundert gingen viele Bewohner der Stadt nach Mittel- und Südamerika. Nach ihrer Rückkehr gossen viele ihren Erfolg in Übersee mittel eleganter »Indiano-Architektur« nach lateinamerikanischen Vorbildern in Stein. Der Palacio Miranda Valdecarzana aus dem 18. Jahrhundert und die Barockkapelle Los Dolores sind dagegen älteren Datums.

Lokaler Käse zum Apfelwein

Auch in Grado labt man sich am Abend gerne an Apfelwein. Dazu passt der hier beliebte Käse Afuega'l pitu. Übersetzt bedeutet der asturische Name »das Huhn ersticken«. Für diese verstörende Bezeichnung gibt es mehrere wenig plausible Interpretationsansätze.
Der Kuhmilch-Weichkäse mit geschützter Herkunftsbezeichnung ist aber definitiv vegetarisch und passt außer zum Sidra auch gut zu Weinen auf Traubenbasis. Er zählt zu den ältesten spanischen Käsesorten und wird mit Paprika besprenkelt oder pur sowie in unterschiedlichen Reifegraden angeboten.
Im ebenfalls zur Gemeinde Grado gehörenden Dorf Peñaflor mit rund 140 Einwohnern führt eine Brücke aus dem 12. Jahrhundert über den Río Nalon. Hier ist die romanische Kirche San Juan sehenswert, in deren Nachbarschaft weitere Hórreos an die Vorratshaltung früherer Zeiten erinnern.

BOHNEN ZUM FRÜHLINGSBEGINN

Am ersten Wochenende nach Ostern dreht sich in Grado bei La Flor de Grado alles um asturische Bohnen und verwandte Produkte. Ursprünglich handelte es sich bei der Veranstaltung um einen Markt für Schinken. Heute geht es allgemeiner um asturische Erzeugnisse, im Mittelpunkt steht natürlich die Fava, die weiße Bohne. Und weil das Wetter gerade so angenehm wird, ist »La Flor« auch ein Frühlings- und Volksfest. Am Samstag stehen Konzerte auf dem Programm, am Sonntag wird es ernst: mit Verkostungen, Koch-Shows und Prämierungen.

ZEIT FÜR KÄSE

Asturien gilt als das Land der 50 Käsesorten, von denen mehr als die Hälfte ausschließlich aus Kuhmilch hergestellt wird. Höchste Zeit also, mit dem Probieren zu beginnen. Im Mittelpunkt stehen in Grado die weiße und die (durch Paprikapulver) rote Variante des Afuega'l pitu. Verkosten kann man im Fachgeschäft für Käse, zum Beispiel in der Quesería La Borbolla (Calle La Borbolla, Grado), oder direkt beim Hersteller, etwa in der Quesería Ca Sanchu (La Pumariega 15, Ambás).

Weitere Informationen

www.ayto-grado.es/oficina-de-turismo
www.turismoasturias.es

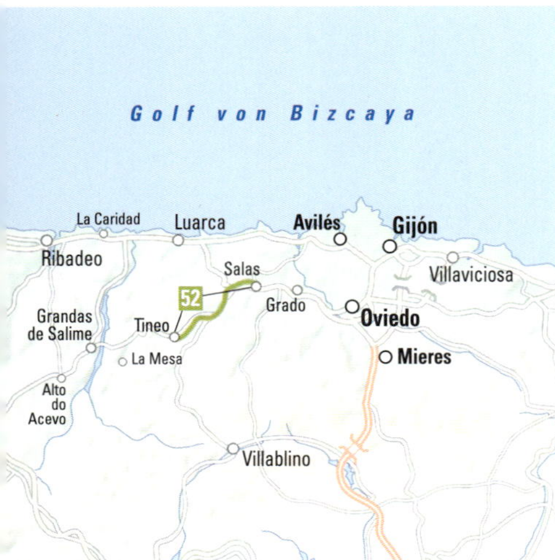

52 Ländliches Asturien – Von Salas nach Tineo

Berge, Wald und Flüsse

Nach dem großstädtischen Flair Oviedos geht es zurück ins ländliche Asturien. Dörfer, Kornspeicher und Flüsse sind zuverlässige Begleiter, bis Pilger im größeren Tineo kunsthistorische Schätze und die zivilisatorischen Errungenschaften einer Kleinstadt erwarten – und das inmitten wunderschöner Landschaft aus Wald und Bergen. Auch das Museum für Sakralkunst lohnt Mühen dieser Etappe.

Durch das ländliche Asturien (u.) zum Kloster in Cornellana (r.). Energiespender könnte *Fideuà* sein, eine spanische Nudelspeise mit Meeresfrüchten (r.u.).

Von Oviedo verläuft der Camino Primitivo weiter parallel zur Küste in Richtung Westen ins gut 40 Kilometer entfernte Städtchen Salas. Die Gemeinde mit Salas als Hauptort setzt sich aus 28 Ortsteilen mit insgesamt 5000 Einwohnern zusammen. Und wie es hier häufig der Fall ist, blicken die Dörfer auf eine lange Geschichte zurück. Dolmen aus der Altsteinzeit und Werkzeuge aus der Bronzezeit zeugen von früher Besiedelung. Die Römer legten Kanäle an, die teilweise heute noch genutzt werden. Im 9. Jahrhundert fand Salas erstmals urkundlich Erwähnung. In dieser Zeit hat auch die Pfarrkirche San Martín ihre Wurzeln; der heutige Bau steht auf den alten Fundamenten. Im Jahr 1024 wurde das Kloster Convento de San Francisco del Monte in Cornellana gegründet. Es stellt noch immer eine der Pilgerherbergen im Gemeindegebiet. Vom Mittelalter an blieb die Gegend besiedelt, wie neben einigen Bauten auch Getreidespeicher aus verschiedenen Epochen belegen.

Kelche und Kandelaber

Die folgende Etappe nach Tineo ist mit einer Länge von 20 Kilometern gut an einem Tag

zu schaffen. Allerdings führt der schmale und oftmals steinige Weg die ersten Kilometer ziemlich nachdrücklich bergan. Die Wanderung durch das ländliche Asturien in Richtung Tineo lässt daher etappenweise wenig Luft für Betrachtungen jenseits des unmittelbar vor dem Pilger liegenden Wegs. Die Dörfer und Gehöfte an der Strecke sind wenig spektakulär, die waldreiche, immer wieder von Flüssen durchzogene Landschaft ist umso schöner. Tineo erhebt sich inmitten schönster Wald- und Berglandschaften auf einem Hügel und ist mit knapp 10 000 Einwohnern nicht klein. Auch hier lebten bereits in der Steinzeit Menschen, die außer Dolmen auch Hügelgräber hinterließen. Die Römer konzentrierten sich wie gewöhnlich auf ihre Kernkompetenzen Befestigung und Ingenieurswesen. Einige ihrer Brücken und Aquädukte werden noch immer genutzt. Zudem fanden sie im Gebiet des heutigen Navelgas Gold, das sie abbauten und zum Prägen von Münzen nutzten. Bis heute gilt der Ort als asturische Gold-Hauptstadt und besitzt ein Museum, das dem Gold gewidmet ist. Tineo ist für sein Museum für Sakrale Kunst im ehemaligen Kloster San Francisco del Monte bekannt. Kelche, Monstranzen, Kandelaber, Prozessionskreuze und Patenen aus purem Gold sind hier ebenso zu sehen wie Holzschnitzarbeiten und Skulpturen aus dem Mittelalter und dem 16. bis 19. Jahrhundert. Aber auch Messgewänder und andere religiöse Utensilien sind hier ausgestellt. Beachtenswert ist zudem eine Sammlung von Gebet- und Stundenbüchern, deren älteste aus dem 16. Jahrhundert datieren.

Dichter Wald wie vor 100 Jahren

Tineo liegt inmitten wunderschöner Laubwälder. Die Vielfalt der Baumarten ist ebenso beeindruckend wie Alter und Größe des Bestands. Hier sieht man das komplette Gegenteil zu den Monokulturen, die in Deutschland fast zur Norm geworden sind, und zu den Eukalyptusplantagen, die im Nordwesten Spaniens mittlerweile stark verbreitet sind. Wie die Bewohner der Gegend es über Jahrhunderte schafften, die Ressourcen des Walds nachhaltig zu nutzen, erklärt das Museum des Waldes (Museo del Bosque), das ein wenig außerhalb in Muñalén liegt. Auf drei Hektar Eichen-, Birken- und Kastanienwald sind traditionelle Geräte und Bauten wie Mühle und Kohlemeiler zu sehen, aber auch Windräder und Solarzellen, die über erneuerbare Energien informieren.

WEIN STATT MOST ZU DEN JAKOBSMUSCHELN

Wer für den Moment ausreichend Apfelwein probiert hat, kann sich im Restaurant La Vinoteca (Plaza Martín Alonso 7, Tineo) mit Studien herkömmlicher Weine auf Traubenbasis beschäftigen – und dazu auch etwas essen, zum Beispiel köstliche Jakobsmuscheln und andere Meeresfrüchte (denn das Meer ist nicht so weit weg, wie es Fußgängern erscheint). Für hungrige Pilger gibt es auch Energiespender wie saftige Burger.

HAUS DES GOLDS

Ein wenig abseits vom Weg liegt das interessante Museo del Oro de Asturias (»Museum für das Gold Asturiens«) in Navelgas. Es erklärt und dokumentiert den Abbau und die Verarbeitung des Edelmetalls seit der Epoche der Römer. Zu den Exponaten gehören antike Werkzeuge, Nachbildungen antiken Goldschmucks und Darstellungen der Goldroute. Besonders nützlich: Ein kleiner Workshop vermittelt, wie man selbst nach Gold sucht.

Weitere Informationen

Museo del Oro de Asturias:
https://museodeloro.es
Museo del Bosque:
www.museodelbosque.es
Tineo: www.tineo.es
Asturien: www.turismoasturias.es

Fantastische Bergpanoramen (o.) und teils uralte Dörfer aus Stein und Schiefer (r.) begleiten Pilger in Asturien. Weiß getüncht: die Kirche in Pola de Allande (r.o.).

53 Berge und Täler – Von Tineo nach La Mesa

Natur, Berge und Spuren des Mittelalters

Von vergangener Größe und einstigem Glanz zeugen auf dieser Etappe das verlassene Kloster Santa María Real in Obona, im Mittelalter ein wichtiger Anlaufpunkt für Pilger, und der festungsartige Palast Cienfuegos de Peñalba in Pola de Allande. Auch die Landschaft scheint sich kaum verändert zu haben, seit hier vor Jahrhunderten Mönche und Lehnsherren das Leben bestimmten.

Über 1000 Meter bergan und danach wieder bergab prägen eine Strecke, die vielen Pilgern vor allem ob des Aufstiegs in Erinnerung bleibt – vom nicht minder steilen Abstieg gar nicht zu reden. Schon wegen der Länger dieser Etappe von knapp 50 Kilometern empfiehlt sich eine Übernachtung in Pola de Allande, auch wenn dies bedeutet, dass es anderntags vermutlich mit schweren Beinen neuerlich bergauf geht. Dieser Abschnitt illustriert aber nicht nur, warum der Primitivo als körperlich anspruchsvollster der Jakobswege gilt. Er führt zum Trost auch durch eine wunderschöne Landschaft, die oft noch aussieht wie im Mittelalter.

Verfallenes Kloster in fruchtbarem Tal

Schon bald hinter Tineo liegt das Kloster Santa María Real de Obona in einem von dicht bewaldeten Hügeln geschützten Tal, durch das der Fluss Ardeña fließt. Es soll im Jahr 780 von einem Sohn des Königs Silo begründet worden sein, was allerdings nicht belegt ist. Schriftlich erwähnt wird es erstmals im 11. Jahrhundert. 100 Jahre später war es ein einflussreiches und weithin bekanntes Benediktinerkloster, das für das Wohlergehen der Pilger auf dem Camino Primitivo einstand. Das Kloster war nicht nur ein Ort der Gelehrsamkeit – die Mönche unterrichteten Latein und Griechisch –, der Orden betrieb im fruchtbaren Flusstal auch Landwirtschaft. Im 13. Jahrhundert erhielt das Kloster mit Alfons IX. königlichen Besuch, was das Ansehen des Klosters stärkte. Der König empfahl fortan Pilgern mit royalem Nachdruck, auf dem Weg nach Compostela hier haltzumachen. Im 17. Jahrhundert begannen Umbauarbeiten, die nie beendet wurden. Heute ist das Kloster verlassen. Obwohl es 1982 zum nationalen Monument erklärt wurde, ist es dem Verfall preisgegeben. Der unvollendete Kreuzgang wuchert zu, einige Gebäude sind nur noch Ruinen. Die dreischiffige Kirche aus dem 12. Jahrhundert, die im Verlauf der Zeit kaum verändert wurde, ist indes in gutem Zustand. Um zumindest das alte Pilgerhospiz zu neuem Leben zu erwecken, wären größere Investitionen erforderlich.

Der Lehnsherr thronte über der Stadt

Es folgt das Dörfchen Villaluz mit der Einsiedelei Ermita del Cristo del Soccoro. Das alte Bauwerk auf einer Wiese wurde inzwischen durch eine neue Kapelle ersetzt. 24 Kilometer westlich von Tineo liegt das 700-Einwohner-Dorf Pola de Allande in einem saftig grünen Tal. Hier wird noch Eonaviego gesprochen, eine Variante des Galicisch-Asturischen. Villa uz besitzt neben der Kirche San Andrés und mehreren eleganten *Indianos*-Villen den auf einem Hügel über dem Dorf gelegenen Palacio de Cienfuegos, einen Adelspalast aus dem 15. Jahrhundert mit drei festungsartigen Türmen. Nachdem die ersten Umbauten bereits 1520 durch den Grafen Rodrigo Gonzáles de Cienfuegos erfolgten, ließ im 17. Jahrhundert der neue Besitzer, der Graf von Peñalba, noch einmal Änderungen vornehmen. Noch immer thront der Palast, der wie eine wehrhafte Burg aussieht, in bester Lage über dem Dorf. Sein Erhalt als kulturelles Denkmal ist allerdings aufwendig, die Restaurierungsprojekte nehmen kein Ende. Neben dem Zahn der Zeit bilden vor allem die Hanglage und Regenfälle eine ständige Gefahr für das Bauwerk. Immer wieder müssen Teile der Bausubstanz restauriert oder gesichert werden. Zuletzt wurde eine Treppe aus dem 19. Jahrhundert erneuert, die den Zugang zum Palast ermöglicht, zuvor wurde einer der Türme restauriert. Die Dorfkirche San Andrés stammt in ihrer heutigen Form aus dem 16. Jahrhundert, zeigt aber noch romanische Züge des ursprünglichen Baus.

EINE PROZESSION ZUM GEBURTSTAG DER JUNGFRAU

Wie in den meisten spanischen Gemeinden ist der Festkalender auch in Pola de Allande eng mit dem kirchlichen Jahr verbunden. Vor allem die Karwoche (Semana Santa) und Fronleichnam sind Anlass für aufwändige Prozessionen. Am 8. September, dem Tag der Geburt der Heiligen Jungfrau, wird die Marienfigur in einer von traditioneller Musik begleiteten Prozession aus der Kapelle von Avellano oben in der Stadt zur Pfarrkirche San Andrés getragen.

DIE GRÖSSTEN STEAKS WEIT UND BREIT

Im Restaurante El Casino in Pola de Allande gibt es neben Fisch und Meeresfrüchten von der nicht weit entfernten Küste auch gute, gewaltige Steaks. Wer dazu eine Flasche Hauswein zu 3 Euro trinkt, schläft in der Nacht besonders gut.

Weitere Informationen

www.turismoasturias.es

54 Eine Zeitreise – Nach Grandas de Salime

Über die Talsperre in die Bronzezeit

Grandas de Salime ist die letzte Station des Camino Primitivo in Asturien. Der Weg von La Mesa führt über die Mauer einer riesigen Stauanlage. Die Geschichte von Grandas ist eng mit dem Jakobsweg verbunden. Von der ferneren Vergangenheit erzählen die Ausgrabungen einer Wallburg aus der Bronzezeit, vom Leben der Bewohner im 18. und 19. Jahrhundert das Ethnografische Museum.

Gut 20 Kilometer liegen zwischen Pola de Allande und La Mesa. Der Weg führt Pilger über den Gebirgspass El Palo, der, wenn er erst erreicht ist, wunderschöne Blicke ins Tal und auf den Fluss Nisón öffnet. Sehenswert ist auch die Ermita de Santiago, eine kleine Kapelle in Montefurado. Hat man die schöne, aber strapaziöse Strecke geschafft, kann man in der Pfarrkirche Santa María Magdalena in La Mesa eine Kerze entzünden. Sehr viel mehr ist hier nicht zu tun, denn das Dorf ist mit zweistelliger Einwohnerzahl winzig.

Von 1000 Meter Höhe hinab auf 200

La Mesa und Grandas de Salime trennen außer dem Fluss Río Navia, der hier Anfang der 1950er-Jahren zu einem See gestaut wurde, nur knapp 16 Kilometer. Höchster Punkt der Route ist die Einsiedelei Santa Teresa auf gut 1000 Meter Meereshöhe, niedrigster der See auf 208 Metern. Die Bauarbeiten für die Staumauer und das Wasserkraftwerk wurden durch ein Embargo erschwert, das die Vereinten Nationen gegen Francos Spanien verhängt hatten und das die durch den Krieg bedingte Materialknappheit verschärfte. Mehrere Dutzend Arbeiter kamen bei Unfällen ums Leben. Trotz aller Katastrophen und Schwierigkeiten wurde die Anlage 1954 eingeweiht. Heute funkelt der 685 Hektar große See idyllisch im Sonnenlicht. Die Staumauer des Embalse de Salime, so sein spanischer Name, ist 128 Meter hoch.

Der Weg bei Grandas de Salime (u.); die Ausgrabungen von Castro de Chao Samartín (r.o.), Exponate im dazugehörigen Museum (r.u.).

BOHNEN UND STEAKS

Mit den Klassikern des Nordens – Bohneneintopf und Tintenfisch – wartet auch das Restaurant Fonda Arreigada in Grandas de Salime (Calle Pedro de Pedre 9) auf. Aber die Karte bietet noch mehr, unter anderem hervorragend gegrilltes Fleisch. Alles kommt frisch zubereitet aus der Küche, die Preise sind einmal mehr moderat – das Tagesmenü kostet 10 Euro.

Weitere Informationen

Grandas de Salime:
http://grandasdesalime.es
Ethnografisches Museum:
www.museodegrandas.com
Museum Castro de Chao Samartín:
http://castrochaosamartin.esy.es

Wichtigste Wallburg Nordwestspaniens

Grandas ist der Hauptort der großflächigen, dünn besiedelten Gemeinde Grandas de Salime. Mit knapp 1000 Einwohnern ist auch das – wiederum aus mehreren Ortsteilen bestehende – Grandas nicht groß, doch im Vergleich zu La Mesa wirkt es nahezu urban. Schon im 13. Jahrhundert gab es hier eine Pilgerherberge. Überall auf dem Gemeindegebiet zeugen alte Kapellen von der Bedeutung des Pilgerwegs für diese Gegend. Die Stiftskirche von Grandas de Salime, die Iglesia de San Salvador, stammt aus dem 13. Jahrhundert. Tatsächlich lebten hier aber schon lange vor dem Beginn des Pilgerwesens Menschen. Etwa 800 v. Chr. errichteten Menschen neben einem Felsen einen 55 Quadratmeter großen Bau, den sie mit Palisaden umgaben. Es war der Beginn von Ocella, einer Wallburg, die bis ins 2. nachchristliche Jahrhundert bestehen sollte und eine der wichtigsten im Nordwesten der Iberischen Halbinsel war. Castro de Chao Samartín heißt die Ausgrabungsstätte heute. Sie wurde 1977 entdeckt. Die Ausgrabungen sind noch nicht abgeschlossen, doch ist hier viel zu sehen – die Ruinen ebenso wie die Funde im dazugehörigen Museum.

Leben wie vor 100 Jahren

Das Ethnografische Museum der Stadt zeigt auf einer Fläche von über 3000 Quadratmetern anhand von 11 000 Exponaten, wie die Menschen im Westen Asturiens früher lebten – eher traditionell. Denn wie in anderen ländlich geprägten Regionen Spaniens ist es noch gar nicht so lange her, dass viele Menschen Selbstversorger waren. Das Hauptgebäude befindet sich in einem ehemaligen Pfarrhaus. Mühle, Mais- und Getreidespeicher, Backstube, Kapelle, Schmiede, ein alter Friseursalon und eine Poststelle illustrieren Alltag und Berufswege der Vergangenheit. Exponate wie der Behandlungsstuhl eines frühen Zahnarzts oder die Koffer von Auswanderern zeigen, dass das Leben früher nicht unbedingt besser war. Fotos und Alltagsgegenstände gehören außerdem zu der riesigen Sammlung von Spuren der Geschichte.

55 Panoramareich nach Galicien – Alto do Acevo

Quellen und viele Grüntöne

Wald, Wiesen und Weiden prägen die Landschaft an der Grenze zwischen Asturien und Galicien. Der Pass Alto do Acevo verbindet die Regionen auf 1000 Meter Meereshöhe. Der Weg führt durch unberührte Natur mit prachtvollen Bergpanoramen. In Galicien zeugen große Kirchen und kleine Kapellen in Dörfern und am Wegrand von der engen Verbindung mit der Pilgertradition.

Rund 20 Kilometer südwestlich von Grandas de Salime liegt A Fonsagrada in Galicien. Dazwischen führt der Bergpass Alto do Acevo (galicisch: O Acebo) auf 1030 Metern Höhe durch prachtvolle, kaum berührte Berglandschaft. Seinen Namen verdankt der Pass den Stechpalmen, die auf den Bergwiesen weidendem Vieh (und Pilgern) bei schlechtem Wetter Schutz bieten. Sie bilden nicht die einzige Vegetation; in der warmen Jahreszeit führt der Weg durch üppiges Grün. Zwar sind die umliegenden Berge im Winter oft schneebedeckt, von Frühling bis Herbst präsentiert sich die Landschaft jedoch in unterschiedlichen Schattierungen von Lindgrün bis Gold.

Frischwasser und Heilige Quelle

Der leicht hügelige Weg führt nach Erreichen des höchsten Punkts durch kaum besiedeltes Land. Das Dorf Fonfría mit einer Frischwasserquelle bietet die ersten Spuren menschlichen Lebens auf dieser Etappe. Der Ort besaß lange Zeit eine Pilgerherberge, die noch bis zu Beginn des 20. Jahrhunderts in Betrieb war. Die Landschaft bleibt dünn besiedelt. Paradanova besteht aus einer Handvoll Häuser, die

Magischer Wasserfall bei A Fonsagrada (u.) und eine rustikale Herberge in Fonfría (r.). Die Spezialität *Butelo* (r.u.) ist nichts für Vegetarier.

von der Landstraße getrennt sind. Dann folgt das nach einer Heiligen Quelle *(Fons Sacrata)* benannte Städtchen A Fonsagrada mit rund 5000 Einwohnern – die erste veritable Stadt auf galicischem Boden.

Saumagen und Mandelgebäck

Das *Museo Comarcal* (»Heimatmuseum«) zeigt Alltagsgegenstände aus der landwirtschaftlich geprägten Vergangenheit und der frühen Industrialisierung – zum Beispiel alte Webstühle. Auch kulinarisch empfiehlt sich A Fonsagrada für eine Rast. Die lokale Spezialität *Butelo* ist eine Art Saumagen auf der Basis von Schweinefleisch und Rippchen – nicht jedermanns Sache, aber weit über die Gemeindegrenzen hinaus bekannt und beliebt. Wer Süßes bevorzugt, sollte die *Dulce de Fonsagrada* probieren, das ist Mandelgebäck mit einer Cremefüllung. Auch bei Fonsagrada entstand in den 1950er-Jahren eine Talsperre. Mit 20 Meter Höhe und 70 Meter Breite war die 1958 fertiggestellte Leguaseca-Staumauer deutlich kleiner als die des Embalse de Salime bei Grandas. Im März 1987 entstand ein Loch in der Mauer, sodass sich der See ins Tal ergoss. Obwohl er glücklicherweise wenig Wasser führte, kamen bei dem Unglück mehrere Menschen ums Leben.

Wo Alfons II. kämpfte und pilgerte

Der weitere Weg nach Westen führt durch kleine Dörfer, die in die galicischen Berge getupft sind. In vielen zeugt eine Jakobskirche von der Verbindung mit dem Jakobsweg, etwa in A Fontaneira. Der zweitwichtigste Ort auf dem galicischen Teil des Camino Primitivo nach A Fonsagrada ist O Cádavo, der Hauptort der Gemeinde Baleira mit 700 Einwohnern und einer Pilgerherberge. Er liegt 25 Kilometer südwestlich von Fonsagrada, was einer weiteren Tagesetappe entspricht. Da König Alfons II. auf dem nahen Campo da Matanza eine Schlacht gegen ein arabisches Heer angeführt haben soll, besitzt die Gegend auch mythologische Bedeutung. Fest steht, dass König Alfons auf seinem Weg zum Apostelgrab hier vorbeikam. Vor dem Ziel in Castroverde ist in Vilabade die im 15. Jahrhundert erbaute Klosterkirche Santa María bemerkenswert. Sie ist der Überrest des aufgegebenen Franziskanerklosters San Francisco de Vilabade und fungiert heute als Pfarrkirche. Neben einem barocken Retabel besitzt sie eine Statue Jakobs als Maurentöter.

ES GEHT (NICHT NUR) UM DIE WURST

In A Fonsagrada wird viel gefeiert. Nichts für Vegetarier ist die *Feira do Butelo* am Wochenende vor Karneval. Im Mittelpunkt der Veranstaltung steht eine Wurst aus geräuchertem Schweinefleisch. Ihren Ursprung hat diese hier sehr beliebte Spezialität in der Notwendigkeit, alle Teile des Schweins nach dem Schlachten zu konservieren. Auch andere regionale Produkte sind vertreten. Und folkloristische Musik untermalt die Verkostung und den Verkauf der Wurst. Rein religiös ist hingegen das Fest für den heiligen Antonius, das Mitte Juni mit einer eindrucksvollen Prozession begangen wird. Zwei Monate später dreht sich um den 15. August alles um Essen, Musik und Spiele.

Weitere Informationen

http://es.afonsagrada.org

Weite Blicke zwischen Grandas de Salime und Fonsagrada.

Wald, Wiesen und Wasserläufe prägen das ländliche Asturien (o. und r.u.). Originell: der Brunnen der Kinder in Castroverde (r.o.).

56 Spuren der Kelten – Ab Castroverde

Durch Wälder zur ältesten Stadt Galiciens

Unberührte Natur und winzige Dörfer prägen die Route in Richtung der ältesten Stadt Galiciens. Der Weg nach Lugo führt durch eine wenig berührte, saftig grüne Landschaft und vorbei an uralten Bauten wie der präromanischen Kirche San Salvador. Sie war die Pfarrkirche eines Sprengels, der aufgegeben und schon halb verborgen in wuchernder Vegetation liegt.

Castroverde, ein Städtchen mit 2700 Einwohnern, liegt auf 540 Metern Meereshöhe am Ende einer angenehmen Etappe, die zuletzt stetig leicht bergab führt. Ein Burgfried aus dem 14. Jahrhundert ist noch gut erhalten und erinnert an die mittelalterliche Blütezeit des Orts. Die Burg, die er bewachte, gehörte zunächst dem Haus der Lemos, bevor es in den Besitz des Hauses Altamira überging. Der leicht verwitterte, aber insgesamt gut erhaltene Turm liegt am Ende schmaler Gassen. Auch in Castroverde zeugt die Jakobskirche von der langen Tradition des Pilgerns auf dem Camino Primitivo. Ihr gegenüber ruht auf dem zentralen Platz, der Plaza do Concello, der schöne Brunnen Fonte de Nenos, auf dem sich eine Gruppe steinerner Kinder unter einem großen Schirm zusammendrängt – eine sehr dekorative Erinnerung an die etwas missliche Tatsache, dass das Wasser in Galicien sehr häufig von oben kommt.

Präromanische Kirche in verlassenem Dorf

Soutomerille liegt noch auf dem Gemeindegebiet von Castroverde. Der winzige Weiler ist verlassen, viele der uralten Häuschen sind überwuchert, doch eine präromanische Kirche steht noch am Wegrand. Durch die uralten, mächtigen Bäume, die den Weg hier säumen und sich über ihm im Sommer zu einem

grünen Dach vereinen, hat der Ort geradezu mystisches Flair. Das schmale, mozarabische Fenster der vergleichsweise noch recht gut erhaltenen Iglesia de San Salvador mit vier von Hufeisenbögen gekrönten Säulen vor der Apsis wirkt hier wie ein Fenster in die Vergangenheit. Über dem Fenster ist eine lateinische Inschrift zu erkennen, der zufolge der untere Stein vom Alter der Kirche zeugt. Heute verrät auch alles andere das Alter der verwunschenen kleinen Kirche. 1619 wurde sie umgebaut, die Hauptfassade ist seither barock geprägt. Der nahe Friedhof soll der kleinste Galiciens sein.

Der Jakobsweg prägte Dörfer und Kirchen

Autochthoner Wald, Wasser und Weideland bestimmen die Landschaft. Flüsse und Bäche sowie Brunnen in den Dörfern sorgen dafür, dass auf den 20 Kilometern nach Lugo die Wasserversorgung nicht abreißt. Die Landschaft ist hier saftig grün und über weite Abschnitte so wenig berührt, dass man sich den frühen Pilgern des Camino Primitivo nahe fühlen kann. Ihr Weg kann zumindest etappenweise nicht sehr viel anders ausgesehen haben. Das wenig veränderte Bild der Landschaft illustriert aber auch, dass die Entwicklung der Region durch den Jakobsweg hier über Jahrhunderte unterbrochen war, als der Primitivo als Verbindung zwischen dem nördlichen und dem französischen Weg in Vergessenheit geraten war. Ortsnamen wie Camiño und Santiago de Castelo bezeugen die frühe Verbindung mit der Jakobswallfahrt, und die noch immer neuen und zahlreichen Wegweiser mit der Jakobsmuschel verweisen auch darauf, dass er erst seit einiger Zeit wieder gefördert wird.

Anstieg zum antiken Castro

In Gondar überquert der Weg den Río Romeán und erreicht das Gemeindegebiet von Lugo. Auf der letzten Etappe in die Stadt steigt der Weg langsam an. Denn Lugo wurde auf den Überresten eines keltischen *Castro* errichtet, die aus strategischen Gründen auf Hügeln platziert waren. Im Umkreis der ältesten Stadt Galiciens rückt auch die Zivilisation wieder näher: Straßen, Leitungen und dichtere Besiedelung erinnern daran, dass das 21. Jahrhundert eine ganz eigene Realität hervorgebracht hat. Auch wenn Lugo aus der Nähe betrachtet wiederum die Magie längst vergangener Zeiten heraufbeschwört.

TAPAS UND ANDERE KÖSTLICHKEITEN

Sehr gut zubereitete Tapas von Meeresfrüchten (köstliche Jakobsmuscheln) über Schinken bis zu Chorizo und Käse gibt es in der Bar Pereira in Castroverde (Plaza do Concello 4). Wer größeren Hunger verspürt, kann auf das Tagesmenü zurückgreifen, aber mehr Spaß macht es, verschiedene Kleinigkeiten zu probieren, die sehr ansprechend serviert werden.

EIN FEST FÜR JAKOB

Der Ehrentag des Apostels Jakob wird überall am Jakobsweg gewürdigt. Castroverde schenkt ihm aber gleich drei Tage lang seine volle Aufmerksamkeit. Außer mit religiösen Handlungen auch mit einem Volksfest: Kinderspiele, Konzerte, galicische Tänze und eine große Prozession zählen zu den Feierlichkeiten. Sie sind nicht ganz so großartig wie in Santiago de Compostela, wo sie volle zwei Wochen dauern. Aber der Apostel wäre vermutlich einigermaßen beeindruckt.

Weitere Informationen

www.turismo.gal

57 Römische Stadt – Lugo

Lebendige Altstadt in antiken Mauern

Die vollständig erhaltene römische Stadtmauer aus dem 3. Jahrhundert ist nicht die einzige in Spanien, aber die schönste. Über zwei Kilometer lang, mit zehn Toren und 85 Türmen, ist sie UNESCO-Welterbe und ein Sprungbrett in die Epoche der Römer. Aber auch Kirchen und Klöster sowie hervorragende Restaurants und Tapasbars machen die Stadt am Fluss Miño zum Genuss.

Pilger betreten Lugo durch das Tor San Pedro. Hier beginnt die Zeitreise durch die älteste Stadt Galiciens. 100 000 Menschen leben heute in der östlich des Río Miño gelegenen Stadt. Außergewöhnlich ist sie durch die vollständig erhaltene römische Befestigung. Die Stadtmauer, die die Altstadt umschließt, wurde im 3. Jahrhundert neu erbaut und ersetzte eine unter Kaiser Augustus (63 v. Chr.–14 n. Chr.) errichtete ältere. Dieser Erbe Julius Cäsars hatte die Gründung und Befestigung Lugos betrieben, um die politische Situation im Nordwesten der Iberischen Halbinsel zu stabilisieren.

Flanieren auf der Stadtmauer

Im Jahr 14 v. Chr. wurde aus einem schlichten Lager die Stadt Lucus Augusti, deren Name später zu Lugo verkürzt wurde. Seit dem Jahr 2000 zählt die UNESCO die bis zu zwölf Meter hohe und sechs bis acht Meter dicke Stadtmauer als die am vollständigsten erhaltene des einstigen Weströmischen Reichs zum Weltkulturerbe. Ihre Türme sind überwiegend halbrund: Wo heute die Straße verläuft, diente ein mehrere Meter tiefer Graben vor der Befestigung einst dem weiteren Schutz. Im 18. und 19. Jahrhundert verdoppelte man die Tore auf zehn, um dem wachsenden Verkehr gerecht

Stolz erhebt sich die Kathedrale von Lugo über den Dächern der Stadt (u.). Die Innenansicht der Kathedrale (r.o.).

zu werden. Heute sind sechs davon ausschließlich Fußgängern vorbehalten, da man den Verkehr im historischen Zentrum zu reduzieren versucht. Auf der Mauer, auf der einst Wächter patrouillierten, können Spaziergänger wie auf einer Promenade die Stadt umrunden.
Die Kathedrale Santa María, ein ab 1130 errichteter romanischer Bau mit heute klassizistischer Fassade und überwiegend barocker Ausstattung, entstand auf einer älteren Kirche aus dem 8. Jahrhundert. Das Retabel des Hochaltars aus der Renaissance kam durch das Erdbeben von Lissabon zu Schaden und ist nur teilweise erhalten. Die Capilla de la Virgen de los Ojos Grandes, der Madonna mit den großen Augen, entwarf der Architekt Fernando de Casas Novoa, dem auch die berühmte Westfassade der Kathedrale von Santiago de Compostela zu verdanken ist. Auch der Kreuzgang ist sehenswert.

Früher Forum, heute Tapastreff

Schräg gegenüber der Kathedrale erhebt sich an der Plaza Santa María der barocke Bischofspalast. Gleich um die Ecke schlägt an der Plaza del Campo mit einem barocken Brunnen in der Mitte das Herz der Stadt. Man vermutet, dass sich hier zur Zeit der Römer das Forum befand. Heute ist sie ebenso wie die benachbarten Sträßchen von Tapasbars und Restaurants gesäumt. Ein weiterer wichtiger Platz für das städtische Leben ist die Calle Reine (Rua da Raiña). Sie verbindet die Plaza Mayor mit der Plaza Santa Domingo und ist eine lebhafte Straße voller Geschäfte und Restaurants. An der Plaza Santa Domingo ist zudem mit der gleichnamigen ehemaligen Klosterkirche ein weiteres spätromanisch-gotisches Gotteshaus zu sehen.

Kunst und Geschichte im Kloster

Großartig ist das Museo Provincial, das Museum der Provinz Lugo im ehemaligen Franziskanerkloster. Die Bausubstanz ist erhalten; Kreuzgang, Küche und Refektorium sind Teil des Museums. Die Klosterkirche ist heute Pfarrkirche. Das Museum erläutert das traditionelle Leben anhand von Modellbauten, erzählt vom Leben im Kloster und besitzt bedeutende Sakralkunst, Schätze wie keltischen Goldschmuck, galicische Keramikarbeiten aus Sargadelos und einige der wichtigsten römischen Funde des ganzen Landes.

FESTWOCHE IM GOLDENEN OKTOBER

Bereits seit 1754 feiert Lugo Anfang Oktober mehrere Tage lang die *Fiestas de San Froilán*. Heute ist die Festwoche eine der wichtigsten Veranstaltungen in Galicien. Der 5. Oktober gehört traditionell San Froilán, dem Schutzpatron der Stadt. Am darauffolgenden Sonntag feiert die Stadt sich beim *O Domingo das Mozas* selbst. Dann stehen traditionelle Gewandungen und Gebräuche im Mittelpunkt der Festivitäten. Die übrigen Tage prägen Konzerte, Straßenmusik und Kleinkunst überall in der Altstadt.

RÖMISCHE THERMEN

Einen knappen Kilometer von den Toren der Stadtmauer entfernt sind die Überreste der römischen Thermen zu sehen. Sie entstanden im 1. und 2. Jahrhundert und befinden sich heute unter dem Hotel Balneario de Lugo am Ufer des Flusses Miño. Die Ausgrabungen sind im Untergeschoss des Hotels über Stege zu besichtigen. Der Besuch ist auch für Gäste von außerhalb möglich.

Weitere Informationen

Hotel Balneario de Lugo: Camino del Balneario 1, https://balneariodelugo.com
Lugo: http://concellodelugo.gal/
www.lugoturismo.com
Museo Provincial de Lugo: http://redemuseisticalugo.org

Durch das Jakobstor (r. o.) und über die römische Brücke (r. u.) verlassen Pilger die Stadt Lugo. Verfallene Bauernhäuser (o.) sind im ländlichen Galicien kein seltener Anblick.

58 Dorf mit Meilenstein – San Romao da Retorta

Kurze Etappe mit Zeugnissen aus der Römerzeit

Der Weg von Lugo in Richtung Westen führt tief in die Epoche der Römer. Ein geheimnisvoller Tempel aus dem 4. Jahrhundert und ein römischer Meilenstein aus dem 1. Jahrhundert liegen am Weg, der teilweise einer alten römischen Straße folgt. Auch Kirchen aus frühchristlicher Zeit haben überdauert und machen diese Etappe kunsthistorisch besonders reizvoll.

Durch das älteste Tor der Stadtmauer, die Porta do Carmen, die auch als Porta Miña bekannt ist, führt der Camino Primitivo von Lugo aus über eine Brücke römischen Ursprungs über den Río Miño. Von hier folgt er einer alten Römerstraße weiter in Richtung Westen. Während die Stadt mit zunehmender Entfernung kleiner wird, lohnt es sich, immer mal wieder zurückzublicken: Sehr fotogen liegt Lugo auf einem Hügel. Von hier aus sind es weniger als 20 Kilometer bis nach San Romao da Retorta, dem nächsten Etappenziel. Für die Verhältnisse am Primitivo ist die Etappe nicht nur recht kurz, sondern auch leicht zu laufen.

Geheimnisvolles Gotteshaus

Abwechslung bietet sie außerdem. Gleich jenseits der römischen Brücke steht noch auf dem Stadtgebiet die Kapelle San Lázaro mit einem Bild des Apostels im Portikus. Nach etwas mehr als der Hälfte der Strecke bietet die drei Kilometer abseits gelegene Kirche von Santalla de Bóveda (auch Santa Eulalia de Bóveda) einen besonderen Anziehungspunkt. Die frühchristliche Kirche stammt aus dem 4. Jahrhundert und gehört somit zu den ältesten Gotteshäusern am Primitivo. Unter ihr befinden sich die Überreste des Tempels, auf dem die Kirche erbaut wurde. Es wird angenommen, dass der Tempel der Göttin Cibeles

Dorf mit Meilenstein – San Romao da Retorta

gewidmet war. Seit das spätrömische Heiligtum 1926 entdeckt wurde, hat es allerdings mehr Fragen aufgeworfen als beantwortet. So gehört auch ein von Säulen gerahmtes, großes Wasserbecken zu der Anlage aus spätrömischen Tagen, dessen Funktion nicht geklärt ist. Die zum Teil gut erhaltenen Wandmalereien mit Vögeln und Ornamenten sind besonders beeindruckend.

Tempel an römischer Fernstraße

Der Tempel steht unmittelbar an der alten Römerstraße, die Bracara Augusta (Braga) mit Lucus Augusti (Lugo) über Iria Flavia verband, das heutige Padrón. Zurück auf dem Camino passiert man die im 12. Jahrhundert im Stil der Romanik erbaute Kirche San Miguel mit barockem Altarbild in Bacurín und das auch als »Hospital« bekannte O Francés – beide Namen zeugen von der Lage an der Pilgerroute. Auf dem Weg nach San Vicente do Burgo, einem kleinen Dorf, in dem einstmals eine Pilgerherberge ansässig war, öffnen sich noch einmal schöne Blicke auf Lugo. San Vicente besitzt eine Kirche aus dem Barock.

Sprengel mit romanischer Kirche

Eine Retortenstadt ist San Romao da Retorta mitnichten, auch wenn es für deutsche Ohren so klingen mag. Vielmehr ist das Dorf mit 100 Bewohnern alt genug für eine fast 1000-jährige Kirche, die von einem kleinen Friedhof umgebene Iglesia Santa Cruz de Retorta. Sie entstand bereits auf einem Vorgängerbau aus dem 5. Jahrhundert. Ihren Ursprung hat die heutige Kirche im 12. Jahrhundert, 500 Jahre später wurde die Sakristei hinzugefügt. Bögen, Säulen, Kapitelle und das Fenster der Apsis haben überdauert, sodass das Bauwerk noch immer die schlichte Schönheit der Romanik ausstrahlt. An der Kirche wurde ein römischer Meilenstein aus dem Jahr 40 n. Chr. gefunden – der Primitivo verläuft hier entlang einer römischen Straße. Eine Nachbildung des Steins ist auf der Plaza del Campo zu sehen; das Original befindet sich im Pilgermuseum in Astorga. Ansonsten ist das Dorf mit einer Bar und zwei Herbergen in der näheren Umgebung ganz auf die Bedürfnisse von Pilgern eingestellt. Von San Romao da Retorta sind es nur noch 94 Kilometer bis nach Santiago do Compostela.

KEINE FEIER OHNE PROZESSION

Auch in San Romao da Retorta feiert man die Heilige Jungfrau, die Virgen del Carmen, wie es ihr gebührt. Am dritten Wochenende im Juli ist es Zeit für den typischen Dreiklang aus Messe, Prozession und Dorffest, der volle zwei Tage umfasst. Im benachbarten Pfarrbezirk Vilamaior de Negral wird am dritten Wochenende im September gefeiert – und auch der hier verehrten Virgen de Los Dolores sind gleich zwei Festtage gewidmet.

Weitere Informationen

www.turismo.gal

Die Ponte Ferreira (o.) in Melide stammt aus römischer Zeit. Die Kirche Santa María (r.u.) ist jünger, aber nicht weniger malerisch. Über die Ortsgrenzen hinaus bekannt: das Altarbild der Kirche Sancti Spíritus (r.o.).

59 An der Strecke zweier Pilgerwege – Melide

Endspurt nach Stärkung mit Tintenfisch

Melide ist das geografische Zentrum Galiciens und der Ort, an dem sich zwei Jakobswege treffen: der ursprüngliche und der Französische Weg. Ruhm genießt Melide überdies als spanische Tintenfisch-Kapitale. Der Weg dorthin führt über die Höhe von O Careón durch eine wenig berührte Naturlandschaft. Hinter Melide rückt die Kathedrale von Santiago de Compostela in (fast) greifbare Nähe.

Zwischen San Romao da Retorta und Melide, dem Schnittpunkt des Camino Primitivo mit dem Camino Francés, sind 30 Kilometer und einige Steigungen zu bewältigen. An der Strecke liegen außer kleinen Dörfern auch Ponte Ferreira mit einer mittelalterlichen Brücke und einem Gotteshaus aus dem 12. Jahrhundert sowie der Ort Águas Santas mit eigenen Heilquellen. Von der Provinz Lugo geht es weiter in die Provinz A Coruña. Der Weg führt nahe dieser Grenze über die Höhe von O Careón, von deren höchstem Punkt auf 798 Metern der Blick über üppige Natur schweift. In Santo Antoíño de Toques war einst ein Benediktinerkloster ansässig. Erhalten ist eine besonders schöne präromanische Kirche aus dem 9. Jahrhundert.

Ein halbes Dutzend Kirchen und Kapellen

Mit 7400 Einwohnern trägt Melide klar urbane Züge. Die Stadt wird als Kapitale des Tintenfisches gerühmt, ist aber auch eng mit dem Jakobsweg verbunden. Ein gutes halbes Dutzend Kirchen und Kapellen zeugen von regem Pilgerwesen und religiöser Tradition. Die Kirche Sancti Spíritus in der Altstadt war ursprünglich die Klosterkirche eines Franziskanerklosters. Vom ursprünglichen Bau aus dem 14. Jahrhundert ist nur eine Kapelle erhalten. Im Verlauf der Zeit wurde sie immer wieder verändert, erhielt

1690 das prachtvolle barocke Retabel des Hauptaltars und im 18. Jahrhundert ihren heutigen Turm. Sehenswert sind eine Skulptur des Jesuskinds aus Elfenbein und Wandmalereien mit dem beliebten Motiv des Apostels Paulus als Maurentöter.

Blick vom Burghügel auf die beleuchtete Stadt

Die Kirche Santa María de Melide ist das romanisch geprägte Juwel der Stadt. Besonders bemerkenswert sind der original romanische Altar, der einzige seiner Zeit in Galicien, die romanischen Kapitelle und die Gemälde aus der Renaissance. Auf einem Hügel stand einst die mittelalterliche Burg auf den Überresten eines *Castro* aus vorrömischer Zeit. Heute ist hier ein Aussichtspunkt, der vor allem am Abend einen schönen Blick auf die Stadt bietet. Im Jahr 1741 wurde die Capilla del Carmen erbaut. Melide ist eine attraktive kleine Stadt mit guten Restaurants, in der sich leicht zwei oder drei Tage vertrödeln lassen. Doch wer pilgert, will es meist bald mit den verbleibenden 88 Kilometern nach Santiago de Compostela aufnehmen.

Die Taschen voller Steine

Im fünf Kilometer westlich gelegenen Boente stimmt die dem Apostel Jakob geweihte Pfarrkirche auf das Ziel ein. Gleich dahinter liegt mit Castañeda ein Ort, der im Jakobsbuch, dem *Codex Calixtinus*, Erwähnung findet. Die vermutlich von dem Franzosen Aymeric Picaud zusammengestellte Schriftensammlung aus dem 12. Jahrhundert besteht aus fünf Teilen, deren fünfter eine Art früher Pilgerführer ist. Castañeda wird darin als Standort der Kalköfen bezeichnet, in denen die Steine für den Bau der Kathedrale in Santiago de Compostela gebrannt wurden. Das Material selbst stammte aus dem 90 Kilometer entfernten Kalksteinbruch in Triacastela. Pilger, die von dort kamen, brachten die Steine mit, die sie schleppen konnten, um einen Beitrag zum Kathedralenbau zu leisten. So kann man auch aus diesem Grund froh sein, dass die Grabkirche dem Apostelgrab schon lange eine würdige und vollendete Heimat bietet. In Arzúa *(siehe Highlight 48)* treffen auch die Pilger des Camino del Norte auf den französischen Weg. Von hier an zieht ein breiter Strom von Wallfahrern nach Santiago de Compostela.

SEMANA SANTA IN MELIDE

Höhepunkt der Karwoche ist der Karfreitag, an dem drei große Prozessionen stattfinden: eine am Morgen, die des Heiligen Begräbnisses um 18 Uhr und die wichtigste um 21 Uhr. Sie gilt der Virgen de la Soledad (Virxe da Soidade) und ist besonders eindrucksvoll, da sie bei einsetzender Dunkelheit stattfindet. Die in lange Gewänder gehüllten und unter spitzen weißen Kapuzen nicht zu erkennenden Teilnehmer tragen lebensgroße Figuren des leidenden Christus und der Muttergottes durch die Stadt. Begleitet werden die Prozessionen von Klängen traditioneller Instrumente.

TINTENFISCH UND WEIN

Die Pulpería Ezequiel in Melide ist auf Tintenfisch spezialisiert und ein unter Pilgern beliebter Treffpunkt. Hier gibt es den galicischen *Polbo á Feira*, der auf Spanisch *Pulpo a la Gallega* heißt: gekochter Tintenfisch, der früher zuvor getrocknet, heute in der Regel tiefgefroren wurde. Dazu gibt es in Tintenfischsud gekochte Kartoffeln und jungen Rotwein.

Weitere Informationen

Pulpería Ezequiel: Rúa Cantón de San Roque 48, www.pulperiaezequiel.com
Melide: www.turismomelide.com

VIA DE LA PLATA

Der Weg aus dem Süden

Aus dem Süden Andalusiens (r.u.) führt diese Route durch die Extremadura (r.o.) und Altkastilien (l.) nach Galicien.

Der Weg aus dem Süden – VIA DE LA PLATA

Alte Römerstraßen zwischen Andalusien und Galicien

Überaus abwechslungsreiche Landschaften machen den besonderen Reiz der Via de la Plata aus. Von der historischen Hafenstadt Cadíz führt dieser Weg über die andalusische Metropole Sevilla in die Einsamkeit der Extremadura, durch das an Kunstschätzen reiche Castilla y León und schließlich ins grüne Asturien. Pilger tauchen auf der Via de la Plata tief in die Geschichte des Landes ein.

Viele Wege führen nach Compostela. Die Via de la Plata, die »Silberroute«, ist zwar weniger bekannt als die nördlichen Routen, dafür aber eine besonders schöne. Auch auf dem Weg von Süden gibt es mehrere Streckenführungen, da Pilger sich immer schon aus den unterschiedlichsten Himmelrichtungen auf den Weg machten. In Zamora zweigt so ein Weg ab, der auch als maurisch-sanabrischer bezeichnet wird und von Kastilien – León nach Galicien und durch die Provinz La Coruña nach Santiago de Compostela führt. Pilger erleben auf dieser Strecke eine außerordentliche landschaftliche Vielfalt, vom sonnendurchfluteten Andalusien über die einsame Extremadura bis in die Weiten von Kastilien – León und ins grüne Asturien.

Von der Handelsroute zum Pilgerweg

Die Silberroute folgt uralten Römerstraßen, ist als Pilgerweg aber jünger als die nördlichen Strecken. Denn als im Mittelalter bereits große Pilgerströme durch Nordspanien zogen, stand der Süden der Iberischen Halbinsel noch unter maurischer Herrschaft. Ursprünglich war der Silberweg eine reine Handelsroute zwischen Nord

Die Altstadt von Cádiz (u.) und der römische Aquädukt bei Mérida (r.) zählen zu den zahlreichen herausragenden Sehenswürdigkeiten an dieser Strecke.

und Süd. Bereits zur Zeit der Römer verband eine gut ausgebaute Straße, die Emerita Augusta, das heutige Mérida, mit Asturica Augusta, dem heutigen Astorga. Der Bau begann kurz vor der Zeitenwende unter Kaiser Augustus; fertig wurde die Straße zu Beginn des 2. Jahrhunderts. Vor allem in den Provinzen Cáceres und Salamanca wurde sie früh als Via de la Plata bezeichnet, was wohl auf arabische Zeiten zurückgeht – *al-Balat* nannten die Mauren den gepflasterten Weg, was auf den Abschnitt zwischen Mérida und Salamanca bereits zutraf. Im Verlauf der Zeit haben sich die Wege der Pilger ebenso wie die Landschaften verändert, sodass Wanderer und Wallfahrer heute von Süden kommend nicht exakt dem historischen Silberweg folgen. In Andalusien gibt es mehrere Wege, die in die Hauptroute münden. Auf großen Etappen folgt die heutige Via de la Plata dann den alten römischen Straßen.
Als Ausgangspunkt gilt heute vielen die Kathedrale von Sevilla, der am Ufer des Guadalquivir gelegenen Perle Andalusiens. Von hier aus sind es 722 Kilometer nach Astorga, wo die Silberroute auf den französischen Weg trifft; alternativ geht es ab Zamora dem mozarabisch-sanabrischen Weg folgend durch Galicien nach Santiago. Und wer sich bereits in der alten Hafenstadt Cádiz auf den Weg macht, folgt dem Silberweg vom Atlantik an und durchmisst Spaniens Westen nahezu vollständig von Süd nach Nord.

Bunte Städte und dünn besiedelte Landschaften

Auch touristisch bietet der Silberweg außerordentlich viel. Manchem wird es schwerfallen, die bunten Städte Cádiz, Jerez de la Frontera und Sevilla oder die traumhaften Landschaften der Extremadura mit ihren nicht minder attraktiven historischen Städten wieder zu verlassen. Und nicht nur wegen der großen Fülle architektonischer und kunsthistorischer Schätze kann es wohltuend sein, hier längere Stopps einzuplanen. Denn der südliche Abschnitt des Silberwegs fordert Pilger in den Sommermonaten durch heißes, trockenes Klima. Außerdem erfordert die dünne Besiedlung hier oftmals lange Tagesetappen. Ideale Pilgerzeiten sind daher Frühling und Spätsommer oder Herbst. Immer ist die lange Geschichte Spaniens hier buchstäblich mit den Händen greifbar. Der Silberweg lässt Reisende tief in die Vergangenheit eintauchen – bis in die Epoche der alten Römer.

Weg, Wolken, Klatschmohn und eine einsame Burg:
Schöner geht es kaum.

Zum Träumen ist der Blick von der Torre Tavira über die Dächer von Cádiz (o.). Viel südliches Flair besitzt die Plaza de la Catedral (r.u.). Berühmt ist auch der Karneval von Cádiz (r.o.).

60 Noble Altstadt, schöne Bucht – Cádiz

Auftakt am Atlantik

Sonne, Salz und Wind: Gleich am Meer beginnt die Via Augusta in der ebenso lebhaften wie geschichtsträchtigen Hafenstadt und führt von hier durch den lichtdurchfluteten Naturpark der Bucht von Cádiz mit Lagunen und Salzteichen in Richtung des Silberwegs. Aber auch die Stadt selbst mit ihrer auf einer Halbinsel gelegenen Altstadt und attraktiven Stränden lohnt den Aufenthalt.

Cádiz ist Hafen-, Universitäts- und Provinzhauptstadt und als Heimat von 116000 Menschen die größte Stadt an der südspanischen Atlantikküste, dazu die womöglich älteste durchgängig bewohnte Siedlung in ganz Europa. Ihr historisches Herz und touristischer Hauptanziehungspunkt ist – neben den Stränden – die auf einer Landzunge ins Meer ragende Altstadt. Solide Wälle trennen sie von der Neustadt. Lange bildete diese Stadtmauer den einzigen Zugang zur Stadt vom Land aus. Die von pastellfarbenen Häusern flankierte Uferstraße am glitzernden Meer erinnert an das kubanische Havanna, die Altstadt selbst an einen Traum aus *Tausendundeiner Nacht*.

Palmen und ein Hauch Orient

Sie erhebt sich einer Festung gleich am Wasser und verströmt wie viele andalusische Städte dank hoher Palmen, der Plaza de San Juan de Dios, an der sich schmale Gassen treffen und das dekorative Rathaus steht, und trotz diverser Kirchtürme einen guten Schuss orientalisches Flair. Bauten wie das Theater Gran Teatro Falla in neomaurischem Stil verstärken diesen Eindruck noch, ebenso die Wohnhäuser mit Hufeisenbogenfenstern und Fliesenschmuck. Auch die Dachterrassen dieser Häuser haben mehr von Marrakesch als von Madrid. Zudem hat die fast vollständig vom Meer umgebene Altstadt trotz teils disziplinierter Anordnung

der Straßen im Schachbrettmuster labyrinthische Qualität. Einige Straßen sind so schmal, dass die Bewohner der nahe beieinander stehenden Gebäude mehr über den Nachbarn gegenüber wissen als über sich selbst.

2500 Jahre Geschichte auf einer Landzunge

Historisch spannt diese magische Altstadt auf übersichtlichem Raum einen weiten Bogen. Die ältesten Spuren menschlicher Besiedlung stammen aus dem 8. vorchristlichen Jahrhundert. Die ältesten Exponate im an der Plaza de Mina gelegenen Museo de Cádiz – phönizische Sarkophage aus Marmor – datieren aus dem 5. Jahrhundert v. Chr. Denn schon die Phönizier gründeten eine Gadir genannte Kolonie auf der Insel – zur Halbinsel wurde die Altstadt erst im 17. Jahrhundert – und entwickelten sie zur blühenden Handelsstadt. Das Museum ist aber auch wegen seiner großen Gemäldesammlung – der wichtigsten in Andalusien – ein lohnendes Ziel. Ab 206 v. Chr. gehörte Gadir als Gades zu Rom. Bis zum Niedergang des Römischen Reichs genoss sie als Hafenstadt soliden Wohlstand. Nach rund 500 Jahren maurischer Herrschaft folgte 1262 die Rückeroberung durch Alfons X.
Nach der Entdeckung Amerikas und dem Beginn des transatlantischen Handels erlebte Cádiz eine weitere Blüte, die allerdings auch Piraten zu Überfällen inspirierte. Auch von den Auseinandersetzungen Spaniens mit England im 16. Jahrhundert war Cádiz betroffen. Besonders unangenehm blieb ein Überfall von Francis Drake im Jahr 1587 in Erinnerung, bei dem die im Hafen liegende spanische Flotte versenkt und zerstört wurde, kurz bevor sie in Richtung England auslaufen sollte. Der Geheimdienst der englischen Königin Elizabeth I. hatte dies jedoch in Erfahrung gebracht und die Monarchin zum Präventivschlag veranlasst. Dadurch konnte die Armada erst ein Jahr später gen England segeln, was aber auch nicht zum von König Philipp II. gewünschten Erfolg führen sollte.

Ausblicke über Altstadt und Atlantik

Die ältere, im 13. Jahrhundert erbaute Catedral Iglesia de Santa Cruz steht neben den Überresten des römischen Theaters. Die neue Kathedrale (Catedral Nueva) mit goldener Kuppel und barocker Fassade stammt aus dem 18. Jahrhundert, ist also auch nicht mehr ganz brandneu. Dafür ist sie äußerst sehenswert, unter anderem wegen ihrer Schatzkammer und der andalusischen Barockmalerei. Sie beheimatet das Grab des 1876 in der Stadt geborenen Komponisten Manuel de Falla, der

CARNAVAL DE CÁDIZ

Der Karneval in der Stadt am Atlantik ist einer der bekanntesten in Spanien. Das halbe Land reist in den zwei Wochen vor Aschermittwoch nach Cádiz. Mit scharfem Witz werden politische und gesellschaftliche Gegebenheiten aufs Korn genommen. Außerdem geht es sehr farbenprächtig zu. Höhepunkt der Festivitäten ist der Karnevalssamstag, an dem sich sämtliche Bewohner der Stadt kostümieren, häufig mit Bezug zum politischen Geschehen. Viele der Feiernden formieren sich zu kostümierten Gesangsgruppen, den *Chirigotas*, *Comparsas* und *Coros*. Eine wichtige Rolle spielt auch der *Romancero*, der Romanzensänger, der mit Gesang und Tafeln Geschichten erzählt.

AUF EIN PAAR TAPAS UND EINEN WEIN

Eine der besten Tapasbars der Altstadt ist die Bar El Laurel (Calle Ubispo Urquinaona 3). Das schlichte Interieur, der freundliche Service und der hohe Geräuschpegel bieten einen stimmungsvollen Rahmen für den Genuss der Leckereien aus der Küche: eingelegte Paprika, gegrillter Tintenfisch, Lachsröllchen mit Käse, Gambas, Sardellen, Meeresfrüchtesalat und Tortilla in guter Qualität und zu moderaten Preisen.

Weitere Informationen

Cádiz: www.cadiz.es
Museo de Cádiz:
www.museosdeandalucia.es

Die Früchte und Aromen des Südens gibt es auf dem Markt (u.). Die Bahía de Cádiz von oben gesehen und von Flamingos überflogen (r.).

dem Theater seinen Namen gegeben hat. Einer ihrer Türme lässt sich besteigen und bietet die Gelegenheit, die faszinierende Stadt von oben zu betrachten.

Ein weiterer guter Aussichtspunkt ist die ziemlich genau in der Mitte der Halbinsel gelegene Torre Tavira, Überbleibsel eines Stadtpalasts aus dem 18. Jahrhundert. Mittels einer *Camera obscura* werden Bilder aus der Altstadt auf eine Leinwand im oberen Raum des Turms projiziert. Aber auch die Terrasse auf dem Dach dürfen Besucher betreten. Die Torre Tavira ist der höchste von einst mehr als 100 Türmen, von denen man nach ankommenden Handelsschiffen, aber auch nach eventuellen Angreifern Ausschau hielt.

Wandmalereien von Goya

Ebenfalls aus dem 18. Jahrhundert stammt die Kirche Santa Cueva. Bemerkenswert sind hier die Fresken, die der spanische Maler Francisco de Goya 1796 und 1797 schuf – eine innerhalb seines Werks seltene Bearbeitung religiöser Sujets. Aus dem 19. Jahrhundert stammt neben dem Theater auch die schöne klassizistische Markthalle mit Türmen tropischer Früchte, mediterranem Gemüse und Bergen von Meeresfrüchten und rotem Tunfisch – ein schöner Ort zum Fotografieren.

Am Ende der Halbinsel liegt das Castillo Santa Catalina, eine wehrhafte Festung zur Verteidigung der Handelsmetropole. Gleich daneben erstreckt sich eine sandige Bucht, die Playa de la Caleta mit einer Badeanstalt im Jugendstil. Zu filmischem Ruhm gelangte der Strand, als die Schauspielerin und Oscar-Preisträgerin Halle Berry als Bond-Girl in *Stirb an einem anderen Tag* hier dem Meer entstieg – denn Kuba, wo die Szene eigentlich spielte, stand aus politischen Gründen als Drehort nicht zur Verfügung, und nicht nur die Altstadt, auch die Küste besitzt Ähnlichkeit mit dem karibischen Inselstaat. Am anderen Ende wird der Strand vom Castillo de San Sebastián eingefasst. Weil der Atlantik hier mit ordentlichen Wellen aufwartet, ist der Strand auch bei Surfern beliebt.

Im Norden der Stadt beginnt die Bahía de Cádiz, die Bucht der Stadt. Wasser, Sonne und Wind prägen das Bild zwischen Land und Meer, das mit Salzteichen, Salinen und Lagunen Lebensraum einer Vielzahl von Vögeln und Gräsern ist. Von hier aus führt der Jakobsweg in Richtung Norden und in das andalusische Kernland.

61 Andalusisches Kernland – Jerez de la Frontera

Pferde, Sherry und farbenfrohe Feste

Die sonnendurchflutete Stadt im Südwesten Spaniens verkörpert alle Traditionen, die mit Andalusien verbunden werden. Jerez de la Frontera ist Heimat der Königlich-Andalusischen Reitschule, eines Flamenco-Festivals und des weltberühmten Sherry. Aristokratische Paläste prägen das Stadtbild ebenso wie zahlreiche Bodegas. Und auch die Semana Santa, die Karwoche, wird hier besonders festlich begangen.

In lange Kutten mit hohen, spitzen Kapuzen gekleidete Büßer ziehen, das Gesicht verhüllt, voran, ihnen folgen Ministranten mit Weihrauchfässern und schließlich die Träger: Langsam, würdig, scheinbar ohne Anzeichen von Erschöpfung schreiten sie dahin und tragen aufwändig gearbeitete Skulpturen und Installationen auf Gestellen, bis irgendwann das erste Morgenlicht in die von Menschenmengen gesäumten Straßen fällt. Die eigenartige Atmosphäre, mystisch und festlich, trägt gefühlt die Hälfte des Gewichts.

Spektakuläre Semana Santa

Die ganze Passionsgeschichte wird in den Tagen und Nächten der Karwoche, der Semana Santa, auf den *Pasos* genannten und mit Blumen und Kerzen schier überschütteten Bühnen durch die Altstadt getragen – bis zum Morgen des Ostersonntags, wenn die Darstellung der Auferstehung den Zyklus vollendet. Von Palmsonntag an wird der Passion Christi und seines Todes mit spektakulären und farbenprächtigen Prozessionen gedacht. In Málaga und Sevilla geraten die Feierlichkeiten besonders üppig, Jerez beeindruckt durch den Wert seiner Bilder und die Zahl seiner Bruderschaften. Denn in der Stadt mit 220 000 Einwohnern ziehen 44 – die zweithöchste Zahl dieser religiösen Vereinigungen nach Sevilla – durch den historischen Kern der Stadt. Ihre älteste formierte sich bereits im 15. Jahr-

In typisch andalusischer Gewandung zu Pferd (u.). Ohne Sherry-Bars und Pferde (r.) hat das Leben für die meisten Bewohner von Jerez de la Frontera keinen Sinn.

hundert, die jüngste in den 1970er-Jahren. Höhepunkt der Semana Santa sind die Prozessionen am Karfreitag, bei denen die Bruderschaften Heilige Bilder und Skulpturen durch die Altstadt tragen. Begleitet werden sie von Büßern in den Kutten der Bruderschaft, die Kerzen oder Fackeln tragen, und von feierlichem Gesang. Bei den Trägern handelt es sich – ähnlich wie bei Pilgern – nicht zwingend um besonders gefestigte Gläubige. »Im Gegenteil, sie haben das ganze Jahr über ein durchaus sündiges Leben geführt«, erklärt eine junge Frau, die am Straßenrand zuschaut. Weder sehe man sie häufiger in der Kirche als andere, noch legten sie beim Befolgen christlicher Gebote ungewöhnlichen Eifer an den Tag. Doch die Mitgliedschaft in den Bruderschaften ist auch gesellig und darüber hinaus prestigeträchtig, und die Wartelisten für das Privileg der Aufnahme sind oft lang. Wer – wie die Mehrheit – vom Straßenrand aus die Heiligenbilder über der Menschenmenge vorbeischweben sieht, stärkt sich zwischendurch in einer der Bars, in denen es Dutzende verschiedene Tapas gibt. Hier wird diskutiert, welcher der *Pasos* wohl der eindrucksvollste ist.

Im Frühling wird gefeiert

Im Frühling und Frühsommer reiht sich in Jerez de la Frontera ein Fest andas andere; los geht es mit dem Flamenco-Festival Ende Februar oder Anfang März. Dem Osterfest geht die mit großem Aufwand zelebrierte Karwoche voraus, und Mitte Mai folgt das berühmte Pferdefestival, die *Feria del Caballo*. Denn auch auf die Reitsporttradition ist man hier stolz, und das zu Recht: Die erste Pferdemesse – eigentlich noch ein allgemeiner Viehmarkt – fand bereits im Jahr 1284 statt. Heute gehören außer Shows und Versteigerungen auch Spring- und Dressurwettbewerbe dazu, außerdem ziehen Hunderte von Reitern und Kutschen an jedem Messetag durch den Parque González de Hontoria – ein eindrückliches und farbenfrohes Schauspiel.
Die Geschichte von Jerez de la Frontera wurde jahrhundertelang von der Präsenz der Mauren auf der Iberischen Halbinsel geprägt – und vom Ringen um die Vorherrschaft zwischen Christen und Mauren. Jerez war besonders umkämpft, wie schon sein Name beweist: Der Zusatz *de la Frontera*, »an der Grenze«, erinnert daran, dass hier einst eine Kampflinie verlief. Im 12. Jahrhundert war Jerez sogar ein eigenständiges Emirat. Auch der Name »Jerez« ist arabischen Ursprungs: »Sherish« nannten die Mauren die Stadt, später wurde »Jerez« daraus. Die Briten landeten lautlich in der Mitte, als sie den von ihnen besonders geschätzten Likörwein aus der Stadt, den sie in alle Kolonien des Empire importierten, »Sherry« nannten.

Angelsächsisch-spanische Weinpartnerschaften

Die Bodegas, in denen der Sherry heranreift, sind auch irischen und schottischen Geschäftsleuten zu verdanken, die vor rund 250 Jahren in den Weinhandel der Stadt einstiegen. Doppelnamen wie González Byass, eine der größten und bekanntesten Bodegas und Produzent des bekannten Tío Pepe, zeugen von den bilateralen Verbindungen. Im Fall dieser ehrwürdigen Kellerei wurde der Engländer Robert Blake Byass zum Partner des bereits erfolgreichen Manuel María González, der das Unternehmen 1835 gegründet hatte. Er begann als Händler und ließ sich von seinem Onkel José Ángel bald in die Geheimnisse des Weinmachens einführen. Zusammen mit Robert Blake Byass machte er den nach dem Onkel benannten Fino »Tío Pepe« dann in der ganzen Welt bekannt. Die Bodega Sandeman gründete indes der Schotte George Sandeman.
Längst gehören die Bodegas zu den Hauptattraktionen der Stadt. Besucher können die Erzeugnisse am Ort der Herstellung probieren – etwa den hellen, in Andalusien besonders beliebten Fino, aber auch Brandy, den einige ebenfalls herstellen. Heute ist der Begriff geschützt: Das, was sich Sherry nennen darf, muss in der Umgebung von Jerez nach einem vorgegebenen Verfahren hergestellt worden sein.

SCHATTEN DER VERGANGENHEIT

Sehr spannend ist das Museo Arqueológico Municipal, das Archäologische Museum von Jerez de la Frontera, das in einem eleganten Bau aus dem 18. Jahrhundert untergebracht ist. Seine Exponate vom Paläolithikum bis heute erzählen nicht nur aus der Geschichte der Sherry-Stadt, sondern beleuchten auch die des übrigen Andalusien. Nicht selbstverständlich ist, dass es auch Filme mit englischer Tonspur gibt.

TANZENDE PFERDE

Ein Besuch in der Real Escuela Andaluza del Arte Ecuestre, der Königlich-Andalusischen Hofreitschule, ist nicht nur für Freunde des Sports ein Muss. Ihre Dressurschauen sind weltberühmt, die Pferde legendär. Der Reitsport ist in Andalusien Teil des Lebens, seit die Mauren im 8. Jahrhundert ihre Araberpferde in den Süden Spaniens mitbrachten. Auch das von einem großen Park umgebene, etwas außerhalb der Stadt gelegene Gebäude ist sehenswert. Die Vorführungen finden das ganze Jahr über statt, im Sommer häufiger. Karten sollte man reservieren.

Weitere Informationen

Museo Arqueológico Municipal de Jerez de la Frontera: www.jerez.es/webs_municipales/museo/
Real Escuela Andaluza del Arte Ecuestre: www.realescuela.org
Jerez: www.turismojerez.com

Prachtvoll ist die Ausstattung der Jakobskirche in Utrera (o.). Auch die anderen Kirchen der Kleinstadt lohnen einen zweiten Blick (r.).

62 Spielball der Mächte – Utrera

Stadt mit über 2000-jähriger Geschichte

Prachtvolle Gotteshäuser und die Überreste einer Festung aus der Epoche der Mauren erzählen in Utrera von zahlreichen dramatischen Momenten in den vergangenen 2000 Jahren. Trotz feindlicher Überfälle, Krieg und Zerstörung wurde die 25 Kilometer südlich von Sevilla gelegene Stadt immer wieder aufgebaut.

Ein mächtiger Festungsturm, üppige Palmen und dicke Mauern erheben sich auf einer Anhöhe und weisen Pilger zusammen mit den dekorativen Kirchtürmen der Iglesia de Santiago el Mayor de Utrera und der Iglesia de Santa María de la Mesa aus dem 15. Jahrhundert den Weg nach Utrera. Das Castillo Arabe schützte über Jahrhunderte ein Städtchen, das vor allem, aber nicht nur während der Reconquista heftig umkämpft war. Die Kirche Santiago el Mayor erzählt mit ihrer gotischen Struktur und den Elementen des Mudejar-Stils an ihrer Fassade die Geschichte Utreras auf ihre Weise. Auch die Kirche Santa María de la Mesa erhebt sich auf einem Hügel und beeindruckt durch ihr monumentales Tor Puerta del Perdón, fünf Kirchenschiffe und einem 60 Meter hohen Kirchturm.
Allein die Dimensionen – und die Dichte – der Kirchen berichten nicht nur von der Verve, mit der der christliche Glaube am Ende der Reconquista in Stein gegossen wurde; sie zeugen auch von der einstigen Bedeutung der Stadt. Heute leben in Utrera 52 000 Menschen, was ihm immer noch den neunten Platz unter den zehn größten Städten Andalusiens sichert.

Palmen, Orangen und Springbrunnen

Trotz des mediterranen Klimas, der blühenden Vegetation und der historischen Bauten ist Utrera eine jener attraktiven und sehenswerten Städte im ländlichen Spanien, die viele Reisende

angesichts der Fülle von Attraktionen auslassen. Autofahrer lassen Utrera auf dem Weg von Jerez de la Frontera nach Sevilla in der Regel buchstäblich rechts liegen.
Ein Grund mehr für Pilger, die Füße in einem Café oder einer Bar von sich zu strecken, die Augen auf Brunnen und Bautwerken ruhen zu lassen und das Flair einer Stadt zu genießen, die bereits seit Jahrtausenden bewohnt ist. Schon in prähistorischen Zeiten lebten Menschen in Utrera. Die Römer nannten die Stadt Utricula, die Mauren Gatrera. Ferdinand III. eroberte sie zurück, 1253 erwähnte Alfonso X. erstmals eine Festung, die auf den Überresten eines arabischen Landguts erbaut war und die er mit Wehrmauern erweitern ließ. Utrera sollte neuerlich unter arabische Herrschaft gelangen, bis Infant Don Juan Manuel sie 1340 wieder für die Christen eroberte. Was nicht bedeutete, dass nun ruhige Zeiten einkehrten. Das Gegenteil war der Fall: Schon 1368 legte Muhammad V., der Herrscher Granadas, sie in Schutt und Asche – mitsamt Teilen der Festung.

Eine Stadtmauer mit 38 Türmen

Die Überlebenden begannen bald darauf mit dem Bau einer neuen Stadtmauer, die Utrera ab dem Ende des 14. Jahrhunderts Schutz vor Feinden bot. Ihr südliches Stadttor, der heute von einer barocken Kapelle gekrönte Arco de la Villa, wurde kürzlich restauriert; ein aus dem 18. Jahrhundert datierender Plan der Stadt innerhalb der Mauern – damals noch mit 38 Türmen – ist in der Kirche Santa María zu sehen. Nachdem die Katholischen Könige Ferdinand von Aragón und Isabella von Kastilien mit dem Emirat Granada am 2. Januar 1492 das letzte von den Mauren regierte Gebiet auf der Iberischen Halbinsel – durch die Kapitulation des bedrängten Sultans Muhammad XII., genannte Boabdil – am Ende kampflos zurückerobert hatten, verlor die Festung ihre militärische Bedeutung. Es begannen Jahrhunderte des Verfalls der imposanten Anlage, während Utrera weiter Rückschläge erfuhr: Im 17. Jahrhundert wütete die Pest in der Stadt, Anfang des 19. Jahrhunderts wurde sie ein weiteres Mal durch Krieg zerstört und wieder aufgebaut.

MINIBAR GANZ GROSS

Die Minibar in Utrera (Plaza del Doctor Federico Navarro) ist zwar größer als die im Hotel, aber trotzdem klein. Da sie fast immer voll ist, verlagert sich das Geschehen meist nach draußen. Die entspannte Atmosphäre und guten Cocktails machen die beliebte Bar – ebenso wie die sensationelle Tortilla – zum perfekten Ort, um einen warmen andalusischen Abend zu genießen.

VON SPANIEN NACH MEXIKO

Sehr stylish ist das Restaurant Alianzza Tapas & Copas mit seinem Interieur aus warmen Naturtönen mit türkisfarbenen Akzenten. Hervorragende Tapas, kreative Interpretationen spanischer Klassiker wie dem (von der Tintenfischtinte) schwarzen Reis und Errungenschaften der Neuen Welt machen die Wahl hier nicht leicht. Die mit Krabben gefüllten Tacos sind hervorragend.

Weitere Informationen

Alianzza Tapas & Copas: Calle Buenos Aires 9, https://alianzza.es/alianzza-tapas-copas-restaurante-en-utrera
Utrera: www.utrera.org

63 Orangenbäume und hoher Himmel – Sevilla

Metropole und Perle Andalusiens

Die Kathedrale von Sevilla ist die größte Spaniens und eines der größten Gotteshäuser der Welt. Sie gilt vielen als eigentlicher Startpunkt des Via de la Plata. Weitere Trümpfe der andalusischen Kapitale sind ihre Altstadt, der Königspalast Alcazar, ihre Parks und Gärten – und ihr südlicher Charme mit Palmen, Jasmin und Bougainvillea.

Die Altstadt braust vom Klang vieler Stimmen. Am sonnendurchfluteten Spätnachmittag sitzen die Bewohner Sevillas bei Kaffee oder dem Aperitif im Freien oder lassen sich durch die Straßen treiben, kaufen ein, treffen auf Bekannte, plaudern. Nur die Kutschfahrer rund um die Kathedrale stauben in aller Ruhe ihre Pferde ab.

Die Reisen der Gebeine des Christoph Kolumbus

Santa María de la Sede ist das größte gotische Gotteshaus Spaniens und eines der größten der Welt. Sogar das Altarbild der Kathedrale ist mit 480 Quadratmetern und 270 Figuren darauf das größte der Welt. Das imposante Bauwerk bildet das natürliche Herz der Altstadt. Zugleich verkörpert es die Geschichte des arabischen Spaniens: Die Giralda, der Glockenturm der Kathedrale, war während der maurischen Herrschaft das Minarett der Moschee aus dem 12. Jahrhundert. Einst war die Giralda das dritthöchste Gebäude der Welt – nur zwei ägyptische Pyramiden waren noch höher –, heute ist sie das Wahrzeichen der größten Stadt Andalusiens. Ab 1401 wurde das Kirchenschiff auf den Überresten der Mezquita Mayor erbaut und etwa 120 Jahre später voll-

Blick auf die bildschöne Altstadt und die Kathedrale (u.). Tapasbars und Flamenco (r.) sind weitere Trümpfe der andalusischen Metropole.

endet. An ihre Westfassade schließt sich der Vorhof der Moschee an – mit einem noch älteren Brunnen aus westgotischer Zeit. Am Westportal illustrieren arabische Schriftzeichen und maurischer Schmuck das harmonische Nebeneinander der beiden Religionen, das sich nach der Rückeroberung indes auf die Baukunst beschränkte.

Seit 1987 zählt die UNESCO die Kathedrale zum Weltkulturerbe. Kaum weniger eindrucksvoll als die Ausmaße, Kapellen und die Geschichte dieser Kirche ist die Tatsache, dass Christoph Kolumbus hier – nach einigen Umwegen – seine letzte Ruhe fand. Der Seefahrer in Diensten der Katholischen Könige Ferdinand und Isabella war 1506 im fernen Valladolid gestorben und zunächst in Sevilla bestattet, später aber von seinem zweiten Sohn nach Santo Domingo in der Dominikanischen Republik und bei der Teilung Hispañolas nach Havanna gebracht worden. Nach der Unabhängigkeit Kubas wurden die sterblichen Überreste nach Sevilla zurückgebracht. 1898 wurden sie neuerlich bestattet, ein Teil in einer Kapelle in der Kathedrale. Vier Herolde mit Gesichtern aus Alabaster tragen den Sarkophag, sie personifizieren die Königreiche Kastilien, León, Aragón und Navarra. Seit 2006 ist erwiesen, dass tatsächlich der Genuese hier bestattet ist: Ein DNA-Test ergab genetische Übereinstimmung mit den Überresten von Bruder und Sohn des Seefahrers.

Grüne Stadt mit Parks und Gärten

Auch jenseits der Kathedrale ist Sevilla eine Stadt voller Schönheit und reicher Geschichte und birgt dabei manche Überraschung. Zehn Parks besitzt die Stadt und ist damit viel grüner, als man es der mit knapp 700 000 Einwohnern viertgrößten Stadt Spaniens zutrauen könnte – tatsächlich gilt Sevilla als grünste Stadt des Landes. Statistiker haben herausgefunden, dass auf jeden Bewohner 22 Quadratmeter Grünfläche kommen – die Bürger des allerdings wesentlich größeren Paris müssen

FÜR FLAMENCO-FANS

Großartig ist Sevillas Museum für Flamenco, auf dessen kleiner Bühne jeden Abend um 17, 19 und 20.45 Uhr authentische und sehr beeindruckende Flamenco-Shows stattfinden. Das Theater ist klein, der Tanz wirkt auch durch die Nähe zur Bühne. Als Zuschauer ist man von der ersten bis zur letzten Sekunde gebannt.

SCHLAFEN WIE EIN KÖNIG

Fast so prachtvoll wie der Königspalast ist das 1929 eröffnete Hotel Alfonso XIII., das mitten im Geschehen liegt und 148 elegant ausgestattete Zimmer und einen schönen Außenpool besitzt. Wer im Dezember hier logiert, erlebt eine besondere Attraktion: Im Advent schmücken ein Weihnachtsbaum und eine annähernd lebensgroße Krippe die Lobby.

Weitere Informationen

Museo del Baile Flamenco: Calle Manuel Rojas Marcos 3,
https://museodelbaileflamenco.com
Hotel Alfonso XIII.:
www.hotel-alfonsoxiii-sevilla.com
Sevilla: www.visitasevilla.es

Sevilla ist überaus facettenreich: Das Grabmal des Kolumbus in der Kathedrale (l.o.), ein Interieur des Alcázar (l.u.), der Metropol Parasol, auch genannt Las Setas (r.o.) und der Garten des Alcázar (r.u. und Folgeseite).

mit jeweils drei Quadratmetern Grün auskommen. Dank des milden andalusischen Klimas gedeihen hier auch Exoten wie Palmen, Würgefeigen und zarte Magnolien bestens. Eine der schönsten Grünflächen ist der sieben Hektar große Garten des Königspalasts Alcázar mit seinen Glyzinien, süß duftendem Jasmin, den hohen Palmen und umher stolzierenden Pfauen. An den Orangebäumen reifen Bitterorangen, die nach der Ernte im Januar vor allem nach England exportiert und zu Marmelade verarbeitet werden.

Durch den Alcázar, bis heute offizielle Residenz der spanischen Königsfamilie, flanieren jährlich eine Million Touristen. Wenn König Felipe mit seiner Königin und den Töchtern in der Stadt ist – was in der Regel drei- oder viermal im Jahr vorkommt, wird der Palast für die Öffentlichkeit gesperrt. Dennoch ist der Alcázar das Eigentum der Stadt Sevilla – ebenso wie das königliche Domizil in der Hauptstadt der Stadt Madrid gehört. Die unter christlicher Herrschaft erbaute, aber stark maurisch beeinflusste Palastanlage ist mit strahlend bunten Mosaiken, maurischen Bögen, steinernen Verzierungen und stillen Patios nicht nur ein Musterbeispiel der Mudéjar-Architektur, sie ist auch von nahezu unwirklicher Schönheit. Dass der katholische König Pedro I. sein Heim mit dem arabischen Schriftzug »Es gibt keinen Gott außer Allah« dekorieren ließ, war einerseits der Mode geschuldet, erinnert aber auch daran, dass hier 200 Jahre lang Christen, Muslime und Juden friedlich zusammenlebten. Hocharabisch war die Sprache der Kultur und fungierte als *Lingua franca* aller religiösen Gruppen. Auch für den adoptierten Seefahrer der Nation machte man Platz im Palast: Christoph Kolumbus besaß hier eine Schreibstube für die Planung seiner zweiten Amerikareise.

Kandierte Veilchen und Pralinen

Hungrige Pilger können sich in Sevilla hervorragend mit Tapas, köstlichem iberischem Schinken oder Meeresfrüchten von der nicht weit entfernten Küste stärken. Aber auch Süßwaren gibt es in herausragender Qualität. Die Konditorei des Familienunternehmens Despensa de Palacio, in dem 17 Angehörige von Chef Antonio Rivero Fernández arbeiten, duftet nicht nur vielversprechend, sie ist auch sehenswert. Noch besser aber sind die handgemachten Schokoladen, Pralinen, Plätzchen und die kandierten Veilchen, die in liebevoll ausstaffierten Dosen verkauft werden – einige sogar mit integrierten Spieldosen.

HOTEL

Wunderschön sind die Gärten des Königspalasts von Sevilla.

64 Schönheit im Südwesten – Extremadura

Einsame Landschaften und Störche

Korkeichen und Olivenhaine, Schwarzfußschweine und Störche prägen die bildschöne Region an der Grenze zu Portugal – aber auch uralte Städte wie das römische Mérida und das mittelalterliche Cáceres. Mildes Klima, die mediterrane Vegetation und unberührte Naturlandschaften tragen zum besonderen Reiz dieses wenig bekannten Teils Spaniens bei.

Mit sanften Hügeln, silbrig grün schimmernden Olivenbäumen und knorrigen Korkeichen sowie mit gelben und lilafarbenen Blüten getupften Wiese wirkt die Extremadura vielerorts so lieblich wie gemalt. Orangenbäume säumen die Straßen verschlafener Dörfer. Die wenig berührte Landschaft ist – bis auf kleine Städte und Dörfer – nahezu menschenleer. Weniger als drei Prozent der Bewohner Spaniens leben hier, gerade mal eine Millionen Menschen. Die Einsamkeit der Extremadura ist auch der Geografie geschuldet: Ein schroffer, einstmals nahezu unüberwindlicher Gebirgszug trennt die Region im Südwesten von der Hochebene Kastiliens.
Extrem hart oder rau, wie ihr Name suggerieren könnte, ist die von Bergen umgebene Region indes allenfalls an ihren felszerklüfteten Rändern. Tatsächlich leitet sich ihr Name von ihrer Position »jenseits des Duero« ab –

Eichenhaine und Weiden: Die Schönheit der Dehesa ist überwältigend.

extremos del Duero. Die abgeschiedene Lage auf der anderen Seite dieses Flusses macht die Extremadura bis heute zu einer der ursprünglichsten Regionen Spaniens; auch das macht ihren Reiz aus. Ihre Naturräume sind weitgehend intakt. Sie werden zwar auch als Weideland genutzt, dabei aber so ursprünglich belassen, dass sie noch immer ungezähmt wirken und eine hohe Biodiversität aufweisen.

Der beste Schinken der Welt

Die *Dehesa*, so der Name der magischen Landschaft aus Olivenhainen, Stein- und Korkeichen, duftenden wilden Lavendels und bunt blühender Wildblumen, gehört Schafherden und schwarzen Schweinen der Rasse Pata negra. Die führen hier ein gutes Leben, bis sie im Alter von knapp zwei Jahren zum teuersten Schinken der Welt werden. Anders als der gewöhnlichere – und preiswertere – luftgetrocknete Serrano-Schinken wird dieser nach strengen Regeln aus den Schwarzfußschweinen produziert, die sich auf den Weiden der *Dehesa* an Eicheln und Kräutern satt gefressen und sich zugleich so viel bewegt haben, dass ihre Hufe zwar abgelaufen, ihr Fleisch aber gleichmäßig und zart von Fett durchzogen ist.

Lange Geschichte, lebendige Folklore

Die eher strukturschwache, dafür umso attraktivere Extremadura war im Verlauf der Jahrhunderte immer wieder Schauplatz nationaler und sogar weltpolitischer Ereignisse. Manches Volksfest erzählt noch heute davon. Wenn am 22. April, dem Vorabend des Tages des Heiligen Georg, in Cáceres der Ehrentag des Schutzheiligen eingeläutet und zugleich der Jahrestag des endgültigen Siegs der christlichen Spanier über die Mauren gefeiert wird, steht die Stadt Kopf. Der Heilige Georg zieht auf einem Schimmel zur Plaza Mayor, gefolgt von triumphierenden Rittern mit Pappschwertern und geschlagenen, entwaffneten Mauren in Pluderhosen. Georgslegende und die Geschichte der Reconquista, der Wiedereroberung Spaniens durch die Christen, werden zwanglos vermischt. In der Altstadt spielte die Fortsetzung der christlichen Rückeroberung: In den Adelsstand erhobene Kriegshelden bewohnten nun die Stadtpaläste, in denen sich zuvor die Mauren verschanzt hatten. Doch was blieb zu tun, nachdem der Feind besiegt war? Die neuen Stadtherren verstrickten sich in Fehden, bekämpften ihre Nachbarn

Traumpanoramen (o.) und die berühmten Iberischen Schweine der Rasse Pata negra (u.).

und verwandelten ihre Paläste in Festungen. Rührte sich gegenüber etwas, zuckten die rastlosen Hände der Ritter zu den Waffen. Erst als Isabella die Katholische den blutigen Streitereien im 15. Jahrhundert ein Ende machte, verschoben sich die Prioritäten. Sie verschaffte den Streitsüchtigen neue Ziele: Beutezüge zum amerikanischen Kontinent, den Isabellas italienischer Günstling Cristoforo Colombo, in Spanien als Cristóbal Colón bekannt, soeben entdeckt hatte.

Glaube, Natur und Antike: Eine Prozession in Cáceres (u.), Blick auf das Dorf Aljucén (r.o.) und das römische Theater in Mérida (r.u.).

Eroberer und Entdecker

Mittlerweile konnte die Region von Förderprogrammen der EU profitieren und hat wirtschaftlich gegenüber anderen Teilen Spaniens deutlich aufgeholt. Traditionell aber war die Extremadura stets arm, und immer strebten ihre Bewohner weit über die Landesgrenzen hinaus, um dieser Armut zu entkommen. Keine Gegend Spaniens brachte mehr Conquistadores hervor als das Land zwischen Kastilien und Portugal. Francisco Pizarro war einer der besonders berüchtigten; er wuchs als uneheliches Kind im Städtchen Trujillo auf und eroberte später mit seinen drei Halbbrüdern das Reich der Inka.

Reich kehrten die Conquistadores von diesen Raubzügen heim, behängt mit Gold und gelegentlich in Begleitung von Aztekinnen oder den Kindern, die sie in Übersee gezeugt hatten. Die abgeschottete, unnahbare Ritterwelt von Cáceres, in der Schießscharten die Fenster ersetzten, erhielt so durch exotische Doppelnamen einen Hauch Exotik. Den Palacio de los Toledo-Moctezuma gleich hinter dem Stadttor, heute Sitz eines Archivs, baute Juan Cano de Saavedra y Moctezuma. Er war der Enkel eines Spaniers, der im Gefolge des Eroberers Hernán Cortés nach Mexiko zog, und einer aztekischen Prinzessin, die den klangvollen Namen Tecuixpo Ixlaxochtl trug.

Bietet das mittelalterliche Zentrum von Cáceres schon eine eindrückliche Vorstellung von der Geschichte der Region, so führt der Verwaltungssitz Mérida noch tiefer in die Vergangenheit. Eindrucksvolle Reste der römischen Siedlung sind erhalten und vermitteln noch heute eine gute Vorstellung vom Leben zur Zeitenwende. Die mit 150 000 Einwohnern größte Stadt der Extremadura, Badajoz, befindet sich nicht an der Route der Pilger. Dafür liegt das schöne Städtchen Zafra an der Via de la Plata und bezaubert durch seinen südlichen Charme.

Weitere Informationen

www.turismoextremadura.com

Palmenpracht: Die Plaza Grande von Zafra (o.). Die Burg von Zafra liegt einsam auf einem Hügel (r.u.). Die Prozession am Ostersonntag bildet den Abschluss der Semana Santa (r.o.).

65 Zauber des Südens – Zafra

Ein Juwel mit zauberhafter Altstadt

Die quirlige kleine Stadt zählt zu den schönsten Stationen an der Via de la Plata. Der Zauber Andalusiens ist hier noch spürbar, das historische Erbe umfasst ein eindrucksvolles halbes Jahrtausend, viele Bautwerke sind erstaunlich gut erhalten. Prachtvolle Kirchen erwarten Pilger und Kulturinteressierte.

Im Frühling und Frühsommer führt der Weg in die kleine Stadt Zafra durch leuchtende Wiesen: knallroter Klatschmohn, violett schimmernder Salbei, sonnengelbe Dotterblumen, grüne Olivenbäume, knorrige Stein- und Korkeichen. Dazwischen liegen Schafweiden, Bäche, über die alte Steinbrücken führen, und kleine Dörfer, in denen am Nachmittag allenfalls ein paar Störche unterwegs sind. Wer die Altstadt durch das Stadttor Puerta de Jerez betritt, findet sich in einem Idyll aus mit Kacheln dekorierten Häusern, blumengeschmückten kleinen Balkons und hübschen Geschäften wieder. In Zafra ist die Nähe zu Andalusien noch deutlich zu spüren, und so wird das Städtchen mit knapp 17 000 Einwohnern auch liebevoll *Sevilla la Chica* genannt – »das kleine Sevilla«. Weiße Häuser, enge Gassen, palmenbestandene Plätze und eine Begeisterung der Bevölkerung für religiös geprägte Volksfeste haben Zafra diesen Beinamen eingebracht. Selbstbewusst vergleichen die Einwohner ihre Festivitäten zur Karwoche mit der berühmten Semana Santa der andalusischen Hauptstadt.

Plätze, Kirchen und Paläste

Auch die Plaza in der Altstadt heißt Chica – »die Kleine«. Wegen ihrer Übersichtlichkeit muss sie sich aber vor ihrer rund 100 Jahre jüngeren,

aber größeren Schwester, der Plaza Grande, keinesfalls verstecken. Im Gegenteil: Von mit Arkaden gesäumten Häuserreihen umschlossen, ist auch die stillere Plaza Chica einfach bildschön. Sie wurde im 15. Jahrhundert von *Mudéjares* erbaut, spanischen Muslimen, die während der Reconquista, die gegen Ende des Jahrhunderts abgeschlossenen war, – unter christlicher Herrschaft lebten. Sie durften ihren Glauben weiter ausüben, wurden aber auch stark diskriminiert. Unter ihnen waren viele begabte Baumeister und Handwerker, denen der dekorationsfreudige Mudéjar-Stil zu verdanken ist.

Baukunst im Mudejar-Stil

Der Mudéjar-Stil, der noch immer in Bauwerken in ganz Spanien zu finden ist, prägt auch Zafras historisches Zentrum. Die beiden erhaltenen mittelalterliche Stadttore, die im 15. Jahrhundert erbaute Kirche des Klosters Santa Clara mit dem später ergänzten Barockaltar und der ab dem Jahr 1437 erbaute Palast der Herzöge von Feria, der heute, wie mancher historische Bau in Spanien, einen gepflegten Parador beherbergt, zeugen von der Bedeutung Zafras an der Schwelle zur Neuzeit. Und mit Hernando de Santana beteiligte sich im 15. Jahrhundert auch ein Sohn der Stadt an der Eroberung der Neuen Welt. Im wichtigsten Gotteshaus von Zafra, der einschiffigen, im 16. Jahrhundert an der Stelle einer Synagoge erbauten Iglesia de la Candelaria, bietet die »Jungfrau vom Kerzenleuchter« Gläubigen Beistand. Sie ist für viele Menschen in Zafra ein regelmäßiges Pilgerziel innerhalb der eigenen Stadtmauern.

Eine Urlauberin aus der Schweiz hat sich in der heißen Mittagssonne die Schuhe ausgezogen und geht auf nackten Füßen die Straße entlang zur Kirche La Candelaria. Da umklammert die Hand einer in Schwarz gekleideten Frau ihren Arm: »Hab Vertrauen«, sagt sie in beschwörendem Ton, »Gott wird dir vergeben! Was hast du bloß angestellt, dass du barfuß Buße tun musst?« Einen Moment lang tut sich eine Kluft zwischen Spanierin und Schweizerin auf, bis sich das Missverständnis in Erklärungen und Gelächter auflöst – die Schweizerin ist keine Pilgerin. Nicht der Wunsch nach Buße ließ die Schweizerin sich die Schuhe abstreifen, sondern nur die warme Sonne des Frühlingstags.

BESUCH IM KLOSTER

Das kleine Klostermuseum Santa Clara erzählt seine Geschichte und die des Adelsclans, der es stiftete, dokumentiert aber auch allgemein das Ordensleben der Klarissen. Neben religiösen Gegenständen und Gemälden von Heiligen ist auch ein Teil des Klosters und seine Kirche zu besichtigen. Ein Film zeigt den Alltag der Klarissen. Die Ordensschwestern führen zudem ein kleines Geschäft, in dem sie selbst hergestellte Süßigkeiten verkaufen.

HEILIGE WOCHE UND ANDERE FESTE

Das größte Problem an der Semana Santa ist, dass Besucher sich in der Regel für einen Standort entscheiden müssen. Auch in Zafra gewinnt die Karwoche zunehmend touristische Bedeutung, da die Bruderschaften der Stadt ihre Prozessionen mit wahrhaft heiligem Ernst vorbereiten – mit spektakulären Ergebnissen. Auch der Karneval (*Bacanal de la Grasa*) wird bunt gefeiert, ebenso wie die Feria de *San Miguel* am ersten Wochenende im Oktober.

Weitere Informationen

Klostermuseum Santa Clara:
Calle Sevilla 30, www.museozafra.es
Zafra: http://visitazafra.com

66 Stadt der Bodegas – Almendralejo

Vom Mandelbaumhain zur Stadt des Weins

Einst befand sich das Städtchen in einem Gebiet voller Mandelbäume, die ihm den Namen gaben. Heute dominiert der Wein. Gegründet wurde Almendralejo nach der Reconquista vom Ritterorden von Santiago. Dank solch günstiger Umstände liegt Almendralejo nicht nur am Jakobsweg, sondern auch an der Weinstraße des Weinbaugebiets Ribera del Guadiana.

Hauptsache, Wein: Unter der Stierkampf-Arena (u.) liegt ein Weinkeller, das Wein-Museum besitzt Gefäße aus der Ära der Araber (r.o.). Das Rathaus ist ein früherer Palast (l.u.).

Die fruchtbaren Ebenen in der Umgebung haben außer zahlreichen Mandelbäumen auch Olivenhaine und den Weinbau hervorgebracht; zwei Wirtschaftszweige, die in Almendralejo bis heute eine wichtige Rolle spielen. Auch Liköre werden hier hergestellt, darunter Exotisches wie Eichenlikör, der beweist, dass die Menschen hier die Reichtümer der Natur vielseitig zu nutzen verstehen. Alte Paläste und zahlreiche Weinkeller machen die 33 000-Einwohner-Stadt in der Provinz Badajoz zu einem reizvollen Etappenziel.

Weinkeller unter der Arena und vor der Stadt

Der Wein, dem ein eigenes Museum gewidmet ist, besitzt dann auch einen annähernd so hohen Stellenwert wie das Heiligtum der Señora de la Piedad, der Schutzpatronin der Stadt. Die Stierkampfarena gleich daneben vervollständigt den für den Süden Spaniens nicht ungewöhnlichen Dreiklang aus Glaube, Tradition und Wein. Ungewöhnlich ist allerdings, dass sich unter der Plaza de Toros ein Weinkeller befindet – was sie zur einzigen

Stierkampfarena in Spanien macht, die über ein derartig nützliches Attribut verfügt. Einige der schönen historischen Gebäude im Zentrum dienen inzwischen anderen Zwecken. So sind im Kloster San Antonio heute die Stadtbücherei und ein Kulturzentrum ansässig, und der Mitte des 18. Jahrhunderts erbaute Palacio de Monsalud mit einem prachtvollen barocken Stuckwappen, das sich über eine Ecke der Fassade erstreckt, fungiert als Rathaus der Stadt. Sehenswert ist auch die Kirche Nuestra Señora de la Purificación, deren eindrucksvoller Turm als Torre de los Almendros bekannt ist. Ebenfalls in der Nähe steht die Ermita de Santiago an der Plaza de Santiago. Doch größer noch als die Zahl der Gotteshäuser ist die der Bodegas. Dem Wein ist hier nicht zu entkommen. Pilger sollten diesen Umstand als Chance begreifen und sich eines der meist familiengeführten Güter anschauen, in denen sich die Erzeugnisse verkosten lassen und zu denen meist auch sehr gute Restaurants gehören. Eines von ihnen ist die Bodega Martínez Paiva. Sie befindet sich nördlich der Stadt am Jakobsweg und wird bereits von der fünften Generation der Inhaberfamilie geleitet. Von Tempranillo, Graciano und der ortstypischen Sorte Cayetana über die uns vertrauteren Varianten Muskateller und Merlot bis Chardonnay reicht das Spektrum der Trauben, die auf 350 Hektar angebaut werden. Besser als die Weine sind hier höchstens die Speisen: Im dazugehörigen Restaurant gibt es Spezialitäten aus der Extremadura, von Iberischem Schinken über Schafskäse aus Trujillo bis zu Rebhuhn-Ravioli mit Trüffeln in Pinienkernsoße oder in Olivenöl gebratenem Kabeljaufilet mit Aioli aus schwarzem Knoblauch. Ein frühes Mittagessen gibt hier die Kraft für die Wegstrecke nach Mérida, zumindest bei moderatem Weingenuss.

Scheiterhaufen für böse Geister

Wer den Weg im Winter geht, kann in den Genuss eines exotischen Spektakels kommen. Auf den ersten Blick könnte man annehmen, in dem Städtchen solle der Sperrmüll abgefahren werden. Doch die Bewohner haben aus alten Möbeln und Brettern Scheiterhaufen errichtet. Zum Glück kommt darauf niemand zu Schaden, wenn einem historische Assoziationen auch Schauer über den Rücken jagen mögen. In der Nacht zum 2. Februar werden auf den Bretterhaufen lediglich Strohpuppen angezündet, die stellvertretend für böse Geister abgefackelt werden. *Las Candelas* ist der Name des Festivals, das vielen Besuchern eher liegt als die Spektakel in der Stierkampfarena.

ALLES ÜBER WEIN

Nicht immer reicht es, Wein einfach zu trinken. Im Museo de las Ciencias del Vino (»Museum der Önologischen Wissenschaften«) erfährt man auch alles über Geschichte und Herstellung des flüssigen Kulturguts. Das Museum ist interaktiv gestaltet und vermittelt seine Botschaften auf spielerische Weise. Es befindet sich neben der Stierkampfarena in einer ehemaligen Fabrik.

TOAST ZUM FRÜHSTÜCK

Wer nach den Weinstudien des Vortags auf der Suche nach einem soliden Frühstück ist, findet im Café Las Migas Extremeñas (etwas außerhalb in der Calle Luis Ramírez Dópido 28) die gewünschten Antworten. Die Karte bietet eine erstaunliche Vielzahl von überbackenen Toasts, Sandwiches und Omelettes, die notfalls auch ein Abendessen ersetzen.

Weitere Informationen

Weinmuseum Museo de las Ciencias del Vino: Calle Ciudad Rubí, www.museovinoalmendralejo.com
Almendralejo: www.almendralejo.es

67 Reich römischer Ruheständler – Mérida

Theater, Arena und die längste Brücke der Antike

Mérida, die Hauptstadt der Extremadura, liegt im Herzen der Region und ruht auf den Überresten einer römischen Metropole. Emerita Augusta war einst ein bedeutendes kulturelles und wirtschaftliches Zentrum. Hier verbrachten verdiente Veteranen des Römischen Reichs ihren Lebensabend. Amphitheater und die Arena des Circus Maximus sorgten für Unterhaltung und machen Mérida heute zu einem großen Freilichtmuseum.

Tiefblauer Himmel, hohe Palmen, rosa blühender Oleander, dazu stolze Bauten aus der Antike. Kein Zweifel: Das römische Mérida zählt zu den – zahlreichen – Orten an den Jakobswegen, in denen man gerne mehr Zeit verbringen würde. Denn die Stadt betört nicht nur mit südlichem Zauber, hier erzählt auch jeder Stein eine Geschichte. Méridas römische Brücke, die den Río Guadiana an einer seichten Stelle überspannt, ist mit einer Länge von fast 800 Metern die längste erhaltene der antiken Welt. Bis 1990 wurde sie genutzt. Dann siegten schließlich konservatorische Bestrebungen, und die auf 60 Pfeilern ruhende Bogenbrücke wurde für den Autoverkehr geschlossen. Schon durch ihre Dauerhaftigkeit mag sie als Empfehlung römischer Baukunst dienen; außergewöhnlich ist aber auch ihre symmetrische Schönheit. Seit 1993 zählt die UNESCO die Puente Romano zusammen mit den anderen Bauten der Stadt aus der Antike zum Weltkulturerbe.

Die eindrucksvollste Architektur der 60 000-Einwohner-Stadt ist so alt, dass man sich hier leicht fühlt wie in einer Filmkulisse. Obwohl die Bausubstanz von den Jahrtausenden gezeichnet ist, ist sie nur als spektakulär zu bezeichnen. Denn vor 2000 Jahren war Mérida Hauptstadt der römischen Provinz Lusitanien, gewissermaßen das Rom der Iberischen Halbinsel.

Der Name lässt noch erkennen, dass die Stadt als das Fort Lauderdale der Zeitenwende angelegt war: Rentner, nämlich Legionäre im Ruhestand, verbrachten seit der Gründung der Stadt im Jahr 25 v. Chr. ihren Lebensabend in Emerita Augusta und genossen das milde Klima und die hervorragende Infrastruktur.

Römerstadt: Die römische Brücke von Mérida (u.) und Exponate im Nationalmuseum für römische Kunst (r.).

Antike Villen, elegante Säulen

Das moderne Mérida thront auf den römischen Straßen und Bauten von einst. Nachdem das Städtchen bis vor gut 100 Jahren unbeachtet vor sich hin schlummerte, haben mittlerweile Ausgrabungen Teile der großen Vergangenheit enthüllt. Hinter jeder Biegung tauchen die gewaltigen Säulen einer Jahrtausende alten Landvilla oder eines monumentalen Tempels auf, zwischen architektonisch eher fragwürdigen Apartment-Klötzen aus den 1960er- und 1970er-Jahren erheben sich elegante römische Säulen und Pfeiler.

Dass Teile des antiken Emerita so gut erhalten sind, ist angesichts der Tatsache umso erstaunlicher, dass während des Niedergangs des Römischen Reichs immer wieder Vandalen gegen die auch strategisch wichtige Stadt stürmten und die Architektur durch Belagerung und Krieg so schon früh Schaden nahm.

Ziel zahlreicher Begehrlichkeiten

Die schließlich siegreichen Westgoten machten sie neuerlich zur Hauptstadt, sodass noch im 6. und 7. Jahrhundert fast die gesamte Iberische Halbinsel vom heutigen Mérida aus regiert wurde. Dauerhafte Ruhe war der Stadt indes noch nicht beschieden. Im frühen 8. Jahrhundert kamen die Araber und setzten ihre Herrschaftsansprüche gewaltsam durch. Danach kehrte Ruhe ein. Ein ebenso prachtvoller wie wehrhafter Alcázar mit 25 Türmen und über zweieinhalb Meter dicken Mauern aus Granitquadern erhebt sich seit dem 9. Jahrhundert am Ufer des Flusses. Zugleich blieb die Stadt noch bis ins 12. Jahrhundert Bischofssitz. Die Ära der Mauren währte bis zum Jahr 1230, als Alfons IX. Mérida im Zuge der Reconquista zurückeroberte.

Alle Kriege und Eroberungen überstanden viele der großen römischen Bauten in bemerkenswert guter Verfassung. Gleich neben einer belebten Straße stehen die Reste des riesigen Acueducto de los Milagros, des »Wunderaquädukts«. Die Wasserversorgung der Stadt war allerdings keinem Wunder zu verdanken, sondern zwei Stauseen in der Umgebung, wenngleich die Ingenieurskunst der Römer dem Wundersamen in vielen Fällen recht nahe kommt. Auf den Pfeilern aus rotem und weißem Ziegel- und Granitstein nisten Störche, die genauso zum Stadtbild Méridas gehören wie das gut erhaltene römische Theater und die berühmte römische Brücke.

Zeugnisse römischer Kultur und ihres Niedergangs

Die Ruheständler von Mérida mussten sich nicht langweilen: Außer dem Theater standen der außerhalb der Stadtmauern gelegene Circus Maximus mit 30 000 Plätzen und das im Jahr 8 v. Chr. eingeweihte Amphitheater bereit, um den Veteranen der Spanienfeldzüge gepflegte Unterhaltung zu bieten, wenn sie nicht gerade über längst geschlagene Schlachten nachsannen. Was die Bewohner der Stadt damals noch so trieben, zeigt das Nationalmuseum für Römische Kunst. Als wichtigstes seiner Art in Spanien lohnt sich schon seinetwegen der Weg nach Santiago auf dieser Route. Jeder Aspekt des römischen Lebens wird im Museum beleuchtet und belegt: vom 2000 Jahre alten Stadtplan bis zu den letzten schriftlichen Zeugnissen der Römer in Spanien, als sie kaum mehr des Schreibens mächtig waren, weil für die Pflege solcher Kulturtechniken in den wachsenden Wirren der Zeit immer weniger Zeit war.

Wer nicht aufgibt, bis jedes Exponat, jedes Mosaik und jede Münze gebührende Beachtung gefunden hat, wird sich nach dem Besuch dieses Museums nur noch zur Plaza del España im Herzen der Stadt schleppen können, um im Schatten einer Palme die Essenz des Südens aufzusaugen. Hier sitzen Menschen auf Bänken unter Orangenbäumen oder plaudern im Café, Kinder spielen am Springbrunnen, und auf dem Rathaus aus dem 19. Jahrhundert bewacht im Frühsommer das ortstypische Storchenpaar seine Küken.

ALTE RÖMER, JÜNGERE WESTGOTEN

Das Museo Nacional de Arte Roma (»Nationalmuseum für Römische Kunst«) ist eines der wichtigsten über die römische Antike im ganzen Land. Außer einer faszinierenden Fülle von Gegenständen, die bei den Ausgrabungen in Mérida gefunden wurden und die den Alltag des Lebens in der Stadt dokumentieren, liegt ein Schwerpunkt auf römischer Kunst. Das neben dem Theater und Amphitheater gelegene Museum wurde 1975 anlässlich des 2000. Geburtstags der Stadt eröffnet. Beim Bau fand man gleich wieder etwas, dieses Mal eine Gruft, die ins Museum integriert wurde. Auch ein Stück der originalen Via de la Plata ist hier zu sehen. Jünger ist die Kultur der Westgoten, der mit der Colección Visigoda eine Zweigstelle des Museums in der neben dem Parador gelegenen Kirche des Klosters Santa Clara gewidmet ist. Hier erfährt man, wie die Geschichte weitergeht – wiederum anhand faszinierender Fundstücke und in außergewöhnlichem Rahmen.

Weitere Informationen

Museo Nacional de Arte Roma:
www.culturaydeporte.gob.es/mnromano
http://turismomerida.org

Blick auf Alcuéscar von der Einsiedelei Ermita del Calvario (o.). Die Kirche San Andrés Apóstol in Aljucén (r.) besitzt ein wunderschönes Portal.

68 Tausendjähriges Dorf – Alcuéscar

Westgotische Spuren

Im und rund um das kleine Städtchen Alcuéscar möchte man bedauern, dass Steine schweigen. Denn die exakt geschnittenen römischen Steine, aus denen vor 1200 Jahren westgotische Bauarbeiter auf dem heutigen Gemeindegebiet eine Kirche errichteten, hätten viele spannende Geschichten zu erzählen. Von den folgenden 1000 Jahren erzählen außer dem Ortsnamen Kirche und Adelspaläste.

Der Weg nach Alcuéscar führt Pilger über die uralte Silberstraße, aber durch eine wenig abwechslungsreiche, kaum besiedelte Landschaft. Die Tatsache, dass seit Jahrhunderten Menschen diesem Weg folgen – die Route verläuft hier tatsächlich exakt auf der Straße römischen Ursprungs –, verleiht der Etappe aber eine ausgeprägte historische Dimension.

Am Ziel liegt mit Alcuéscar ein uraltes, geschichtsträchtiges Städtchen. Die 35 Kilometer zwischen Mérida und diesem Etappenziel unterbrechen Pilger, die zu Fuß unterwegs sind, in der Regel in Aljucén. Mit unter 300 Einwohnern ist dieser Ort winzig. Einen Blick verdient hier die Kirche San Andrés Apóstol mit aufwendigem Portal aus der Renaissance. Außer dem Schutzpatron der Kirche ist über dem Eingang vermutlich auch der Apostel Jakob dargestellt.

Weinbau und Olivenhaine

Nur 2600 Menschen wohnen in Alcuéscar, dessen historisches Zentrum zum spanischen Kulturgut zählt; viele von ihnen leben von der Landwirtschaft. Seit mehr als 1000 Jahren wird Weinbau betrieben, und die Olivenhaine werden liebevoll gepflegt. Die Römer selbst machten es vor, hinterließen hier aber nur wenige Spuren. Das es mit Mérida schon eine ansehn-

liche Stadt in der Nähe gab, war hier keine nennenswerte Infrastruktur vonnöten. Zumindest einen Tempel wird es in der Gegend gegeben haben.

Kurzes Glück der Westgoten

Denn als sich nach dem Niedergang des Römischen Reichs Westgoten hier niederließen, bauten sie auf dem heutigen Gemeindegebiet eine Kirche. Ihr Baumaterial bezogen sie teilweise aus einem römischen Tempel, wie Inschriften auf einigen Steinen belegen. Die ein wenig außerhalb des Orts gelegene Kirche Santa Lucía del Trampal wurde um das Jahr 700 erbaut, bei Ausgrabungen wurden neben einigen Gräbern aus westgotischer Zeit auch die Steine gefunden. Vom ursprünglichen Bauwerk ist nur das Querhaus erhalten, dem später drei Apsiden zugefügt wurden. Die Kirche wurde im 15. Jahrhundert zum Teil neu erbaut.

Die Mauren hinterließen Spuren im Namen

Die westgotische Ära war vergleichsweise kurzlebig. Wie ein Sturm fegten schon bald maurische Heere über Andalusien hinweg und weiter nach Norden in die Extremadura (und darüber hinaus). Alcuéscar wurde vermutlich um das Jahr 830 gegründet, als die arabischen Herrscher längst Fuß gefasst hatten. Nach einigen fehlgeschlagenen Versuchen wurde das Gebiet 1212 zurückerobert. Der Name des Städtchens verweist mit der Vorsilbe »Al« – wie auch bei Aljucén – noch auf die Jahrhunderte, in denen es Teil des arabischen Herrschaftsgebiets auf der Iberischen Halbinsel war.

Die Kirche im Herzen des Städtchens, die Iglesia Nuestra Señora de la Asunción, ist im Vergleich zu Santa Lucía jung: Der einschiffige Bau entstand erst im 16. und 17. Jahrhundert. Ihr Portal ist im Stil der Renaissance gestaltet, der Altar in schönstem Barock. Zwei kleinere Einsiedeleien sorgen außerdem für spirituellen Beistand. Auch das Stadtzentrum ist äußerst ansehnlich, denn hier sind viele Stadtpaläste mit Wappenschilden an den Fassaden erhalten. Diese *Casas Señoriales* wurden einst von den Bessergestellten des Orts erbaut, die im Umland größere Ländereien besaßen.

GRILLWURST, SÜSSSPEISEN UND WEIN

Die Gegend ist für Wurst und Käse bekannt, aber unter manch herzhafter Küche schlägt ein süßes Herz – so auch hier, und zwar in Form süßer Gebäckteilchen wie *Cristiones* und *Perrunillas*. Schmackhaft ist auch *Rosca de Piñonate*, gebackene Teigstreifen mit Honig und Brandy. Besonders stolz ist man hier auf die Pitarra-Weine auf der Basis einer hier heimischen Rebsorte. Einen kulinarischen Überblick (mit Schwerpunkt auf Grillspezialitäten bietet die Casa Alejandro (Calle Hernández Pacheco).

MARKT AN ALLERHEILIGEN

Allerheiligen muss nicht nur traurig sein. Am 1. November findet in Alcuéscar *La Chaquetía* statt, ein mittelalterlicher Markt mit Paraden, kulinarischen Verkostungen, Spielen und allen Arten von Aufführungen.

Weitere Informationen

www.ayuntamiento.es/alcuescar

69 Märchenhafte Ritterstadt – Cáceres

Verstecktes Kleinod aus dem 16. Jahrhundert

Schön wie eine Filmkulisse ist die uralte Festungsstadt Cáceres – und als solche wird sie auch häufig genutzt. Lange schlummerte sie fast vergessen am westlichen Rand Spaniens. Der Bausubstanz tat der Dornröschenschlaf ebenso gut wie der Natur. Neben dem einzigartigen historischen Zentrum zählt auch die Lage in nahezu unberührter Landschaft zu den Vorzügen der Universitätsstadt.

Wie ausgestorben liegt die Plaza Mayor im Licht der tief stehenden Sonne. Die Studenten seien alle auf einer Party, erklärt der Kellner in einem Café, dessen Tische kaum besetzt sind. Über der Torre de Bujaco, dem Festungsturm aus dem 12. Jahrhundert, der den mittelalterlichen Platz von Cáceres bewacht, segelt ein Storch durch die Luft. Sonst ist alles ruhig, wo am Abend zuvor noch die Luft brauste, von den Stimmen der Flaneure.

Hier ist es leicht sich vorzustellen, dass bis zum Eintreffen der UNESCO-Behörde 1986 niemand so recht bemerkt hatte, dass sich jenseits der maurischen Stadtmauer, die eine Seite des Platzes begrenzt, ein einzigartiges Ensemble von Häusern und Palästen aus dem 16. Jahrhundert verbarg – eine alte Ritterstadt und eines der am besten erhaltenen historischen Stadtzentren Europas.

Kirchen, Klöster und Paläste

Noch immer liegt die Altstadt im Dornröschenschlaf. Nur 350 Menschen leben innerhalb der Stadtmauern; einstmals waren es 6000. Die Häuser, in denen früher Großfamilien mit vielen Dienstboten wohnten, sind zu groß. Es gibt weder Läden noch eine Schule, dafür aber Kirchen, Klöster, Plätze und Paläste

Festungsmauer in Cáceres (u.). In der Stadt wie außerhalb haben im Frühling und Sommer Störche das Sagen (r.).

aus Mittelalter und Renaissance, die sich seit Jahrhunderten kaum verändert haben. »Wir beten darum, dass das Zentrum eine Geisterstadt bleibt«, erklärt Marco Mangut, der 1974 in Cáceres geboren wurde und als Fremdenführer arbeitet. »Wenn es hier an jeder Ecke Souvenirläden gäbe, wäre der Zauber der Altstadt dahin.« Es scheint, als würden die Gebete erhört. Gut eine halbe Millionen Menschen besuchen jedes Jahr die 100000-Einwohner-Stadt in Spaniens entlegenem Westen. Das ist nicht viel, im Vergleich zu den drei Millionen, die etwa Toledo in normalen Jahren heimsuchen. Die Randlage, die für die schleppende Entwicklung der Region Extremadura verantwortlich ist, ist aus konservatorischer Sicht ein wahrer Segen.

Rötelfalken und Störche

Auch die Natur profitiert davon. Eine der größten Populationen der gefährdeten Rötelfalken lebt in dieser Region. Auffälliger als die hübschen kleinen Falken sind die Störche. 130000 Nester gibt es in der Extremadura, 800 davon in Cáceres. Es sind dennoch weniger als noch vor 15 Jahren. Jedes Nest wiegt zwischen 200 und 500 Kilogramm; wenn zehn davon auf dem Dach eines historischen Hauses ruhen, ist die Belastung für die Bausubstanz groß. Daher wurden viele Nester entfernt und stattdessen einladende Masten außerhalb der Stadt errichtet. Ab Juli machen die Störche sich auf den Weg nach Zentralafrika, zum Nisten kehren die Vögel jedoch an ihren Geburtsort zurück. Überall ist dann ihr Klappern zu hören. Der Anblick großer Störche, die durch Wiesen staksen und auf den Türmen der Stadt brüten, ist für naturentwöhnte Besucher so erhebend wie eine Begegnung mit dem Osterhasen. Zugleich ist sie ein sichtbarer Beleg dafür, dass der Westen Spaniens Madrid ferner ist, als es die drei Autostunden erscheinen lassen, die Kapitale und Provinzhauptstadt tatsächlich voneinander trennen. »Ich weiß noch, wie im Dorf meiner Großeltern die Straßen asphaltiert wurden«, erzählt Marco Mangut. Das war 1988, annähernd 20 Jahre nach der Mondlandung des Menschen, doch in der Extremadura kam so mancher Weiler noch ohne Kanalisation zurecht. An Hotels und Touristen verschwendete man keinen Gedanken; beides gab es nicht. Seither hat sich einiges bewegt. Immer mehr Urlauber finden den Weg in den Westen, und auch Pilger entscheiden sich für die Route

KOCHKUNST MIT STERNENGLANZ

Das Restaurante Atrio mittten im historischen Zentrums verbindet die mit zwei Michelin-Sternen ausgezeichnete Küche von Küchenchef Toño Pérez mit den Annehmlichkeiten eines Luxushotels. Chef Pérez und Sommelier José Polo kennen sich seit ihrer Kindheit und locken seit der Eröffnung des Atrio 1986 neben Pilgern und Kulturfreunden auch Gourmets nach Cáceres.

STÖRCHE UND SKULPTUREN

Das Museo Vostell Malpartida befindet sich in einem hauptsächlich von weißen Störchen und Wasservögeln bewohnten Naturschutzgebiet. Der deutsche Maler und Bildhauer Wolf Vostell (1932–1998) war mit der Spanierin Mercedes Guardado verheiratet, die aus der Gegend stammt. 1976 begründete das Paar das Museum, das noch immer von Mercedes geleitet wird. Die Sammlung umfasst Installationen und Arbeiten Vostells vor allem aus den 1970er-Jahren. Auf dem Grundstück ist auch eine Installation von Yoko Ono zu sehen, die hier im Jahr 2000 eine Ausstellung realisierte.

Weitere Informationen

Restaurante Atrio: Plaza de San Mateo 1, https://restauranteatrio.com
Museo Vostell Malpartida: museovostell.gobex.es
Cáceres: www.turismocaceres.org

Patio eines Stadtpalasts (o.). Die Altstadt von Cáceres ist so märchenhaft und ihr Bild so geschlossen, dass die UNESCO sie komplett unter Schutz gestellt hat (r.).

durch die reizvolle Region. Weil auch die Köche der Stadt seit Längerem über den eigenen Tellerrand hinausblicken und einige den Vergleich mit Kollegen aus der Hauptstadt oder dem Baskenland nicht scheuen müssen, trug Cáceres bereits den Titel der »Gastronomischen Hauptstadt Spaniens«. Das Restaurant Atrio gibt mit zwei Michelin-Sternen – dem einzigen Doppel im Westen – in den Mauern eines Palazzo auf dem höchsten Punkt der Altstadt kulinarisch den Takt vor. 14 luxuriöse Zimmer wurden nachträglich eingerichtet, damit die Restaurantgäste es nach Kostproben aus dem legendären Weinkeller des Hauses nicht mehr mit dem holprigen Kopfsteinpflaster draußen vor der Tür aufnehmen müssen.

Perfekte Kulisse für Zeitreisen

Auch dieses Pflasters wegen ist das Zentrum als Kulisse für Ritterfilme beliebt; Teile des Kostümschinkens *1492 – Die Eroberung des Paradieses* mit Gérard Dépardieu über die Entdeckung Amerikas wurden hier gedreht. Doch selbst das scheinbar so authentisch erhaltene Stadtbild wurde im Verlauf der Zeit beschädigt: 1755, als ein schweres Erdbeben das 300 Kilometer entfernte Lissabon zerstörte und noch hier Mauern einstürzen ließ, und dann im Bürgerkrieg. Cáceres, bis Februar 1937 Francos Hauptquartier, wurde im selben Jahr von Republikanern bombardiert. Doch die Schäden waren gering, und dass bereits im 19. Jahrhundert die weiße Farbe entfernt wurde, die einstmals alle Fassaden bedeckte, fällt heute niemandem auf. Nur die Türme der entweihten Kirche San Francisco Javier leuchten noch weiß aus der Palette von Sand- und Goldtönen des übrigen Ensembles hervor. Doch sonst gäbe es für Zeitreisende aus dem 16. Jahrhundert hier keine Überraschungen. Von den Befestigungstürmen öffnet sich ein unendlicher Blick über die Ebene. Aussichtslos war es, sich Cáceres unbemerkt zu nähern. Das Porträt einer langhaarigen Aztekin in der Fassade des Bischofspalasts zeugt von der Rolle, die Söhne der Extremadura bei der Eroberung Südamerikas spielten. Andere Paläste zieren die Wappen der Familien, die sie einst bewohnten. Ihre Gärten, in denen früher Gemüse und Kräuter für die Küche wuchsen, sind heute von Oliven- und Feigenbäumen bewachsene Oasen. Einige von ihnen können, da die Gebäude Büros und Behörden beherbergen, besichtigt werden. In der Casa de los Golfinos, einem der schönsten Paläste der Altstadt, residierten einst die Katholischen Könige Ferdinand und Isabella bei ihren Besuchen in Cáceres.

70 Durch das alte Spanien – Kastilien und León

Elf Welterbestätten und sehr viel Natur

Zwar brennt im Sommer die Sonne auf die kargen, scheinbar endlosen Hochebenen Kastiliens, doch León besitzt so saftig grüne Gegenden, weil hier auch oft Regen fällt, dem die Menschen eine Vielzahl von Namen gegeben haben. Stille Dörfer, weite Täler und grüne Hügel bilden eine Landschaft, deren Schönheit sich langsam erschließt, wie das Bukett alten Weins.

Nordwärts geht es weiter. Nach der südlichen Sonne Andalusiens und den im Frühling blühenden Wiesen der Extremadura zeigt sich das vielseitige Spanien in Kastilien und León von einer anderen Seite. Kastilien besitzt karge, endlose Weiten, León saftiges Grün. Die große und vielseitige Region besitzt außergewöhnlichen Naturreichtum und große Kulturschätze. Nicht umsonst zählt Castilla y León, so der spanische Name der Region, elf UNESCO-Welterbestätten, darunter natürlich der Jakobsweg selbst, die Kathedrale von Burgos, die Ausgrabungen in der Sierra de Atapuerca, das Naturdenkmal las Médulas in León und die Städte Salamanca, Ávila und Segovia. Dichte Dunstschleier verhüllen nicht selten den Westen Leóns. Sanft und lautlos fällt der Regen, fast unsichtbar, aber so gleichmäßig, als wolle er nie wieder aufhören. Nicht von ungefähr gibt es im Norden Spaniens eine Vielzahl von Wörtern für Niederschlag. *Chirrimirri* nennt man den feinen Nieselregen, der das Baskenland schön grün macht, *Urbayo* heißt der alles durchdringende Sprühregen Asturiens. Dort besitzen die Leute hohe Holzschuhe, in denen man nasse Wiesen trockenen Fußes überquert. Und vor *Calabobos* wird in Kastilien gewarnt, wenn es Bindfäden regnet. Die Provinz Léon kennt alle drei Niederschlagstypen. Vor allem an der Grenze zur Nachbarprovinz Lugo, die mit Stolz auf Spaniens höchste Anzahl an Nebeltagen im Jahr verweisen kann, versackt die Landschaft bisweilen in schweren Wolken, die auf den Bergen aufset-

Blick auf das UNESCO-Biosphärenreservat Los Ancares (u.). Auch Ziegenherden fühlen sich dort wohl (r.). Trotz der Nutzung als Weideland leben hier mehr als 200 Tierarten von Auerhahn bis Braunbär.

zen, sich öffnen und Wiesen, Täler, Dörfer und Kirchen in graugrünes Dämmerlicht hüllen. Vielen Menschen begegnet man nicht. Aber die, die sich zeigen, tragen meist einen Stockschirm auf dem Rücken, den Griff im Kragen eingehakt. Es könnte Regen geben.

Landschaft von kontemplativer Schönheit

Es ist eine Gegend zum Wandern und zum Nachdenken – wie geschaffen fürs Pilgern. Die Landschaft erhebt nicht wie die Weite der Meseta, sie betört nicht wie die vielgesichtige Schönheit Andalusiens, man muss sie sich erarbeiten. Dabei haben die Hügel, die mit der Umgebung verwachsenen Gehöfte, die stillen Dörfer ihren ganz eigenen Reiz. Land und Klima prägen auch die Einwohner. Im Naturpark Los Ancares, dessen bis zu 2000 Meter hohe Berge gefühlte 50 Jahre von der alten Provinzhauptstadt Léon entfernt die Grenze nach Galicien überqueren, gehen die Leute auf den Friedhof, um sich mit ihren Ahnen zu beraten. Deshalb stehen neben vielen Gräbern Bänke. Der Glaube an die Wiederauferstehung der Vorfahren ist unter den Riten der römisch-katholischen Kirche nicht gänzlich verschüttet.

Durch Kastanien- und Birkenwälder

Im Ancares-Gebirge zwischen Lugo und Ponferrada ist das alte Spanien samt seiner urtümlichen Fauna nahe. Bussarde, Auerhühner, Wildkatzen, Füchse und Wölfe leben im Naturpark. Wer hier nicht lebt, ist meist unterwegs nach Santiago de Compostela. Die Straßen und Wege, die sich durch Kastanien- und Birkenwälder winden, eignen sich hervorragend, um auf das ferne Ziel einzustimmen. Erst fühlt man Melancholie. Dazu passen die knarrenden Etagenbetten in Pilgerhospizen, die manchmal auch auf windumtosten Bergkuppen zu finden sind – glücklicherweise. In den Bergen regnet es mitunter täglich, die Temperaturen fallen auch im Sommer mitunter an die Frostgrenze. Nicht unbedingt das leichteste Terrain für Pilger, aber in seiner Wildheit ein besonders schönes. Die Schafe scheinen sich im rauen Klima der stillen Hochtäler dichter aneinanderzudrängen. Und schließlich befällt einen Demut angesichts des endlosen Schweigens der kahlen Hänge und dunklen Täler, die sich vom Lauf der Zeit so gar nichts annehmen.

Weitere Informationen

www.turismocastillayleon.com

WEIN FÜR PILGER

Wer pilgert, muss nicht darben. Schließlich liegen diverse Weinanbaugebiete an den Jakobswegen. Der Gran Dondo Blanco etwa wird sogar als Pilgerwein bezeichnet. Das Anbaugebiet Ribeiro liegt im Zentrum Galiciens. In den Bodegas Do Campo in Ribadavia wird er aus den Trauben Treixadura und Palomino gekeltert. Gearbeitet wird auf dem Weingut nur von Hand. Für die Rotweine verwendet es vor allem die Mencíatraube, für die Weißen die Trauben Treixadura, Torrontés, Godello und Palomino angebaut. Die Bodega liegt 28 Kilometer westlich von Ourense *(siehe Highlight 75)*.

Weitere Informationen

https://bodegasdocampo.com

71 Uralte, ewig junge Stadt – Salamanca

Ein Diplom aus Stierblut auf Stein

In Salamanca studierte im 16. Jahrhundert Spaniens Nationaldichter Miguel de Cervantes, der Schöpfer des unsterblichen *Don Quijote*. Die Stadt ist aber nicht nur Heimat einer der ältesten und bekanntesten Universitäten Europas, ihr historisches Herz ist auch berückend schön – und seit 1988 UNESCO-Weltkulturerbe.

Stolze dreistöckige Gebäudezeilen säumen die weitläufige Plaza Mayor. Durch ihre Arkadengänge eilen Fußgänger auf dem Weg in Bars oder Geschäfte. Andere schlendern über den Platz, treffen auf Bekannte, bleiben stehen und plaudern. Salamancas Plaza Mayor ist der vielleicht schönste Stadtplatz ganz Spaniens. Selbst an kalten Wintertagen und außerhalb touristischer Saison erstrahlt er hell oder schimmert geheimnisvoll unter nachtschwarzem Himmel. Die Plaza ist ein Treffpunkt, der selbst den verzaubert, der »unter der Uhr« des Rathauses, wie man sich hier verabredet, versetzt worden ist.

Erwacht aus Dornröschenschlummer

Heute ist schwer vorstellbar, dass die lebhafte Universitätsstadt, die sich aus der weiten, spröden kastilischen Landschaft erhebt, während der Franco-Ära sehr ruhige Zeiten erlebte, sogar in eine Art Dornröschenschlummer fiel. Erst mit dem Ende des Regimes nahm die Universität wieder den Rang ein, der ihr in Gründerzeiten, im 13. Jahrhundert, als vierte europäische Hochschule nach Bologna, Paris und Oxford ganz selbstverständlich gebührte.

Bis zum Spanischen Bürgerkrieg hat diese Uni nicht nur Gelehrte, sondern immer wieder auch Helden hervorgebracht. Heute streben junge Menschen aus der ganzen Welt ins westliche Spanien, um in der 145 000-Einwohner-Stadt das klarste Kastilisch zu lernen, das die Iberische Halbinsel zu bieten hat.

Die neue Kathedrale – die im 18. Jahrhundert vollendet wurde und somit auch nicht mehr ganz brandneu ist – ist auch außerhalb von Gottesdiensten gut besucht: von Damen, die betend in den Bänken sitzen, schwere Einkaufs-

Die römische Brücke und die Kathedrale Salamancas bei Nacht (u.). Tapas (r.u.) sind nicht nur für Studenten überlebensnotwendig.

taschen neben sich, während Kunsthistoriker durch das Kirchenschiff schlendern, die zuverlässig in allen großen spanischen Kathedralen anzutreffen sind, und junge Familien in Seitenkapellen Kerzen anzünden.

Ein Hörsaal aus dem 15. Jahrhundert

220 Jahre dauerte es, bis die Catedral Nueva 1733 fertiggestellt war. Das schnelle Wachstum der Stadt, zu dem die Uni mit rund 5000 Studenten beitrug, schien ihre Errichtung im 15. Jahrhundert erforderlich zu machen, – obwohl ihre kleinere Vorgängerin, im Mittelalter solide erbaut, bis heute ungerührt an ihrer Seite lehnt. Die zweite wird noch immer die Neue genannt, und nachträglich angefügte Details wie der kleine steinerne Astronaut in der Seitenfassade rechtfertigen dies auch nach annähernd 300 Jahren.
Keinen Steinwurf entfernt erhebt sich das älteste und erste Gebäude der Universität, die 1415 erbauten Escuelas Mayores. Die Geschichte der Hörsäle, die sich dort um einen klösterlich stillen Innenhof gruppieren, illustriert die enge Verknüpfung von der Lehre drinnen und dem Leben draußen, die Salamanca stellvertretend für Kastilien und Spanien lebte.
Fray Luis de León, jener legendäre Gelehrte, der heute nachdenklich von seinem Denkmal auf das üppig verzierte Hauptportal seiner einstigen Wirkungsstätte schweigt, las in der Aula, in der noch heute schwere Holzbänke aus dem 16. Jahrhundert stehen. Unbequem sehen sie aus, aber seinerzeit bedeuteten sie Luxus – die Aula war der einzige Hörsaal, in dem die Studenten nicht auf dem Boden Platz nehmen mussten. Mitgeschrieben wurde ohnehin nicht, denn billiges Papier zum Kilopreis war unbekannt.

Cervantes studierte hier

Hier hockte auch Miguel de Cervantes, Student der Theologie und später Autor des *Don Quijote*, und vor ihm Hernán Cortes, der für Spanien ein Weltreich erbeuten sollte. Zwei Räume weiter entwarf der Theologe und Jurist Francisco de Vitoria bald darauf die ersten Menschenrechtsmodelle für die unterjochten Bewohner der Neuen Welt. Fray Luis ging unter anderem in die Geschichte ein, da er, von der Inquisition wegen einer Übersetzung des alttestamentarischen *Hohelied der Liebe* fünf Jahre lang im Kerker gehalten, seine erste Vorlesung nach seiner Haft mit Worten einleitete, die bar jeder Sentimentalität vor allem enthüllten, dass er alles ungebeugt überstanden hatte: »Wie wir gestern sagten …«
Die Inquisition blieb nicht das letzte finstere Kapitel der Innenpolitik auf der Iberischen Halbinsel. Gleich nebenan liegt der Hörsaal, der Miguel de Unamuno gewidmet ist, jenem Rektor der Universität, der sich hier ein Wortgefecht mit Anhängern Francos lieferte, aus dem er zwar rhetorisch überlegen, aber um sein Amt gebracht und mit Hausarrest bestraft hervorging. Nur wenige Wochen darauf, am Silvestertag 1936, starb der Dramatiker, Dichter und Essayist in seinem Haus in der Calle de Bordadores.

Flanieren, küssen, Kaffee trinken

Dort brandet heute das Leben, wenn es Nacht wird. Hier, in der Calle Gran Vía und rund um die Plaza Mayor lassen die Bässe der Discos das alte Gestein ringsum erbeben. Schuld sind die Studenten, die auf dem Weg zum Abschluss, der traditionsgemäß mit tiefroten Autogrammen der Absolventen aus Stierblut und Öl in den goldenen Sandsteinmauern der Uni dokumentiert wird, manche Schaffenspause brauchen. Bis zum späten Abend ist dafür die Plaza Mayor mit ihren Bars, Cafés und Bänken da – egal, ob die Hitze eines Sommertags in ihren Mauern fortglüht oder winterlich kalter Wind weht. Sie ist allen historischen Bauwerken, holprigen mittelalterlichen Gassen und verwunschenen Innenhöfen zum Trotz die eigentliche Hauptattraktion Salamancas. Hier wird flaniert, Kaffee geschlürft, Wein getrunken und geküsst wie überall sonst in Universitätsstädten. Aber das Leben erscheint hier kunstvoll ausgeleuchtet, und es spielt auf einer jahrhundertealten Bühne aus Stein.

FERIA DE SALAMANCA

Im September feiert die Stadt ihre Schutzpatronin, die Virgen de la Vega, – ein Riesenspektakel mit Konzerten, Theater, Festen und Feuerwerk. Hauptbühne ist die Plaza Mayor. Die Festlichkeiten dauern fast zwei Wochen, zu Beginn, am 8. September, steht die Blumengabe an die Schutzpatronin mit Prozession auf dem Programm. Sind die religiösen Verpflichtungen erfüllt, widmet man sich die nächsten zwölf Tage ganz dem Vergnügen. Die Stadt besitzt mit San Juan de Sahagún einen zweiten Schutzpatron, dem am 12. Juni die Ehre erwiesen wird.

TREFFPUNKT FÜR TAPASFANS

Tolle Tapas, preiswerter Wein (auch Bier), entspannte Atmosphäre – die Bodega Cuzco macht nicht nur die Studenten Salamancas glücklich, sondern auch hungrige Pilger. Auch die Mini-Hamburger sind gut. Bei größerem Appetit helfen ein Steak oder viele Tapas.

Weitere Informationen

Calle Juan de Rey 5, https://cuzcobodega.es/
Salamanca: www.salamanca.es

Der Salon der Stadt:
Die Plaza Mayor in Salamanca.

CAFE

72 Romanik und andere Wunder – Zamora

Das Kleinod der Meseta und seine Schätze

Zamoras Stadtmauer, Kirchen und Paläste erwecken das Mittelalter zum Leben. Aufgrund ihrer Dichte an romanischen Bauten – 20 Kirchen sind es insgesamt – wurde die Altstadt zum historisch bedeutsamen Ensemble erklärt. Die Stadt auf einem Hügel über dem Duero besitzt mehr Flair und Geschichte als manche Metropole und außer 1000-jährigen Kirchen auch Juwelen des Jugendstils.

Jenseits des Duero erheben sich die Altstadt Zamoras und die Kathedrale. Während der Karwoche tragen die Damen zur Ehren der Virgen de la Soledad schwarz (r.u.).

Schon aus der Entfernung bietet Zamora einen spektakulären Anblick: ein Stück Mittelalter, aus der Zeit gefallen und am Ufer des Flusses Duero sorgfältig wieder aufgebaut wie eine Filmkulisse. Allerdings ist hier alles echt: Burg, Festungstürme, Teile der Stadtmauer, der breite Strom zu ihren Füßen und die Brücke aus dem 13. Jahrhundert, die seine Ufer verbindet. Als wäre das nicht schon genug, besitzt die 61 000-Einwohner-Stadt dazu noch die höchste Zahl an romanischen Bauwerken pro Quadratkilometer – nicht in Spanien, sondern in ganz Europa.

Spielball zwischen Islam und Christentum

Schon in der Bronzezeit war das Gelände besiedelt, in der Antike wurde der strategisch günstig gelegene Hügel am Fluss erstmals zur Stadt. Dank der Lage an der Silberstraße kam Zamora zur Zeit der Römer bereits Bedeutung zu. Später erlebte die Stadt die für die Region typische Geschichte: Eroberung durch arabische Truppen, maurische Herrschaft, Ankunft christlicher Rückeroberer und Befestigung im Rahmen der Reconquista. Durch die Lage an der Grenze von islamischem Süden und christlichem Norden ging es hier besonders heftig

und häufig hin und her. Alfons II. sicherte Zamora im 9. Jahrhundert mittels einer Stadtmauer, Alfons III. verlieh der Stadt am Ende des unruhigen Jahrhunderts gar den Charakter einer wehrhaften Burg. Um die Verhältnisse weiter im Sinne der Reconquista zu festigen, wurde die Stadt am Fluss zum Bischofssitz. Trotz aller Bemühungen kamen die Nachbarn aus dem Süden im Jahr 983 zurück und legten die wehrhafte und spirituell gestärkte Stadt in Schutt und Asche. Dieses Mal dauerte es länger, bis sie sich erholte. Ferdinand I. machte sich im 11. Jahrhundert daran, sie wieder aufzubauen und zu besiedeln. Es gelang. Etwa 150 Jahre lang erlebte sie eine Blütezeit, bis sie wieder an Bedeutung verlor – allerdings ohne Zerstörung von außen, sondern durch eine Verlagerung wirtschaftlicher Interessen in andere Regionen.

Eine Kathedrale und 22 romanische Kirchen

Vor allem aus dem Mittelalter hat eine große Zahl an Kulturdenkmälern überdauert – allen voran die imposante romanische Kathedrale San Salvador, die im 12. Jahrhundert erbaut wurde, aber auch 22 weitere zwischen dem 11. und 13. Jahrhundert im Stil der Romanik errichtete Kirchen. Die Kathedrale ist weithin an ihrem Turm und der von 16 Doppelsäulen getragenen Vierungskuppel im byzantinischen Stil zu erkennen. Das ursprüngliche Bischofsportal (Puerta del Obispo) ist erhalten; Reliefs zeigen hier die Apostel Johannes und Paulus sowie die Muttergottes mit Kind. Im Inneren ist das barocke Chorgestühl ebenso bemerkenswert wie zwei Kanzeln im Mudéjar-Stil. Eine Sammlung flämischer Wandbehänge aus dem 15. und 16. Jahrhundert befindet sich im Kathedralen-Museum. Der Kathedrale benachbart ist die im 11. Jahrhundert erbaute Burg (Castillo de Zamora), die im Verlauf der Zeit stark verändert wurde und heute ein Museum für den 1903 verstorbenen Bildhauer Baltasar Lobo beherbergt.
Die romanische Iglesia de San Pedro y San Ildefonso, im 11. Jahrhundert auf den Fundamenten der früheren Kirche Santa Leocadia erbaut, war in ihren Anfängen die größte Kir-

MUSEUM DER KARWOCHE

18 Prozessionen finden in Zamora während der Semana Santa statt. Wer nicht während der Karwoche in der Stadt ist, in der die Tage bis Ostern besonders intensiv begangen werden, kann Versäumtes im Museo de Semana Santa nachholen, dem der Heiligen Woche gewidmeten Museum. Auf einer Fläche von 900 Quadratmetern dokumentiert es anhand von Exponaten, die die Bruderschaften der Stadt zur Verfügung gestellt haben, Abläufe und Rituale rund um diese wichtigste Woche im spanischen Festkalender.

AM MORGEN IN DIE MARKTHALLE

Die ansehnliche, im Stil des katalanischen Modernismus erbaute und 1902 eröffnete Markthalle von Zamora (Plaza Mercado) steht – und wie könnte es anders sein – an der Stelle einer früheren romanischen Kirche. Der Lebensmittelmarkt ist bunt und lebhaft und bietet eine gute Gelegenheit, sich mit Käse und Wurstwaren zu versorgen. Der Mercado de Abastos ist täglich außer sonntags bis 14 Uhr geöffnet.

Weitere Informationen

Museo Semana Santa: Plaza Santa María Nueva, https://semanasantadezamora.com
Kathedrale:
https://catedraldezamora.wordpress.com
Zamora: www.turismoenzamora.es

Die romanische Kathedrale (r.o.) hat ein außergewöhnliches barockes Chorgestühl (l.u.). Die ganze ist Stadt farbenfroh und vital. Auch der spanische Modernismus ist vertreten (r.u.).

che der Stadt, die nur der Kathedrale nachgeordnet sein sollte. Mit der Zeit erfuhr sie einige Veränderungen. Zu den Schätzen der Kirche zählt ein flämisches Triptychon aus dem 16. Jahrhundert, das Karl V. der Stadt bei seinem Besuch im Jahr 1522 als Geschenk darbot. Die Iglesia de San Cipriano datiert aus dem 11. Jahrhundert und ist ein weiteres Beispiel für die romanischen Perlen der Stadt.

Vermutlich wurden Teile einer zuvor abgerissenen Kirche für ihren Bau genutzt. Eingefügte Reliefsteine und ein Stein mit dem Namen der Kirche San Andrés, die im 16. Jahrhundert wieder aufgebaut wurde, legen diese Möglichkeit zumindest nahe. Ein spitzer Triumphbogen und Darstellungen der Heiligen Drei Könige an den Kapitellen seiner Säulen fallen im Inneren der Kirche auf.
Nicht alle romanischen Kirchen haben ihr ursprüngliches Erscheinungsbild vollständig erhalten: Die Iglesia San Juan de Puerta Nueva an der Plaza Mayor etwa büßte innerhalb von 800 Jahren zwei Schiffe, einen Turm und ihr Dach ein, und erhielt eine neue Dachkonstruktion im Mudéjar-Stil. Und nicht alle romanischen Kirchen stehen innerhalb der Altstadt. Die kleine Iglesia de Santiago de los Caballeros wurde früh im 12. Jahrhundert westlich der Stadt erbaut, und San Claudio de Olivares mit ihren eindrucksvollen Kapitellen ist im Viertel San Olivares zu finden. Wer alle romanischen (und anderen) Schätze Zamoras erkunden möchte, sollte dieser schönen Stadt mit ihren dicht gedrängten kunsthistorischen Juwelen mehrere Tage widmen. Denn auch jenseits der Betrachtung knapp 1000-jähriger Gotteshäuser gibt es hier eine Menge zu entdecken.

Jugendstil und eine westgotische Kirche

Zamora entwickelte sich auch in späteren Zeiten weiter. Und die Bautätigkeit wurde bis ins 20. Jahrhundert fortgesetzt, als attraktive Jugendstilarchitektur entstand. So ist Zamora heute auch Teil der Europäischen Jugendstilstraße. Zum Shoppen geht man heute in die Fußgängerzone Santa Clara. Ein schönes Parador-Hotel ist in einem Palast aus dem 15. Jahrhundert untergebracht, in dem sich historische Atmosphäre mit zeitgenössischem Komfort verbindet. Doch in Zamora ist die Vergangenheit immer nur ein paar Gebäude, einige Ecken oder höchstens wenige Kilometer entfernt. So steht ein Stück außerhalb mit San Pedro de la Nave eine westgotische Kirche aus dem 7. Jahrhundert.

Filmreifer Auftakt zur Nebenstrecke: Das Kloster Santa María de Moreruela (l.o. und r.o.). Gepflegte Weinberge und Weizenfelder machen die Route außerdem attraktiv.

73 Altes Kloster – Granja de Moreruela

Durch Klosterruinen Richtung Westen

Ein verlassenes Zisterzienserkloster außerhalb des Dörfchens Granja de Moreruela ist die erste Station des Camino Sanabrés. Alleine wegen des Anblicks der verträumten Anlage lohnt es sich, hier der südlicher verlaufenden Route zu folgen. Das Kloster Santa María de Moreruela bildet den Startpunkt der 340 Kilometer langen Nebenstrecke nach Santiago de Compostela.

Das Dorf Granja de Moreruela mit weniger als 300 Einwohnern liegt 38 Kilometer nördlich von Zamora. Es befindet sich bereits in der Iberischen Meseta, dem kastilischen Hochland, auf das im Sommer die Sonne unbarmherzig brennt und über das in Herbst und Winter kalter Wind pfeift.

Eines der ältesten Zisterzienserklöster Spaniens

Trotz seiner übersichtlichen Ausmaße ist Granja de Moreruela ein interessanter Ort. Prähistorische Felszeichnungen zeugen von früher Besiedlung dieser Gegend. Vermutlich im Jahr 1143, vielleicht aber auch schon zwölf Jahre früher, wurde ein Stück außerhalb des Dorfs eine Zisterzienserabtei gegründet, das Monasterio de Santa María de Moreruela. Ob es das erste Zisterzienserkloster im heutigen Spanien war, ist nicht zweifelsfrei geklärt. Schon vorher hatte es hier ein Kloster gegeben, das wahrscheinlich von Benediktinern geführt wurde, und das die Zisterzienser in der ersten Hälfte des 12. Jahrhunderts übernahmen. Auf die Scheune *(Granja)* des Klosters dürfte sich der heutige Name von Granja de Moreruela beziehen. Weil die Anlage nicht unmittelbar an der Via de la Plata liegt, finden nicht viele Pilger hierher. Denn die Mehrzahl folgt dem Weg von Granja de Moreruela über Benavente und

La Bañeza nach Astorga, wo die Route auf den französischen Weg nach Westen trifft. Doch allein die Klosteranlage in malerischer Landschaft lohnt, hier in Richtung des südlicher verlaufenden Camino Sanabrés einzubiegen. Diese Nebenstrecke biegt schon hier in Richtung Westen ab und führt ein Stück südlicher über die Provinz Ourense nach Santiago de Compostela.

Dicker Grasteppich in der Kirche

Im verlassenen Kloster glaubt man das Rauschen der Zeit zwischen den Überresten förmlich zu hören. Denn die Abtei ist verlassen, die gotische Kirche aus dem 12. Jahrhundert ist zwar erhalten, aber wie die übrigen Gebäude in ruinösem Zustand, – obwohl das Kloster seit 1931 als Kulturdenkmal (*Bien de Interés Cultural*) gilt. Mit einer Länge von 63 Metern und einem 27 Meter breiten Querhaus war die in Form eines Kreuzes gebaute Kirche sehr groß. Die Apsis bestand aus sieben im Halbkreis angeordneten Radialkapellen, die von außen noch gut zu erkennen sind. Nordportal, Chorgewölbe und die Wände eines Seitenschiffs sind erhalten. Der Kapitelsaal des Klosters ist zum Teil sogar restauriert. Trotz wuchernder Vegetation und eines dicken Grasteppichs in der Klosterkirche geben die Überreste noch einen Eindruck von Pracht und Größe des Klosters, das im Mittelalter als Tochterkloster der Abtei von Clervaux Bedeutung besaß und selbst zwei weitere Abteien in der Umgebung übernahm. Warum es aufgegeben wurde, steht nicht fest.

Wanderung durch filmreife Landschaften

Schon früh wählten nicht nur Pilger diesen Weg, um den Nordwesten zu erreichen, sondern auch Kaufleute und Viehtreiber. Nachdem vor allem der Camino Francés in den Sommermonaten mittlerweile sehr überlaufen ist, erfahren die teils vergessenen historischen Routen neue Popularität. Auch für diese Variante entscheiden sich viele Pilger, die auf dem Weg Stille und Einsamkeit suchen. Nicht umsonst hat der spanische Regisseur Carlos Saura in dieser Gegend gedreht, wenn er Bilder eines älteren, ursprünglichen Spaniens suchte. Tatsächlich kann man sich hier abschnittsweise fühlen, als wanderte man durch eine Filmkulisse.

TAPAS AUF DER TERRASSE

Eine schattige Terrasse, ein kühles Bier und eine große Auswahl schmackhafter Tapas verleihen Pilgern in der Bar La Espiga in Granja de Moreruela (Avenida Angel de la Vega 53) neue Lebensgeister. Für den größeren Hunger gibt es Steak, leckere Chorizo und Meeresfrüchte vom Grill. Die freundliche Atmosphäre steigert den Entspannungsfaktor.

Weitere Informationen

Monasterio Santa María de Moreruela:
www.moreruela.aguicamp.es
Granja de Moreruela:
www.granjademoreruela.net

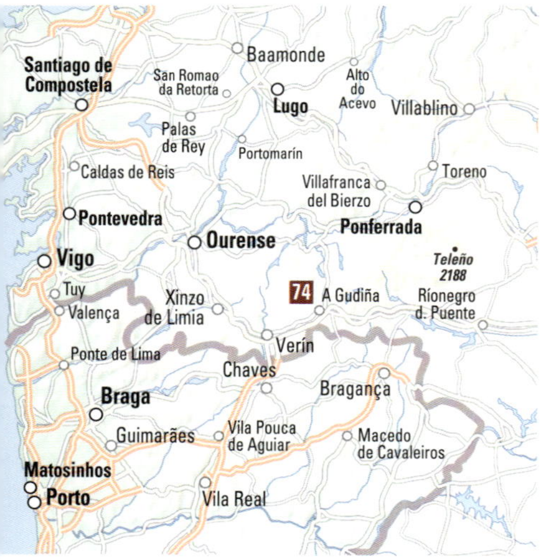

74 Auf Nebenstrecken – Camino Sanabrés

Burgen und Bergpässe

Mittelalterliche Städtchen und Eindrücke des ländlichen Spaniens erwarten Pilger auf dem mozarabischen Weg. Über ansehnliche Bergpässe geht es nach Galicien. Das bedeutet berückende Aussichten, aber auch sportliche Anstiege. Dieser Weg ist einer der wenigen, die vor dem Erreichen des Ziels nicht auf den Camino Francés treffen. Daher bleibt es bis kurz vor Santiago de Compostela sehr ruhig.

Das Kloster Santa María (u.) liegt bereits in Galicien. Malerisch liegt Puebla de Sanabria auf einem Hügel (r.). Tapas gibt es natürlich auch auf einsamen Nebenstrecken (r.u.).

Über etwa 15 Tagesetappen führt der Camino Sanabrés, auch als mozarabischer Weg bekannt, von Granja de Moreruela in den Nordwesten und nach Santiago de Compostela. Außer von Pilgern wurde die Strecke auch von Kaufleuten genutzt. Sie führt durch ein ursprüngliches Spanien mit viel Natur und den Spuren einer langen und wechselvollen Geschichte. Pilger werden hier weniger Gesellschaft haben als auf anderen Strecken, aber gerade die Einsamkeit der Landschaft macht ihren Reiz aus. Es ist auch eine der wenigen Routen, die nicht in den Camino Francés mündet.

Jakobus als Pilger mit Stab und Muschel

Schon bald hinter Granja de Moreruela wartet mit der Kirche Santa Marta im Ort Santa Marta de Tera ein Highlight. Das Gotteshaus, das Ende des 11. Jahrhunderts als Klosterkirche eines verschwundenen Ordenshauses errichtet wurde, zeigt an seinem Südportal eine Statue des Apostels Jakob im Pilgerwand – samt Pilgerstab in der rechten Hand und einer umge-

hängten Tasche, an der gut erkennbar eine Jakobsmuschel prangt. Grüßend hat er die rechte Hand erhoben, an der anderen Seite des Portals wacht die Figur eines weiteren Apostels. Die Statue stammt aus dem 12. Jahrhundert und gehört zu den ältesten, die die noch heute gebräuchliche Pilgerausrüstung zeigen. Vor der Euro-Umstellung wurden aus Anlass eines Heiligen Jahrs Fünf-Peseten-Münzen mit diesem Bild geprägt. Auch die Kapitelle und Apsisfenster der romanischen Kirche sind sehr sehenswert.

Mittelalterliche Burgen und Paläste

Weil Pilger wie Kaufleute immer schon Herbergen und spirituellen Beistand benötigten, stehen auch an diesem Weg Kirchen und Klöster, die Reisende aufnahmen. Und auch hier reicht die Geschichte immer wieder bis in die ferne Vergangenheit zurück. Das Mittelalter hat besonders deutliche Spuren hinterlassen. In Puebla de Sanabria etwa wartet mit der Schlossburg der Grafen von Benavente eine der besterhaltenen Burgen des 15. Jahrhunderts nicht nur in Kastilien-León, sondern in ganz Spanien. Das Städtchen thront festungsgleich auf einer Anhöhe und ist mit malerischen Gassen im historischen Zentrum, Adelspalästen aus dem 15. Jahrhundert und der Pfarrkirche auf seinem höchsten Punkt eine echte Augenweide. Und es verfügt über einen Parador.

Über Gebirgspässe nach Galicien

Allerdings führt auch dieser Weg nach Galicien über Gebirge. Böse Zungen mögen behaupten, die Mauren seien wegen des feuchten Klimas nie im entlegenen Nordwesten der Iberischen Halbinsel heimisch geworden. An zwei Seiten vom Meer umgeben und an einer weiteren von Gebirgszügen, war auch der Weg nach Galicien immer schon mühsam. Zwischen Puebla de Sanabria und Lubián geht es über den Pass Alto de Padornela auf stolze 1337 Meter Höhe, auf der nächsten Etappe nach A Gudiña auf dem Alto de la Canda immerhin noch einmal auf 1200 Meter. Trösten mag man sich mit dem Wissen, nun galicischen Boden erreicht zu haben – oder vielmehr galicische Berge. Auch auf der Strecke von Laza nach Xunqueira de Ambía warten einige sportliche Aufstiege mit mehreren hundert Höhenmetern innerhalb weniger Kilometer. Die Landschaft ist dafür schlicht berückend: weite, leuchtend grüne, menschenleere Täler, dicht bewaldete Berge, einsame Kapellen und kleine Dörfer. Wenn man überall nur noch den Buchstaben »x« sieht, hat das trotzdem nichts mit Erschöpfung zu tun. Auch sprachlich geht Galicien eigene Wege. Das Gallego, so der Name der konsonantenreichen galicischen Sprache, ist neben Spanisch (Castellano) offizielle Amtssprache in der Autonomen Gemeinschaft.

TAPAS, TINTENFISCH UND TINTO

Im kleinen Santa Marta de Tera warten neben dem Apostel mit Pilgerstab und Jakobsmuschel an der Fassade der Kirche Santa Marta auch die gute Küche des gemütlichen Restaurants Venta Medievo (Calle Carretera 97, Santa Marta de Tera) mit kleinem Garten. Galicische Spezialitäten (Pulpo) geben hier schon eine kulinarische Einstimmung auf die Region hinter den Bergen. Außerdem gibt es sehr gute Steaks, große Salate und hausgemachte Desserts.

TAFELFREUDEN IM MITTELALTERLICHEN STÄDTCHEN

Tapas, Tintenfisch, Steak, Kabeljau, Käse und andere ortstypische Köstlichkeiten gibt es in schönem Ambiente in der Posada La Puebla de Sanabria im Herzen des mittelalterlichen Städtchens. Auch im Freien gibt es Tische, an denen sich sehr angenehm ein paar Stunden bei gutem Essen verstreichen lassen können. Die Preise sind sehr moderat.

Weitere Informationen

Posada La Puebla de Sanabria:
Plaza Mayor 3,
www.laposadadelapuebladesanabria.com
Parador von Puebla de Sanabria:
www.parador.es/de/paradores/parador-de-puebla-de-sanabria
www.turismocastillayleon.com
Galicien: www.turismo.gal

Der romanische Nachfolgebau der römischen Brücke führt nach Ourense (o.). Die heißen Quellen (r.) begeistern Pilger nicht weniger als einst die Römer. Und ohne Pulpo geht gar nichts.

75 Badeort der Römer – Ourense

Ein antikes Thermalbad läutet die Schlussetappe ein

Heiße Quellen am dicht bewaldeten Ufer des Flusses Miño begründeten schon früh den Ruhm Ourenses als Badeort. Die Thermalquellen As Burgas sprudeln noch immer. Höchste Zeit also, die Wanderschuhe abzustreifen. Auch jenseits des Thermalbads ist Ourense eine attraktive Stadt mit einer schönen Plaza im Zentrum.

Geschützt vor Hochwasser liegt Ourense, heute eine Stadt mit 105 000 Einwohnern, am Hügel über dem Fluss. Die Römer mit ihrem Faible für Badekultur waren begeistert, drei heiße Quellen am Ufer zu finden, und machten sich bald daran, eine Brücke über den Fluss zu bauen. Die römische Brücke ist nicht erhalten, aber ein attraktiver romanischer Nachfolgebau aus dem 13. Jahrhundert.

Baden wie die Römer

Die drei Quellen sprudeln bis heute, und das Wasser, das mit einer Temperatur von 60 Grad Celsius aus der Erde kommt und auf 38 bis 40 Grad heruntergekühlt wird, ist eine wahre Wohltat für strapazierte Bewegungsapparate. In der Piscina termal de As Burgas im Zentrum kann man bei schönstem Ausblick auf die Umgebung ins Wasserbecken sinken – zu jeder Jahreszeit, unter freiem Himmel und dazu noch bei freiem Eintritt. Es ist in jeder Hinsicht eine authentische Badeerfahrung auf den Spuren der Römer: Ihr antikes Badehaus lag gleich nebenan, die Überreste kann man nach dem Bad besichtigen. Hier liegt auch die Burga de Arriba, das obere Becken, ein Brunnen aus dem 17. Jahrhundert. Auch aus dem Unteren Becken (Burga de Abaixo), einem Brunnen aus dem 19. Jahrhundert, sprudelt warmes Wasser.

Vorhalle des Paradieses

Schon zur Zeit der Rückeroberung im 9. Jahrhundert war die Stadt Bischofssitz. Die heutige Kathedrale San Martiño wurde im 12. und 13. Jahrhundert an der Schwelle der Romanik zur Gotik errichtet. Sie klebt wie eine Festung am Hang, ist in Form eines Kreuzes erbaut und besitzt einen 40 Meter hohen Glockenturm (Besichtigung möglich). Es gibt Ähnlichkeiten zur Kathedrale von Santiago, vor allem am Pórtico del Paraíso. An seiner Errichtung waren entweder Steinmetze aus der Werkstatt des Maestro Mateo beteiligt, der das Pórtico de la Gloria der Kathedrale in Santiago gestaltete, oder die Arbeit des Maestro diente auf der hiesigen Baustelle als Inspiration. Diese »Vorhalle des Paradieses«, so der Name, zeigt die Muttergottes in Gesellschaft der Apostel, darunter Jakob mit einem beweglichen Schwert, und der 24 Ältesten der Apokalypse sowie Musikern mit Instrumenten, die sich lebhaft zu unterhalten scheinen. Über dem Apostel Jakob ist der Schutzpatron San Martiño (Sankt Martin) zu sehen, zu Pferd, das Schwert gezückt zur Mantelteilung. Das Portal ist restauriert und erstrahlt in Farbe und Glanz – man kann sich gut vorstellen, wie die fantastische, detailreiche Arbeit im Mittelalter auf die Menschen gewirkt haben muss. Im schönen Kreuzgang, der etwa 100 Jahre jünger als die Kathedrale ist, befindet sich das Diözesanmuseum mit seinen Schätzen, darunter ein Prozessionskreuz aus dem 16. Jahrhundert.

Friedhof der Franziskaner über der Stadt

Auch die an zwei Seiten von Arkaden gesäumte Plaza Mayor der Altstadt ist mit Rathaus, Bischofspalast und Cafés sehenswert. Einen Besuch verdienen auch die Überreste des Franziskanerklosters aus dem 14. Jahrhundert ein Stück weiter oben auf dem Hügel. Teile der Klosterkirche wurden im 19. Jahrhundert versetzt und stehen nun im Park San Lázaro. Der Kreuzgang aber ist geblieben. Seine 63 Bögen ruhen auf Doppelsäulen mit reich geschmückten Kapitellen und sind sehr gut erhalten. Das Schiff der alten Kirche ist noch mit dem Kreuzgang verbunden. Auch der alte Friedhof der Franziskaner ist erhalten. Mausoleen und Grabsteine liegen zwischen Lorbeerbäumen und Zypressen hoch über der Stadt.

INS MITTELALTER FLANIEREN

Das Dorf Seixalbo begrüßt Pilger auf dem Camino Sanabrés, bevor sie Ourense erreichen. Im Mittelalter befanden sich hier nur bischöfliche Weinberge, in denen Bauern und Tagelöhner zum Wohl der Kirche arbeiteten, und ein Pilgerhospiz. 1859 erreichten die Bewohner die Abschaffung der Steuer auf die Nutzung kirchlicher Ländereien – 100 Jahre vor dem übrigen Galicien. Seinen mittelalterlichen Zauber hat das Dorf bewahrt, und es ist schön, sich durch enge Gassen wie A Requeixada und Calle Amendo treiben zu lassen.

TINTENFISCHFEST

An jedem 7. und 17. jedes Monats ist auf dem Messegelände (Campo da Feira) in Ourense Tintenfischmarkt – und mittags speist man dort gut und günstig Oktopus. Fällt das Datum auf einen Sonntag, wird der Markt auf den Montag verlegt. Wie es so weit von der Küste entfernt zur Obsession mit dem Oktopus (Pulpo) kommt, erklärt sich wiederum durch kirchliche Steuerpraktiken. Ein nahe gelegenes Zisterzienserkloster erhob Steuern auf die Nutzung seiner Ländereien, die sich bis zur Küste erstreckten – und erhielt sie häufig in Form von Fangfrischem.

Weitere Informationen

Kathedrale San Martiño:
https://catedralourense.com
Ourense: www.turismodeourense.gal

Caminho Português

Der portugiesische Jakobsweg

Atemberaubende Natur und wunderschöne Architektur prägen den Caminho Português. Höhepunkte sind der schönste Strand der Welt (l.), die Praia de Rodas, und Portos Zwillingskirchen mit ihren Azulejos (o.). Diese blau-weißen bzw. bunten Kacheln sind an vielen Bauten in Portugal angebracht (u.).

Der portugiesische Jakobsweg – CAMINHO PORTUGUÊS

Mit dem Pilgerstab durch Portugal

Die Geschichte des portugiesischen Jakobswegs ist im Prinzip so alt wie das Land selbst. Mit der Unabhängigkeit Portugals begann auch das Pilgern zum Grab des Heiligen Jakob. Sogar der Hochadel machte sich auf den Weg – wie beispielsweise Rainha Santa Isabel und Dom Manuel I. In den vergangenen Jahren hat sich der Caminho Português zum zweitbeliebtesten Jakobsweg entwickelt.

Die portugiesische Pilgerstrecke ist eine Wanderung durch die Geschichte des Landes. Angefangen bei den Iberern über die Kelten und Römer, auf deren historischen Straßen noch heute Teile des Wegs verlaufen und die dem Land den Namen gaben, über die Unabhängigkeit Portugals, die Vorherrschaft als See- und Kolonialmacht – um es abzukürzen – bis heute. Seine erste Blütezeit hatte der portugiesische Jakobsweg im Mittelalter. Viele Brücken und Wallfahrtskirchen sind adeligen und betuchten Pilgern zu verdanken.
Die strenggläubige Rainha Santa Isabel (Heilige Elisabeth von Portugal) begab sich Anfang des 14. Jahrhunderts sogar zweimal nach Santiago de Compostela. Dom Manuel I., der 1502 pilgerte, stiftete der Kathedrale eine Lampe, die Tag und Nacht leuchtete. Irgendwann schlief die Tradition des Pilgerns ein – außer im Norden des Landes wegen der Nähe zu Santiago. Anfang des 20. Jahrhunderts ploppte ein anderes Pilgerziel auf: Fátima wurde äußerst beliebt. 1917 erschien dort den drei Kindern Lucia, Jacinto und Francisco die Gottesmutter. Ab dem Heiligen Jahr 1999 stieg aber auch die Zahl der Pilger auf dem Caminho Português wieder, da die Wegstrecken besser markiert und Herbergen eröffnet wurden. Waren es anfangs nur Spanier und Portugiesen, begeben sich heute auch viele Ausländer auf diesen Weg. 2019 wurden 72 000 Pilger verzeichnet. Einer der Gründe: Die Strecke ist einfacher

Startpunkt vieler Pilger ist Porto, dessen malerische Altstadt seit 1996 zum UNESCO-Weltkulturerbe gehört (u.). Danach geht es entweder auf den Küstenweg (r.o.) oder den Zentralweg (r.u.).

Zwischen 20 und 25 Kilometer legen Pilger am Tag zurück (o.). Zu den landestypischen Spezialitäten entlang des portugiesischen Jakobsweges gehören die Pimientos de Padrón – aus dem galicischen Padrón (u.).

als die übrigen Jakobswege. Es gibt weniger Höhenmeter und Steigungen, und daher ist sie auch für Anfänger geeignet.

Viele Wege führen nach Santiago

Doch wie sieht der Caminho Português überhaupt aus, und wo führt er lang? Die Antwort darauf ist gar nicht so einfach. An sich ist der portugiesische Jakobsweg nicht eine bestimmte Strecke, sondern der Oberbegriff für ein vielverzweigtes Netz an Pilgerwegen nach Santiago de Compostela innerhalb Portugals. Es haben sich jedoch zwei Hauptstrecken herauskristallisiert: der Zentralweg im Landesinneren und der neuere Küstenweg. Und diese beiden gibt es auch wieder in verschiedenen Varianten. Der ursprüngliche Zentralweg führt von Lissabon über Porto nach Santiago de Compostela. Wer das Ganze abkürzen will – und das machen die meisten –, startet erst in Porto. Macht man den Schlenker über Braga, dann wird der Weg wieder ein bisschen länger. In Porto beginnt auch die zweite Hauptstrecke: der Küstenweg am Atlantik entlang, entweder bis nach Caminha oder bis zur Mündung der Ría Vigo in Galicien und von dort ins Landesinnere zum Zentralweg.

Caminho Português Central – Zentralweg

Für die lange Variante ab der Hauptstadt Lissabon – mit rund 600 Kilometern – braucht man etwa 24 Tage bis nach Santiago de Compostela. Startpunkt ist die Kathedrale in Lissabon. Hauptetappen sind Tomar, der alte Sitz des Templerordens in Portugal, und/oder der Wallfahrtsort Fátima sowie Coimbra mit dem Kloster Mosteiro de Santa Clara-a-Nova, wo sich das Grab der Heiligen Elisabeth von Portugal befindet. Sie ließ sich übrigens mit einem Pilgerstab beerdigen. Da diese Strecke anfangs landschaftlich nicht so schön ist und an Straßen entlangführt, wird sie von Pilgern weniger frequentiert.

In Porto, der Hauptstadt Nordportugals, beginnt die kurze und beliebtere Variante des Zentralwegs: Ab hier sind es bis Santiago 250 Kilometer und zwei Wochen. Im unterschätzten Norden warten unberührte Naturlandschaften und malerische Dörfer mit ihren Sagen und Legenden. Von der Sé (Kathedrale) in Porto geht es nach São Pedro de Rates, wo der Heilige Jakob angeblich den ersten Bischof von Braga, den Heiligen Peter (São Pedro), weihte. Die nächsten Etappenziele sind Barcelos, wo laut Legende ein Hahn einem Pilger das Leben rettete,

Natürliche Pools wie dieser versprechen an heißen Sommertagen Abkühlung.

dann Ponte de Lima, die älteste Stadt Portugals, und Valença an der spanischen Grenze. Über die Internationale Brücke geht es weiter ins galicische Tui. Von hier aus sind es noch ein bisschen mehr als 100 Kilometer – da man die braucht, um seine *Compostela* zu erhalten, steigen einige Pilger erst hier ein. Über Redondela an der Ría Vigo, Pontevedra mit der Kirche der Virxe Peregrina, die den Grundriss einer Jakobsmuschel hat, und der Thermalquelle von Caldas de Reis geht es nach Padrón, der wohl wichtigsten Station des Jakobwegs. Hier ging das Boot mit den sterblichen Überresten des Apostels an Land, und von hier aus wurden diese mit einem Ochsenkarren nach Santiago de Compostela gebracht – so die Legende.

Caminho Português Interior – Innenstrecke

Von Porto aus kann man auch einen anderen Weg Richtung Ponte de Lima einschlagen, der etwas weiter im Osten verläuft und heute weniger bekannt ist. Zu früheren Zeiten jedoch war es üblich, über Guimarães zu pilgern, wo der Heilige Jakob angeblich ein Bild der Jungfrau Maria aufgestellt hatte, und über Braga, das Erzbistum Portugals, dessen Kathedrale die von Santiago de Compostela übertrumpfen sollte.

Caminho Português da Costa – Küstenweg

Früher ein Insidertipp, ist diese Route heute die wahrscheinlich beliebteste Variante des portugiesischen Jakobswegs – mit Startpunkt in Porto. Seit 2014 ist der Küstenweg erschlossen und gut markiert. Zwei Drittel der 270 Kilometer langen Strecke führen direkt an der Atlantikküste entlang oder zumindest in unmittelbarer Küstennähe. Endlose Traumstrände und Naturschutzgebiete. Es geht durch Vila do Conde, wo einst die Karavellen gebaut wurden, mit denen Portugal auf Eroberungsfahrten ging, und Viana do Castelo mit der prunkvollen Basilika Santa Luzia bis zum Grenzort Caminha. Dort kann man am Minho flussaufwärts Richtung Zentralweg gehen oder mit der Fähre nach Galicien übersetzen und weiter die Küste entlang pilgern – über La Guardia, Bayona und Vigo bis zur Mündung der Ría Vigo mit den Inseln der Götter. Ab Redondela trifft man dann wieder auf den Caminho Português Central. Theoretisch könnte man bereits ab Lissabon einen Küstenweg einschlagen – leider fehlen hier die Markierungen und die Pilgerinfrastruktur.

Wem eine Strecke nicht zusagt, der kann auch zu einer anderen wechseln – mit kleineren Umwegen – von der Küste also zum Zentralweg oder umgekehrt.

Touristenmagneten sind vor allem die Ribeira am Douro (o.) und der Bahnhof São Bento (r.u.). Eine Portweinverkostung in Vila Nova de Gaia gehört zum Pflichtprogramm (r.o.).

76 Hauptstadt Nordportugals – Porto

Namensgeberin des Landes

Portus Cale, so nannten die Römer den Hafen am Ufer des Douro. Daraus wurde Portucale, eine Grafschaft in der Region zwischen den Flüssen Minho und Douro. Die erklärte im 12. Jahrhundert als Königreich Portugal ihre Unabhängigkeit vom Königreich Léon. Und die kleine römische Siedlung mit Hafen ist heute die zweitgrößte portugiesische Stadt und weltweit bekannt für Portwein.

Den schönsten Blick auf Porto mit dem beeindruckenden und wunderschönen Stadtensemble hat man vom anderen Ufer aus, von Vila Nova de Gaia. Postkartenmotiv: die bunten alten Häuser am Ufer des Douro, wie sie quasi wild durcheinander den Hügel hinaufklettern und überall blitzen mächtige Prachtbauten durch. Seit 1996 ist diese Altstadt UNESCO-Weltkulturerbe.
Porto ist eine Stadt, für die man mehr als einen Tag braucht, – und vielleicht auch mehr als einen Besuch. Den klassischen Rundgang gibt es nicht – überall sind Perlen versteckt, die man nach Geschmack auffädeln bzw. abgehen kann. Auf jeden Fall sollte man gut zu Fuß sein. Früher war Porto für den morbiden Charme seiner uralten Häuser bekannt, doch inzwishen wurde viel restauriert und selbst die Altstadt ist für hippes Innendesign von Shops, Restaurants und Gästehäusern bekannt. Der Zahn der Zeit nagt noch an der Ribeira, dem lebhaftesten Viertel mit der Uferpromenade am Douro, wo sich viele Restaurants und Souvenirläden befinden. Auch früher wurde hier schon Handel betrieben; Fischer und Seeleute wohnten in dem Viertel, dessen Gassen einem Irrgarten gleichen. Vom Ufer aus hat man einen guten Blick auf Vila Nova de Gaia, auf der anderen Seite des Flusses, und die *Barcos Rabelos*, die alten Weinschiffe, die

heute nicht mehr in Betrieb sind, und die Portweinkellereien.

Bauwerke der Superlative

Im Zentrum der Ribeira ragt die Ponte Dom Luís I. empor, die bekannteste Brücke und das Wahrzeichen der Stadt, die Porto mit Vila Nova de Gaia verbindet. Sie hat zwei Ebenen – eine 10 Meter über dem Wasser, die andere in 68 Meter Höhe. Eingeweiht wurde die Bogenbrücke 1886 und wird seitdem immer wieder Gustave Eiffel zugeschrieben. Entworfen hat sie sein ehemaliger Partner Théophile Seyrig. Ein Gemeinschaftprojekt der beiden ist die benachbarte ehemalige Eisenbahnbrücke Ponte Maria Pia aus dem Jahr 1877.
Am Fuß der Ponte Dom Luís gibt es einen Fahrstuhl, den Elevador da Lada, der in die Oberstadt führt. Auf dem höchsten Punkt Portos steht das wichtigste religiöse Gebäude der Stadt: die Sé, Sitz des Bistums und Startpunkt für den Jakobsweg. Die festungsähnliche romanische Kathedrale wurde im 12. Jahrhundert erbaut – aus der Zeit stammt das Rosettenfenster. Im 14. Jahrhundert kam der gotische Kreuzgang hinzu. Im 17. und 18. Jahrhundert wurde die Kathedrale komplett überarbeitet, im 20. Jahrhundert erneut. Geschadet hat es ihr nicht, so beeindruckt der Kreuzgang seit dem 18. Jahrhundert mit Azulejos an den Wänden. Das Innere der Kathedrale wirkt dagegen auf den ersten Blick eher zurückhaltend, kann aber auftrumpfen mit einem Silberaltar und einer reich verzierten Capela de São Vicente.
Neben der Sé steht der alte Bischofspalast, von hier geht es hügelabwärts Richtung Stadtzentrum – zu einem der schönsten Bahnhöfe der Welt, der Estação de São Bento. Einheimische heben nicht einmal mehr die Augenbraue, Touristen stehen mitten in der Vorhalle und bestaunen ehrfürchtig die 20 000 blau-weißen (und auch bunten) Azulejos. Diese erzählen die Geschichte Portugals und des Transportwesens. Kleinere Bilder zeigen das ländliche Leben der Region, wie den Weintransport auf dem Douro. Die wunderschönen Azulejos stammen von dem Maler Jorge Colaço, das Bahnhofsgebäude vom Architekten José Marques da Silva. Bis 1894 stand dort das Kloster Mosteiro de São Bento de Ave-María, dann wurde es abgerissen – der Name blieb. Zwei Jahre später fuhren bereits die ersten Züge hierher. Aber erst 1900 wurde der Grundstein des Bahnhofs gelegt – ein Mauerstein des alten Klosters –, in Betrieb ging er 1916. Heute haben hier Vorort- und Regionalzüge ihre Endstation.

WEINREGION ALTO DOURO

Folgt man dem Douro flussaufwärts, kommt man in das älteste Weinbaugebiet Europas. Vor 2000 Jahren fingen die Römer hier mit der Kelterei an. 1756 wurde das Alto Douro die erste herkunftsgeschützte Weinregion der Welt und 2001 zum UNESCO-Weltkulturerbe erklärt. Hier ist die Heimat des weltweit bekannten Portweins. Heute noch werden die Trauben traditionell mit den Füßen gestampft.

LÄNGSTE HÄNGEBRÜCKE DER WELT

Nichts für Menschen mit Höhenangst ist die »516 Arouca«, die längste Fußgänger-Hängebrücke der Welt. Mitten im Geopark Arouca überspannt sie eine Schlucht mit dem Fluss Pavia und bietet spektakuläre Ausblicke. 516 Meter ist sie lang und schwebt 175 Meter über dem Boden. Sie besteht aus Metallgittern und hängt an einer Reihe von Stahlseilen, die an zwei Türmen verankert sind.

WEITERE INFORMATIONEN

Geopark Arouca: www.aroucageopark.pt,
Hängebrücke: www.ponte516arouca.com
Porto und Portugals Norden:
www.cm-porto.pt, www.visitporto.travel,
www.visitportoandnorth.travel

Anfang der 1990er-Jahre lebte die Autorin J.K. Rowling in Porto und ließ sich unter anderem von der Buchhandlung Lello (u.) inspirieren. Den Gegensatz zu den bunten Häusern der Ribeira (o.) bildet die Oberstadt mit ihren Sakral- und Prachtbauten (r.).

Schön, schöner, Porto

Gleich um die Ecke befinden sich auch schon das Herz Portos, die Praça da Liberdade mit der Reiterstatue des portugiesischen Königs Pedro IV. und der Boulevard Avenida dos Aliados mit seinen prächtigen Gebäuden und dem Rathaus. Von dort aus kann man ihn schon sehen, den höchsten Kirchturm Portos. Der Torre dos Clérigos aus dem 18. Jahrhundert ist ein weiteres Wahrzeichen der Stadt. Einst diente der 76 Meter hohe Barockturm den Seefahrern als Orientierungshilfe, heute bietet er nach 225 Stufen einen tollen Ausblick über Porto. Und schräg gegenüber zieht die schönste Buchhandlung Europas, wenn nicht der ganzen Welt Besucher magnetisch an: die Livraria Lello aus dem Jahr 1906. Nur wenige Meter entfernt ist das wohl interessanteste Gebäude-Ensemble Portos zu sehen: die »Zwillings«-Kirchen Igreja do Carmo und Igreja das Carmelitas im Rokokostil. Fast wirken sie wie ein Gebäude, doch schaut man etwas genauer hin, erkennt man ein sehr schmales Haus zwischen beiden Kirchen. Der Grund: Sie durften früher keine gemeinsame Mauer haben, und auch Beziehungen zwischen Mönchen und Nonnen waren nicht gern gesehen. Die Außenfassade der Igreja do Carmo schmückt ein riesiges Azulejos-Bild.

Heinrich der Seefahrer – Sohn der Stadt

Die schönste Kirche ist die gotische Igreja São Francisco aus dem 14. Jahrhundert. Sie gehörte zu einem mittlerweile zerstörten Franziskanerkloster. Im 17./18. Jahrhundert wurde sie im barocken Stil umgebaut, und seitdem scheint es, als sei der komplette Innenraum mit Gold überzogen – kunstvolle vergoldete Schnitzereien, wohin man auch blickt. Dort, wo das Kloster war, steht seit 1834 der neoklassizistische Palácio da Bolsa, ehemals Handelsgericht und Börse. Direkt davor, auf der Praça do Infante D. Henrique, wurde dem berühmtesten Sohn der Stadt ein Denkmal gesetzt. In der wenige Meter entfernten Casa do Infante, einem beeindruckenden Herrenhaus, wurde Heinrich der Seefahrer 1394 geboren – als vierter Sohn des portugiesischen Königs Dom João I. Er selbst fuhr gar nicht zur See, förderte aber alles rund um die Seefahrt. Er legte den Grundstein für alle Entdeckungen und Eroberungen Portugals und den Aufstieg zur Kolonialmacht.

Der Atlantische Ozean ist nicht weit weg von hier – einfach an der Ribeira in die uralte Elétrico, die Straßenbahn der Linha 1, steigen und am Douro entlang bis zum Meer fahren!

Den schönsten Blick auf Porto mit der berühmten Fachwerkbrücke Dom Luís hat man vom anderen Flussufer – im Vordergrund die *Barcos Rabelos*, die historischen Holzboote für den Weintransport auf dem Douro.

Glockenturm (r.o.) und Kirche (r.u.) der ehemaligen Benediktinerabtei entstanden im 12. und 13. Jahrhundert.

77 Der Heilige Peter – São Pedro de Rates

Von hier stammte der erste Bischof von Braga

Bereits rund 30 Kilometer nördlich von Porto erfahren Pilger vom Wirken des Heiligen Jakob. São Pedro de Rates verdankt seinen Namen dem ersten Bischof von Braga, dem Heiligen Peter. Dieser soll hier vom Apostel geweiht worden sein.

Ob beide Männer tatsächlich Zeitgenossen waren, wird heute bezweifelt. Wahrscheinlicher ist, dass der Heilige Peter erst im 5. oder 6. Jahrhundert gelebt hat. Beliebt machte er sich damals aber nicht. Weil er die Menschen zum Christentum bekehren wollte, wurde er geköpft – ein Märtyrer wie Jakobus. Und es gibt weitere Gemeinsamkeiten: Seine sterblichen Überreste wurden im 9. Jahrhundert ebenfalls durch ein Leuchten am nächtlichen Himmel wiederentdeckt, und an der Fundstelle wurde eine Kirche errichtet. Um 1100 gaben Heinrich von Burgund und Teresa von León, die Eltern des ersten portugiesischen Königs, Alfons I., einen neuen Bau in Auftrag. Von der Benediktinerabtei sind heute nur noch der Glockenturm und die Igreja Românica de São Pedro de Rates erhalten. Die Kirche gilt als ein Juwel der romanischen Architektur und zählt seit 1910 zu den Nationaldenkmälern Portugals. Da der Bauplan immer wieder geändert wurde, sind einige Unregelmäßigkeiten erkennbar, etwa bei der Anordnung und Oberflächenstruktur der Säulen. Sehenswert sind vor allem der Haupteingang mit dem Rosettenfenster und das südliche Portal mit dem Flachrelief einer Darstellung des Lamm Gottes (*Agnus Dei*).

Das heilende Wasser

Dem Brunnen in Rates werden wundersame Heilkräfte zugeschrieben, besonders was die Fruchtbarkeit betrifft. Angeblich hat der Heilige Peter aus ihm getrunken.

INFO: www.cm-pvarzim.pt

78 Von Hähnen und Pilgern – Barcelos

Heimat des portugiesischen Landesmaskottchens

Wohin man in der Altstadt von Barcelos auch schaut, erblickt man überdimensionale bunte Hähne. Der *Galo de Barcelos* ist das Markenzeichen des Orts – und mittlerweile auch Portugals Nationalsymbol. Es gibt den Hahn in allen erdenklichen Materialien, Farben, Formen und Größen. Seit der wundersamen Rettung eines Pilgers steht der Hahn als Symbol für Glück.

Die Legende über den berühmten Hahn von Barcelos, den *Galo de Barcelos*, ist eine Pilgergeschichte. Ein Galicier war vor vielen Jahrhunderten auf dem Pilgerweg nach Santiago de Compostela unterwegs. In Barcelos war kurz zuvor ein Verbrechen begangen worden, der Schuldige blieb jedoch unauffindbar. So kam der Pilger den Einwohnern als Täter gerade recht, er wurde verhaftet und zum Galgen verurteilt, obwohl er seine Unschuld beteuerte.
Er bat um ein letztes Gespräch mit dem Richter, der ihn schuldig gesprochen hatte. Der saß gerade über einem gebratenen Hähnchen. Der Galicier sagte ihm, als Beweis für seine Unschuld würde der Hahn krähen, bevor er gehängt wird. Und so geschah es. Der Richter begnadigte den Pilger und ließ ihn weiterziehen. Ein paar Jahre später kehrte der Mann zurück und errichtete zum Dank ein Denkmal zu Ehren der Jungfrau Maria und des Heiligen Jakob. Ein Steinkreuz mit der Abbildung der Hahnenlegende steht heute in der Altstadt von Barcelos. Eine ähnliche Legende gibt es im nordspanischen Santo Domingo de la Calzada.

Der größte Wochenmarkt Portugals

Bekannt ist Barcelos nicht nur für den Hahn, sondern auch für den Wochenmarkt, einer der größten und ältesten (1412) in ganz Europa. Immer donnerstags strömen Touristen und

In die Stadt gelangt man über die mittelalterliche Bogenbrücke im gotischen Stil (u.). Bekannt ist sie durch ihre farbige Keramik (r.o.) – vor allem in Form eines Hahns. Die Kapelle auf dem Monte da Franqueira enthält Stilelemente der Manuelinik (r.u.).

Einheimische zum Markt auf den Campo da Républica. Fast alles, was das Herz begehrt, wird hier angeboten, von Käse, Gemüse und Obst aus der Umgebung über Kleintiere und Kleidung bis hin zu lokalem Kunsthandwerk, wie Töpferwaren.

Von Teufeln und Gockeln

Das Töpfern und die Keramikkunst haben hier eine lange Tradition. Wer einen Einblick in die Kunst der Töpferei erhalten möchte, geht am besten ins Museu de Olaria – direkt am riesigen Hahn vor der Tür vorbei. Dieser ist natürlich das bekannteste Stück Tonkunst, aber bei Weitem nicht das beeindruckendste. Das Töpfermuseum, das das größte und bedeutendste seine Art in Portugal ist, wurde 1963 gegründet, eröffnete jedoch erst 1995. Es beherbergt mehr als 9000 antike und zeitgenössische Stücke – aus der Umgebung, ganz Portugal und aus portugiesisch sprechenden Ländern –, angefangen bei schwarzen, rot matten oder rot glasierten Tonwaren bis hin zu bunten Figuren, den *Bonecos de Barro*. Eine der imposantesten Ausstellungen ist die 250 Exponate umfassende Rosa-Ramalho-Sammlung. Die Kunsthandwerkerin gilt als die ungekrönte Meisterin der Keramikkunst. Sie erschuf kleine Figuren aus Ton – bekannt sind vor allem ihre Teufel und andere Plagegeister.

Ruinen und prächtige Kirchen

Barcelos ist eigentlich ein Gesamtkunstwerk – der historische Ortskern vereint Denkmäler und Gebäude aus verschiedenen Epochen, von der Romanik bis hin zum Neoklassizismus. Zusammen mit der fünfbögigen Steinbrücke aus dem 14. Jahrhundert steht der Stadtkern unter Denkmalschutz. Auf einem Hang oberhalb des Flusses Cávado fallen einem zuerst die Ruinen des Palasts der Grafen von Barcelos, der Paco dos Condes aus dem 15. Jahrhundert ins Auge, in denen heute das archäologische Freiluftmuseum untergebracht ist. Sehenswert ist die Igreja do Bom Jesus da Cruz aus dem frühen 18. Jahrhundert – wegen ihrer untypisch runden bzw. achteckigen Form und den weiß-blauen Azulejos. Mehr beeindruckt die Kirche Nossa Senhora do Terço. Zwar ist ihr Äußeres eher schlicht, dafür glänzt ihr Innenraum im portugiesischen Barock. Die Wände sind komplett mit Kacheln verkleidet – zusammen mit der hölzernen Kassettendecke zeigen sie das Leben des Heiligen Benedikt.

MONTE DA FRANQUEIRA

Einen herrlichen Blick auf die Atlantikküste und das Landesinnere hat man vom Monte da Franqueira im Süden Barcelos. Auf dem Berg befindet sich eine Kapelle, die Ermida de Nossa Senhora da Franqueira. Angeblich ließ sie Egaz Moniz, der Lehrer von Afonso I., im 12. Jahrhundert errichten. Die zwischen 1670 und 1710 erweiterte Kapelle gehört seit 1959 zum kulturellen Erbe.

DIE ERSTE MARIENERSCHEINUNG PORTUGALS

Im äußersten Norden der Gemeinde Barcelos befindet sich das Santuário de Nossa Senhora Aparecida. Die Kirche wurde an der Stelle errichtet, wo laut Legende dem jungen Hirten João Alves 1702 die Jungfrau Maria erschien. Danach konnte der taubstumme Junge wieder sprechen, und sein Vater baute aus Dank eine Kapelle. Diese ließ der Erzbischof von Braga später vergrößern.

WEITERE INFORMATIONEN

Santuário de Nossa Senhora Aparecida: www.aparecidaembalugaes.pt
www.cm-barcelos.pt,
www.visitportugal.com, www.franqueira.pt,
www.portoenorte.pt, www.museuolaria.pt

79 Älteste Stadt des Landes – Ponte de Lima

Der Fluss des Vergessens

Das Wahrzeichen der Stadt und zeitgleich Namensgeberin ist die Bogenbrücke (Ponte), die den Fluss Lima überspannt. Die Römer, die ihn 137 v. Chr. auf einem Feldzug überqueren sollten, hielten ihn für den Lethe, den mythologischen Fluss des Vergessens. Noch vor der Gründung Portugals verlieh Teresa von León, die Mutter des ersten portugiesischen Königs, dem kleinen Ort im Jahr 1125 das Stadtrecht.

Die ehrwürdige Bogenbrücke römischen Ursprungs ist 277 Meter lang und stolze vier Meter breit. Vor mehr als 2000 Jahren wurde sie erbaut – oder besser gesagt ein Teil von ihr. Da der Lima im Verlauf der Jahrhunderte sein Flussbett verlagerte, musste die Brücke im 14. Jahrhundert um eine Vielzahl von Rundbögen erweitert werden. Und so steht der römische Teil heute auf dem Trockenen und der mittelalterliche im Wasser des Lima. Auf beiden Seiten des Flusses stehen seit 2009 überlebensgroße Figuren römischer Soldaten (am östlichen Ufer) und ihr Anführer auf einem Pferd (am westlichen Ufer), geschaffen von den beiden Künstlern Salvador Viera und Mário Rocha. Sie sollen an die Legende vom Lethe, dem mythischen Fluss des Vergessens, erinnern. Als die Römer 137 v. Chr. den Lima erreichten, dachten sie, dass es sich um eben jenen Lethe handelt. Aus Furcht ihr Gedächtnis zu verlieren, weigerten sich die Soldaten, ihn zu überqueren. Daraufhin ritt ihr Heerführer, Decimus Iunius Brutus, auf seinem Pferd durch die Fluten voran. Vom anderen Ufer aus rief er jeden einzelnen Soldaten beim Namen: als Beweis dafür, dass er sein Gedächtnis behalten hatte. Erst dann folgten sie ihm. Mit der Brücke schafften die Römer einen strategisch wichti-

Den schönsten Blick auf die Bogenbrücke und den Fluss Lima hat man vom vier Kilometer entfernten Monte da Madalena (u.). Sie ist Teil des alten Römerweges, Via Romana XIX (r.o.).

gen Übergang über den Fluss – und bis zum Mittelalter war es der einzige sichere Weg, den Lima zu überqueren. Im Jahr 1125 erhielt Terra de Ponte, wie der Ort neben der Brücke damals noch hieß, unter Teresa von León das Stadtrecht. Er war Teil der Grafschaft Portucale, aus der wenige Jahre später das Königreich Portugal hervorging. Bereits damals gab es den Wochenmarkt, die *Feira Quinzenal*, der noch immer jeden zweiten Montag am Flussufer direkt neben der Brücke stattfindet. Im Jahr 1212 bestätigte der portugiesische König Dom Afonso IV. das Stadtrecht.

Denkmalgeschützter Ortskern

Die Altstadt prägen diverse Sakralbauten, prächtige Herrenhäuser und Plätze aus verschiedenen Stilepochen – von Romanik, über Gotik, Manuelinik und Barock bis hin zum Neoklassizismus. Wer seinem Inneren Kind etwas Gutes tun will, sollte einen Abstecher ins portugiesische Spielzeugmuseum machen. Im Museu do Brinquedo Português dreht sich alles um Spielzeug *made in Portugal* ab dem späten 19. Jahrhundert. Blumenfreunde kommen in Ponte de Lima ebenfalls auf ihre Kosten: So gibt es nicht nur eine Vielzahl an Gärten und Parkanlagen, sondern seit 2005 auch eine internationale Gartenschau, das *Festival Internacional de Jardins de Ponte de Lima*. Zu verdanken hat das die Stadt der fruchtbaren Region, in der auch der berühmte Vinho Verde produziert wird.

Heimat des Vinho Verde

Nichts schmeckt im Sommer besser als ein prickelnder, gut gekühlter Vinho Verde – mit einem geringen Alkoholgehalt von 8,5 bis 11 Volumenprozent. Seine Heimat ist der regenreiche Norden Portugals – genauer gesagt die Landschaft zwischen den Flüssen Douro und Minho, also die Costa Verde. Und so leitet sich sein Name »grüner Wein« nicht etwa von unreif geernteten Trauben ab, sondern vielmehr von seiner Heimat und seinem Charakter. Obwohl 85 Prozent des Vinho Verde Weißwein sind, gibt es ihn auch als Rosé und Roten. Traditionell wird er an zwei Meter hohen Pergolen gezogen, damit er vor der Feuchtigkeit am Boden und vor großer Hitze geschützt ist. Rund 30 000 Winzer bewirtschaften die 60 000 Hektar Rebfläche. Meist machen sie das im Nebenerwerb und verkaufen die Trauben an Genossenschaften oder Privatkellereien.

DIE LAGUNENLANDSCHAFT

Nicht weit von Ponte de Lima entfernt liegt ein kleines Naturjuwel: das Biosphärenreservat der Lagoas de Bertiandos e São Pedro d'Arcos. Das 364 Hektar große Schutzgebiet gehört zum EU-weiten Natura 2000-Netzwerk zur Erhaltung gefährdeter oder typischer Lebensräume und Arten. Die Lagunen sind das einzige Feuchtgebiet im Norden Portugals und Heimat einer Vielzahl seltener Tier- und Pflanzenarten.

PILGERTRADITION

Eigentlich erinnert das alte Steinkreuz zwölf Kilometer nördlich von Ponte de Lima an Napoleons Truppen. Sie gerieten dort in einen Hinterhalt, als sie zwischen 1808 und 1814 die Iberische Halbinsel besetzten. Heute legen Pilger am Cruz dos Franceses (auch Cruz dos Mortos genannt) mitgebrachte Steine ab – als Symbol für ihre Wünsche oder Hoffnungen.

WEITERE INFORMATIONEN

www.lagoas.cm-pontedelima.pt, www.natural.pt, www.cm-pontedelima.pt, www.visitepontedelima.pt

Die Burg (o.) und der Paço dos Duques de Bragança (r.u.) zählen zu den eindrucksvollsten Bauten der mittelalterlichen Stadt, die 2012 Kulturhauptstadt Europas war. Auf dem Largo da Oliveira steht der Padrao do Salãdo, zu Ehren einer Schlacht im Jahr 1340 (r.o.).

80 Die Wiege Portugals – Guimarães

Erste Hauptstadt des portugiesischen Königreichs

Kaum ein Ort ist enger mit der Gründung und Geschichte des Landes verbunden als dieser. In Guimarães wurde Anfang des 12. Jahrhunderts der erste portugiesische König geboren und getauft, von hier aus drängte er die Mauren zurück. Heute beeindruckt die Stadt vor allem durch ihre Architektur, und seit 2001 gehört sie zum UNESCO-Weltkulturerbe.

Gut erhaltene alte Häuser an engen, gewundenen Straßen mit Kopfsteinpflaster, ab und zu ein bezaubernder Platz – das zeichnet die mittelalterliche Altstadt von Guimarães aus. Die gesamte Entwicklung der portugiesischen Architektur vom 15. bis zum 19. Jahrhundert ist hier zu finden – inklusive unterschiedlicher Materialien und Techniken. Die waren damals so innovativ, dass sie in den portugiesischen Kolonien weltweit zum Einsatz kamen. Ihre Wurzeln hat die Stadt im 10. Jahrhundert – zu der Zeit gab es hier das Landgut Vimanares. Nach dem Tod des Besitzers ließ dessen Frau, Gräfin Mumadona Dias, um 950 das Kloster Igreja de Nossa Senhora da Oliveira errichten, von dem heute nur noch Reste erhalten sind – und zum Schutz eine Burg. Im Verlauf der Jahrhunderte kam es immer wieder zu Um- und Anbauten, die der Kirche ihr heutiges Aussehen verliehen. Den Namen »da Oliveira« verdanken sowohl die Kirche als auch der Platz (Largo da Oliveira) davor einem Olivenbaum, der dort wuchs. Leider vertrocknete er. Erst als ein Kaufmann daneben ein Kreuz aufstellen ließ, wuchsen wieder Früchte und Blätter. Das Wunder wurde der Muttergottes zugeschrieben. Der Olivenbaum, der heute dort steht, wurde 1985 gepflanzt, da sein Vorgänger mehr als 100 Jahre zuvor entfernt worden war.

Nur ein paar Schritte entfernt befindet sich die Praça de São Tiago. Der Überlieferung nach soll der Heilige Jakob ein Bild der Jungfrau

Maria nach Guimarães gebracht und aufgestellt haben. Ihm zu Ehren entstand zu Zeiten Heinrich von Burgunds eine Kapelle, die im 17. Jahrhundert abgerissen und neu aufgebaut wurde. Von beiden blieb nichts mehr erhalten. Dafür wurde auf das Pflaster des Platzes eine Jakobsmuschel eingraviert.

Die Geburt Portugals

Von der »Olivenbaum«-Kirche aus führt eine der ältesten und vielleicht auch schönsten Straßen, die Rua de Santa Maria, bis zum Castelo, dem Wahrzeichen von Guimarães, das 958–968 ebenfalls auf Geheiß der Gräfin Mumadona errichtet wurde – als Schutz vor den Wikingern und Mauren. Als Heinrich von Burgund und seine Frau Teresa von Léon die Grafschaft Portucale erhielten, ließen sie eine größere und auch besser geschützte Burg errichten. Hier wurde angeblich 1109 ihr Sohn Afonso Henriques (Alfons I.) geboren und in der benachbarten Kapelle São Miguel getauft. 1128 musste er in der Schlacht von São Mamede, in der Nähe von Guimarães, gegen seine Mutter um die Vorherrschaft kämpfen. Als Afonso Henriques 1139 schließlich auch die Mauren besiegte, erklärte er die Unabhängigkeit Portugals vom Königreich Léon und sich selbst – Alfons I. – zum ersten König (1143). Guimarães wurde Hauptstadt – jedoch nicht für lange. Ihr folgte Coimbra und 1255 schließlich Lissabon. Die Burg verfiel im Verlauf der Zeit, doch Anfang des 20. Jahrhunderts wurde sie wiederaufgebaut und erstrahlt seitdem in aller Pracht.

Sitz des Präsidenten

Dem Gründungsvater Portugals wurde 1887 ein Denkmal geweiht, das unweit des Paço dos Duques de Bragança steht. Der Palast der Herzöge von Bragança wurde durch Afonso de Barcelos, den ersten Herzog von Bragança, errichtet und stammt aus dem 15. Jahrhundert. Später stellte das Adelshaus auch die Könige von Portugal. Das Gebäude im Stil französischer Herrenhäuser verfiel wie die Burg und wurde fast zeitgleich restauriert. Heute ist der Palast ein Museum – mit Möbelstücken aus der Renaissance, flämischen Gobelins und Perserteppichen – und einer der Sitze des portugiesischen Präsidenten.

MONTANHA DA PENHA

Unbedingtes Muss ist der Besuch auf dem 600 Meter hohen Hausberg, auf den man am besten per Seilbahn gelangt. Bereits während der zehnminütigen Fahrt bietet sich ein spektakulärer Blick über die Stadt. Oben auf dem Plateau steht das Santuário de Nossa Senhora da Penha, das in den 1930er-Jahren geplant, aber erst 1947 eröffnet wurde. Es erinnert sehr an den damals modernen Art-déco-Stil.

DIE RUINENSTADT DER KELTIBERER

Fast vier Hektar groß ist die Citânia de Briteiros nördlich von Guimarães. Von 300 v. Chr. bis 300 n. Chr. bewohnten Keltiberer die Siedlung, die letzte Hochburg gegen die einfallenden Römer. 1875 entdeckte der portugiesische Archäologe Martins Sarmento Überreste gepflasterter Straßen, eines Wassersystems und 150 runder Steinhütten. Einige von ihnen wurden wiederaufgebaut.

WEITERE INFORMATIONEN

Montanha da Penha:
www.penhaguimaraes.com
Paço dos Duques de Bragança:
www.pacodosduques.gov.pt,
Guimarães udn Nordportugal:
www.cm-guimaraes.pt,
www.guimaraesturismo.com,
www.turipenha.pt

81 Das portugiesische Rom – Braga

Stadt der Gotteshäuser

Ein alte portugiesische Redewendung lautet: *Braga reza, o Porto trabalha, Coimbra estuda e Lisboa diverte-se.* (»Braga betet, Porto arbeitet, Coimbra studiert, und Lissabon hat Spaß.«) In der Tat war und ist die zweitgrößte Stadt Nordportugals als Erzbistum eines der wichtigsten religiösen Zentren des Landes. Allein in der barocken Altstadt gibt es 35 Kirchen.

Der Blick von der berühmten Wallfahrtskirche Bom Jesus do Monte auf Braga (unten). Im Kloster Mosteiro de Tibães zeigen die Azulejos das Leben des Heiligen Benedikts (r.o.). Das Heiligtum Nossa Senhora do Sameiro ist ein neoklassistischer Bau (r.u.).

Braga hat es heute geschafft, das alte staubige Image abzustreifen und das religiöse Erbe mit einem modernen Lebensstil zu verbinden. Mittlerweile zieht es viele Studenten und Geschäftsleute in die Europäische Jugendhauptstadt von 2012 – und sie hauchen der altehrwürdigen Stadt Leben ein.
Man geht davon aus, dass Braga »erst« unter den Römern entstand. 16 v. Chr. gründeten sie Bracara Augusta – benannt nach Kaiser Augustus – und machten sie zur Hauptstadt der nördlichen Iberischen Halbinsel. Reste von römischen Gebäuden sind im gesamten Stadtgebiet erhalten. Fünf Römerstraßen nahmen hier ihren Anfang – unter anderem die XIX nach Astorga, die heute noch als Jakobsweg genutzt wird. Im 4. Jahrhundert wurde Braga zum Bischofssitz und Ende des 11. Jahrhunderts zur Mitgift von Teresa von Léon, als sie Heinrich von Burgund heiratete. Das war nach der Vertreibung der Mauren aus der Stadt.

Portugals älteste Kathedrale

Die Sarkophage der beiden stehen in der der Capela dos Reis (»Königskapelle«) in der Sé, der ältesten Kathedrale des Landes. Ihre Ursprünge liegen in einem Bau aus dem ausgehenden 11. Jahrhundert, als Braga erneut Bistum wur-

de. Heinrich von Burgund wollte einige Jahrzehnte später aber ein prachtvolleres Bauwerk, das es mit der Kathedrale in Santiago de Compostela aufnehmen konnte. Die Sé ist eine romanische Kirche – im Verlauf der Zeit kamen durch Umbauten andere Stile dazu. Das Dach und die beiden filigran verzierten Türme sind manuelinisch, aus dem Barock stammen der Altar und die Doppelorgel – mit 1300 und 2000 Pfeifen.

Neben der Kathedrale gehört die Kirche Igreja de Santa Cruz mit ihrer aufwendigen Steinfassade im Stil des Manierismus und Barocks zu den wichtigsten Wahrzeichen Bragas. Der Legende nach sind in der Fassade drei Hähne abgebildet. Es heißt, heiratswillige Frauen müssten alle drei finden, sonst wird es nichts mit der Hochzeit. Die meisten Menschen entdecken nur zwei. Als eines der Wunder Portugals gelten die wunderschönen, kunstvollen Azulejos im Innenraum der Igreja de São Victor: 11 700 weiß-blaue Fliesen. Sie erzählen die Geschichten der Heiligen Märtyrer aus der Gegend und wurden geschaffen vom wichtigsten Fliesenmaler des 17. Jahrhunderts in Portugal, dem Spanier Gabriel del Barco y Minusca.

Der heilige Berg

Auf dem Monte Espinho befindet sich eine der wichtigsten und beeindruckendsten Wallfahrtskirchen Portugals, das Santuário do Bom Jesus do Monte. Dorthin gelangt man zu Fuß, mit dem Auto oder der Standseilbahn, Elevador do Bom Jesus, aus dem Jahr 1882. Die bedeutende Pilgerstätte ist nicht einfach nur eine Kirche, sondern ein 26 Hektar großes Anwesen und soll im Grunde Golgotha darstellen. Gezeigt werden der Leidensweg Jesu bis zur Kreuzigung sowie Brunnen, die für die fünf Wundmale, die fünf Sinne und die drei christlichen Tugenden (Glaube, Liebe und Hoffnung) stehen. Der erste Teil des Wegs führt durch einen kleinen Wald, darauf folgt die imposante Freitreppe mit fast 600 Stufen, die im Zickzack bergauf führt. Dabei geht es vorbei an Barockstatuen, Blumenrabatten und Kapellen. Über allem thront die neoklassizistische Basilika. Ursprünglich wurde hier im 14. Jahrhundert nur ein einfaches Holzkreuz aufgestellt, 1373 dann eine kleinere Kapelle. Erst 1784 wurde mit dem Bau der heutigen Kirche begonnen, 1811 war dann alles fertiggestellt. Seit Juli 2019 steht das Heiligtum Bom Jesus auf der Liste des UNESCO-Weltkulturerbes.

AZULEJOS

Im Winter halten sie die Häuser warm, im Sommer kühl – dazu sind die Azulejos, die portugiesischen Fliesen, auch noch dekorativ. Die Mauren brachten sie mit auf die Iberische Halbinsel – das arabische *al-zuleique* bedeutet »kleiner, polierter Stein«. Schmückten sie früher nur die Innenräume von Palästen und Kirchen, änderte sich das mit dem Siebdruck und der industriellen Herstellung im 19. Jahrhundert.

MARIENHEILIGTUM

Westlich von Braga, auf 572 Meter Höhe, liegt das Santuário de Nossa Senhora do Sameiro, nach Fátima das zweitgrößte Marienheiligtum Portugals. Nachdem die katholische Kirche 1854 das Dogma der unbefleckten Empfängnis ausgerufen hatte, sollte eine Marienstatue errichtet werden. Da immer mehr Pilger kamen, wurde es letztendlich eine Basilika im neoklassizistischen Stil.

WEITERE INFORMATIONEN

Santuário de Nossa Senhora do Sameiro: www.santuariodosameiro.pt
www.cm-braga.pt, www.bomjesus.pt, www.se-braga.pt, www.juntasvictor.pt, www.visitportugal.com, www.webraga.pt

Die Wallfahrtskirche Bom Jesus do Monte wurde 2019 von der UNESCO zum Weltkulturerbe ernannt.

Die Fassaden der Altstadt zeigen viele sehenswerte Details (o.). Die Stadtmauern können besichtigt werden (r.).

82 Hüterin der Grenze – Valença

Hier wurde die Unabhängigkeit Portugals verteidigt

Valença ist keine Stadt mit einer Festung *(Fortaleza)*, sondern eine Festung um eine Stadt herum – genauer gesagt um die historische Altstadt. Über Jahrhunderte wurden die Stadtmauern verstärkt und prägen heute das Bild des malerischen Ortes am Minho.

Aufgrund der strategischen Lage direkt am Fluss wurde Castrum Tydis, wie Valença früher hieß, bereits zu römischer Zeit zu einer Grenzfestung. Ab dem 12. Jahrhundert und mit der Gründung des Königreichs Portugal diente der Ort als Verteidigungsbollwerk gegen die einfallenden Spanier. König Sancho I. ließ damals die ersten Festungsmauern errichten. Diese wurden ab 1262 auf Anordnung seines Enkels, König Afonso III., verstärkt. Aber erst 400 Jahre später, während des Restaurationskriegs im 17. Jahrhundert, erhielt die Festungsanlage ihr heutiges Aussehen. Das Interessante ist, dass es sich eigentlich um zwei Festungen handelt, die durch die Porta do Meio miteinander verbunden sind. Dieses Juwel der Militärarchitektur kandidiert für die Aufnahme ins UNESCO-Weltkulturerbe.

Die denkmalgeschützte Altstadt

An die römische Zeit erinnert heute ein ca. zwei Meter hoher Meilenstein vor der Igreja de Santo Estévão, der im Mittelalter als Schandpfahl *(Pelourinho)* diente. Die dreischiffige Kirche (um 1400) mit ihrer Renaissance-Fassade wurde zwischen 1792 und 1805 im neoklassizistischen Stil rekonstruiert. Im Inneren sind Szenen aus dem Leben des Heiligen Stefan dargestellt. Ebenfalls sehenswert ist die Capela do Bom Jesus, eine Barockkapelle mit Rokoko-Elementen aus dem 17. Jahrhundert, entworfen vom Militäringenieur Manuel Pinto Vilalobos. Auf dem Platz davor steht die Statue des São Teotónio (1082–1162), des ersten Heiligen Portugals, der in Ganfei in der Nähe von Valença geboren wurde.

INFO: www.visitvalenca.com

FORTALEZA

Vom Hafen aus starteten Handelsschiffe Richtung Amerika und Indien (o.). Sie kehrten zurück gefüllt mit exotischen Dingen, wie Gewürzen. Die Seeleute brachten auch das Klöppeln in die Stadt (r.o.). An der zentralen Praça Vasco da Gama steht die Pfarrkirche (r.u.).

83 Die Stadt des Grafen – Vila do Conde

Im Hafen liegt eine Karavelle

Das heutige Seebad hatte einst eine blühende Schifffahrtsindustrie. Hier wurden im 15. und 16. Jahrhundert die Schiffe gebaut, die Portugal als Seemacht an die Weltspitze brachten. Die Herrschaft König Manuels I., auch bekannt als das »Goldene Zeitalter«, stand ganz im Zeichen der Entdeckungen und der Expansion des kleinen westeuropäischen Landes – mit lukrativen Folgen für Vila do Conde.

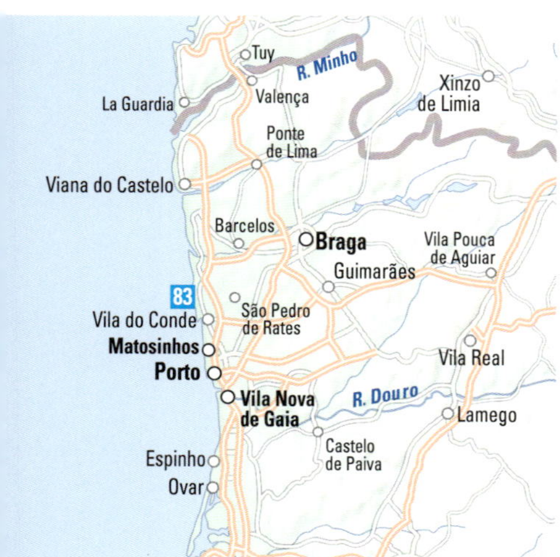

Bereits 5000 bis 3000 v. Chr. war die Gegend um Vila do Conde besiedelt, das belegen archäologische Funde. Im Jahr 953 wurde die Stadt erstmals urkundlich erwähnt – als Villa de Comite, was wohl »Stadt des Grafen« bedeutet. Welcher Graf das genau war, ist aber leider nicht bekannt. Im Jahr 1209 »schenkte« König Sancho I., der zweite König von Portugal, Vila do Conde seiner Geliebten Dona Maria Pais de Ribeira und ihren gemeinsamen Kindern.

Kloster Santa Clara und der Aquädukt

Eine ihrer Nachfahrinnen, Teresa Martins, und ihr Mann Afonso Sanches, ein illegtimer Sohn von Dom Dinis, dem sechsten portugiesischen König, ließen 1318 ein Kloster auf dem Stadthügel errichten. Das Mosterio Santa Clara sollte armen Adeligen einen Zufluchtsort bieten. Trotz der Lage am Fluss Ave gab es immer ein Problem mit der Trinkwasserversorgung. Es reifte die Idee eines Aquädukts, der Wasser von einer Quelle in Terroso, in den Bergen bei Póvoa de Varzim, bis zum Kloster transportieren sollte. Doch erst 1705 bis 1714 wurde das Projekt umgesetzt. Mit ursprünglich 999 Bögen und einer Länge von rund fünf Kilometern entstand der zweitgrößte Aquädukt in Portugal. Nach dem Tod der letzten Nonne wurde das Kloster Ende des 19. Jahrhunderts aufgelöst. Doch bis heute thront das mächtige Gebäude über der Stadt und prägt das Bild.

Die Eroberung der Welt

Im Jahr 1502 machte der portugiesische König Manuel I. (1469–1521) während seiner Pilgerwallfahrt nach Santiago de Compostela Station in Vila do Conde. Unter seiner Herrschaft (1495–1521) hatte Vasco da Gama 1498 den Seeweg um Afrika herum nach Indien entdeckt, und zwei Jahre später erreichte Pedro Álvares Cabral Brasilien. Der König erkannte die ideale Lage Vila do Condes direkt am Atlantik. In den Werften der Stadt sollten die meisten Schiffe gebaut werden, mit denen es damals nach Afrika zu den Stützpunkten und um die ganze Welt ging. Das war wirtschaftlich ein Volltreffer. Heute kann man am Flussufer des Ave einen originalgetreuen Nachbau einer sogenannten *Nao* aus dem 16. Jahrhundert besichtigen – innen und außen. Sie ähnelt einer Karavelle, ist aber größer und schwerer, damit sie damals mehr Fracht bei den langen Reisen transportieren konnte. Das Schiff gehört zum Museu da Construção Naval, das sich direkt daneben im ehemaligen Zollgebäude befindet. Nach dem Besuch des Königs entstand in der Stadtmitte die Pfarrkirche Igreja Matriz de São João Baptista, die Johannes dem Täufer gewidmet ist. Ihre Fassade ist daher im Stil der Manuelinik gestaltet, und sie hat einen mächtigen Glockenturm.

Spitzenwerk

Während dieser Zeit entwickelte sich in der Stadt auch das Klöppeln von Spitze, *Rendas de Bilros* – bis heute hat sich dieses Handwerk gehalten, und Vila do Conde ist das Zentrum für Klöppelspitze in Portugal. Wahrscheinlich waren es Händler oder Seeleute, die europaweit wichtige Handelsbeziehungen unterhielten, die das Handwerk im 16. Jahrhundert mit hierherbrachten. 1867 wurde die geklöppelte Spitze aus Vila do Conde sogar auf der Weltausstellung in Paris gezeigt. 1919 wurde im Ort eine Klöppelschule eröffnet und 1991 ein Museum. Dort kann man den Klöpplerinnen bei der Arbeit zusehen oder sich alte Spitze anschauen. Das größte Ausstellungstück wurde aus acht Kilogramm Baumwollfaden hergestellt, ist 53 262 Quadratmeter groß und besteht aus 440 Quadraten à 30 mal 30 Zentimeter, die von Handwerkerinnen geklöppelt wurden – ein Guinness-Weltrekord!

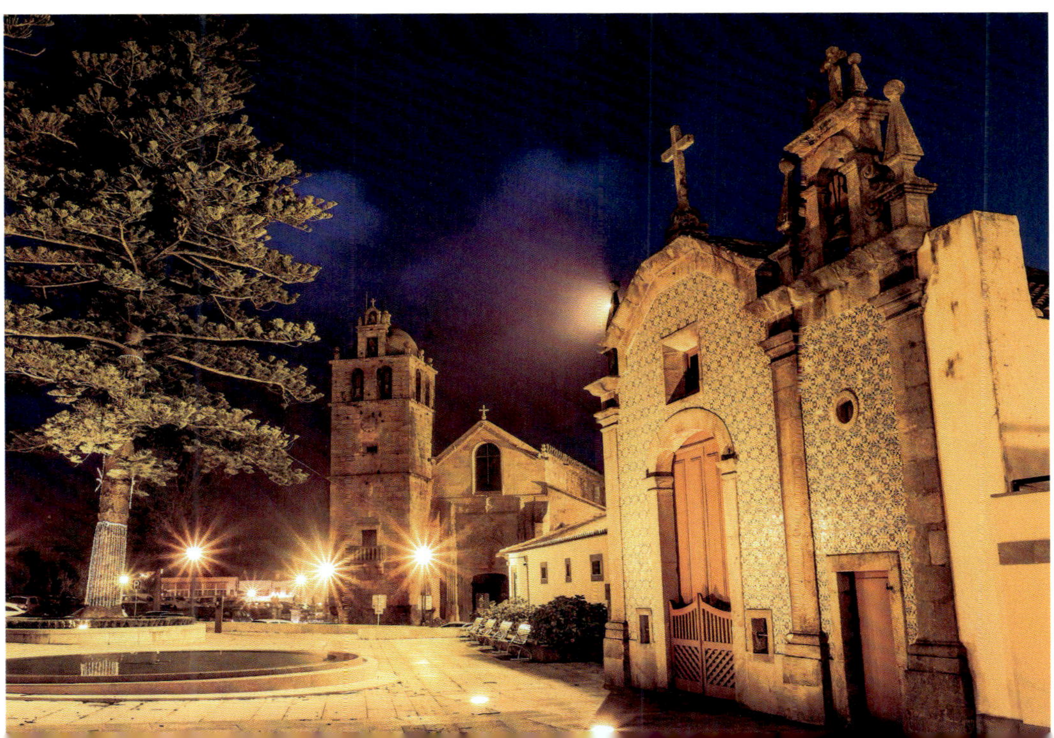

MANUELINIK

Die Regierungszeit von Dom Manuel I. (1495–1521) machte Portugal zur mächtigsten Seefahrernation und hinterließ wunderschöne, prunkvolle Bauten – filigran verziert mit maritimen Ornamenten und typischen Motiven aus den neu entdeckten Ländern. Atemberaubende Prachtexemplare sind das Hieronymitenkloster und der Torre de Belém in Lissabon. Diese Form der Spätgotik wurde erst im 19. Jahrhundert nach dem König benannt.

CIVIDADE DE BAGUNTE

Die Gegend von Vila do Conde war bereits zur Eisenzeit besiedelt – von ca. 400 v. Chr. bis 400 n. Chr. Davon zeugen die Ruinen sogenannter *Castros*, Wehr- und Wohnanlagen. Die größte, die Cividade de Bagunte, befindet sich auf dem 200 Meter hohen Monte da Soledade. Auf einer Fläche von 50 Hektar gab es dort ungefähr 800 leicht oval geformte Häuser, in denen 2000 bis 4000 Menschen lebten.

WEITERE INFORMATIONEN

www.viladoconde.com, www.cm-viladoconde.pt, www.patrimoniocultural.gov.pt, www.visitportugal.com, www.rendasdebilros.com, www.visitviladoconde.pt

84 Strände und Schutzgebiete – Costa Verde

Geschützte Einsamkeit an Portugals Nordküste

Costa Verde (»Grüne Küste«) – so nennt sich die vegetationsreiche Küstenregion zwischen den Flüssen Douro und Minho. Hier findet man noch weite, ursprüngliche, einsame und weiße Sandstrände vor kristallklarem Meer – und dahinter schattige Pinienwälder und grüne Hügel. Große Teile dieser unberührten Landschaft stehen unter Naturschutz.

Entlang der portugiesischen Küste findet man Festungen, wie das Forte de São João Baptista (u.). Auch Mühlen wie die von Apúlia prägen die Landschaft (r.o.). Die Schutzgebiete wurden extra für Vögel eingerichtet (r.u.).

Gut 100 Kilometer lang ist die Strecke zwischen Porto und der spanischen Grenze entlang der Altantikküste. Der wohl reizvollste Abschnitt – und das sind immerhin 45 Kilometer – liegt zwischen den beiden Städten Vila do Conde und Viana do Castelo. Ein Sandstrand schöner als der andere – und oftmals ist man dort ganz alleine unterwegs. Dafür sind Flora und Fauna umso vielfältiger. Nirgendwo in Europa gibt es ein Land mit mehr Vogelarten. Einige von ihnen, auch Zugvögel, haben Gefallen an dieser Gegend gefunden – hier können sie in Ruhe rasten und brüten.

Das erste Schutzgebiet Portugals

Etwas südlich von Vila do Conde, zwischen den Flüssen Ave und Onda, erstreckt sich entlang einer Küstenlinie von 8,5 Kilometern eine regionale Schutzlandschaft und das ornithologische Reservat Mindelo. Das 380 Hektar große Naturschutzgebiet umfasst verschiedene Lebensräume – angefangen bei Dünen und Felsen über Feuchtgebiete und Kiefernwälder bis hin zu bewirtschafteten Feldern. Aufgrund der Artenvielfalt ist es ein einzigartiges Schutzgebiet an der Küste Nordportugals. 14 der 17 Amphibienarten des Landes leben hier. Rund

100 Vogelarten haben in den Dünen ein Rückzugsgebiet gefunden, wo sie nisten können. Das ornithologische Reservat Mindelo wurde 1957 das erste portugiesische Vogelschutzgebiet, und seit 2009 ist es Teil des Paisagem Protegida Regional de Vila do Conde.

Ein Traum in Weiß und Kristallblau

Ab Vila do Conde reiht sich im Prinzip ein Sandstrand an den nächsten – unterbrochen werden sie lediglich durch Flussmündungen und Städte. Hier findet jeder, was er sucht – ob Sonnenanbeter, Surfer, Wassernixe oder Wanderer. Obwohl es hier kühler als an der Algarve ist, herrschen dennoch durchgehend warme Temperaturen. Vier Kilometer nördlich von Vila do Conde ist auch schon Póvoa de Varzim erreicht, mit seinem breiten Strand seit der zweiten Hälfte des 19. Jahrhunderts einer der bekanntesten Badeorte Nordportugals. Je weiter man nach Norden kommt, desto ruhiger wird es. So ist das 20 Kilometer entfernte Esposende noch nicht so überlaufen. Das saubere Wasser ist sehr jodhaltig. Als die schönsten Strände jedoch gelten die von Viana do Castelo. Einer von ihnen ist der Wildstrand Praia do Canto Marinho mit seinen Felsbänken, zwischen denen man bei Ebbe baden kann. Er war einer der ersten Strände des Landes, der für seine hohe Qualität das goldene Abzeichen (Praia com Qualidade de Ouro) bekam.

Unten im Meer

An einem der ursprünglichsten Küstenabschnitte Portugals – vom Strand von Apúlia, bis zur Mündung der Neiva – erstreckt sich der Parque Natural do Litoral Norte (»Nordküstenpark«), einer von 13 Naturparks in Portugal. Das Meer und Flussmündungen nehmen einen Großteil seines Gebiets ein. Dort gilt der Schutz vor allem den Fischen. An Land gilt es, 16 Kilometer fast menschenleere Strände mit großen weißen Dünen zu sichern, da diese erosionsgefährdet sind. Ein funktionierendes Dünensystem ist wichtig, um Tier- und Pflanzenarten zu bewahren und die Felder der Bauern im Landesinneren vor Wind und Flut zu schützen. Natürlich ist der Küstenstreifen nicht unbewohnt. Ziel des Naturparks ist es, Mensch und Umgebung in Einklang zu bekommen. So sind Baden und Wassersport erlaubt und sehr beliebt. Das Gebiet zählt zu Portugals wichtigsten Wind- und Kitesurf-Revieren, und die Flussmündung des Cávado wird gerne zum Kanufahren genutzt.

SARGACEIROS DA APÚLIA, DIE ALGENSAMMLER

Einer der schönsten Strände des Naturparks ist der Praia da Apúlia. Geradezu pittoresk wirken die Mühlen auf den Dünen. Bekannt ist der Strand auch für sein jodhaltiges Wasser, das den Wachstum der Algen *(Sargaço)* fördert. Sammler ernten sie traditionell im Sommer und sie dienen dann als Dünger für die Felder.

DIE PFERDE VON FÃO

Wenn am Strand von Ofir, südlich der Mündung des Cávado, Ebbe herrscht, tauchen aus dem Meer Felsen auf, die als Cavalos de Fão (»Pferde von Fão«) bezeichnet werden. Laut der Legende schickte König Salomon den Bewohnern aus Dank für das Gold, das er hier fand, Pferde. Doch das Schiff ging mit den Tieren unter. Die wurden in Felsen verwandelt und haben angeblich schon manches Boot Leck schlagen lassen.

WEITERE INFORMATIONEN

www.natural.pt, www.naturconde.pt, www.visitviladoconde.pt, www.visitesposende.com

Die Wallfahrtskirche Santa Luzia auf dem gleichnamigen Berg ist angeblich dem Pariser Sacré-Cœur nachempfunden (o.). Für die barocke Baukunst steht die Kirche der Barmherzigkeit, Igreja da Misericórdia (r.u.). Höhepunkt des Jahres ist das Fest der Fischer mit dem Umzug (r.o.).

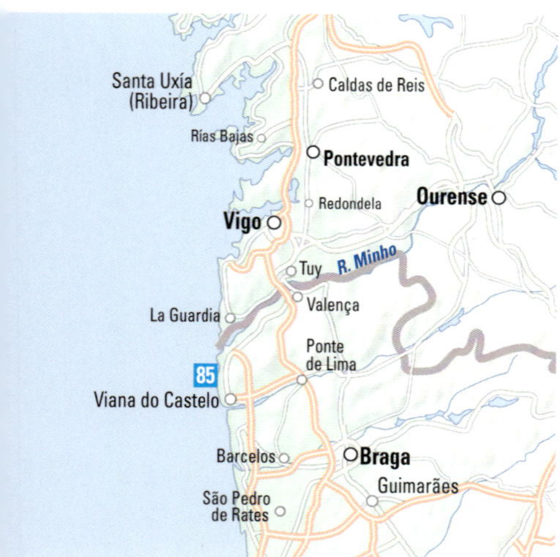

85 Prinzessin vom Lima – Viana do Castelo

Eine der hübschesten Städte der Costa Verde

Auf dem Stadtberg steht nicht nur eine der prächtigsten Kirchen Portugals, von hier aus hat man auch einen grandiosen Ausblick auf die schöne Altstadt, die Küste, die Weiten des Atlantiks, die Mündung des Flusses Lima und das grüne, hügelige Hinterland. Und *National Geographic* hat dieses Panorama 1927 zum drittschönsten der Welt erklärt.

Gegründet wurde der Ort 1258 von Dom Afonso III. als Viana da Foz da Lima (»Viana an der Mündung des Lima«). Im Zeitalter der Entdeckungen entwickelte sich hier einer der geschäftigsten Häfen Portugals. Viele Söhne der Stadt wurden zu erfolgreichen Seefahrern. Einer von ihnen war João Álvares Fagundes, der auf mehrere Expeditionen nach Neufundland und Nova Scotia ging – einem der größten Kabeljaufischgebiete. Und getrockneter Kabeljau, sprich Stockfisch bzw. *Bacalhau*, ist das Nationalgericht der Portugiesen. Durch den ertragreichen Fang an der Küste Neufundlands wurde der Ort reich. Königin Maria II. verlieh ihm 1848 das Stadtrecht und auch den heutigen Namen. Es gibt eine Legende, wie der Name »Viana do Castelo« entstanden sein soll: In einem Schloss wohnte hier eine wunderschöne, aber scheue Prinzessin mit dem Namen Ana. Sie wollte nicht gesehen werden und versteckte sich. Ein junger Mann verliebte sich in sie, und jedes Mal, wenn er sie im Schlossfenster erblickte, rief er vor Freude: *»Eu vi Ana no Castelo!«* (»Ich habe Ana im Schloss gesehen!«)

Die Eiffelbrücke

Viana do Castelo liegt auf der nördlichen Seite des Lima. In den Ort gelangt man über eine 645 Meter lange historische Fachwerkbrücke. Sie hat zwei Ebenen: die untere für Züge, die obere für den Straßenverkehr. Und das ist endlich mal eine Brücke, die nicht nur den Entwürfen von Gustave Eiffel gleicht, sondern tatsächlich aus seinem Hause stammt. Baubeginn war im März 1877, in Betrieb genommen wurde sie am 30. Juni 1878. Bis dahin konnte man den Fluss an dieser Stelle nur mit einem Boot oder über eine Brücke aus Holz überqueren.

Basilika der Heiligen Luzia

Hoch über der Stadt thront eines der prachtvollsten Gotteshäuser Portugals, die Igreja de Santa Luzia, eine Wallfahrtskirche im neobyzantinischen Stil mit einer überdimensionierten Kuppel. Ihre Rosettenfenster sind die größten der Iberischen Halbinsel und die zweitgrößten Europas. Vorher stand an dieser Stelle bereits eine kleine Kapelle, die der Heiligen Luzia gewidmet war. Dort betete Kapitän Luis de Andrade um sein Augenlicht, das er zu verlieren fürchtete. Zum Dank sollte ein Neubau her – größer und prunkvoller. Zwar wurde bereits 1904 angefangen zu bauen, fertig wurde die Kirche aber erst 1959. Neben der Basilika befinden sich noch die Ruinen einer alten *Castro*-Siedlung. Auf den Berg gelangt man seit 1923 mit dem Elevador de Santa Luzia. Mit einer Strecke von 650 Metern ist dies die längste Standseilbahn Portugals. Für die Steigung von 160 Metern braucht sie sechs bis sieben Minuten.

Das schwimmende Krankenhaus

Die Altstadt mit ihren hübschen Gebäuden spiegelt den einstigen Reichtum wider. Mittelpunkt ist die Praça da República mit einem Renaissance-Brunnen, einer der malerischsten Plätze Portugals. Dort steht auch die Igreja da Misericórdia aus dem 18. Jahrhundert, ein Meisterwerk des Barock mit Azulejos und vergoldeten Holzarbeiten.

An die maritime Vergangenheit des Orts erinnert auch das Museumsschiff Gil Eannes, das seit 1998 im Hafen liegt. Es wurde 1955 in Viana do Castelo als komplett eingerichtetes Krankenhausschiff gebaut und nach einem portugiesischen Seefahrer aus dem 15. Jahrhundert benannt. Bis 1973 unterstütze es portugiesische Kabeljaufischer vor Neufundland, danach war es als Frachter unterwegs, bevor seine Heimatstadt es vor dem Abwracken rettete.

DAS FEST DER FISCHER

Das größte und bedeutendste Fest des Orts ist das der Nossa Senhora da Agonia am 20. August, das auf das 18. Jahrhundert zurückgeht. Die Fischer des Orts bitten und ehren Maria, damit sie das Meer segnet. Drei Tage lang wird mit einer Prozession zum Ozean und Umzügen gefeiert. Die Frauen tragen dabei ihre farbenfrohen Trachten und den typischen filigranen Goldschmuck.

NORDPORTUGALS BESTGEHÜTETES GEHEIMNIS

Der Naturpark Serra de Arga hat eine 4000 Hektar große geschützte Fläche und ist Teil des europäischen Natura 2000-Netzwerks. Auf einer Höhe bis zu 825 Metern kann man die Ruhe und die Natur genießen oder Dörfer besuchen, die noch ihre uralten Traditionen pflegen. In dem Gebiet versteckt sich auch einer der schönsten Wasserfälle Nordportugals, die Cascata do Pincho.

WEITERE INFORMATIONEN

Viana do Castelo: www.vianafestas.com
www.cm-viana-castelo.pt
www.templosantaluzia.org
Nordportugal:
www.patrimoniocultural.gov.pt
www.visitportugal.com

86 Krieg und Frieden – Valença und Tuy

Trutzburgen am Grenzfluss Minho alias Miño

Nur wenige Hundert Meter trennen die beiden Städte, Valença und Tuy – aber auch der Fluss und die Ländergrenze zwischen Portugal und Spanien. Spätestens mit der Unabhängigkeit des Königreichs Portugal im 12. Jahrhundert wurden beide Orte strategisch wichtig und zu Kriegsschauplätzen. Seit der Errichtung der Internationalen Brücke Ende des 19. Jahrhunderts ist Frieden eingekehrt.

Bis 1262 hieß das portugiesische Valença Contrasta, »Ortschaft gegenüber einer anderen« – das Gegenstück dazu war das galicische Tui. Mit der Regentschaft von König D. Afonso III. gab es nicht nur den neuen Namen, er sorgte außerdem dafür, dass alle Bewohner Valenças geschützt innerhalb der ersten Stadtmauern lebten. Wenn man heute durch die malerischen Gassen des mittelalterlichen Orts schlendert, könnte man fast meinen, die Zeit wäre stehen geblieben. Und nirgendwo hat man einen besseren Panoramablick über die Flusslandschaft des Minho und die Altstadt des benachbarten Tuy.

Historische Gitterträgerbrücke

Von einer Stadt zur anderen gelangt man über die 318 Meter lange Internationale Brücke, die Ponte Internacional Valença-Tui – eines der Wahrzeichen der Region. Das Besondere: Mitten auf der Brücke steht man nicht nur mit einem Fuß in Portugal und mit dem anderen in Spanien, sondern auch in zwei verschiedenen Zeitzonen. Während für Spanien die Mitteleuropäische Zeit gilt, ist es im Nachbarland eine Stunde früher. Konzipiert wurde die Brücke von dem spanischen Architekten Pelayo Mancebo y Ágreda. Wegen der Ähnlichkeiten zum Eiffelturm wird heute oft noch fälschli-

Die Stadt Tuy breitet sich zu Füßen der Kathedrale aus, die auf einem Berg thront (u.). Verlaufen können sich die Pilger nicht: Gelbe Pfeile und Jakobsmuscheln weisen den Weg nach Santiago de Compostela (r.).

cherweise angenommen, dass Gustave Eiffel hinter dem Brückendesign steckt. Erbaut wurde die Gitterträgerbrücke zwischen 1882 und 1884, und am 25. März 1886 hat man sie feierlich eröffnet. Seitdem ist sie auch Teil des portugiesischen Jakobswegs. Die Ponte Internacional hat zwei Ebenen: Oben fahren die Züge, unten rollt der Straßenverkehr.

Schutzheiliger der Seefahrer

Auf der spanischen Seite des Miño thront auf einem Hügel die burgartige Kathedrale Santa María von Tuy – einem der ältesten Orte Galiciens und seit dem 6. Jahrhundert Bischofssitz. Das Wahrzeichen der Stadt zählt zu den größten Kathedralen Spaniens und wurde nicht nur zu religiösen Zwecken, sondern auch zur Verteidigung errichtet. Mit dem Bau wurde in der ersten Hälfte des 12. Jahrhunderts begonnen, fertiggestellt wurde die Kirche erst 1250 – und so verbindet sie Elemente der Hochromanik mit gotischen. Eindrucksvoll sind die Figuren von Aposteln, Königen und Propheten an der Westfassade mit dem Hauptportal. Im Inneren der dreischiffigen Kathedrale gibt es zwei Orgeln – eine ist dem Heiligen Jakob gewidmet, die andere San Telmo, dem Schutzheiligen der Stadt und der Seefahrer. Seine Gebeine werden in der Kathedrale aufbewahrt.
Ihm zu Ehren wurde von 1769 bis 1803 zudem dort, wo einst sein Wohn- und Sterbehaus stand, eine barocke Kapelle errichtet. Die gesamte Altstadt mit einer Vielzahl an bedeutenden Bauwerken wurde Mitte des 20. Jahrhunderts zum historisch-künstlerischen Ensemble erklärt.

Kleine süße Mandelfische

Dazu gehört auch das Mosterio da Concepción de Santa Clara, das Klarissenkloster. Hinter seinen Mauern leben noch immer einige Nonnen, und die haben ein gut gehütetes Geheimnis: das Rezept für die sogenannten *Pececitos* (kleine Fischchen), ein süßes Mandelgebäck. Die Form des Fischs wurde gewählt, weil er ein christliches Symbol ist. Seit mehr als 500 Jahren backen die Nonnen schon Kekse – immer noch nach dem alten Rezept. Waren es früher mehr als 100 Nonnen, sind es heute gerade einmal eine Handvoll. Die wichtigste Zutat sind handgeschälte Mandeln – mehr als 1000 Kilogramm im Jahr. Zu kaufen gibt es die *Pececitos* direkt im Kloster und in verschiedenen Läden in Tuy.

NATURPARK MONTE ALOIA

Nördlich von Tuy befindet sich der Parque Natural Monte Aloya, der älteste Naturpark Galiciens. Sein höchster Punkt liegt auf 629 Metern. Er bietet von mehreren Aussichtspunkten spektakuläre Blicke über die Flusslandschaft des Miño und zehn Kilometer Wanderwege. Der Wald wurde vor über 100 Jahren mit Tannen, Zypressen und Zedern aus dem Libanon wiederaufgeforstet.

THERMALBAD CALDELAS DE TUI

Galicien ist vor allem für seine Thermalquellen bekannt. Die Quelle in Caldelas de Tui wurde erstmals Ende des 17. Jahrhunderts schriftlich erwähnt. Die medizinische Anerkennung erfolgte rund 200 Jahre später, so auch der Bau eines Hotels, um sie nutzen zu können. Das warme Wasser soll helfen, Atemwegserkrankungen sowie muskuläre und dermatologische Beschwerden zu lindern.

WEITERE INFORMATIONEN

www.turismo.gal, www.tui.gal, www.galicianaturaleunica.xunta.gal, www.turismoriasbaixas.com, www.balneariosdegalicia.gal

Der Parque Nacional de las Islas Atlánticas soll auch Weltnaturerbe werden (o.). Caminha hat nicht nur eine Stadtmauer, auch das Forte da Lagarteira (r.) sollte vor spanischen Angriffen schützen. Ein altertümlicher Bus in Vigo (r.o.).

87 Küstenweg via Bayona und Vigo – Rías Baixas

Das Land der galicischen Fjorde

Die Küstenregion im Südwesten Galiciens – vom Grenzfluss Minho bzw. Miño bis hoch zum Kap Finisterre – wird Rías Baixas (»Untere Meeresarme«) genannt. Gemeint sind damit vier tief ins Landesinnere reichende Buchten, die an Fjorde erinnern. Den drei südlichen Rías vorgelagert sind Inseln, die seit 2002 zum einzigen galicischen Nationalpark gehören.

An der Grenze zu Spanien, in Caminha, Portugals nördlichstem Küstenort, muss man sich als Pilger entscheiden, ob man auf den Zentralweg entlang des Minho Richtung Valença und Tuy wechselt oder ob man auf dem Küstenweg bleibt.

Caminha war schon immer ein strategisch wichtiger Punkt – besonders wenn es um die Unabhängigkeit Portugals ging. 1284 verlieh König Dinis dem Ort die Stadtrechte und ließ die Verteidigungsanlage verstärken. Von der mittelalterlichen Stadtmauer ist heute noch der Torre do Relógio, der Uhrenturm, übrig. Diesen Namen bekam er 1637, als eine Uhr angebracht wurde. In der Altstadt von Caminhas steht eine der wichtigsten Kirchen Nordportugals, die gotische Iglesia Matriz aus dem 15./16. Jahrhundert. Besonders sehenswert ist die Decke aus Kastanienholz im Mudéjar-Stil. Um den Ort herum findet man eine Vielzahl an Megalithanlagen, die belegen, dass hier bereits zu vorrömischer Zeit gesiedelt wurde.

Die Wächterin

Mit der Fähre Santa Rita de Cássia überquert man den Minho/Miño, dessen Flussmündung wegen des ökologischen Reichtums Teil des europäischen Natura 2000-Netzwerks ist, und landet im spanischen Camposancos.

Auf dem Weg in die südlichste Stadt Galiciens, La Guardia, liegt der Berg Monte Santa Tecla. Dort gibt es nicht nur hervorragende Aus-

sichtspunkte und eine kleine Kapelle, sondern auch die Überreste des Keltendorfs Castro Santa Tecla, eines der größten im Nordwesten der Iberischen Halbinsel. Etwa 5000 bis 6000 Menschen lebten hier in den Rundbauten. La Guardia (galicisch: A Guarda) heißt übersetzt übrigens »die Wache«; der Grenzort war viele Jahrhunderte in die Auseinandersetzungen zwischen Spanien und Portugal verwickelt. Deswegen entstand im 17. Jahrhundert, in der Zeit des portugiesischen Unabhängigkeitskriegs, das Castillo de Santa Cruz. Für den Bau wurden Steine aus der mittelalterlichen Stadtmauer verwendet. Dennoch schafften es die Portugiesen, die Festung einzunehmen und für drei Jahre bis zum Ende des Kriegs 1668 zu besetzen. Heute sind von der Burg nur noch Reste erhalten. Der Einfluss der Portugiesen ist auch an der Iglesia de Santa María, einer ursprünglich romanischen Kirche, erkennbar. So ist die Hauptfassade mit der weißen Bemalung im Stil des portugiesischen Barock gehalten. Die Altstadt von La Guardia spiegelt bis heute wider, dass es früher ein Fischerort war – angefangen bei den Häusern der Fischer am Hafen, dem kleinen Meeresmuseum bis hin zum Denkmal des vermissten Seemanns.

Die Ankunft

Apropos Seemann: Im März 1493 lief der erfahrene Kapitän Martín Pinzón mit der Karavelle *Pinta* im Hafen von Bayona ein – mit großartigen Nachrichten, der Entdeckung der »Neuen Welt« – und zwar wenige Tage, bevor Christoph Kolumbus mit den Neuigkeiten in Lissabon an Land ging. Das Ereignis wird bis heute Anfang März als *Festa da Arribada* (»Fest der Ankunft«) gefeiert. Außerdem liegt im Hafen eine Nachbildung der *Pinta*. Auf einer Halbinsel gleich daneben thront die mächtige Festung Fortaleza de Monterreal – umgeben von drei Kilometern Mauer. Errichtet wurde sie zwischen dem 11. und 17. Jahrhundert, um die Stadt zu schützen, heute beherbergt sie ein Luxushotel. Im Herzen der Altstadt gibt es zwei benachbarte Gotteshäuser, die Kapelle Santa Liberata und die einstige Stiftskirche Santa María, in beiden gibt es Bilder bzw. Statuen des Heiligen Jakob. Vom Berg Sansón wacht seit 1930 die 15 Meter hohe Virxe da Rocha (»Jungfrau des Felsens«), deren Gesicht und Hände aus weißem Marmor bestehen. Das Denkmal ist innen hohl, und über eine Wendeltreppe gelangt man in das Boot, das die Jungfau in der Hand hält. Von dort aus kann man bis zu den Islas Cíes sehen, die der Ría Vigo vorgelagert sind.

Inseln der Götter

Der Archipel der Islas Cíes gehört seit 2002 zum Parque Nacional Islas Atlánticas de Galicia, dem einzigen Nationalpark Galiciens.

KLOSTER SANTA MARÍA DE OIA

Auf halber Strecke zwischen La Guardia und Bayona, direkt am Meer, befindet sich ein altes, verlassenes Zisterzienserkloster, das im 12. Jahrhundert im gotischen Stil erbaut wurde. Im 19. Jahrhundert kam das Kloster in Privatbesitz, und die Kirche wurde Pfarrkirche. Anfang des 20. Jahrhunderts lebten dann portugiesische Jesuiten hier, und im spanischen Bürgerkrieg diente es als Gefängnis.

PUENTE DE RANDE

Majestätisch und dennoch leicht sieht sie aus, die Schrägseilbrücke über die Ría de Vigo – das bekannteste Bauwerk der Region. An der engsten Stelle der Bucht verkürzt sie seit 1981 die Strecke zwischen Vigo und der Provinzhauptstadt Pontevedra. Vorher mussten die Menschen um die ganze Bucht herumfahren. Heute geht es um einiges schneller über die 1558 Meter lange Brücke mit den Stahlseilen.

WEITERE INFORMATIONEN

www.cm-caminha.pt, www.aguarda.es
www.turismoaguarda.es, www.baiona.gal
www.turismodebaiona.com
www.mosteirodeoia.com
www.iatlanticas.es
www.turismodevigo.org, www.turismo.gal
www.turismoriasbaixas.com
www.caminhoportuguesdacosta.com

Überall in der Gegend gibt es Überreste alter Keltendörfer. Am besten erhalten sind das Castro Santa Tecla in der Nähe von La Guardia und die Ruinen von Vigo (l.o., r.o.). Miesmuscheln, die an Flößen kultiviert werden im Ría de Vigo (u.) und Sonnenuntergang an den Illas Cíes an der Küste vor Vigo (r.u.).

Dieser umfasst noch die Islas Ons, die Inseln Sálvora und Cortegada sowie diverse kleinere. Der Grund für den Schutz: Zehntausende von Meeresvögeln brüten im Sommer hier, beispielsweise eine der größten Möwenkolonien der Welt mit rund 20 000 Paaren. Da das Wasser in dem Gebiet an der Mündung der Rías sehr nährstoffreich ist, tummeln sich darin unzählige Krustentiere, Kraken und Fische sowie 200 Algenarten. Alle Inseln sind unbewohnt – bis auf Ons. Sie ist die größte der Atlantikinseln und liegt mit ihrem Schwester-Eiland Onza vor der Ría Pontevedra – die Seeseite von beiden ist geprägt von Steilküsten mit Grotten. Die kleine Inselgruppe der Islas Cíes besteht aus drei Inseln, und laut der britischen Tageszeitung *The Guardian* (2007) gibt es hier den schönsten Strand der Welt: die Praia de Rodas mit schneeweißem Sand und türkisblauem Wasser, dahinter die grünen Kiefern- und Eukalyptuswälder. Dem Reiz der Islas Cíes erlagen bereits die Römer und nannten sie »Inseln der Götter«.

Die Legenden von Vigo

Tief in der Ría Vigo soll es einen verlorenen Schatz geben. In der Schlacht von Vigo (bzw. Rande) sanken hier im Oktober 1702 mit Gold aus Amerika beladene spanische Galeonen. Die Wracks wurden gefunden, das Gold sucht man bis heute vergebens. Von der Schlacht ließ sich der französische Schriftsteller Jules Verne inspirieren. In seinem Buch *20 000 Meilen unter dem Meer* hebt Kapitän Nemo mit seinem U-Boot Nautilus eben diesen Schatz – und damit setzte Jules Verne Vigo ein Denkmal. Dies erwiderten die Bewohner 2005 mit einer Bronzestatue des Autors – sitzend auf den Tentakeln einer Riesenkrake. Vigo ist heute die größte Stadt Galiciens, und die malerische Altstadt hat noch immer Charme. An der Plaza de la Constitución mit den Arkaden aus dem 18. Jahrhundert steht die neoklassizistische Konkathedrale Santa María (1811), auch bekannt als A Colegiata. Im Atrium ihres Vorgängerbaus pflanzten Tempelritter im 14. Jahrhundert einen Olivenbaum, den es zwar nicht mehr gibt, dafür aber einen direkten Ableger. So kam Vigo wahrscheinlich zum Beinamen »Olivenstadt«. Unbedingt sehenswert sind auch das alte Fischerviertel, Barrio de Berbés, und der Monte do Castro mit den Überresten einer *Castro*-Siedlung und den Ruinen einer alten Festung aus dem 12. Jahrhundert.

88 Stadt der Viadukte – Redondela

Ein Dalí-Hemd kurbelte die Textilindustrie an

Ein trinktüchtiger Seemann und Drachentöter soll laut einer Legende der Gründer von Redondela sein. Lange lebte der kleine Ort am Ende der Ría Vigo vor allem von der Fischerei. Das änderte sich mit der Industrialisierung und den Eisenbahnviadukten. Ein kleines Textilunternehmen schaffte es, weltweit bekannt zu werden – mit einem sensationellen Coup.

Redondela bietet einen der besten Blicke über die Ría Vigo (u.). Im hügeligen Landesinneren von Galicien warten auch mal einige Höhenmeter (r.o.).

Schon vom Weitem sind sie sichtbar, die beiden Viadukte bzw. Fachwerkbrücken, die das Stadtbild seit dem späten 19. Jahrhundert prägen. Fast hat es den Anschein, als würden die Züge direkt über die Dächer fahren – den Beinamen »Stadt der Viadukte« trägt Redondela nicht von ungefähr. Die ältere Brücken von beiden, die ab 1872 entstand, ist das Viadukt Pedro Floriani, auch Madrid-Viadukt genannt. Es besteht aus Eisen und Stein, ist 411 Meter lang, 3 Meter breit und 32 Meter hoch. Nachdem es 1876 eingeweiht wurde, war es fast 100 Jahre lang Teil der Zugstrecke Vigo–Ourense. 1975 wurde der Betrieb eingestellt, und der Verfall begann, rote Stücke bröckelten herunter. Dem konnte mittlerweile Einhalt geboten werden, und das Gittergestell des Viadukts erstrahlt nun in Dunkelgrün. Das benachbarte Pontevedra-Viadukt, das komplett aus grauem Stahl ist und einem Eiffel-Entwurf ähnelt, wurde 1884 eingeweiht. Es ist 250 Meter lang und verband Pontevedra mit Redondela und Vigo.

Einmal um die ganze Welt

Und noch ein weiteres Bauwerk prägt das Stadtbild: der Fabrik-Schornstein des Regojo-

Textilunternehmens. Er ist alles, was davon übriggeblieben ist. Viele Menschen aus der Region arbeiteten hier. In den 1970er-Jahren stellte das Unternehmen Hemden aus Baumwolle mit Polyester her – die mussten nicht gebügelt werden. Brillante Idee! Und die Firma schaffte es, dass Salvador Dalí mit seinem Gesicht und seinem Namen dafür warb. Laut Vertrag bekam er dafür 125 000 Peseten (ca. 75 000 Euro) plus eine Peseta (0,006 Euro) pro verkauftem Hemd. Jährlich verkauften sich weltweit mehrere Hunderttausend bügelfreier »Dalí-Hemden«. Damit schaffte es das Unternehmen fast an die Spitze der spanischen Textilindustrie, und Galicien wurde in der internationalen Modewelt bekannt. Auch andere erfolgreiche Textilunternehmen haben heute ihren Sitz im Nordwesten Spaniens. Regojo selbst schloss seine Fabrik in Redondela 1987, zwei Jahre vor dem Fall der Berliner Mauer, und – an dieser Stelle sei ein P.S. erlaubt – ein Stück der Mauer steht in Redondela!

Pilgerstadt und heidnische Bräuche

Im höchsten Teil der Stadt steht die Jakobskirche, die gleichzeitig die Pfarrkirche von Redondela ist. Sie stammt ursprünglich aus dem 15., wurde aber bis zum 18. Jahrhundert mehrfach erweitert. Im Inneren gibt es eine Statue vom Apostel, und die Fassade wird von einem Jakobus zu Pferde, dem Maurentöter, gekrönt. Direkt am Jakobsweg befindet sich die kleine, fast rechteckige Trauerkapelle von Santa Mariña aus dem frühen 18. Jahrhundert. Ihre wunderschöne Barockfassade wird von einem Rosettenfenster mit Blütenblättern geschmückt und von einem Glockenturm getoppt. Im hübsch angelegten Alameda-Park direkt im Herzen der Stadt steht die Figur von Xan Carallás, dem mythischen Gründer der Stadt, einem Seemann, der gerne aß und trank. Der Legende nach soll er junge Männer der Stadt rekrutiert haben, um das Monster Coca, eine Mischung aus Drachen und Schlange, zu erlegen. Dieses hatte es sich zur Gewohnheit gemacht, junge Mädchen auf die Insel San Simón zu entführen, um sie dort zu verschlingen. Mit Schwertern triumphierten die Männer über Coca und kehrten mit den Mädchen heim, die noch lebten. Zur selben Zeit fand eine Fronleichnamsprozession statt, in die sie bei der Rückkehr hineingerieten, und seitdem wird beides zusammen gefeiert – mit Kostümen und dem Tanz der Schwerter.

INSEL DES COCA-MONSTERS

Direkt vor Redondela liegen die Inseln San Simón und gleich daneben San Antón – sie sind durch eine Brücke verbunden. Ihre Geschichte war wechselhaft – vom Kloster im Mittelalter, über Leprastation, Gefängnis während der Franco-Diktatur und Kinderheim bis hin zum heutigen kulturellen Zentrum. Außerdem sind der Archipel San Simón und die Bucht Teil des Natura 2000-Netzwerks.

EXZELLENTER KAMELIENGARTEN

Die prächtige Burg Castelo de Soutomaior war im 15. Jahrhundert das Stammhaus von Pedro Álvarez de Soutomaior, besser bekannt als Pedro Madruga, der in der Geschichte Galiciens eine wichtige Rolle einnahm. Aus dem späten 19. Jahrhundert stammen der Park und die Gärten. Für die Fülle an Kamelien – 25 Sorten, 200 Exemplare – gab es 2012 die Auszeichnung »Garden of International Excellence«.

WEITERE INFORMATIONEN

Castelo de Soutomaior:
www.castelodesoutomaior.com
Redondela und Galicien:
www.redondela.gal, www.turismo.gal
www.cultura.gal

89 Die jungfräuliche Pilgerin – Pontevedra

Hauptstadt des Caminho Português

Das Geschäft mit der Versorgung und Beherbergung von Pilgern war schon immer ein wichtiger Wirtschaftszweig. Doch im 16. Jahrhundert wurde Pontevedra vor allem durch florierenden Fischfang und Handel zur größten Stadt Galiciens und 1833 zur Provinzhauptstadt. Heute zählt der autofreie Ortskern zu den schönsten und am besten erhaltenen in Spanien.

In den Gärten des Konvents San Francisco steht der Brunnen Fuente da Ferrería, an dem sich schon viele Pilger erfrischt haben (u.). In der Kirche der Virxe Peregrina gibt es sogar ein Weihbecken, das die Form einer Jakobsmuschel hat (r.o.).

Lange Zeit gab man sich in der Stadt der romantischen Vorstellung hin, dass sich der griechische Held Teukros nach dem Trojanischen Krieg, um 1200 v. Chr., hierher verirrte und die Stadt erschuf. Und so ist einer der schönsten Plätze nach ihm benannt: die Plaza del Teucro. Aber erst die Römer bauten hier am Römerweg, Via Romana XIX, eine Ansiedlung und eine Brücke über den Lérez. Daraus entstand der Name – erst *Pontis Veteris* (»alte Brücke«), später Pontevedra.

Die Muschelkirche

Mitten in der Stadt, an der Plaza de la Peregrina, ist die Kirche der jungfräulichen Pilgerin, Santuario de la Peregrina, unschwer zu übersehen. Sie liegt nicht nur direkt am Caminho Português, ihr Grundriss gleicht auch einer Jakobsmuschel, dem Zeichen der Pilger. Die Kirche ist eine der Hauptattraktionen dieses Jakobswegs. 1778 erbaut, wurden hier Details aus dem Spätbarock mit neoklassizistischen Elementen verbunden. Die Jungfrau Maria ist sowohl in der Außenfassade als auch im prächtigen Altarbild im Pilgergewand dargestellt – sie ist die Schutzpatronin Pontevedras und der Pilger. Direkt gegenüber besticht die gotische Klosterkirche San Francisco aus dem 14. Jahrhundert mit ihren wunderschönen bunten Glasfenstern. Das Kloster wurde der Überlieferung nach

von Franz von Assisi gegründet, als er auf dem Jakobsweg in Pontevedra Halt machte. Beeindruckend sind auch die Ruinen der einst größten galicischen Dominikanerkirche – heute sind sie Teil des Museums von Pontevedra. In dem Museum kann unter anderem der Schatz von Caldas de Reis besichtigt werden: 15 Kilo Gold – Armbänder und andere Schmuckstücke – aus der Bronzezeit.

Das Schiff des Kolumbus?

Die Hauptkirche des Orts ist jedoch die imposante Basílica de Santa María la Mayor – ein Juwel gotischer Architektur Galiciens, mit Elementen aus der portugiesischen Manuelinik und der Renaissance. Sie erhielt als einziges galicisches Bauwerk die Auszeichnung »Königliches Heiligtum«. Erbaut wurde sie im 16. Jahrhundert im Auftrag der städtischen Seefahrergilde. Die Hauptfassade ist wie ein Altarbild gestaltet: Zu beiden Seiten wachen Petrus und Paulus, darüber erscheinen Szenen aus dem Leben Jesu sowie andere biblische Figuren. Einige behaupten sogar, dass Christoph Kolumbus abgebildet sei. In Seefahrer-Kreisen und in Pontevedra gehen seit Langem weitere Gerüchte um: Erstens: Er sei ein Sohn der Stadt. Zweitens: Sein berühmtes, aber ungeliebtes Flaggschiff Santa María, wurde hier in einer Werft gebaut. Damals hieß sie La Gallega (»die Galicierin«) und gehörte Juan de la Cosa, der auf dem Weg nach Indien ebenfalls mit an Bord war. Statt einer dritten wendigen Karavelle, neben der Pinta und der Niña, musste sich Kolumbus mit einem behäbigen Frachtschiff begnügen. Verifizieren lässt sich keines der beiden Gerüchte.

Das grüne Erholungsgebiet

Pontevedra hat noch viel mehr zu bieten – alles im direkten Umfeld zur Altstadt. So ist der Naturpark Xunqueira de Alba mit 67 Hektar die größte Grünfläche der Stadt. In dem Feuchtgebiet gibt es unzählige Pflanzen- und Vogelarten sowie Libellen und Schmetterlinge – einige davon sind vom Aussterben bedroht. 2012 wurde es das erste Naturschutzgebiet von lokalem Interesse in Galicien. Ebenfalls sehenswert ist die 1999 eröffnete Skulptureninsel Isla de las Esculturas, direkt am Stadtfluss Lérez gelegen. Zwölf zeitgenössische Kunstwerke – alle aus galicischem Granit – sind im Park verteilt zu bewundern.

DAS JAKOBSWEG-MOSAIK

Wenige Kilometer von der Stadt entfernt thront auf einer Anhöhe das Kloster San Xoán de Poio, dessen Ursprünge wahrscheinlich auf das 7. Jahrhundert zurückgehen. Deutlich jünger ist das Mosaik »Jakobsweg« – das gibt es seit 1992 im Kreuzgang des Klosters. Es ist 2,60 Meter hoch und 80 Meter lang – entworfen wurde es von dem tschechischen Künstler Antonin Machourek.

NATURPARK RIO BAROSA

Direkt am portugiesischen Jakobsweg, Richtung Caldas de Reis, befindet sich der Parque de la Naturaleza del Río Barosa, eine ruhige Oase mit Wandermöglichkeiten. Durch die außergewöhnliche Topografie formt der Fluss einen lang gezogenen Wasserfall, der zu den schönsten und beeindruckendsten der Region zählt. Umgeben ist er von 17 Wassermühlen, in denen früher Getreide gemahlen wurde.

WEITERE INFORMATIONEN

www.visit-pontevedra.com, www.pontevedra.gal, www.barro.es, www.turismoriasbaixas.com, www.terrasdepontevedra.org

Die Römer bauten hier nicht nur drei Brücken über die Flüsse Umia und Bermaña, sondern auch die erste Bäderlandschaft, um die Thermalquelle nutzbar zu machen.

90 Heiße Quellen – Caldas de Reis

Über der Stadt liegt ein Hauch von Schwefel

Caldas de Reis zählt zu den ältesten und wichtigsten Kurstädten Galiciens – zu verdanken hat sie das der 40 bis 49 Grad warmen Thermalquelle. Bereits die alten Römer wussten diese zu schätzen und richteten die ersten Bäder ein. Doch erst seit 1780 strömen die Menschen hierher, um in den Genuss der heilenden Quelle zu kommen und um sich zu entspannen.

Galicien ist das Land der Thermalquellen: 300 sprudeln hier aus dem Boden – 20 davon werden als Heilbäder benutzt, eine in Caldas de Reis. Das schwefelhaltige Wasser aus der hiesigen Quelle enthält auch Lithium, Silizium und Natron. Empfehlenswert ist es eigentlich für bzw. gegen fast alles – angefangen bei Atemwegserkrankungen über Hautprobleme bis zu Gelenkbeschwerden und sogar bei gynäkologischen Problemen und Stress. Eine einmalige Anwendung reicht allerdings nicht aus. Heute wird die Quelle kommerziell als Therme genutzt, mit traditionellen Kuranwendungen sowie modernen Wellness-Treatments.

Das geheilte Pferd

Man munkelt, dass wohl schon rheumatische Neandertaler die heiße Quelle zu schätzen wussten, und auch die Kelten haben sie genutzt. Doch erst die Römer bauten sie zu einer Bäderlandschaft aus; hier konnten es sich die Legionäre an der Römerstraße XIX gutgehen lassen. Damals hieß die Stadt Aquis Celenis bzw. Aquae Celenae, was in etwa »Heißes Wasser« bedeutet. Und alles begann mit dem Pferd eines römischen Soldaten – so die Legende. Das Tier hatte durch eine Schlacht Verletzungen davongetragen, doch nach einem Bad in einer warmen Wasserlache erholte es sich. Und die Menschen taten es ihm nach, gegen Wehwehchen aller Art – zuerst in Teichen. Ab 1780 entstanden dann Badehäuser; das Balneario Davila war das erste, später kam das Balneario Acuña hinzu. Beide existieren bis heute als Thermalbäder inklusive Hotel. Man kann aber auch im Stadtzentrum einfach an den Brunnen Fuente de las Burgas aus dem Jahr 1881 gehen und das Heilwasser trinken.

Malerische Gärten

Als die Thermalbäder im späten 19. Jahrhundert zu boomen anfingen, entschloss man sich in der Stadt, den Kranken und Erholungssuchenden weitere Attraktionen zu bieten. So entstanden nach 20-jähriger Planung um 1884 der Botanische Garten, Parque Jardín Botánico, und der angrenzende Eichenhain, Carballeira – parallel zum Fluss Umia. Mehr als 200 Eichen wurden hier vor über 100 Jahren in Reih und Glied gepflanzt; sie sind unterschiedlich groß und dick. Heute finden hier vor allem kulturelle Veranstaltungen und Konzerte statt. Im Botanischen Garten wachsen Pflanzen und Bäume aller fünf Kontinente, sehenswert sind vor allem die verschiedenen Kamelien-Arten. Beide Anlagen wurden 1962 als *Paisaje pintoresco y Jardín histórico* (»malerische Landschaft und historischer Garten«) ausgezeichnet.

Über römische Brücken musst du gehen

Drei Brücken römischen Ursprungs prägen das Stadtbild des Kurbads – zwei von ihnen sind im Wappen vertreten. Am Ortseingang befindet sich die größte der drei Brücken, die Puente de la Herrería, die sich mit fünf Halbkreisbögen über den Fluss Umia spannt. Wegen diverser Rekonstruktionen im Verlauf der Jahrhunderte ist von ihrer ursprünglichen Form nicht mehr viel übrig. Die zweite römische Brücke, die Puente Romano del Río Bermaña, überquert im Zentrum der Stadt das Flüsschen Bermaña. Die Granitkonstruktion aus dem 1. Jahrhundert hat drei Halbbögen, und außerdem sind noch Reste des alten Pflasters zu finden. Die Fußgängerbrücke ist Teil des Jakobswegs. Rund zwei Kilometer von Caldas de Reis entfernt befindet sich die dritte Brücke römischen Ursprungs, die einbogige Puente Romano de Segade, die im 18. Jahrhundert wiederaufgebaut worden ist. Auf dem Weg dorthin kommt man an den wunderschönen Wasserfällen von Segade vorbei, deren natürliche Pools im Sommer zum Baden genutzt werden.

CORTEGADA – DIE LORBEERINSEL

Die Isla de Cortegada ist seit 2002 Teil des Naturparks Islas Atlánticas. Sie liegt im Inneren der Ría de Arousa und ist gerade einmal 200 Meter vom Land entfernt, so kann sie bei Ebbe auch zu Fuß erreicht werden. War sie früher Station von Pilgern auf dem Weg nach Santiago, gedeiht hier heute Südeuropas größter Lorbeerwald.

RUNDBLICK VOM MONTE XIABRE

Mit 640 Metern ist er einer der höchsten Berge in der Umgebung. Von hier aus bieten sich nicht nur atemberaubende Ausblicke auf Caldas de Reis, sondern in alle Himmelsrichtungen – so auch bis zur Ría de Arousa mit der Lorbeerinsel. Die Wege den Berg hinauf eignen sich für Mountainbiker und Wanderer. Und mit etwas Glück läuft einem ein Wildpferd über den Weg.

WEITERE INFORMATIONEN

Isla de Cortegada: www.illadecortegada.com
www.turismoriasbaixas.com, www.visitvilagarcia.com, www.caldasdereis.com

Im alten Herrenhaus direkt am Fluss Miño befindet sich eines von zwei Spas des beschaulichen Thermalbades Cortegada.

Padrón-Panorama: Blick mit römischer Brücke zum Convento del Carmen (o.). Die kleine Jakobsstatue auf dem Berg San Gregorio (r.u.). Die Muttergottes über dem Eingangsportal der Wallfahrtskirche Santuario da Escravitude (r.o.).

91 Die Quelle der Jakobuslegende – Padrón

Einer der geschichtsträchtigsten Orte am Caminho Português

Für zwei Dinge ist Padrón bekannt: für Pimientos de Padrón, die kleinen grünen gebratenen Paprikaschoten, und für den Kult um den Heiligen Jakob. In kaum einem anderen Ort kommt man dem Apostel näher. Gemäß der Legende hat er hier das erste Mal auf der Iberischen Halbinsel gepredigt, und auch seine sterblichen Überreste wurden hierher zurückgebracht.

Nachdem Jakobus in Judäa als Märtyrer hingerichtet worden war, brachten seine Jünger den Leichnam in Sicherheit. Ein Engel soll das Boot nach Iria Flavia (dem heutigen Padrón) bis ans Ufer der Sar geleitet haben. Dort machten es seine Schüler an einem Stein fest, dem Pedrón. Dieser war damals entweder ein römischer Meilenstein oder ein dem Neptun geweihter Opferstein. Als im Mittelalter die erste Jakobskirche errichtet wurde, nutzte man eben jenen Pedrón als Altarfuß. 1876 entstand eine neue Kirche im klassizistischen Stil, dort befindet sich der Stein heute unter dem Hauptaltar. Er wurde wahrscheinlich zum Namensgeber von Padrón.

Bis ins 17. Jahrhundert gab es im Ort einen bedeutenden Hafen, dort liefen die ersten spanischen Galeeren vom Stapel. Auf der gegenüberliegenden Flussseite, direkt hinter der Brücke, steht die Fuente del Carmen. Der Trinkwasserbrunnen, der 1577 erbaut und 1789 restauriert wurde, ist der Jakobuslegende gewidmet. Dargestellt sind die Überführung der sterblichen Überreste des Apostels und die Taufe Königin Lupas durch Jakobus, die symbolisch für die Evangelisierung Spaniens steht. Den schönsten Blick auf die Stadt hat man vom Convento del Carmen am Hang des Bergs San Gregorio. In dem ehemaligen Karmelitinnen-Kloster leben heute Dominikanermönche.

Die Quelle der Jakobuslegende – Padrón

Jaköbchen vom Berg

Hinter dem Kloster geht es weiter den Berg hinauf zum Santiaguiño do Monte, dem »Jaköbchen vom Berg«. Wer die 125 Stufen ohne Pause schafft, dem werden angeblich alle Sünden vergeben oder ihm wird eine besondere Gnade zuteil. Oben auf dem Berg soll Jakobus seine erste Predigt auf der Iberischen Halbinsel gehalten und auch gelebt haben. Nun stehen hier eine Kirche und dahinter eine kleine Jakobsstatue mit Steinkreuz.

Eine der ersten Marienkirchen

In Iria Flavia, zwischen dem 5. und 11. Jahrhundert Bischofssitz, entstand im frühen Mittelalter eine der ersten Marienkirchen der Welt und eine der ältesten Galiciens, die Santa María de Iria Flavia. Nachdem die Mauren die Kirche zerstört haben, ließ Bischof Gemiréz sie ab dem 12. Jahrhundert wiederaufbauen, im 18. Jahrhundert wurde sie rekonstruiert. Sehenswert sind der pyramidenförmige Glockenturm und im Westportal der gotische Tympanon mit der Verkündigung Marias. Im Inneren gibt es einen Hochaltar mit der Jungfrau Maria und dem davor knienden Apostel sowie mehrere Grabstätten.

Auf dem Friedhof wurden die beiden bekanntesten Einwohner der Gemeinde bestattet: die Lyrikerin Rosalía de Castro (1837–1885) und der Literatur-Nobelpreisträger Camilo José Cela (1916–2002).

»Einige scharf, andere nicht«

So lautet ein galicisches Sprichwort. Gemeint sind die Pimientos de Padrón, denn die Paprikaschoten sind unterschiedlich scharf. Sie sind die wohl berühmtesten Schoten des Landes und als Tapas sehr beliebt. Die kleinen grünen Paprikaschoten werden in reichlich Olivenöl angebraten, Salz drüber und fertig. Sie stammen ursprünglich aus Amerika und wurden im 16. Jahrhundert von Franziskanermönchen aus Mexiko in die Gegend von Padrón, ins Kloster Herbón, gebracht und dort angepflanzt. Hier passten sich die Paprikas den neuen Gegebenheiten an und entwickelten so ihren typischen Geschmack: Die Pimientos de Padrón waren geboren. Mittlerweile wird diese Paprikasorte auch in anderen Länder angebaut, und der Name ist keine Herkunftsbezeichnung mehr. Die »echten« aus Galicien heißen zur Unterscheidung Pimientos de Herbón D.O.P.

KLOSTER SAN ANTONIO DE HERBÓN

Das Franziskanerkloster, nur wenige Kilometer von Padrón entfernt, wurde 1396 gegründet, die heutige Kirche entstand zwischen 1705 und 1722. Die Abtei, die seit 2013 Kulturgut ist, wird von einer Handvoll Franziskanern betrieben und dient mittlerweile auch als Herberge für Pilger. Die können an der Messe und einer Klosterführung teilnehmen oder den Klostergarten bewundern.

DAS HEILIGTUM VON A ESCRAVITUDE

Nördlich von Padrón steht die prächtige Wallfahrtskirche Santuario de la Escravitude mit der Fonte Santa, der Heiligen Quelle. Deren Wasser soll heilende Eigenschaften haben. Ein Pilger, der von ihr trank, wurde innerhalb weniger Stunden von seiner Wassersucht geheilt. Er soll sich dafür bedankt haben, dass diese Sklaverei *(Escravitude)* nun ein Ende habe, daher der Name der Kirche.

WEITERE INFORMATIONEN

www.turismo.gal, www.terrasdeiria.com, www.iglesiaenpadron.com, www.exherbon.org, www.padronturismo.gal

AM ZIEL

Heilige Stadt im Nordwesten

Am Ziel: Die Kathedrale von Santiago de Compostela (l.). Zur Stärkung gibt es süße Tarta de Santiago (r.o.). Damit reicht die Kraft auch noch bis zum Leuchtturm an der »Todesküste« (r.u.).

Heilige Stadt im Nordwesten – AM ZIEL

Unter der historischen Fassade schlägt ein junges Herz

Seit vielen Jahrhunderten streben die Menschen nach Santiago de Compostela, um das Grab des Apostels Jakob zu besuchen. Aber die Hauptstadt Galiciens ist nicht nur Pilgerziel, sondern auch eine sympathische Universitätsstadt mit außergewöhnlicher Bausubstanz – nicht umsonst zählt die UNESCO die gesamte Altstadt zum Weltkulturerbe. Und ihre Gastronomie ist manche Sünde wert.

Neben Jerusalem und Rom ist Santiago de Compostela seit dem Mittelalter eine Heilige Stadt. Ihre Existenz verdankt sie allein der Beobachtungsgabe eines Eremiten um das Jahr 813. Der hatte hier ein auffälliges Leuchten wahrgenommen, das üblicherweise als Hinweis auf das Grab eines Apostels galt. Tatsächlich fand der Einsiedler ein Grab – und der Flecken Erde einen Namen: Campus Stellae, »Feld der Sterne«, soll sich zu Compostela entwickelt haben. Möglich ist aber auch, dass bereits die Römer hier einen Friedhof *(Compostum)* anlegten, der sich zum zweiten Teil des Namens schliff. Santiago ist die spanische Entsprechung des lateinischen Sanctus Iacobus. Die schlichte Grabkapelle, die hier zunächst entstand, wich im 12. Jahrhundert einer Kathedrale, die im Verlauf der Jahrhunderte immer wieder vergrößert wurde – und heute als Miniatur spanische Ein-, Zwei- und Fünf-Cent-Münzen ziert. Schließlich gehört Santiago de Compostela zu den wichtigsten Besuchermagneten, und das in einem Land, das Urlaubern und Kulturinteressierten ohnehin eine spektakuläre Bandbreite an Sehenswürdigkeiten zu bieten hat.

Blick über die Dächer von Santiago de Compostela.

Am Abend wirkt die Kathedrale besonders stimmungsvoll.

Universitätsstadt und ersehntes Pilgerziel

Mit rund 90 000 Einwohnern ist die Stadt ihrer spirituellen und touristischen Bedeutung zum Trotz alles andere als eine Metropole. Wer sie im Winter besucht, erlebt eine lebendige Universitätsstadt – die Hochschule wurde 1532 gegründet – mit heute 23 000 Studenten und ansehnlicher historischer Bausubstanz, aber relativ wenigen Besuchern. Übersichtlich ist sie auch von ihren Ausmaßen her: Von einem Ende zum anderen läuft man kaum mehr als eine Dreiviertelstunde. Zwischen Frühling und Herbst strömen Touristen und Pilger in den Nordwesten Spaniens und füllen vor allem das Herz der Stadt – im Sommer bisweilen so viele, dass sie sich rund um die Plaza do Obradoiro buchstäblich durch die Gassen schieben. Seit jeher konzentriert sich das Leben in Santiago rund um diesen Platz und um die Kathedrale. Für Wallfahrer ist sie ohnehin das erste Ziel neben dem Pilgerbüro, das die *Compostela*, die Pilgerurkunde, ausstellt.

Von der Markthalle in die Tapasbar

Für die kulinarisch äußerst interessierten Bewohner Santiagos hat die Markthalle fast ähnlichen Stellenwert wie die Kathedrale. Schon optisch ist sie ein Fest: Meeresfrüchte aus den Rías, den Meeresarmen Galiciens, türmen sich geradezu in den Auslagen, lokale Käsesorten werden zum Probieren angeboten, auch ein paar schnelle Tapas kann man hier kaufen und an Ort und Stelle genießen. Wer die Tapas-Erfahrung vertiefen möchte, sollte seine kulinarischen Streifzüge in der Altstadt in der Calle Franco und Calle Raña forsetzen: Hier ballen sich die Tapasbars, aber auch viele gute Restaurants, in denen man noch einmal in Tintenfisch und Jakobsmuscheln schwelgen kann.

Trotz der imposanten Kathedrale, der Kirchen und Klöster gibt es hier nicht nur sakrale Kunst. So ist Santiago de Compostela Standort des Centro Gallego de Arte Contemporáneo, des »Galicischen Zentrums für Zeitgenössische Kunst«. Der portugiesische Architekt Álvaro Siza Vieira schuf das moderne Bauwerk aus Granitstein – einzige Reminiszenz an die Traditionen Galiciens – in den späten 1980er-Jahren und stellte dem benachbarten Kloster Santo Domingo de Bonaval damit einen spannungsvollen Gegensatz zur Seite. Das Museum ist auch ein Symbol für das Nebeneinander von Historie und Moderne in der Stadt des Apostels. Es funktioniert.

Von außen (o.) wie von innen (r.o.) prachtvoll: die Kathedrale. Rechts unten der Apostel Jakob mit Pilgerstab (r.u.).

92 Am Grab des Apostels – Die Kathedrale

Weihrauchduft und eine Umarmung des Heiligen

Knapp 1000 Jahre ist die mächtige Kathedrale von Santiago de Compostela alt. Als Grabkirche des Apostels wurde sie ab 1075 erbaut. Wer erlebt, wie das große Weihrauchfass über den Pilgern geschwenkt wird, womöglich sogar selbst gerade seine *Compostela* erhalten hat, wird dieses Erlebnis kaum vergessen. Das Grab des Heiligen Jakob des Älteren bildet das Herz der Kathedrale.

Seit 1985 zählt die UNESCO die Kathedrale von Santiago de Compostela – mit der übrigen Altstadt – zum Weltkulturerbe, was als Anerkennung des Offensichtlichen gelten muss. Denn als Grabkirche des heiligen Apostels Jakobus des Älteren ist der fast 1000-jährige Bau seit dem Mittelalter eines der wichtigsten Pilgerziele der Christenheit. Ihre Bedeutung als (mutmaßliche) Grablege eines der Jünger Christi wird durch die herausragende Position dieses Apostels noch gesteigert, der nicht nur Bruder des Evangelisten Johannes war, sondern neben Johannes und Petrus zu jenem inneren Kreis von Jüngern gehörte, die Jesus an den zentralen Momenten seines Lebens teilnehmen ließ. Auch war er der erste Apostel, der den Märtyrertod starb: Im Jahr 43 wurde er in Jerusalem durch Herodes Agrippa geköpft, was nicht unbedingt als Privileg gelten kann, wohl aber seinen Ruhm mehrte.

Als natürliches Herz der Stadt ist die Kathedrale von vier Plätzen umgeben; drei von ihnen sind nach Baumeistern oder Gewerken benannt. Sie geben dem gewaltigen Bau Raum und ermöglichen zugleich, ihn in seiner ganzen Pracht wahrzunehmen.

Im Jahr 1075 begann die Errichtung der Kirche im romanischen Stil. Gleich zu Beginn ergaben sich Baustopps und Verzögerungen, sodass die Arbeiten erst um das Jahr 1100 Schwung aufnahmen. Das ganze 12. Jahrhundert stand im Zeichen des Kirchenbaus, bis sie 1211 in Anwesenheit von König Alfons IX. geweiht wurde – gerade rechtzeitig für die große Pilgerbewegung des Mittelalters.

Erweiterungen in Renaissance und Barock

Im Verlauf der Zeit hat es immer wieder Umbauten gegeben, weshalb die ursprünglich rein romanische Kathedrale heute verschiedene architektonische Stilrichtungen aufweist. Zwar ist ihre mittelalterliche Struktur noch erkennbar, doch vor allem in der Renaissance, als sie einen Kreuzgang erhielt, und im Barock, als Teile des Interieurs ebenso wie die Westfassade neu gestaltet wurden, kam es zu umfangreichen Erweiterungen.
Auch in der Größe hat sie zugelegt: Besaß die ursprüngliche Kirche mit einer Grundfläche von 8200 Quadratmetern bereits stattliche Ausmaße, misst sie heute stolze 23 000 Quadratmeter. Die Nordfassade trägt klassizistische Züge. Die Westfassade entstand Mitte des 18. Jahrhunderts und erstrahlt in barocker Pracht. Mit ihren beiden 75 Meter hohen Türmen, einer Skulptur des Apostels als Pilger und der Lage an der Plaza del Obradoiro bietet sie heute die bekannteste Ansicht der Kathedrale. In Heiligen Jahren allerdings genießt auch die östliche Fassade, die ebenfalls eine Statue des Heiligen Jakobus ziert, besondere Aufmerksamkeit. Denn dann ist hier das Heilige Tor geöffnet, die Puerta Santa, die Pilgern von der Plaza de la Quintana aus Zugang gewährt. Allein das Südportal, die Puerta de las Platerías, zeigt noch das ursprüngliche romanische Gesicht. So spektakulär ihr Anblick von außen auch ist – die wahren Schätze der Kathedrale offenbaren sich in ihrem Inneren. Wer den Innenraum von der Plaza del Obradoiro aus durch das Westportal betritt, sieht mit dem reich geschmückten Pórtico de la Gloria aus dem 12. Jahrhun-

HISTORISCHE SCHÄTZE UND WEITE BLICKE

Wer sich intensiver mit Historie und Erbe der Grabkirche beschäftigen möchte, sollte ihr Museum besuchen, das sich der Geschichte von der ursprünglichen romanischen Kirche bis heute widmet. Dem Apostel Jakob ist eine eigene Abteilung gewidmet. Außer dem Kreuzgang, der Schatzkammer und dem königlichen Pantheon gehört unter anderem eine Ausstellung wertvoller Textilien zum Museum, darunter Wandbehänge von Rubens und Goya. Im Eintritt inbegriffen ist die Besteigung des nördlichen Turms, der Torre de la Carraca. Von oben öffnet sich ein außergewöhnlicher Blick auf die Kathedrale selbst, die Altstadt und die Umgebung.

Weitere Informationen

Die Kathedrale ist täglich von 9 bis 20.30 Uhr geöffnet. Pilgermessen finden jeden Tag um 12 und um 19.30 Uhr statt. Täglich (außer mittwochs) wird außerdem um 10.30 Uhr die Messe in englischer Sprache gelesen.
http://catedraldesantiago.es

Das Weihrauchfass nimmt Fahrt auf (l.o.). Die Umarmung des Apostels (l.u.) und die Pilgermesse (r.o.) sind unverzichtbar. Im Kathedralmuseum trägt Atlas die Welt auf seinen Schultern (r.u.).

dert gleich eines der eindrucksvollsten architektonischen Attribute der Kirche. Das Portal zeigt Christus als Erlöser und Richter inmitten von Engeln und den vier Evangelisten.

Ein Schrein und die Umarmung des Apostels

Knapp 100 Meter lang ist das Mittelschiff mit dem von einem vergoldeten Baldachin überspannten, üppig geschmückten barocken

Hauptaltar. Der Heilige Jakob ist am Altar insgesamt drei Mal zu sehen – dargestellt als Lehrer, Pilger und Maurentöter. Eine Treppe führt in die Nische hinter dem Hochaltar, in der sich die lebensgroße Statue des Heiligen aus dem 13. Jahrhundert befindet. Seit jeher umarmen Pilger sie – in pandemiefreien Zeiten ist auch Küssen erlaubt –, sprechen ein Dankgebet und erreichen von dort wieder den Chorumgang. Der sitzende Apostel trägt einen Umhang, der unter anderem mit Jakobsmuscheln geschmückt ist. Unter dem Altar befindet sich die Krypta mit dem silbernen Schrein, der die sterblichen Überreste des Apostels Jakobus bewahrt – und somit das eigentliche Ziel des Jakobswegs. Links vom Hauptaltar führt eine Treppe ins Allerheiligste. Die Gebeine zweier seiner Schüler befinden sich ebenfalls in der Krypta.

Nachtgebet in der Kathedrale

An Feiertagen und wenn sich große Gruppen von Wallfahrern zur Messe einfinden (und sich zuvor im Pilgerbüro angemeldet haben), wird das berühmte, 1,60 Meter große Weihrauchbehältnis *Botafumeiro* über den versammelten Pilgern geschwenkt. Es braucht acht Personen, um dieses Fass in Bewegung zu setzen. Einstmals diente Weihrauch der Desinfektion schmuddeliger Pilger nach wochenlanger Reise – und überdeckte gnädig ihren Geruch, der manchen Geistlichen an den Rand einer Ohnmacht trieb. Denn die meisten hatten die Nacht nach ihrer Ankunft in der Kathedrale bei Gebet und Meditation verbracht und die Luftqualität im Gotteshaus dabei nicht gerade verbessert.

Im nördlichen Querschiff der Kathedrale ist eine weitere Skulptur des Apostels als Maurentöter zu finden, die Pilger nun längst auf den ersten Blick erkennen, denn – der Heilige Jakob ist in vielen Kirchen und Kirchlein an den Jakobswegen als *Matamorus* dargestellt. In der ersten Hochphase des Jakobswegs beherrschte die lange Präsenz der Araber auf der Iberischen Halbinsel Herzen, Gemüter und auch die sakrale Kunst.

Pilger, Touristen und eine Musikerin auf der Praza do Obradoiro (u. und r.o.). Prachtvoll ist das Portal des Colegio de San Jeronimo (r.u.).

93 Santiagos Herz – Plaza del Obradoiro

In der guten Stube der Stadt

Praza do Obradoiro heißt sie auf Galicisch und hier schlägt das Herz der Stadt. An allen vier Seiten säumen eindrucksvolle historische Bauten den Platz. Das Juwel ist natürlich die barocke Westfassade der Kathedrale. Arkadengänge, das Parador-Hotel in den Mauern des einstigen Pilgerhospizes der Katholischen Könige und der Bischofspalast schaffen eine einzigartige Kulisse für das pralle Leben auf diesem Platz.

Die Praza do Obradoiro ist ein emotionaler Ort. Pilger sind euphorisch, Besucher bewegt. Die weitläufige Plaza mit den Fassaden Jahrhunderte alter Bauten bietet selbst im an historischem Erbe so reichen Spanien einen außergewöhnlichen, unvergesslichen Anblick. Tausend Jahre Geschichte sind hier in Stein geschlagen.

Ihren Namen verdankt die Plaza den Werkstätten *(galicisch: Obradoiros)* der Steinmetze, die am Bau der Kathedrale beteiligt waren, und die vor der Fassade Steine und Werkzeuge lagerten. Gepflastert ist hier erst seit rund 100 Jahren. Bis Anfang des 20. Jahrhunderts gab es hier nur ein Netz von Wegen, das die Gebäude mit dem Mittelpunkt des Platzes

verband. An dieser Stelle weist heute ein Schild im Boden darauf hin, dass der Europarat den Jakobsweg 1987 als »Ersten Europäischen Kulturweg« auszeichnete.

Kirche, Lehre, Staat und Monarchie

Rund um den Platz sind die vier prägenden Säulen der Gesellschaft durch monumentale Bauwerke repräsentiert. Der imposanteste und älteste Bau ist die Kathedrale, deren barocke Fassade alles andere überstrahlt. An sie schließt der Bischofspalast (Palacio de Gelmirez) an, und gegenüber vertritt die Verwaltung von Stadt und Region im klassizistischen Palacio de Rajoy heute die weltliche Macht. Erbaut wurde der Palast indes als Gefängnis. An der Südseite des Platzes ist die Lehre zu finden: Im Colegio de San Jerónimo ist das Rektorat der fast 500 Jahre alten Universität Santiagos ansässig. Ursprünglich diente das Colegio als Wohnheim für bedürftige Studenten. An der nördlichen Seite setzte sich die Monarchie ein Denkmal: Im Jahr 1499 eröffnete hier das Hospital de los Reyes Católicos, eine Herberge für Pilger, die die Katholischen Könige Isabella und Ferdinand gestiftet hatten. Bei einem Besuch in der Stadt im Jahr 1486 hatten sie gesehen, dass es für Pilger nicht ausreichend Unterkünfte und medizinische Versorgung gab. Das Königspaar ließ sich nicht lumpen und spendete einen prachtvollen Bau im Stil der Gotik. Nebenbei betonte das Projekt die Präsenz der Monarchen im oft aufsässigen Nordwesten.

Manchen gilt das Haus wegen seiner Ursprünge als Pilgerhospiz als ältestes Hotel der Welt. Seit 1954 ist es ein Hotel der staatlichen Gruppe der Paradores de Turismo und bietet einen Luxus, der es von der gemeinen Pilgerherberge deutlich unterscheidet. Die historische Bausubstanz wurde liebevoll restauriert, sodass vier Kreuzgänge und der Garten noch immer historischen Zauber verströmen.

Jakob ziert alle Bauten rund um den Platz

An allen Bauwerken rings um den Platz ist der Apostel dargestellt, dem die Stadt zu verdanken ist. An der Fassade des Rajoy-Palasts erscheint er als Maurentöter, der in der Schlacht von Clavijo die Reconquista unterstützt. Die Fassade der Kathedrale und des Colegio de San Jerónimo zeigen den Heiligen als Pilger. Am Hospital de los Reyes Católicos ist er sogar zweimal dargestellt, als Pilger mit Stab und Jakobsmuschel sowie als Apostel.

Bei aller Pracht haftet dem Herz der Stadt nichts Museales an. Denn hier braust das Leben, sobald die Mittagshitze gewichen ist (oder der Regen nachlässt). Pilger strömen heran, Besucher drängen sich auf den Stufen der Kathedrale, Straßenmusiker und ein multinationales Stimmengewirr liefern den Soundtrack.

GRATIS-MENÜ FÜR PILGER IM FÜNF-STERNE-HOTEL

Man muss nicht im Hospital de los Reyes Católicos Quartier nehmen, um die außergewöhnliche Bausubstanz zu bewundern und das romantische Flair des ersten Hauses am Platz zu genießen. Auf der Terrasse lässt sich mit herrlichem Blick zur Kathedrale speisen, Kreuzgänge und Patios darf auch besichtigen, wer nicht im Hotel logiert. Die Tradition, Pilger zu unterstützen, ist im Verlauf der Zeit nicht verloren gegangen: Wer zu den ersten zehn Pilgern des Tages gehört, die mit ihrer Urkunde *(Compostela)* im Fünf-Sterne-Hotel vorsprechen, isst auf Kosten des Hauses.

Weitere Informationen

Parador de Santiago de Compostela: www.parador.es/de/paradores/parador-de-santiago-de-compostela

94 Barocke Pracht – San Martiño Pinario

Klösterliche Konkurrenz für die Kathedrale

Auf 1000 Jahre Geschichte kann das Kloster San Martiño Pinario zurückblicken. Gegründet wurde es im 10. Jahrhundert, als eine Gruppe von Mönchen die Aufgabe erhielt, die Reliquien des Heiligen Jakobs zu bewahren. Das Kloster ist nicht nur besonders alt, sondern mit einer Fläche von 20 000 Quadratmetern auch das zweitgrößte im Land – nach dem königlichen Kloster San Lorenzo de El Escorial in Madrid.

Im Schatten der Kathedrale liegt das eindrucksvolle Kloster San Martiño Pinario (o.). Besonders prachtvoll ist die Klosterkirche (r.).

Nördlich der Kathedrale befindet sich an der Plaza de la Immaculada das ehrwürdige Monasterio de San Martíño Pinario. Um 899 wurde mit dem Bau begonnen, in dem sich Benediktinermönche niederließen. *Pinario* verweist auf die Pinien, die hier einst standen. Die größte Blüte des Klosters begann erst gegen Ende des 15. Jahrhunderts, als es bereits einige 100 Jahre bestand. 1494 schloss es sich der Benediktiner-Kongregation von Valladolid an und entwickelte sich um diese Zeit zu einem der wohlhabendsten Klöster im Nordwesten – vor allem, weil es durch Besitzungen in ganz Galicien umfangreiche Einkünfte erwirtschaften konnte. Das Kloster wurde zum wichtigsten Wirtschaftsfaktor der Stadt. Für seine Bibliothek war es ebenso berühmt wie für die Gastfreundschaft, die Pilger in seinen Mauern erfuhren.

800 Armenspeisungen pro Tag

Sein Wohlstand wuchs beständig und erwies sich als dauerhaft. Noch im 18. Jahrhundert speisten die Benediktinermönche Tag für Tag

800 arme Bewohner der Stadt, wobei Männer und Frauen im Wechsel bedacht wurden. Sie wechselten sich dabei wiederum mit dem Erzbischof ab, sodass Männer wie Frauen an jedem Tag in den Genuss einer Mahlzeit kamen. Im Jahr 1837 wurde das Kloster aufgelöst, nachdem es so viel Bedeutung erlangt hatte, dass es neben der Kathedrale zur zweiten Macht in der Stadt aufgestiegen war. Der Wohlstand sorgte ab dem 16. Jahrhundert für umfangreiche Ergänzungen und Erweiterungen, sodass die mittelalterliche Struktur der Anlage heute kaum mehr zu erkennen ist.

Sankt Martin bei der Mantelteilung

Heute sind im Barockbau ein Priesterseminar und Hörsäle der Universität ansässig, dieser Teil des Klosters kann nicht besichtigt werden. In der großen Anlage befindet sich der Tradition der Benediktiner folgend jedoch noch immer ein Gästehaus. Zunächst lohnt die 1738 fertiggestellte Fassade den Blick – mit Darstellungen des Heiligen Benedikts sowie des Heiligen Martins von Tours zu Pferd, der zur Mantelteilung ausholt. In einem Teil des Klosters ist ein großes Museum mit zwölf Sälen untergebracht, in denen neben kostbaren Sakralobjekten, Gemälden und Skulpturen die alte Klosterapotheke zu sehen ist.
Auch die 1652 vollendete Klosterkirche ist zugänglich. Sie ersetzte den Vorgängerbau aus dem 12. Jahrhundert und gilt heute als wichtigster Barockbau in der Stadt nach der Kathedrale. Mit dem Portugiesen Mateo López, dem Baumeister Bartolomé Fernández Lechuga aus Granada und Peña y Toro aus Salamanca waren drei der bedeutendsten Architekten ihrer Zeit beteiligt. Vor allem aufgrund ihrer barocken Altarwand von Fernando de Casas y Nóvoa, aber auch wegen des gewaltigen Halbtonnengewölbes und des aus der Kathedrale stammenden Renaissance-Chorgestühls ist sie äußerst sehenswert. Das Ensemble aus Klosterkirche und Museum steht zu Unrecht im Schatten der Kathedrale. Für Besucher hat das immerhin den Vorteil, die versammelten Schätze zumeist fast für sich zu haben. Wer Lust auf mehr Barock verspürt, kann sich freuen. Nur ein paar Schritte von Kirche und Kloster entfernt ist die prachtvolle Fassade des Domkapitels (Casa do Cabido) an der Praza de Platerías erhalten. Sie wurde 2011 umfassend restauriert. Seither erstrahlt die 1758 von Clemente Fernández Sarela entworfene Fassade in neuem Glanz.

DAS FEST DES APOSTELS

Wer einen so prominenten Schutzpatron besitzt wie Santiago de Compostela, hält sich bei den Festlichkeiten zu seinen Ehren nicht mit einem Wochenende auf. Die gesamte zweite Julihälfte ist als *Festas do Apóstolo* dem Heiligen Jakobus gewidmet. Religiöse Prozessionen und Volksfest mit Theater, Musik und Tanz gehen zwanglos ineinander über. Der Tag des Apostels wird in der Nacht zum 25. Juli mit einem Feuerwerk an der Kathedrale eingeläutet. Am Tag selbst nimmt König Felipe (oder ein Vertreter) an der Messe teil, bei der auch das Weihrauchfass, der Botafumeiro, geschwenkt wird. Der Tag Jakobs ist in Galicien Feiertag, und so ist die ganze Stadt auf den Beinen.

JOHANNISNACHT

Der Tag der Sommersonnenwende wird überall in Galicien gefeiert, mit besonderem Nachdruck aber hier. Überall in der Stadt lodern Johannisfeuer *(Cacharelas)*, über die man springt, um böse Geister in ihre Schranken zu weisen. Die stimmungsvolle Nacht erinnert daran, dass auch am Grab Jakobs Bräuche aus vorchristlichen Tagen überdauert haben.

Weitere Informationen

Pilgerbüro (Oficina de Acogida al Peregrino), Rúa das Carretas 33: https://oficinadelperegrino.com
Zeitgenössische Kunst: Centro Galega de Arte Contemporánea (CGAC): http://cgac.xunta.gal
Markt: Travesía de Altamira, Mo–Sa 7 bis 14 Uhr
Santiago: www.santiagoturismo.com

95 Eine Ode an den Weg – Pilgermuseum

Pilgern als universelle Erfahrung

Seit jeher ist für die Menschen der Weg das Ziel – und das nicht nur am Jakobsweg. Das spannende Museum präsentiert alle Facetten des Pilgerwesens. Die Geschichte des Apostels, des Jakobskults und der Pilgerwege zu seinem Grab werden in der faszinierenden Ausstellung bis zu ihren Wurzeln verfolgt. Die Exponate reichen von archäologischen Funden bis zu zeitgenössischer Kunst.

Das Pilgermuseum (u.) ist auch für Urlauber äußerst interessant. Seine Exponate umfassen mehrere Jahrhunderte. Liegend dargestellt: der Heilige Alexius aus dem 17. Jahrhundert (r.).

Wo sich einst recht prosaisch die Niederlassung der Banco de España befand, dreht sich heute im modernen und sorgfältig konzeptionierten Pilgermuseum (galicisch: Museo das Peregrinacións e de Santiago) alles um die spirituelle Erfahrung des Jakobswegs. Für die Umgestaltung erhielt der renommierte Architekt Manuel Gallego Jorreto 2010 eine Auszeichnung. Zwei Jahre später eröffnete das Museum in den neuen Räumen. Besonders bemerkenswert ist die Helligkeit der acht Säle dank hohen Einfalls von Tageslicht.

Panorama aus Kunst, Musik und Artefakten

Schon seit den 1950er-Jahren gab es ein Pilgermuseum, dessen Sammlung anfangs eher glücklichen Zufällen zu verdanken war. Erst Mitte der 1990er-Jahre begann man, gezielt Objekte für das Museum zu erwerben. So entstand die heutige Sammlung, die das Pilgerwesen unter historischem, künstlerischen, anthropologischen, archäologischen, literarischen und musikalischen Aspekten beleuchtet – um nur einige der Facetten zu nennen, die sich zu einem faszinierenden Panorama des Jakobswegs verbinden. Auf seinen drei Etagen

bietet das Museum den theoretischen Überbau zur physischen und spirituellen Erfahrung des Pilgerns. Bilder, Objekte und Dokumente erklären in acht Sälen die Ursprünge der Jakobsverehrung, die Entstehung und Entwicklung der verschiedenen Pilgerwege im Hochmittelalter und das Erblühen von Bau- und Handwerkskunst entlang der Routen und am Ziel.
Auch wenn man selbst nach Santiago gelaufen ist, kann man hier noch Neues erfahren – etwa, dass das Pilgern als Weg zur Erleuchtung oder Erlösung eine universelle Menschheitserfahrung ist, jenseits religiöser oder nationaler Einordnungen. Ein ganzer Saal ist Pilgererfahrungen aus anderen Kulturkreisen und Kontinenten gewidmet. Japanische Sandalen und Fotos von Pilgern in Peru und am Ganges illustrieren eindrücklich, dass der Weg für Menschen überall auf der Welt das Ziel ist.
Ein anderer Saal ist der Biografie des Apostels Jakobus und der Entstehung der Legenden um den Verbleib seiner sterblichen Überreste und um ihre wundersame Wiederentdeckung gewidmet. Dabei geht es auch um Orte in der Umgebung, die mit dem Reliquienfund im 9. Jahrhundert verbunden sind. Dazu gehören archäologische Funde wie Überreste einer Burg, die seit vorrömischer Zeit bewohnt, im 9. Jahrhundert aber bereits verlassen war, und Spuren der ursprünglichen Grabkapelle.

Jakobsfigur im Zahn eines Wals

Frühe Souvenirs wie Jakobsmuscheln, aber auch die in den Zahn eines Pottwals eingeritzte Miniatur des Apostels, die ein Wallfahrer im 19. Jahrhundert nach Hause mitnahm, zeugen vom Wunsch der Pilger, sich mittels fassbarer Objekte an ihre Reise zu erinnern. Die frühesten Andenken stammen aus dem 12. Jahrhundert. Aus dieser Zeit datiert auch der erste Reiseführer für Jakobspilger, der *Codex Calixtinus* von 1160. Eine Reproduktion ist im Museum zu sehen, das Original liegt im Archiv der Kathedrale.
Unter den Exponaten sind zahlreiche berührende Objekte wie Trinkgefäße aus dem 14. Jahrhundert in Form von Jakobsmuscheln, aber auch Kunstwerke wie *No soy capaz de caminar* (»Ich kann nicht laufen«), eine Installation aus gläsernen Schuhen. Jeder, der zu Fuß nach Santiago de Compostela gepilgert ist, kann diese Botschaft unmittelbar nachvollziehen.

AUS PLAZA WIRD PRAZA – IBERISCHE SPRACHVERWIRRUNGEN

Da hat man eigens noch die alten Spanischbücher hervorgeholt, nützliche Wendungen und unregelmäßige Verbformen wiederholt, und dann gebärdet sich die Sprache entlang der Jakobswege wie ein flüchtiger Geist und nimmt immer neue Gestalten an. Baskisch (Euskara), Asturisch (Asturiano), Galicisch (Gallego) oder gar Asturisches Galicisch (Gallego de Asturias) – sprachlich bleibt hier alles im Wandel. So erklärt sich aber auch, warum der Platz vor der Kathedrale in Santiago, der auf Kastilisch so zuverlässig Plaza del Obradoiro heißt, in Galicien zur Praza do Obradoiro wird. Und das ist noch das unkomplizierteste Detail der iberischen Sprachverwirrung. Baskisch etwa ist ganz klar etwas für Fortgeschrittene.

Das ethnografische Museum (o.) in einem ehemaligen Kloster führt in die Geschichte des gallischen Volks ein und besitzt eine außergewöhnliche Treppenkonstruktion (r.).

96 Geschichte(n) – Museo del Pueblo Gallego

Lebensbilder aus dem Nordwesten

Das außerhalb der Altstadt gelegene ethnografische Museum gibt einen spannenden Einblick in das traditionelle Leben der Menschen in Galicien, ihre Kultur und ihre Handwerkskunst. Auch der Rahmen ist exquisit: Das Museum logiert in einem historischen Dominikanerkloster. Allein die dreifache Wendeltreppe des galicischen Barockbaumeisters Domingo Antonio de Andrade lohnt den Besuch.

Pilger sind bereits auf ihrem Weg in die Stadt und zur Kathedrale am Museum des galicischen Volks (galicisch: Museo do Pobo Galego) vorbeigekommen. Zwar befindet es sich ein wenig außerhalb der mittelalterlichen Stadt im ehemaligen Kloster Santo Domingo de Bonaval nahe der Pilgerpforte, doch die Rückkehr zur Schlussetappe des Jakobswegs lohnt sich. Im Kreuzgang, der sich über zwei Etagen erstreckt, befindet sich das 1976 eröffnete Museum des galicischen Volks. Nicht nur die Ausstellungen sind spannend, auch das historische Gemäuer ist eindrucksvoll. Der Kreuzgang wurde im 17. Jahrhundert als Ergänzung des Klosters erbaut. Der Überlieferung zufolge wurde es vom Heiligen Domingo de Guzmán anlässlich seiner zweiten Pilgerreise ans Grab des Apostels im Jahr 1219 gegründet.

Kreuzgänge und dreifache Wendeltreppe

Eine dreifach gewundene Wendeltreppe verbindet die beiden Stockwerke und zählt durch ihre faszinierende Optik zu den beliebtesten Fotomotiven in Kloster und Museum. Drei Treppen führen auf demselben Raum zu den verschiedenen Etagen. Ersonnen wurde die Treppe von Domingo Antonio de Andrade, dem großen galicischen Barockarchitekten, der am Bau des Glockenturms der Kathedrale beteiligt war. Er war es auch, der den doppelstöckigen Kreuzgang vollendete. Der Westflügel des Klosters ist das Galicische Zentrum für zeitgenössische Kunst (galicisch: Centro Galega de Arte Contemporánea).

Trachten, Webstühle und Fischerboote

Die Ausstellungen sind den Eigenarten des Lebens im Nordwesten Spaniens gewidmet. So sind hier regioaltypische Bauformen als Modelle dargestellt, vor allem natürlich die *Hórreos*, die Getreide- und Maisspeicher, die zur Sicherung vor Nagetieren auf Stelzen stehen. Auch traditionellen Bräuchen, Trachten und den typischen Erwerbszweigen Landwirtschaft, Fischerei, Seefahrt sowie dem Handwerk von Textil- bis zur Schmuckherstellung sind Ausstellungen mit authentischen Arbeits- und Alltagsgeräten gewidmet. Traditionelle Musikinstrumente sind insbesondere durch den Dudelsack *(Gaita)* vertreten, aber auch mit Trommeln und Schellen.
Interieurs von Bauernhäusern zeugen vom einfachen Leben in nicht allzu ferner Vergangenheit: ein schmuckloses Schlafzimmer, eine Küche, in der keinerlei Geräte die tägliche Arbeit erleichtern. Auch ein Klassenzimmer mit Holzpulten, Schiefertafeln und einem Globus ist nachgebaut. Unmotorisierte Boote wie die *Gamela*, mit denen sich Fischer auf den Atlantik wagten, machen das anstrengende Leben galicischer Küstenbewohner fassbar. Auch traditionelle Feste, die Glanzpunkte in einem meist mühevollen Alltagsleben setzten, gehören zu den Themen des spannenden Museums. Eindrucksvoll ist auch eine Sammlung aus Schwarz-Weiß-Porträts von Bauern, Winzern und Hausfrauen, die im Einklang mit sich und ihrem Leben ihrer schweren Arbeit nachgehen.

Pantheon prominenter Galicier

In der Klosterkirche, die im 13. Jahrhundert im Stil der Gotik errichtet, aber später mehrmals umgebaut wurde, befindet sich das Pantheon berühmter Galicier (Panteón de Galicia). Die Dichterin Rosalía de Castro und der Schriftsteller Ramón Cabanillas, der Bildhauer Francisco Asorey und andere prominente Persönlichkeiten aus der Autonomen Region haben hier ihre letzte Ruhe gefunden.

JAKOBSKUCHEN MIT MANDELN

Tarta de Santiago heißt der leckere Mandelkuchen, den traditionell das Kreuz des Santiago-Ordens schmückt. Es entsteht mittels einer Schablone, die vor dem Bestäuben mit Puderzucker auf den Kuchen gelegt wird. Das süße Gebäck aus Mandeln, Zucker, Eiern, abgeriebener Zitronenschale und Dessertwein stammt aus Galicien. Erstmals wurde süßer Mandelkuchen hier bereits Ende des 16. Jahrhunderts in Zusammenhang mit der Universität in Santiago de Compostela erwähnt. Seit Beginn des 20. Jahrhunderts begann er seinen Siegeszug als Jakobskuchen, nachdem ein Konditor aus Santiago auf die Idee kam, das beliebte Gebäck mit dem Kreuz zu verzieren. Tarta de Santiago dürfen heute nur Kuchen heißen, die in Galicien produziert und verziert werden. Auch für die Zutaten gibt es verbindliche Standards.

97 Genuss in der Altstadt – Galicische Küche

Kochkünste in Spaniens Nordwesten

Nordspanien gehört auch kulinarisch zu den reizvollsten Zielen in Europa. Nicht umsonst kochen hier einige der besten Küchenchefs der Welt. Auch Galicien verbindet seinen Reichtum frischer Produkte und Zutaten mit großer kulinarischer Kunst. Die Hauptstadt der Autonomen Region besitzt eine Vielzahl hervorragender Restaurants und Tapasbars – der ideale Ort also für gastronomische Studien.

Der Geografie aus tief ins Land ragenden Meeresarmen, Hunderten von Flüssen sowie saftigen Weiden und fruchtbaren Feldern im Hügelland ist der große Reichtum Galiciens an Meeresfrüchten, Fisch, Fleisch und Gemüse zu verdanken. Mindestens so wichtig wie die Qualität der Zutaten ist ihre Zubereitung. Und auch damit kennt man sich hier aus.

Fisch und Meeresfrüchte im Überfluss

Zackenbarsch, Wolfsbarsch, Seezunge, Meerbrassen, Seeteufel, dazu Muscheln und weitere Meeresfrüchte (Kaisergranate, Garnelen, Jakobs-, Schwert- und Entenmuscheln, Austern und viele mehr) sowie Lachs und Forellen aus den Flüssen – Seafood-Liebhaber werden sich hier dem Himmel nahe fühlen. Tintenfisch steht besonders hoch in der Gunst der Galicier und wurde früher zur besseren Haltbarkeit getrocknet. Überhaupt liebt man aus alter Gewohnheit den Stockfisch, den *Bacalao*, sehr. Heute sind die Zubereitungsformen vielfältiger. Sardinen werden gebraten, alles andere auch auf den Punkt gegrillt, gebacken oder mit Knoblauch, Paprika und Olivenöl geschmort, sodass das Endprodukt auf der Zunge zergeht.

Die Altstadt besitzt zahlreiche gemütliche Lokale (u.). In der Rua do Franco, die ihren Namen den Franken und nicht dem General verdankt, liegt ein Restaurant neben dem anderen (r.).

Ebenfalls beliebt ist der Fischeintopf *Zarzuela*, für den mehrere Sorten Fisch mit Kartoffeln, Bohnen und Erbsen gekocht und mit Kaisergranaten oder Muscheln serviert werden.

Bodenständige Bauernküche

Auch mit Fleisch weiß man hier eine Menge anzufangen. Galicisches Kalbfleisch, *Ternera Gallega*, wird im ganzen Land geschätzt. Besonders beliebt ist auch Schweinefleisch, das die Speisekarten im Winter dominiert. Früher schlachteten Bauern um Sankt Martin ein Schwein, das zur Gänze verarbeitet wurde und die Familie über den Winter brachte. Noch heute zeugen viele Gerichte von ihren Wurzeln in den Küchen der Bauern, die nichts wegwarfen. Auch die hervorragenden Paprikawürste *(Chorizos)* und Blutwürste *(Morcillas)* sind der vollständigen Nutzung des geschlachteten Tiers zu verdanken. Ein weiterer Klassiker ist *Lacón con Grelos*, geräucherter Vorderschinken, der mit Steckrübenblättern, Kartoffeln und Chorizo zubereitet wird. Dauerhafter Beliebtheit erfreut sich auch der Eintopf *Cocido Gallego* auf der Basis von Schweinerippen, Chorizo, Schinken, Speck mit Kalbfleisch, Kartoffeln und Kichererbsen. Auch Schweineohren werden hierfür mitgekocht.

Gastro-Meile Rúa do Franco

Natürlich geht es auch raffinierter: Hervorragend gebratene Steaks und Filets mit sorgfältig zubereiteten Beilagen sorgen für unvergessliche kulinarische Erlebnisse. Und nicht zuletzt spielen die Tapas eine wichtige Rolle, in der Gastronomie wie im Alltag. In der Altstadt sind sie allgegenwärtig. Kulinarisches Epizentrum ist die Rúa do Franco, die an der Plaza del Obradoiro beginnt. Hier stehen Tapasbars und Restaurants dicht an dicht. Eines der populärsten und besten Lokale ist die Taberna do Bispo, in der Platten mit Jakobsmuscheln und Garnelen, Käse- und Schinkenteller sowie Probierportionen von Miesmuscheln, Tintenfisch, zarten Kroketten und Mini-Sandwiches serviert werden – alles in hervorragender Qualität und zu moderaten Preisen.
Auch zum Dessert gibt es Ortstypisches. Die Santiago-Torte, ein nahrhafter Mandelkuchen, wird vom Santiago-Kreuz geschmückt. Und kein üppiges Mahl wäre komplett ohne einen Schnaps oder doch wenigstens einen Kräuterlikör. Ortstypisch ist die *Queimada*, ein mit Kaffeebohnen und den Schalen von Zitrusfrüchten gebrannter Trester.

GALICISCHE TAFELFREUDEN

Wer noch einmal in galicischen Spezialitäten schwelgen möchte, hat in der Stadt eine große Auswahl empfehlenswerter Restaurants. Eines der besten ist die Marisqueria A Barrola mit Schwerpunkt auf kreativ zubereiteten Fischspezialitäten und Meeresfrüchten: Tintenfisch in allen Darreichungsformen, galicische Fischsuppe, Paella, Jakobsmuscheln mit hauchzartem, aromatischem Jamón Iberico. Aber auch exzellentes galicisches Rind stehen auf der Karte.
Den wohl besten Tintenfisch der Stadt isst man in der Pulpería Bodegón Os Concheiros. Die Preise sind moderat, die Tintenfischplatte kostet 10 Euro. Dazu gibt es sehr gute Tapas, etwa Schweineohr mit Olivenöl und gebratene grüne Paprika. Fantastische Tapas bietet auch die Taberna do Bispo in der Rúa do Franco 37.

Weitere Informationen

Marisqueria A Barrola:
http://restaurantebarrola.com
Pulpería Bodegón os Concheiros:
https://pulperiaosconcheiros.com

Und weiter in Richtung Westen (o. und r.). An der Küste liegen Traumstrände wie die Praia do Rostra (r.u.). Die Kraft des Atlantiks ist ein starkes Argument für Sonnenbaden statt Schwimmen.

98 Die Fortsetzung – Camino a Fisterra

Weiter bis ans Ende der Welt

Der Jakobsweg lässt sich fortsetzen. Der Camino a Fisterra beginnt in Santiago de Compostela und führt zum Cabo de Finisterre (galicisch: Fisterra) und nach Muxía. Bis zum Ende des Mittelalters, als Seefahrer bei der Vermessung der Meere Fortschritte machten, galt die Küste im Westen Galiciens als das Ende der Welt. Die Einschätzung hat nur im Namen überdauert, doch noch immer führt dieser Weg in wunderschöne Landschaften.

Auch wenn vielen Pilgern bei der Ankunft in Santiago de Compostela wenig ferner liegt, als die Wanderschuhe neuerlich zu schnüren und weiterzulaufen, besitzt der Camino de Fisterra als Fortsetzung des Wegs nach Santiago eine lange Tradition. Schon im 12. Jahrhundert ist er im *Codex Calixtinus*, dem ältesten Pilgerführer, verbrieft. Allerdings kamen viele Pilger aus den heutigen Niederlanden und von den britischen Inseln tatsächlich in Noia an der Atlantikküste an und marschierten flott die 35 Kilometer nach Santiago.
Weil die Atlantikküste ihren eigenen Magnetismus besitzt, heißt es noch heute für viele Wallfahrer nach »Buen Camino« nicht mehr »Adios, España«, sondern »Ultreya!«, was so viel bedeutet wie »Vorwärts, noch weitergehen!« Die korrekte Antwort auf die Herausforderung lautet »Et suseia!« – »Und weiter hinauf!« Dies dürfte erfahrene Pilger an ihre Gebirgsquerungen auf dem Weg nach Santiago gemahnen. Niemand kann also sagen, vor weiteren Steigungen nicht gewarnt worden zu sein. Doch die Umarmung des Apostels in der Kathedrale verleiht nicht nur dem Geist neue Kraft.
Trotz einiger Höhenmeter auf der Strecke führt die Zugabe durch eine Region von großer landschaftlicher Schönheit. Alte Eichen- und junge Eukalyptuswälder, Flussauen, mittelalterliche Brücken und Städtchen, die wohlbekann-

ten galicischen Korn- und Maisspeicher sowie ausgedehnte Wiesen und Weiden prägen das Land westlich von Santiago de Compostela. Auch Palmen sind ab und an zu sehen, denn das Klima ist mild. Zunächst geht es aus der Stadt hinaus ins rund 50 Kilometer westlich gelegene Olveiroa. Ein Stück hinter dem Städtchen gabelt sich der Weg. Pilger können entscheiden, ob sie sich zunächst in nördliche Richtung wenden und 25 Kilometer nach Muxía weitergehen oder gleich mit dem 30 Kilometer südwestlich gelegenen Cabo Fisterra (spanisch: Cabo de Finisterre, von Lateinisch *finis terrae*, »Ende der Erde«) das einstige Ende der bekannten Welt ansteuern.

Küste des Todes am tiefblauen Atlantik

Während heute Natur und Kultur den Camino a Fisterra äußerst attraktiv machen, erforderte es in den frühen Tagen außer Kraft auch Mut, in die Verlängerung zu gehen. Denn die Idee der Annäherung an das Weltenende vermochte auch nach der spirituellen Stärkung durch das Gebet am Apostelgrab Furcht einzuflößen. Und nicht umsonst trägt der Abschnitt der Westküste den Namen Costa da Morte – »Todesküste«. Denn hier pfeift der Wind nicht selten in Sturmstärke, und aus dem Atlantik mit seinen tückischen Strömungen erheben sich gewaltige Brecher, die mit gefährlicher Kraft aufs Land treffen. Heute lassen sie die Herzen von Surfern höher schlagen, doch einstmals überwog der Respekt vor den Naturgewalten.

Der Name der Küste erinnert an die ungezählten Schiffe, die hier kenterten oder an Klippen zerschellten. Auch vor diesem Hintergrund ist es kaum erstaunlich, dass der Atlantik den Menschen einst als Schwelle zum Jenseits galt. Noch für die Menschen des Mittelalters war hier die (noch immer flache) Welt ganz offensichtlich zu Ende. Und ihre Vorfahren glaubten gar, dass die Seelen der Verstorbenen von hier zu den Inseln der Seligen im Atlantik wandern. Nirgends war man nach dieser Auffassung dem Jenseits so nahe wie an den Ufern des Ozeans. Deshalb stellte die Wanderung zum Cap Fisterra, wo sie das westliche Ende der Welt vermuteten, für die Kelten einen Initiationsritus dar. Auch in den Pyrenäen finden sich solche Überschneidungen vorchristlicher Riten mit dem christlichen Pilgerweg.

Auch Jakobspilger des ausgehenden Mittelalters, die keinen vorchristlichen Ideen anhingen, mochte der Anblick des Atlantiks einen Eindruck von jener Unendlichkeit vermitteln, die Sterbliche mit dem Jenseits verbinden. So bildet dieser Pilgerweg, obgleich kein Jakobsweg im eigentlichen Sinn, gewissermaßen die

TRAUMSTRÄNDE AM ENDE DER WELT

Die Praia da Langosteira und die Praia do Rostro sind zwei der schönsten Strände in der Nähe des Kaps. Die Praia do Rostro liegt sieben Kilometer nördlich von Cap Fisterra. Lang, nahezu menschenleer und sehr sauber – ein echter Traumstrand, an dem man sofort die Schuhe ausziehen möchte. Beim Plantschen ist – wie überall am Atlantik – Vorsicht geboten, zumal der Strand nicht bewacht ist. Schwimmen sollte man hier nicht. Aber zum Laufen, Durchatmen und Träumen ist er perfekt. Die Praia da Langosteira liegt geschützter an der dem Land zugewandten Seite der Halbinsel und schließt sich nördlich an Fisterra an. So kann man am zwei Kilometer langen Strand näheren Kontakt zum – deutlich ruhigeren – Wasser suchen. Weißer Sand und türkisfarben leuchtendes Meer prägen auch hier das Bild. Tatsächlich sieht es schwer nach Südsee aus – bis auf die deutlich kältere Wassertemperatur. Hier gibt es auch Bars und sogar Duschen. Trotz der Infrastruktur findet man problemlos einen ruhigen Flecken.

Weitere Informationen

Camino a Fisterra:
www.caminodesantiago.gal

Idyllisch liegt Concurbión am Ozean (u. und r.). Durch die Natur geht es an den Strand von Estorde bei Finisterre (l.u.). Blick auf den Leuchtturm am Kap Roncudo an der »Todesküste« (r.u.).

Fortsetzung der Reise ans Grab des Apostels. Der Auseinandersetzung mit dem Glauben auf dem Weg nach Santiago de Compostela folgt auf dieser Strecke die mit der Endlichkeit allen Seins. Angesichts des heutigen Verständnisses der geografischen Verhältnisse ist dieses Thema auch für fortgeschrittene Pilger in den Hintergrund gerückt. Dennoch schätzen viele nach dem Aufenthalt im lebhaften Santiago und der Euphorie der Ankunft die Ruhe der Küstenlandschaft. Denn hier lässt sich nicht nur über den Tod, sondern viel besser noch über das Leben nachdenken.

Zwei Heiligtümer und der Kilometerstein Null

Womöglich trug die Vorstellungswelt der Kelten aber dazu bei, dass an der Küste gleich zwei bedeutende christliche Heiligtümer zu finden sind. Der Heilige Christus war in der frühen Neuzeit als Wallfahrtsziel sogar so beliebt, dass er ähnlich viele Pilger aus dem Nordwesten Spaniens lockte wie das Grab des Apostels in Santiago de Compostela. In Muxía verweist das Heiligtum der Jungfrau Virxe da Barca mit Nachdruck auf die Gültigkeit der christlichen Lehre. Beide zählen bis heute zu den wichtigsten Heiligtümern in Galicien.

Die küstennahen Teile des Wegs sind mit Fischerdörfern, Hafenstädtchen und viel unberührter Landschaft besonders attraktiv. In Concurbión befand sich bereits in der Antike ein Naturhafen – die Römer verspürten weniger Respekt vor dem Meer als die Kelten. Heute ist der kleine Fischerhafen mit malerischer Altstadt einer der Gründe, warum man sich von dieser Küste nur schwer trennt. Auch die unverbauten Strände am Cabo de Finisterre mit weißem Sand und salziger Luft sind wunderschön.

Der Camino a Fisterra ist gut beschildert und von den Anstrengungen her trotz diverser Höhenunterschiede mit den Anforderungen des Camino del Norte oder des Primitivo mit ihren teils sehr kräftezehrenden Etappen kaum zu vergleichen. Schattige Wälder und gute Wanderwege zeichnen die Route ebenso aus wie immer neue Ausblicke auf den Atlantik.

So bietet der Camino a Fisterra auf seiner relativ kurzen Strecke eine Menge Sehens- und Erlebenswertes. Die meisten Pilger widmen ihm vier bis fünf Tage. Ein Foto des Kilometersteins Null mit der Jakobsmuschel darauf ist am Cap Fisterra gewissermaßen das Sahnehäubchen der Pilgerreise in den Westen Spaniens – und Europas.

Estanco
TATTOO

99 Fast ganz im Westen – Kap Finisterre

Unter dem Leuchtturm der tosende Atlantik

Welche Gefahr der Atlantik für Schifffahrt und Küstenfischer bedeutete, wird am Kap von Fisterra deutlich: Der Wind pfeift, die Wellen füllen die Luft mit Gischt und Salz. Angesichts des Lebens am Rand eines häufig tobenden Ozeans suchte man hier seit jeher im Glauben Halt. Wer im Frühling an diese Küste reist, kann während der Karwoche und zu Ostern farbenfrohe Traditionen erleben.

Blick aufs Kap von Finisterre (u.). Viel fotografiert: der berühmte Kilometerstein mit dreifacher Null (r.o.). Park mit Aussicht vor dem Kastell San Carlos (r.u.).

Hoch über dem Atlantik steht der Leuchtturm von Fisterra (spanisch: Finisterre). Statt schlank in die Höhe zu ragen, zeigt er dem Meer seine breite Seite. Aus gutem Grund: Die Halbinsel aus Granit, auf der er steht, ist dem vom Atlantik wehenden Wind schutzlos ausgeliefert. Hier versammeln sich Pilger, Urlauber und andere Romantiker am Abend, um den Sonnenuntergang zu betrachten. Wie eine überdimensionierte Orange sackt die Sonne an klaren Abenden ins Meer, während eine heftige Brise an Haaren und Jacken zerrt. Unten rollen die Wellen und schlagen gegen die Felsen.

Ewig brüllt der Atlantik

Irgendwo hinterm Horizont liegt die Neue Welt. Sieht man hier das Toben des Atlantiks, erscheint es umso erstaunlicher, dass ausgerechnet von dieser Küste einst Spanier und Portugiesen aufbrachen, um die Weltmeere zu erkunden. An manchen Tagen schätzt man sich schon glücklich, nicht beim Spazieren-

gehen von einer Böe umgeworfen zu werden. Die Skulptur eines Wanderschuhs, die dem Pilgerwesen vor dem blauen Meer ein dekoratives Denkmal setzt, ist immerhin fest auf ihrem Granitblock montiert. Pilger, die mit dem Bus nach Santiago zurückkehrten, verbrannten hier bis vor wenigen Jahren an einer eigens angelegten Feuerstelle rituell ihre Pilgerkleidung. Weil selbst in Galicien das Klima trockener wird, wurde dieser Brauch wegen der Gefahr von Bränden verboten.

Christusbildnis mit Strahlkraft

Finisterre selbst ist ein ansehnliches Städtchen mit 5000 Einwohnern und der hübschen, auf dem Weg zum Leuchtturm gelegenen Kirche Iglesia de Santa María das Areas. Ihre Wurzeln liegen am Ende des 12. Jahrhunderts. Hier wird das Bildnis des Christus von Fisterra bewahrt, das im 16. Jahrhundert mehr Pilger anlockte als die Überreste des Heiligen Apostels in Santiago – so grummelte jedenfalls ein Zeitgenosse. Noch heute wird er während der *Festas do Santísimo Cristo* an Ostern besonders gewürdigt. Auch die Karwoche, die Semana Santa, ist geprägt von Prozessionen und einem Passionsspiel an Gründonnerstag. Die ganze Stadt ist dann auf den Beinen, auch aus der Umgebung kommen Besucher.

Das Ende der Welt spukte lange Zeit und an verschiedenen Orten in den Köpfen der Menschen, bis sich die Erkenntnis des Kopernikus durchsetzte und die Erde nicht länger eine Scheibe war. Auch die Bretagne ist stolz auf ihr Finisterre. Tatsächlich ist Kap Fisterra nicht der westlichste Punkt des europäischen Festlands; der befindet sich südlich von hier in Portugal am Cabo da Roca. Der schöne Flecken ist nicht einmal der westlichste Punkt Spaniens. Das 20 Kilometer nördlich auf einer Halbinsel ins Meer ragende Cabo Touriñán darf diese Ehre für sich in Anspruch nehmen.

Von Wracks gespickte Küste

Von hier bis zum Cabo de San Adrián erstreckt sich die Costa da Morte, die Todesküste. Unzählige Schiffe zerschellten hier im Verlauf der Jahrhunderte; der Meeresgrund ist mit ihren Überresten gespickt. Noch heute hat diese Küste ihre Tücken, wie die Kreuze beweisen, die überall zu sehen sind. Sie erinnern an Fischer, die mit ihren Booten kenterten oder bei der Ernte von Entenmuscheln an den von Wellen umspülten Felsen verunglückten

SCHÖNE AUSSICHTEN

Rund um Finisterre gibt es einige bemerkenswerte Aussichtspunkte. Der Mírador Corbeiro nahe dem Castelo de San Carlos öffnet weite Blicke aufs Meer und die Küste mit dem Berg Pindo. Ebenfalls lohnend ist der Aussichtspunkt Talón am Eingang des Städtchens. Hier kann man aufs Meer hinaus träumen, ohne gleich davonzufliegen – entweder vom Mirador aus oder vom geschützten, zwischen Pinien versteckten Strand darunter.

RUHIGE GEWÄSSER

Wer trotz der Temperaturen mehr als nur die Füße ins Wasser halten möchte, ist im Städtchen Sardiñeiro richtig. Sein Strand besitzt weichen Sand, relativ ruhiges Wasser und öffnet außerdem schöne Blicke auf die Mündung des gleichnamigen Flusses. Wegen der geschützten Lage in einer runden Bucht präsentiert sich der Atlantik hier recht friedlich. Duschen und Cafés schaffen ideale Bedingungen für einen entspannten Strandtag.

Weitere Informationen

https://concellofisterra.gal/turismo/oficina_turismo/

100 Sturmgepeitschtes Hafenstädtchen – Muxía

Beistand von der Jungfrau zum Boot

Die Virxe de Barca, Muxías der Bootsjungfrau geweihte Fischerkirche, gehört zu den wichtigsten Pilgerzielen Galiciens – nach dem Grab des Apostels. Der Abstecher in ihre Heimat lohnt sich nicht nur wegen der legendären Wallfahrtskirche. Das in Herbst und Winter von Stürmen heimgesuchte Städtchen liegt idyllisch an einer Flussmündung in den Atlantik und ist Schauplatz farbenfroher Prozessionen auf dem Wasser.

Abstand halten: Das Heiligtum der Lieben Frau vom Boot liegt unmittelbar am Atlantik (u.). Blick auf Muxía von oben (r.o.). Das Monument *A Ferida* erinnert an die Ölpest von 2002 (r.u.).

Wer sich Muxía von Finisterre aus nähert, hat 14 Kilometer vor dem Ziel die Gelegenheit, am Capo Touriñán tatsächlich den westlichsten Punkt Festland-Spaniens zu betreten – und mit etwas Glück den westlichsten Sonnenuntergang des Landes zu genießen. Dekorativ erstreckt sich das Fischerdorf mit 4700 Einwohnern auf einer Landzunge an der Ría de Camariñas. Vom Hügel Corpiño aus hat man einen schönen Blick auf den Ort, die Flussmündung und die gesamte Halbinsel. Auch dies ist ein schöner Aussichtspunkt, um die Sonne im Atlantik versinken zu sehen.

Am Ende der Landzunge scheint die Wallfahrtskirche Santuario de Virxe de Barca, das »Heiligtum Unserer Lieben Frau vom Boot«, buchstäblich aus den grauen Granitfelsen zu wachsen. Wenige Meter von ihr entfernt brechen sich die Wellen des Atlantiks – symbolhaft für die schicksalhafte Verbindung zwischen der Stadt und dem Meer. An schönen Sommertagen lässt die Sonne die Kirche in goldenem Licht leuchten. Wenn der Wind schwere Wolken über den Himmel jagt, ist die Kraft der Elemente auch an Land zu spüren: Gischt sprüht, Wind und Wellen donnern um die Wette.

Sturmgepeitschtes Hafenstädtchen – Muxía

Mit dem Jakobsweg ist das Städtchen eng verbunden, seit die Muttergottes mit einem Schiff hier vor Anker ging, um den Apostel Jakobus noch zu Lebzeiten bei seinen Missionierungsbestrebungen in Galicien zu unterstützen. Im Mittelalter wurde an der Stelle ihrer Landung eine erste Kapelle errichtet, die später umgebaut wurde. Das gotische Marienbildnis, das hier seit jeher im Zentrum der Verehrung stand, stammte aus dem 14. Jahrhundert.

Havarie nach Monsterwelle

Nicht nur der Apostel benötigte die Unterstützung der Jungfrau. Die Küste und ihre Bewohner bedurften immer schon des besonderen Schutzes der Muttergottes – bis heute. Das macht der Atlantische Ozean immer wieder nachdrücklich klar, der nicht nur Generationen von Fischern eine Lebensgrundlage bot, sondern immer wieder auch kräftig austeilte. So erlangte der Name des Städtchens traurige Bekanntheit, als im Jahr 2002 ein voll beladener Öltanker vor der Küste in stürmischer See havarierte – vermutlich, weil er mit einer der seltenen, aber zu Recht gefürchteten Riesenwelle kollidierte. Man schleppte den leckgeschlagenen Frachter aufs Meer hinaus, um eine Ölpest vor der Küste zu vermeiden. Dort allerdings zerbrach er, 70 000 Tonnen Öl flossen ins Meer, wurden an die Küste geschwemmt und verursachten die schwere Ölpest. Der größte Teil wurde in und um Muxía ans Ufer geschwemmt. Entsprechend intensiv waren hier die Reinigungsbemühungen. Trotzdem verendeten 250 000 Seevögel. Heute sind an der Küste keine Spuren des Unglücks mehr zu sehen, Vögel und Meerestiere sollen zum Glück keine genetischen Schäden aufweisen. Ein elf Meter hohes, 400 Tonnen schweres steinernes Monument erinnert nicht weit von der Wallfahrtskirche an die Umweltkatastrophe.

Feuer am Weihnachtstag

2013 ereilte Muxía ein weiterer Schicksalsschlag, als der Dachstuhl der Wallfahrtskirche während des von heftigen Gewittern begleiteten Orkans Dirk in Brand geriet – ausgerechnet am ersten Weihnachtstag. Auch das Altarbild brannte aus; tatsächlich blieben nur die Außenmauern, Beichtstühle und Bänke übrig. Nach dem Schock und Schmerz über den Verlust intensivierte sich die Verehrung der Jungfrau noch. Die Wallfahrten zu ihren Ehren sind heute beliebter denn je.

PROZESSIONEN AUF DEM WASSER

Aufgrund der stürmischen Beziehung, die die Menschen an der Costa da Morte zum Ozean pflegen, sind Menschen und Meer hier unlösbar miteinander verbunden. Auch ihre religiösen Traditionen sind vom Wasser geprägt – wie über Generationen ihr ganzes Leben. An den großen Marienfeiertagen finden eindrucksvolle Prozession auf der Ría de Camariñas statt, zu denen Tausende Besucher aus der Umgebung und aus dem übrigen Galicien nach Muxía strömen. Einem alten Brauch folgend, kriecht man zunächst unter dem Stein Pedra dos Cadrís hindurch und versucht danach, den wackeligen Pedra de Abalar umzustürzen – beide Steine sollen über besondere Kräfte verfügen und Überbleibsel des Schiffs der Jungfrau sein. Am zweiten Sonntag im September huldigt das Städtchen der Virxen de Barca mit einer Wallfahrt an Land.

Weitere Informationen

https://concellomuxia.com/turismo/

Atlantik-Blicke:
Abendstimmung am Kap Finisterre

Register

Gebirge und Küsten, religiöse Symbole und sakrale Kunst, Begegnungen mit anderen Pilgern und jedes Wetter warten am Weg.

Rebstöcke liegen vor Navarrete im berühmten Weinbaugebiet Rioja.

Register

Ein Mühlstein, einsame Pfade, kleine Kirchen und die gestapelten Steine von Pilgern: Jeder Ort erzählt eine Geschichte.

Dramatische Farbspiele an Himmel und Berg: der Französische Weg bei Pamplona.

Bildnachweis

Bildnachweis:

Mauritius Images: Timothy Allen (Seite 4 u. M.); Xavier Forés (5 u.M., 36); Nano Calvo (11 u.); M Ramírez (13 u., 48, 79 u., 93 u., 95 u., 96, 97 o.,109 o., 150, 151); Alexander Ludwig (13 o., 153 o., 168, 170); Faina Gurevich (14 u., 51 o.); Vicente Soler Marmaneu Vicenfoto (17 u.); MAEKFOTO (20, 24); Ivoha (22, 32, 34 u., 37, 78, 273 u., 295 o., 314 u. M.); pjworldtour (23); Jean-Marc Barrere (24); philipimage (25 o.); Classic Image (29 o.); Marc Hill (29 u., 49 u.); jmeyersforeman (30); Timo Christ (33 u., 120); Lucas Vallecillos (34 o.); Vicente Soler Marmaneu Vicenfoto (35 o., 35 u.); mattia carchidi (42); jean-françois pelletier (44); Nick Hatton (46, 64); Marcelino Ramírez (51 u., 66); Gonzalo Azumendi (55 u., 59 u., 105 u.); Age fotostock (57 o., 72, 118); Xavier Fores - Joana Roncero (69 o., 89 o.); Fabrizio Troiani (69 u., 75 u., 314 o., 316 u. l., 319); Susana Guzman (74 u.); harri (76); Ikonya (77 o.); Juan Carlos Zamarreño (80); Paul Christian Gordon (81 o., 81 M., 182, 184, 310, 311 u.); Cro Magnon (83 o., 92, 93 o., 129 o. r.); Stanislava Karagyozova (86); Photojope (87 u.); DCPhoto (90); Ramon Espelt Gorgozo (91 M. r.); Ruben Perez Gil (91 u. r.); juan moyano (95 o.); Westend61 / Albrecht Weißer (97 u.); Franck Charton (100); Washington Imaging (101); Benoit BACOU (102); Javier Larrea (106, 107 u., 131 o.); Inaki Olavarrieta Moro (108 o.); FSG (108 u.); Luis Dafos (109 u.); Lisa Und Wilfried Bahnmüller (110); Ian Dagnall Commercial Collection (113); Ian Dagnall (114, 303 o.); Jim Monk (115 o.); nico martinez (116 o.); Zoonar/Stefan Laws (116 u.); John Hicks (117); Benoit Bacou/Photononstop (119 u.); MIKEL BILBAO GOROSTIAGA- NATURE & LANDSCAPES (122); Mikel Bilbao (128); Julia Bogdanova (129 o. M. r.); David Gato (133 u.); Andrea Comi (134); MIKEL BILBAO GOROSTIAGA-TRAVELS (135 o.); Realy Easy Star / Toni Spagone (137); David Cabrera Navarro (139 o.); Jose Lucas (148); blickwinkel/M. Vahlsing (153 u. r.); Alexei Fateev (155); DCarreño (160); Aurelio Flórez (161 o.); Clare Hargreaves (163 u.); Sergey Dzyuba (163 o.); Christophe Boisvieux (164 l.); Alexander Ludwig (166, 171 o., 176); Iakov Filimonov (167 o.); Carlos Mora (173 r. M., 173 o.); Orion76 (173 r. u.); Luis Vilanova (174, 179 u.); Miguel Valente (175 u.); Marcelino Ramírez (178); Jerónimo Alba (180); ¡mag3s (181); Jose Fuste Raga (187 u.); Ken Welsh (192); McPHOTO / Boyungs (193 u.); John Warburton-Lee / Neil Farrin (194); nature picture library / López / Wild Wonders of Europe (195 u.); Westend61 / Martin Rügner (195 o.); Jerónimo Alba (199 u.); Oleksii Leonov (201 u.); Christian Müller (201 o.); Ian G Dagnall (203 o.); John Cairns (211 o.); HeritagePics (213 o.); Ben Welsh Premium (215); NATUREWORLD (218); Oscar Domínguez (219 u.); David Miranda (234); Pixtal (236); Luis Pina Photography (252); Tomka (256); Mauricio Abreu (263 o.); Luis Fonseca (265 u.); Paulo Goncalves (266); Bruno Alves (267 u.); Michael Howard photography (268); Photogenic (269 u.); Olivier Guiberteau (273 o.); alfotokunst (277 o.); Juan Carlos Alonso (288); Chico Sanchez (293 u.); robertharding / Tim Graham (293 o.); Marga Werner (295 u.); Kevin George (297); Juan Bautista (298); Prisma Archivo (299); Kyoko Uchida (301 o.); Lucas Vallecillos (301 u.); JordiCarrio (306 o., 307 o.); Luke Peters (314 u. r.); jmeyersforeman (315 u. M.); Paul Schlemmer (317 u. M.); Alison Wright (317 u. r.).

Lookphotos: Richter Jürgen (Seite 1, 2, 4 u. r., 4 o., 5 u. l., 10, 12, 16, 17 o., 18, 19, 21, 28, 31, 39 u., 40, 45, 50, 52, 60, 62, 63 o., 63 u., 67, 74 o., 79 o., 82, 84, 91 o., 99 o., 99 u., 103, 112, 132, 154 o., 156, 157, 186, 190, 224, 241 u., 274 u., 286, 289, 302, 306 u.,308, 312, 314 u. l., 315 u. l., 315 u. r., 316 o., 316 u. M., 316 u. r., 317 u. l.); Merz Brigitte (4 u. l., 58, 61 o., 126, 140, 258, 260); Hewlett-Packard,age fotostock (11 o., 39 o., 43 M., 47 u., 47 o., 54, 59 o., 88 o. r., 207 o., 225); Pompe Ingolf (111 o.); Mirau Rainer (133 o.); ClickAlps (142, 248); Photononstop (143 u.); Frei Franz Marc (226); Cephas Picture Library (233 u.); Leue Holger (245 o.); Linder Bastian (254); Stankiewicz Thomas (73 o., 257 o.); Sopotnicki (257 u.); Hemis (290).

Shutterstock: Ezume Images (Seite 5 u. r.); Fotoeventis (6 u. r.); barmalini (6 u. l.); Charly Morlock (6 o.); Iryna Savina (6 u. M.); Cube And Live (7 u. r.); KikoStock (7 u. M., 193 o., 196 l.); IMAG3S (7 u. l., 94, 175 o.); Ikonya (14 o., 83 u., 185 o., 228, 294); Alexandre Rotenberg (15); Jacky D (25 u.); Gabriel Luengas (26); Marcos Campos (33 o., 38, 71); Asierare (43 o.); Sergey Dzyuba (43 u.); Juan Enrique del Barrio (49 o., 81 u., 89 u.); Javier Rosano (55 o.); Stanislava Karagyozova (56, 65, 68, 88 o. l.); CARLOS MATEO FOTO (57 u.); Luis Pizarro Ruiz (61 u.); Laura Manzano Aguado (70); milosk50 (73 u.); Marc Venema (75 o.); Sigur (77 u.); Lux Blue (87 o., 154 u., 183 l., 244); lunamarina (88 u., 230 o., 231 o., 231 u., 238, 287 o.); aaltair (98); PHILIPIMAGE (104); Pierre-Olivier (105 o.); Iakov Filimonov (107 o., 130); FlareZT (111 u.); Andrew Babble (115 u.); Ariya Stock (119 o.); NatureStock1 (121 o.); Helena G.H (121 u.); Martina Strihova (123 u.); David Pegzlz (123 o.); travelstock44 (124); Corrado Baratta (125); Jon Chica (129 u.); Clementa Moreno (131 u.); jcfmorata (135 u.); Kevin George (136); Isa Fernandez Fernandez (138, 139 u., 164 o. M.); apgestoso (141 u.); makasana photo (141 o., 274 o.); Svetlana Zhukova (143 o.); Jose Arcos Aguilar (144, 145 u., 147 o., 304); KarSol (145 o.); luscofusco (146); CZEll (147 u.); mimohe (149, 242 o., 277 u.); Formatoriginal (152, 281); bepsy (153 M. r., 185 u.); mehdi33300 (158, 165) ; Stock locosporasturias (161) ; Starstuff (162); CarmenRM (164 o. r.); puyalroyo (167 u.); G Torres (169 u.); Patri Sierra (171 u.); JakC (172); alfotokunst (169 o., 179 o., 251 u., 251 o., 271 u.); h3c7orC (183 o. r.); Alfonso de Tomas (183 M. r.); Fotoeventis (187 o.); kavalenkava (188); LianeM (189); Jo Jones (196 r.); Marina Nozhko (197); Trigger Image / Felipe Rodriguez (198); Pablorgp (199 o.); ESB Professional (200); Tara Van Der Linden Photo (202 u.); Simona Bottone (202 o.); The World in HDR (203 u.); Cristian Mircea Balate (204); Eduardo Estellez (206); Gelpi (207 u.); joserpizarro (208, 209 o., 212 l., 213 u., 216, 217 o., 217 u., 220, 221); Ricardo Serra (209 u.); RudiErnst (210); VteSuarez (211 u.); Juan Aunion (212 r.); Luis Camarasa (214); MartinRed (219); EfectoDron (222); Anna Potiavina (223 u.); Philippe 1 bo (223 o.); Shootdiem (229 u.); Fotosub (229 o.); David Vioque (230 u.); Fran Villalba (232, 233 o., 272); Deliris (235 u.); Dolores Giraldez Alonso (235 o., 279 o.); Andres Garcia Martin (237 o., 278); S.Vidal (237 u.); Rangzen (239 o.); Kiev.Victor (239 u., 245 u.); DorSteffen (240); Rafal Michal Gadomski (241 o.); Victority (242 u.); NOVODIASTOCK (243); BONDART PHOTOGRAPHY (246 u.); Zhukova Valentyna (246 o.); agsaz (247 o.); saiko3p (247 u.) ; Francisco Caravana (253 u.); Sandra Moraes (253 o.); homydesign (255 u.); LuisCostinhaa (259 u., 263 u.); GTW (259 o.); underworld (262); Luis Pedro Fonseca (264, 269 o.); Barry Paterson (265 o.); cantfindnickname (267 o.); RS-74 (270); Olivier Guiberteau (271 o.); Jan Jerman (275 u.); Megapixeles.es (275 o.); BasiPC (276); jmillan (279 u.); arousa (280, 284, 285 o. r.); Julio Guadarrama Conde (282); Guido Nicora (285 M. r.); arCam78 (287 u.); Botond Horvath (291 o.); Brian Maudsley (291 u.); Soloviova Liudmyla (292 u.); Luca DAddezio (292 o.); Bartosz Turek (296); jmbf (300); Julia-Bogdanova (303 u.); julia.mlozano (305 o.); Lunghammer (305 u.); maphke (307 u.); Stanislava Karagyozova (309 u.); Iryna Kalamurza (309 o.); jcami (311 o.).

Weitere: WikiCommons/Turismoenportugal (250); Joachim Hellmuth (285 l.)

Impressum

Verantwortlich: Joachim Hellmuth, Sarah Schindler
Redaktion: Linde Wiesner
Bildredaktion: Marianne Huber, Sarah Schindler
Korrektorat: Petra Sparrer
Layout & Producing: Roman Bold & Black
Umschlaggestaltung: Sophie Schillo, Alexander Knoll
Kartografie: Kartographie Huber, Heike Block
Repro: LUDWIG:media
Herstellung: Alexander Knoll
Printed in Slovakia by Neografia Martin

★★★★★

Sind Sie mit diesem Titel zufrieden? Dann würden wir uns über Ihre Weiterempfehlung freuen.
Erzählen Sie es im Freundeskreis, berichten Sie Ihrem Buchhändler oder bewerten Sie bei Onlinekauf. Und wenn Sie Kritik, Korrekturen oder Aktualisierungen haben, freuen wir uns über Ihre Nachricht an: Bruckmann Verlag, Postfach 40 02 09, D-80702 München oder per E-Mail an lektorat@verlagshaus.de

Unser komplettes Programm finden Sie unter www.bruckmann.de

In diesem Buch wird aus Gründen der besseren Lesbarkeit das generische Maskulinum verwendet. Weibliche und anderweitige Geschlechteridentitäten werden dabei ausdrücklich mitgemeint, soweit es für die Aussage erforderlich ist.

Umschlag Vorderseite: oben: Sonnenuntergang bei Villahormes, Llanes (Reinhard Schmid/HUBER IMAGES), Mitte: Römisch romanische Brücke Ponte de Lima (Reinhard Schmid/HUBER IMAGES), unten: Kloster Monasterio Santa Maria la Real de Irache (Reinhard Schmid/HUBER IMAGES);
Rückseite: oben v.l.n.r.: Kleine Steinpyramiden am Weg (Mauritius Images/ Paul Schlemmer), Rabelos auf dem Douro in Porto (Reinhard Schmid/HUBER IMAGES), Innenhof im Alcazar in Sevilla (Shutterstock/Cristian Mircea Balate), unten: Pilger auf dem Camino Francés in der region Navarra (Maritius Images/ Andia).

S. 1: Cruz del Ferro bei Foncebadon, s. Highlight 22
S. 2/3: Kirche Santa Maria del Manzano, s. Highlight 13

Die Deutsche Nationalbibliothek verzeichnet diese Publikation in der Deutschen Nationalbibliografie; detaillierte bibliografische Daten sind im Internet über http://dnb.d-nb.de abrufbar.

ISBN 978-3-7343-2095-8

Textnachweis:
Stefanie Bisping: Kapitel 1–75, 92–100 (inklusive Einleitungen)
Grit Schwarzenburg: Kapitel 76–91 (inklusive Einleitung)

Die Autorinnen:

Stefanie Bisping schreibt als Reisejournalistin für Tageszeitungen und Magazine und hat dabei die Welt von Spitzbergen bis nach Tasmanien vermessen sowie zahlreiche Bücher veröffentlicht. Sie war 2018 und 2019 unter den Top Ten der »Reisejournalisten des Jahres« und hat es 2020 auf Platz eins des Rankings geschafft. In diesem Band beschreibt sie die spanischen Jakobswege und Santiago de Compostela.

Grit Schwarzenburg lebt seit 2004 in Berlin und arbeitet als TV-Journalistin. Dort hat sie sich u.a. ein paar Jahre lang ihrer Leidenschaft fürs Reisen hingeben – bei der Sendung »Bahn TV Reise«, wofür sie zweimal für »Das Goldene Stadttor« der ITB nominiert wurde. Durch diese Sendung entdeckte sie auch Portugal und kehrt seitdem immer wieder dorthin zurück. In diesem Band beschreibt sie den portugiesischen Jakobsweg.

Allein, aber nicht einsam: Pilger auf dem Weg nach Santiago de Compostela